2019

中国县域统计年鉴(县市卷)

CHINA STATISTICAL YEARBOOK (COUNTY-LEVEL)

国家统计局农村社会经济调查司　编

中国统计出版社
China Statistics Press

图书在版编目（CIP）数据

中国县域统计年鉴．县市卷．2019 ／ 国家统计局农村社会经济调查司编．-- 北京：中国统计出版社，2020.5
ISBN 978-7-5037-9139-0

Ⅰ．①中… Ⅱ．①国… Ⅲ．①县级经济－经济统计－中国－2019 －年鉴 Ⅳ．① F127-54

中国版本图书馆 CIP 数据核字 (2020) 第 079495 号

中国县域统计年鉴—2019（县市卷）

编　　者 / 国家统计局农村社会经济调查司
责任编辑 / 冯燕玲
封面设计 / 李雪燕
出版发行 / 中国统计出版社
通信地址 / 北京市丰台区西三环南路甲 6 号　邮政编码 /100073
电　　话 / 邮购（010）63376909　书店（010）68783171
网　　址 / http://www.zgtjcbs.com
印　　刷 / 河北鑫兆源印刷有限公司
经　　销 / 新华书店
开　　本 / 880×1230 毫米　1/16
字　　数 / 868 千字
印　　张 / 27.75
版　　别 / 2020 年 5 月第 1 版
版　　次 / 2020 年 5 月第 1 次印刷
定　　价 / 628. 00 元（全套）

《中国县域统计年鉴（县市卷）-2019》
编辑委员会

编 者 说 明

一、《中国县域统计年鉴（县市卷）-2019》是一部全面反映我国县域社会经济发展状况的资料性年鉴，收录了2018年全国2000多个县域单位的基本情况、综合经济、农业、工业、教育、卫生、社会保障等方面的资料。

二、本卷的资料范围包括全国除香港特别行政区、澳门特别行政区和台湾省以外的县、旗、县级市和上报资料完整的市辖区，行政区划截止到2018年12月31日。

三、本卷的主要内容包括两个部分：一是县（市）社会经济主要指标；二是按一般公共预算收入分组的县（市）资料；篇末另附主要指标解释。

四、本卷的资料来自2018年县（市）社会经济统计年报。

五、本卷空栏有如下情况：

（1）该项数据较小，不够规定单位。

（2）该项指标在当年没有统计任务，没有统计数据。

（3）该项指标未掌握确切数据。

六、咨询服务电话：010-68782899。

编 者

2020年1月

目录

一、县（市）社会经济主要指标

北京市……3
天津市……4
河北省……4
山西省……32
内蒙古自治区……51
辽宁省……68
吉林省……77
黑龙江省……85
上海市……98
江苏省……98
浙江省……111
安徽省……124
福建省……136
江西省……148
山东省……164
河南省……182
湖北省……204
湖南省……218
广东省……235
广西壮族自治区……251
海南省……267
重庆市……271
四川省……276
贵州省……304
云南省……319
西藏自治区……343
陕西省……358
甘肃省……375
青海省……391
宁夏回族自治区……399
新疆维吾尔自治区……401

二、按一般公共预算收入分组县（市）资料

按一般公共预算收入分组的社会经济基本情况…… 423
一般公共预算收入达10亿元的县（市）分布（2018年）…… 424

附录：主要指标解释

主要指标解释…… 435

1

县（市）社会经济主要指标

2018年县(市)社会经济主要指标

北京市

指　　标	单位	大兴区	怀柔区	平谷区	密云区	延庆区
一、基本情况						
行政区域面积	平方公里	1036	2123	948	2226	1995
乡个数	个		2	2	1	4
镇个数	个	14	12	14	17	11
街道办事处个数	个	8	2	2	2	3
户籍人口	人	716180	284992	406363	438017	286927
第二产业从业人员	人	202715	54091	57625	36032	22687
第三产业从业人员	人	387023	123746	144409	76877	104962
二、综合经济						
地区生产总值	万元	7003773	3092999	2510040	3001686	1518975
第一产业增加值	万元	134766	66991	152899	133227	76801
第二产业增加值	万元	2594389	1609203	949900	1172957	525275
一般公共预算收入	万元	923531	404778	300523	362976	191670
一般公共预算支出	万元	2599185	1533677	1323096	1806818	1401207
居民储蓄存款余额	万元	13582458	2768098	2220556	2851951	2034337
年末金融机构各项贷款余额	万元	16103925	2532723	1851652	2601577	1445337
三、农业、工业和通讯						
设施农业占地(水面)面积	公顷	5095	199	724	531	705
油料产量	吨	1059	654	187	1836	153
棉花产量	吨			8		
规模以上工业企业单位数	个	337	164	116	135	41
固定电话用户	户	203000	90000	85647	100981	23096
四、教育、卫生和社会保障						
普通中学在校学生数	人	22964	9451	10720	14534	8458
小学在校学生数	人	62629	17151	18448	22278	12496
医疗卫生机构床位数	床	7603	1931	1984	1748	1102
各种社会福利收养性单位数	个	38	18	33	38	32
各种社会福利收养性单位床位数	床	6456	2192	5756	5092	4451

2018年县(市)社会经济主要指标

天津市、河北省

指　　标	单位	宝坻区	宁河区	静海区	蓟州区	藁城区
一、基本情况						
行政区域面积	平方公里	1459	1032	1476	1590	836
乡个数	个			2	1	1
镇个数	个	18	14	16	25	12
街道办事处个数	个	6		1	1	
户籍人口	人	732555	400395	607898	872207	861593
第二产业从业人员	人	120367	62389	98745	110493	227160
第三产业从业人员	人	68020	54612	37096	160384	217351
二、综合经济						
地区生产总值	万元	6381700	4382290	6814709	3816625	6078979
第一产业增加值	万元	221200	176564	220185	261749	410732
第二产业增加值	万元	2966200	2975958	3250578	1211671	3908045
一般公共预算收入	万元	602224	212616	570111	278314	425202
一般公共预算支出	万元	1154480	594781	1125101	898011	589131
居民储蓄存款余额	万元	3620500	2211293	4377963	4110070	3117217
年末金融机构各项贷款余额	万元	5819800	1894226	3539764	4058170	1680777
三、农业、工业和通讯						
设施农业占地(水面)面积	公顷	3695	2773	2320	1608	1114
油料产量	吨		652	2723	1195	4720
棉花产量	吨	900	13251	1904		4
规模以上工业企业单位数	个	248	129	598	75	394
固定电话用户	户	225200	98327	177320	200381	42538
四、教育、卫生和社会保障						
普通中学在校学生数	人	35892	18815	37319	43161	33434
小学在校学生数	人	37617	28230	59508	54594	64665
医疗卫生机构床位数	床	2790	1554	2149	2315	2021
各种社会福利收养性单位数	个	10	2	20	35	17
各种社会福利收养性单位床位数	床	624	444	3813	2685	5725

2018年县(市)社会经济主要指标

河北省

指　　标	单位	鹿泉区	栾城区	井陉县	正定县	行唐县
一、基本情况						
行政区域面积	平方公里	603	326	1381	468	1025
乡个数	个	3	3	7	5	11
镇个数	个	9	4	10	3	4
街道办事处个数	个				2	
户籍人口	人	441266	358253	331333	513518	461762
第二产业从业人员	人	77658	101227	53836	104774	56727
第三产业从业人员	人	94293	92130	48041	93194	96582
二、综合经济						
地区生产总值	万元	3323507	1806140	1661428	2767219	1049110
第一产业增加值	万元	185107	143082	124196	352182	318722
第二产业增加值	万元	1126337	753478	561260	549619	185944
一般公共预算收入	万元	278072	136217	71105	290581	53996
一般公共预算支出	万元	485968	270430	229083	890820	308448
居民储蓄存款余额	万元	2385765	1675819	1372573	3683190	1532992
年末金融机构各项贷款余额	万元	2385765	1301443	654588	2818747	641295
三、农业、工业和通讯						
设施农业占地(水面)面积	公顷	810	343	39	785	655
油料产量	吨	2512	194	2187	13267	18821
棉花产量	吨	23	2	53	5	11
规模以上工业企业单位数	个	194	154	53	148	77
固定电话用户	户	39500	26420	11263	47658	16984
四、教育、卫生和社会保障						
普通中学在校学生数	人	19029	14264	13934	27026	23645
小学在校学生数	人	36281	29519	17765	44576	40705
医疗卫生机构床位数	床	1980	1449	1418	2303	1982
各种社会福利收养性单位数	个	10	10	9	25	18
各种社会福利收养性单位床位数	床	7282	3505	2585	4075	5363

2018年县(市)社会经济主要指标

河北省

指　　标	单位	灵寿县	高邑县	深泽县	赞皇县	无极县
一、基本情况						
行政区域面积	平方公里	1066	222	296	1210	524
乡个数	个	9	1	3	7	5
镇个数	个	6	4	3	4	6
街道办事处个数	个					
户籍人口	人	350397	203818	258065	279590	537486
第二产业从业人员	人	38754	30954	57678	31323	149562
第三产业从业人员	人	32510	35224	35547	65295	49045
二、综合经济						
地区生产总值	万元	938077	780296	832115	724057	1712212
第一产业增加值	万元	256374	119707	134154	162849	271115
第二产业增加值	万元	240326	333452	323693	207208	586747
一般公共预算收入	万元	50228	54072	48012	40358	68400
一般公共预算支出	万元	256196	171993	160980	194810	285653
居民储蓄存款余额	万元	1287404	773206	1146848	868663	1889968
年末金融机构各项贷款余额	万元	591541	298580	460105	484829	692117
三、农业、工业和通讯						
设施农业占地(水面)面积	公顷	677	2270	354	145	709
油料产量	吨	3567	1952	3856	9793	7480
棉花产量	吨	16	51	14	7	
规模以上工业企业单位数	个	56	71	82	31	115
固定电话用户	户	20500	10800	8315	3953	25000
四、教育、卫生和社会保障						
普通中学在校学生数	人	17214	10348	9023	11394	21134
小学在校学生数	人	26791	19615	16412	30067	42338
医疗卫生机构床位数	床	1272	745	876	1147	1429
各种社会福利收养性单位数	个	8	2	3	4	5
各种社会福利收养性单位床位数	床	3866	1910	1024	2275	4374

2018年县(市)社会经济主要指标

河北省

指　　标	单位	平山县	元氏县	赵　县	辛集市	晋州市
一、基本情况						
行政区域面积	平方公里	2648	675	674	951	619
乡个数	个	11	7	4	7	1
镇个数	个	12	8	7	8	9
街道办事处个数	个					
户籍人口	人	502981	444902	619500	635000	575092
第二产业从业人员	人	51602	87643	115884	197380	142540
第三产业从业人员	人	55260	50155	90644	118021	70006
二、综合经济						
地区生产总值	万元	2189611	1583743	1364347	4960442	2651809
第一产业增加值	万元	152390	175276	225877	472513	359373
第二产业增加值	万元	1124944	564300	405156	2849503	1027207
一般公共预算收入	万元	172105	86560	67067	188001	102700
一般公共预算支出	万元	409573	256636	239784	533925	339720
居民储蓄存款余额	万元	1939261	1619283	1530310	3512147	2581885
年末金融机构各项贷款余额	万元	1219620	1059624	820691	2180645	1222360
三、农业、工业和通讯						
设施农业占地(水面)面积	公顷	272	187	272	1569	309
油料产量	吨	6724	4713	498	25442	5618
棉花产量	吨	57	88	1	827	
规模以上工业企业单位数	个	24	68	110	317	272
固定电话用户	户	28560	19562	19310	38443	25308
四、教育、卫生和社会保障						
普通中学在校学生数	人	23138	21844	23777	31338	23562
小学在校学生数	人	37480	36406	47828	45190	41482
医疗卫生机构床位数	床	1872	1985	2511	2292	1517
各种社会福利收养性单位数	个	7	1	12	12	19
各种社会福利收养性单位床位数	床	2995	1994	3423	3277	4390

2018年县(市)社会经济主要指标

河北省

指　　标	单位	新乐市	丰南区	丰润区	曹妃甸区	滦南县
一、基本情况						
行政区域面积	平方公里	525	1288	1154	1281	1483
乡个数	个	3	3	3		
镇个数	个	8	12	17	5	16
街道办事处个数	个	1	1	3	3	1
户籍人口	人	517278	536928	817973	213597	572189
第二产业从业人员	人	118037	121552	168053	89355	120305
第三产业从业人员	人	75622	129075	121090	43804	84900
二、综合经济						
地区生产总值	万元	2145089	6718337	8336613	5317763	3662095
第一产业增加值	万元	308861	410593	349931	280220	740338
第二产业增加值	万元	976832	3834621	5915738	3478508	1252796
一般公共预算收入	万元	91600	448170	269574	678987	126660
一般公共预算支出	万元	275278	634882	432735	814213	346872
居民储蓄存款余额	万元	1685351	4339168	6009737	1962179	2537277
年末金融机构各项贷款余额	万元	971367	2780914	3271718	11599805	1206432
三、农业、工业和通讯						
设施农业占地(水面)面积	公顷	3600	1610	3471	1191	3835
油料产量	吨	13365	35955	31583	319	62810
棉花产量	吨		10694	34		11
规模以上工业企业单位数	个	186	204	189	111	96
固定电话用户	户	20095	35500	98134	57000	47046
四、教育、卫生和社会保障						
普通中学在校学生数	人	29320	27589	37461	8994	31432
小学在校学生数	人	51074	33942	58445	14232	31384
医疗卫生机构床位数	床	2060	2314	4196	1193	2779
各种社会福利收养性单位数	个	11	6	30	6	12
各种社会福利收养性单位床位数	床	3349	4404	6311	509	4855

2018年县(市)社会经济主要指标

河北省

指　　标	单位	乐亭县	迁西县	玉田县	遵化市	迁安市
一、基本情况						
行政区域面积	平方公里	1020	1461	1170	1514	1227
乡个数	个	3	8	4	12	7
镇个数	个	10	9	16	13	10
街道办事处个数	个	1	1	1	2	4
户籍人口	人	445806	397456	705994	758356	776711
第二产业从业人员	人	88068	86570	184800	178023	179349
第三产业从业人员	人	100198	68445	117326	149202	210978
二、综合经济						
地区生产总值	万元	3917215	3850471	3399085	5027348	9653637
第一产业增加值	万元	754411	201028	603025	449789	322598
第二产业增加值	万元	1435627	2057086	1311314	2016482	5589828
一般公共预算收入	万元	157405	147080	113149	148522	610183
一般公共预算支出	万元	352785	308636	342093	408336	822378
居民储蓄存款余额	万元	2893790	2423585	4128631	4266736	6182788
年末金融机构各项贷款余额	万元	1567883	1196292	2003252	2282168	4131909
三、农业、工业和通讯						
设施农业占地(水面)面积	公顷	5948	106	5980	1140	134
油料产量	吨	10262	8313	2857	47949	34763
棉花产量	吨	7	128	68	12	10
规模以上工业企业单位数	个	109	57	168	154	170
固定电话用户	户	38799	37551	70501	69000	60425
四、教育、卫生和社会保障						
普通中学在校学生数	人	19922	22484	35079	45398	39937
小学在校学生数	人	17398	33837	52134	62951	66873
医疗卫生机构床位数	床	2114	2291	3161	3202	4333
各种社会福利收养性单位数	个	11	9	8	13	35
各种社会福利收养性单位床位数	床	3554	2729	3249	5853	5985

2018年县(市)社会经济主要指标

河北省

指　　标	单位	滦州市	抚宁区	青龙满族自治县	昌黎县	卢龙县
一、基本情况						
行政区域面积	平方公里	1027	968	3510	1212	956
乡个数	个		2	14	5	3
镇个数	个	10	5	11	11	9
街道办事处个数	个	4	1	1		
户籍人口	人	573876	340537	566577	524000	417110
第二产业从业人员	人	123963	38465	74318	66147	45507
第三产业从业人员	人	161049	31410	60343	70878	77345
二、综合经济						
地区生产总值	万元	5032896	1283730	1309792	2952707	1217278
第一产业增加值	万元	425791	304143	416551	612048	329859
第二产业增加值	万元	2967133	269690	242923	1230123	289178
一般公共预算收入	万元	205000	41076	44048	145988	53894
一般公共预算支出	万元	358291	189216	304639	339999	246599
居民储蓄存款余额	万元	2774393	1974417	1431450	3624154	1669428
年末金融机构各项贷款余额	万元	1495559	1189997	850213	1395320	677919
三、农业、工业和通讯						
设施农业占地(水面)面积	公顷	1237	2688	436	5082	492
油料产量	吨	65582	11325	4186	30312	26537
棉花产量	吨	151	2		17	25
规模以上工业企业单位数	个	100	34	21	31	29
固定电话用户	户	52103	22900	26326	45000	18225
四、教育、卫生和社会保障						
普通中学在校学生数	人	27484	14680	17334	26470	19032
小学在校学生数	人	40400	18898	41622	30081	22961
医疗卫生机构床位数	床	2365	1874	1883	2468	1754
各种社会福利收养性单位数	个	5	3	4	15	4
各种社会福利收养性单位床位数	床	3019	2920	6009	4947	3315

2018年县(市)社会经济主要指标

河北省

指　　标	单位	肥乡区	永年区	临漳县	成安县	大名县
一、基本情况						
行政区域面积	平方公里	503	761	742	482	1053
乡个数	个	4	8	7	4	10
镇个数	个	5	9	7	5	10
街道办事处个数	个					
户籍人口	人	413236	965658	756200	465336	935297
第二产业从业人员	人	86953	266023	116581	78990	92244
第三产业从业人员	人	120594	264450	90830	84428	231840
二、综合经济						
地区生产总值	万元	1081051	2465337	1362814	1807129	1288676
第一产业增加值	万元	247259	337372	218389	228233	246216
第二产业增加值	万元	468332	1128850	642663	905274	387538
一般公共预算收入	万元	71230	159305	51796	79860	44592
一般公共预算支出	万元	267250	369696	295231	238673	363865
居民储蓄存款余额	万元	901742	2995777	1423589	1003120	1770823
年末金融机构各项贷款余额	万元	652871	2335703	618283	581301	1333895
三、农业、工业和通讯						
设施农业占地(水面)面积	公顷	3797	1138	297	1280	1434
油料产量	吨	4692	2887	2307	5494	83114
棉花产量	吨	3727	353	65	10723	
规模以上工业企业单位数	个	57	133	58	79	94
固定电话用户	户	3542	26083	17546	19025	15500
四、教育、卫生和社会保障						
普通中学在校学生数	人	26007	56481	35622	20490	51773
小学在校学生数	人	44730	87229	74719	49531	84414
医疗卫生机构床位数	床	1070	4757	2721	1772	4076
各种社会福利收养性单位数	个	5	15	9	6	8
各种社会福利收养性单位床位数	床	3208	4386	4366	1549	4723

2018年县(市)社会经济主要指标

河北省

指　　标	单位	涉　县	磁　县	邱　县	鸡泽县	广平县
一、基本情况						
行政区域面积	平方公里	1509	695	449	336	314
乡个数	个	8	5	2	3	
镇个数	个	8	6	5	4	7
街道办事处个数	个	1				
户籍人口	人	430261	478003	258460	339573	313428
第二产业从业人员	人	98991	95132	63840	81758	78093
第三产业从业人员	人	118358	99005	55420	94391	68513
二、综合经济						
地区生产总值	万元	2207372	864812	850315	861138	845109
第一产业增加值	万元	108664	97657	141017	130722	100716
第二产业增加值	万元	990608	372505	363134	325926	326979
一般公共预算收入	万元	127066	75200	40142	41163	54439
一般公共预算支出	万元	279132	245951	166873	195459	189595
居民储蓄存款余额	万元	1876381	1704493	690147	840169	744234
年末金融机构各项贷款余额	万元	1487631	1186723	395002	420663	487275
三、农业、工业和通讯						
设施农业占地(水面)面积	公顷	47	231	320	1370	763
油料产量	吨	752	694	1171	342	4333
棉花产量	吨		34	21474	647	1303
规模以上工业企业单位数	个	74	53	64	63	44
固定电话用户	户	22379	30379	5850	9816	7200
四、教育、卫生和社会保障						
普通中学在校学生数	人	24014	42156	21890	16168	16510
小学在校学生数	人	34849	49339	32335	38756	36143
医疗卫生机构床位数	床	2841	2642	927	1247	1297
各种社会福利收养性单位数	个	14	13	5	3	7
各种社会福利收养性单位床位数	床	3361	2903	870	936	1715

2018年县(市)社会经济主要指标

河北省

指　　标	单位	馆陶县	魏　县	曲周县	武安市	邢台县
一、基本情况						
行政区域面积	平方公里	456	864	677	1806	1848
乡个数	个	4	9	4	9	6
镇个数	个	4	12	6	13	10
街道办事处个数	个					
户籍人口	人	362800	1039293	532889	845819	361708
第二产业从业人员	人	94352	108600	76125	218020	67449
第三产业从业人员	人	66252	65848	66873	194568	52834
二、综合经济						
地区生产总值	万元	709507	1820277	1305369	6755913	1590073
第一产业增加值	万元	185805	338960	208882	257499	146138
第二产业增加值	万元	189733	772915	702072	3951320	976825
一般公共预算收入	万元	56069	86420	59355	455062	117018
一般公共预算支出	万元	231138	432789	227099	658388	368724
居民储蓄存款余额	万元	916409	1742549	1191107	5146456	1614885
年末金融机构各项贷款余额	万元	540253	1218386	936688	3270563	1001547
三、农业、工业和通讯						
设施农业占地(水面)面积	公顷	838	932	778	194	34
油料产量	吨	5081	5289	3303	4868	7517
棉花产量	吨	754	895	13469	2029	102
规模以上工业企业单位数	个	36	75	108	106	57
固定电话用户	户	7950	17730	12909	42000	27100
四、教育、卫生和社会保障						
普通中学在校学生数	人	17873	49422	29068	45323	14710
小学在校学生数	人	42897	98444	63140	86200	22960
医疗卫生机构床位数	床	1398	3165	2084	4182	2173
各种社会福利收养性单位数	个	10	9	2	6	6
各种社会福利收养性单位床位数	床	1906	7857	3670	4477	4617

2018年县(市)社会经济主要指标

河北省

指　　标	单位	临城县	内丘县	柏乡县	隆尧县	任　县
一、基本情况						
行政区域面积	平方公里	797	788	268	749	431
乡个数	个	4	4	2	5	4
镇个数	个	4	5	4	7	4
街道办事处个数	个					
户籍人口	人	220588	296741	206050	569381	388965
第二产业从业人员	人	26515	46975	36619	88466	50096
第三产业从业人员	人	22606	43208	26023	82131	38843
二、综合经济						
地区生产总值	万元	501668	801192	419164	1003436	524555
第一产业增加值	万元	80892	125105	88875	221543	115933
第二产业增加值	万元	177010	305928	161309	351132	152335
一般公共预算收入	万元	29929	58329	20550	47133	36203
一般公共预算支出	万元	163113	178776	119170	211743	197438
居民储蓄存款余额	万元	949190	1060434	538071	1455729	935189
年末金融机构各项贷款余额	万元	639237	698916	398138	1056185	844552
三、农业、工业和通讯						
设施农业占地(水面)面积	公顷	210	105	74	244	205
油料产量	吨	5885	15221	2127	10000	2117
棉花产量	吨	8	7	37	1679	6
规模以上工业企业单位数	个	40	26	51	65	52
固定电话用户	户	26236	26300	8349	63520	10261
四、教育、卫生和社会保障						
普通中学在校学生数	人	17203	17055	9435	17767	9379
小学在校学生数	人	19596	21468	16641	44974	31942
医疗卫生机构床位数	床	1138	1324	935	2028	1132
各种社会福利收养性单位数	个	5	8	5	7	2
各种社会福利收养性单位床位数	床	1554	2617	1171	1323	2469

2018年县(市)社会经济主要指标

河北省

指　　标	单位	南和县	宁晋县	巨鹿县	新河县	广宗县
一、基本情况						
行政区域面积	平方公里	405	1111	631	366	504
乡个数	个	5	5	3	4	4
镇个数	个	3	11	7	2	4
街道办事处个数	个		1			
户籍人口	人	396657	861326	431416	177246	335242
第二产业从业人员	人	62304	129647	67247	14260	54934
第三产业从业人员	人	84201	75128	40499	18600	62195
二、综合经济						
地区生产总值	万元	720290	2725003	800837	418090	526771
第一产业增加值	万元	203060	286520	283862	108459	115493
第二产业增加值	万元	226682	1624441	224176	175199	209087
一般公共预算收入	万元	44420	109388	43346	19503	23302
一般公共预算支出	万元	224898	369969	226498	139711	176542
居民储蓄存款余额	万元	959397	2503121	1248811	669058	671778
年末金融机构各项贷款余额	万元	949962	1849917	676373	351490	498644
三、农业、工业和通讯						
设施农业占地(水面)面积	公顷	2644	18	1098	68	359
油料产量	吨	1841	5089	13156	3571	17021
棉花产量	吨	3	379	578	3674	9666
规模以上工业企业单位数	个	38	249	73	48	56
固定电话用户	户	15450	36525	19830	10941	11865
四、教育、卫生和社会保障						
普通中学在校学生数	人	20010	33529	22107	5794	8465
小学在校学生数	人	31557	58350	34545	9375	27301
医疗卫生机构床位数	床	1306	3718	2064	676	1125
各种社会福利收养性单位数	个	3	7	22	3	7
各种社会福利收养性单位床位数	床	2013	3718	4223	996	1887

2018年县(市)社会经济主要指标

河北省

指　　标	单位	平乡县	威　县	清河县	临西县	南宫市
一、基本情况						
行政区域面积	平方公里	406	1012	501	542	861
乡个数	个	4	5		3	5
镇个数	个	2	11	6	6	6
街道办事处个数	个	1				4
户籍人口	人	366357	646229	446253	393269	506263
第二产业从业人员	人	81443	99097	108708	56796	93125
第三产业从业人员	人	54230	70397	106633	71895	83162
二、综合经济						
地区生产总值	万元	739938	948931	1593869	762599	1209720
第一产业增加值	万元	146094	255457	58679	133918	181213
第二产业增加值	万元	290000	305734	693736	233807	456228
一般公共预算收入	万元	35758	56228	85526	44368	38787
一般公共预算支出	万元	188279	290695	249566	201665	230437
居民储蓄存款余额	万元	989080	1487932	1941592	973071	1726051
年末金融机构各项贷款余额	万元	571996	944068	1230563	545296	1128394
三、农业、工业和通讯						
设施农业占地(水面)面积	公顷	172	547	34	107	220
油料产量	吨	22034	7246	2421	2688	14246
棉花产量	吨	315	44848	1563	2633	27579
规模以上工业企业单位数	个	68	89	103	57	73
固定电话用户	户	16258	16337	36199	11570	33950
四、教育、卫生和社会保障						
普通中学在校学生数	人	16322	29625	21541	19637	31756
小学在校学生数	人	33065	61480	51850	40383	38182
医疗卫生机构床位数	床	1461	2278	1957	1536	1841
各种社会福利收养性单位数	个	5	27	6	2	10
各种社会福利收养性单位床位数	床	2052	3034	1896	1537	5250

2018年县(市)社会经济主要指标

河北省

指　　标	单位	沙河市	满城区	清苑区	徐水区	涞水县
一、基本情况						
行政区域面积	平方公里	859	658	867	723	1662
乡个数	个	4	6	9	4	4
镇个数	个	4	5	9	10	11
街道办事处个数	个	5	1			
户籍人口	人	457510	408008	691395	633589	361655
第二产业从业人员	人	99022	67185	125893	128822	48970
第三产业从业人员	人	123702	59263	65807	79614	32635
二、综合经济						
地区生产总值	万元	2229923	1155535	1319536	2851699	791089
第一产业增加值	万元	66862	198423	292609	246741	148636
第二产业增加值	万元	868080	417171	441024	1690826	184130
一般公共预算收入	万元	116199	69038	72640	181046	76629
一般公共预算支出	万元	288323	252803	357079	413041	248562
居民储蓄存款余额	万元	2428901	1619760	1981666	2217118	1291519
年末金融机构各项贷款余额	万元	2320764	1061735	1003651	1208550	1118343
三、农业、工业和通讯						
设施农业占地(水面)面积	公顷	25	811	195	1765	721
油料产量	吨	3204	1529	6756	2379	10586
棉花产量	吨	54	14	6	1	23
规模以上工业企业单位数	个	84	95	66	54	32
固定电话用户	户	46920	31470	34216	47951	21384
四、教育、卫生和社会保障						
普通中学在校学生数	人	29440	22338	31184	36501	18044
小学在校学生数	人	42153	36173	55521	48568	21855
医疗卫生机构床位数	床	1791	1512	2670	3549	1110
各种社会福利收养性单位数	个	6	2	5	4	6
各种社会福利收养性单位床位数	床	2392	1691	3583	1910	1485

2018年县(市)社会经济主要指标

河北省

指　　标	单位	阜平县	定兴县	唐　县	高阳县	容城县
一、基本情况						
行政区域面积	平方公里	2496	714	1414	441	314
乡个数	个	7	9	11	2	3
镇个数	个	6	7	9	5	5
街道办事处个数	个				1	
户籍人口	人	229732	605934	595123	323128	276372
第二产业从业人员	人	27804	135752	113161	79708	85660
第三产业从业人员	人	27670	115517	49474	32022	48189
二、综合经济						
地区生产总值	万元	478004	1402548	1015137	999192	542754
第一产业增加值	万元	101410	263034	261776	58702	80763
第二产业增加值	万元	112722	528953	400551	547012	241926
一般公共预算收入	万元	36281	73923	45476	65936	21693
一般公共预算支出	万元	306249	288182	320859	193089	163136
居民储蓄存款余额	万元	948888	1554556	1934805	1477806	1160716
年末金融机构各项贷款余额	万元	656779	960734	964866	663454	764526
三、农业、工业和通讯						
设施农业占地(水面)面积	公顷	950	460	345	16	114
油料产量	吨	4725	15940	3222	3187	2129
棉花产量	吨		56	10	159	2
规模以上工业企业单位数	个	19	81	59	131	52
固定电话用户	户	13903	26455	33428	31401	23400
四、教育、卫生和社会保障						
普通中学在校学生数	人	12781	33410	35048	18506	11758
小学在校学生数	人	20583	43370	50918	32284	22567
医疗卫生机构床位数	床	923	1485	2817	1282	1270
各种社会福利收养性单位数	个	4	2	9	2	3
各种社会福利收养性单位床位数	床	1735	536	3202	1508	1333

2018年县(市)社会经济主要指标

河北省

指　　标	单位	涞源县	望都县	安新县	易　县	曲阳县
一、基本情况						
行政区域面积	平方公里	2448	358	779	2534	1084
乡个数	个	9	2	4	18	9
镇个数	个	8	6	9	9	9
街道办事处个数	个					
户籍人口	人	287774	272423	508810	581244	655398
第二产业从业人员	人	21560	40760	108139	89848	81161
第三产业从业人员	人	31685	33600	51598	53358	38387
二、综合经济						
地区生产总值	万元	605526	658380	584845	1160823	1058795
第一产业增加值	万元	57914	147668	100453	244101	148399
第二产业增加值	万元	191904	272928	202593	366739	362906
一般公共预算收入	万元	80974	35044	28768	70192	51737
一般公共预算支出	万元	329211	161762	217908	335364	345479
居民储蓄存款余额	万元	929211	1010047	1544302	1760189	1786939
年末金融机构各项贷款余额	万元	571673	787830	736571	954491	499132
三、农业、工业和通讯						
设施农业占地(水面)面积	公顷	75	398	126	115	190
油料产量	吨	87	2080	688	8934	7075
棉花产量	吨		3	142	3	101
规模以上工业企业单位数	个	14	27	68	36	67
固定电话用户	户	17664	17227	32900	35241	35698
四、教育、卫生和社会保障						
普通中学在校学生数	人	17361	12581	21890	33406	46342
小学在校学生数	人	25349	19108	46735	39432	74219
医疗卫生机构床位数	床	1948	1059	1627	3140	3200
各种社会福利收养性单位数	个	2	6	2	8	3
各种社会福利收养性单位床位数	床	1326	1485	2105	2094	2185

2018年县(市)社会经济主要指标

河北省

指　　标	单位	蠡　县	顺平县	博野县	雄　县	涿州市
一、基本情况						
行政区域面积	平方公里	652	712	331	661	751
乡个数	个	3	5		4	1
镇个数	个	10	5	7	8	10
街道办事处个数	个					3
户籍人口	人	545510	315155	271965	461575	701490
第二产业从业人员	人	85188	36547	66626	106918	107425
第三产业从业人员	人	56346	24588	58274	46093	129240
二、综合经济						
地区生产总值	万元	1029615	582802	472668	732539	3791924
第一产业增加值	万元	160698	198645	114737	104658	218453
第二产业增加值	万元	484319	185397	155902	354744	1401563
一般公共预算收入	万元	50006	44525	21428	25279	293001
一般公共预算支出	万元	235413	195704	131066	191682	476694
居民储蓄存款余额	万元	1676940	968919	779929	1677472	3679192
年末金融机构各项贷款余额	万元	465873	485591	453428	1040359	4971792
三、农业、工业和通讯						
设施农业占地(水面)面积	公顷	309	3621	674		1541
油料产量	吨	7346	2393	4551	2884	9160
棉花产量	吨	166	3	16		
规模以上工业企业单位数	个	81	46	41	148	70
固定电话用户	户	29414	20717	15412	32988	65607
四、教育、卫生和社会保障						
普通中学在校学生数	人	27458	13818	13448	26358	28536
小学在校学生数	人	51017	22447	21244	49084	43257
医疗卫生机构床位数	床	1736	1338	924	1118	4159
各种社会福利收养性单位数	个	1	8	3	2	9
各种社会福利收养性单位床位数	床	1848	1956	1461	948	3026

2018年县(市)社会经济主要指标

河北省

指　　标	单位	定州市	安国市	高碑店市	万全区	崇礼区
一、基本情况						
行政区域面积	平方公里	1284	486	620	1162	2324
乡个数	个	5	3		7	8
镇个数	个	16	6	9	4	2
街道办事处个数	个	4	2	5		
户籍人口	人	1237831	410953	566698	225024	130859
第二产业从业人员	人	400362	91800	100477	25998	10236
第三产业从业人员	人	206631	47069	70457	24392	40342
二、综合经济						
地区生产总值	万元	3328437	1031243	1914726	671902	343443
第一产业增加值	万元	624921	184940	142423	97089	57806
第二产业增加值	万元	1583600	311815	922811	270005	150828
一般公共预算收入	万元	220422	72442	152067	45405	52025
一般公共预算支出	万元	619514	215578	334277	271984	313319
居民储蓄存款余额	万元	4396818	1815278	3380343	452681	804078
年末金融机构各项贷款余额	万元	2926343	915495	4757772	424741	1099278
三、农业、工业和通讯						
设施农业占地(水面)面积	公顷	1728	177	50	357	1236
油料产量	吨	22924	15990	10757	789	1682
棉花产量	吨	9	12			
规模以上工业企业单位数	个	244	83	61	36	10
固定电话用户	户	50605	29495	31693	4695	6781
四、教育、卫生和社会保障						
普通中学在校学生数	人	76723	24046	29432	9369	2670
小学在校学生数	人	94234	27225	41609	14902	4954
医疗卫生机构床位数	床	5767	1339	2125	1397	427
各种社会福利收养性单位数	个	13	4	2	5	6
各种社会福利收养性单位床位数	床	1815	1964	2643	711	1070

2018年县(市)社会经济主要指标

河北省

指　　标	单位	张北县	康保县	沽源县	尚义县	蔚　县
一、基本情况						
行政区域面积	平方公里	3854	3365	3363	2601	3198
乡个数	个	11	8	10	7	11
镇个数	个	7	7	4	7	11
街道办事处个数	个					
户籍人口	人	360525	269425	224562	186222	500938
第二产业从业人员	人	57281	31366	6605	18823	28798
第三产业从业人员	人	138657	31035	22514	26312	81008
二、综合经济						
地区生产总值	万元	1147016	541967	599768	414300	903542
第一产业增加值	万元	275548	178732	248074	138659	144497
第二产业增加值	万元	534819	203433	190565	138043	177394
一般公共预算收入	万元	70118	25857	31616	21094	58342
一般公共预算支出	万元	335971	328899	296742	260643	334902
居民储蓄存款余额	万元	1123249	471180	602998	495986	1831293
年末金融机构各项贷款余额	万元	1664325	404076	496329	388965	1315391
三、农业、工业和通讯						
设施农业占地(水面)面积	公顷	5478	199		246	4682
油料产量	吨	19422	25566	4924	18506	1814
棉花产量	吨					
规模以上工业企业单位数	个	36	20	13	17	18
固定电话用户	户	24077	3760	1981	2255	13301
四、教育、卫生和社会保障						
普通中学在校学生数	人	23208	5325	5971	5476	20812
小学在校学生数	人	22683	6149	11203	6053	44507
医疗卫生机构床位数	床	2322	865	697	1015	2184
各种社会福利收养性单位数	个	8	8	5	8	6
各种社会福利收养性单位床位数	床	1744	3182	1110	1379	1475

2018年县(市)社会经济主要指标

河北省

指　　标	单位	阳原县	怀安县	怀来县	涿鹿县	赤城县
一、基本情况						
行政区域面积	平方公里	1849	1698	1801	2802	5273
乡个数	个	9	7	6	4	9
镇个数	个	5	4	11	13	9
街道办事处个数	个					
户籍人口	人	272610	240873	366927	350994	294380
第二产业从业人员	人	51432	47203	31833	22113	14160
第三产业从业人员	人	63419	79001	64807	65987	24891
二、综合经济						
地区生产总值	万元	485140	935390	1478195	912296	598717
第一产业增加值	万元	111576	101169	143657	148281	231393
第二产业增加值	万元	120585	428763	353977	251388	116382
一般公共预算收入	万元	38080	68227	155000	66324	55271
一般公共预算支出	万元	284996	243458	385907	296896	278077
居民储蓄存款余额	万元	927792	909638	1891045	1277733	1023022
年末金融机构各项贷款余额	万元	891890	909460	2484723	1096168	827428
三、农业、工业和通讯						
设施农业占地(水面)面积	公顷	115	4639	146	333	1825
油料产量	吨	3313	9650	910	1024	2107
棉花产量	吨					
规模以上工业企业单位数	个	20	16	27	31	25
固定电话用户	户	8569	12021	51009	45163	5949
四、教育、卫生和社会保障						
普通中学在校学生数	人	7003	8608	19615	17458	7291
小学在校学生数	人	17508	13839	30005	23434	16617
医疗卫生机构床位数	床	810	799	1940	1480	1092
各种社会福利收养性单位数	个	6	5	19	7	5
各种社会福利收养性单位床位数	床	708	2161	1809	1912	2152

2018年县(市)社会经济主要指标

河北省

指　　标	单位	承德县	兴隆县	滦平县	隆化县	丰宁满族自治县
一、基本情况						
行政区域面积	平方公里	3648	3117	2993	5473	8739
乡个数	个	11	5	10	15	16
镇个数	个	12	15	10	9	10
街道办事处个数	个			1	1	1
户籍人口	人	425866	327670	330072	448028	408470
第二产业从业人员	人	24073	42755	65590	72463	62653
第三产业从业人员	人	75520	55292	55068	71371	55569
二、综合经济						
地区生产总值	万元	1253780	1112462	1430084	1256013	1149383
第一产业增加值	万元	371280	296352	254042	406829	253105
第二产业增加值	万元	368661	416758	562189	347988	425202
一般公共预算收入	万元	70136	67588	94803	45057	74417
一般公共预算支出	万元	307008	282634	326308	373342	415334
居民储蓄存款余额	万元	1479766	1471931	1279801	1306704	1303759
年末金融机构各项贷款余额	万元	1448275	1150699	1557612	1288667	1946800
三、农业、工业和通讯						
设施农业占地(水面)面积	公顷	1016	139	1076	1453	1449
油料产量	吨	551	215	589	6422	4988
棉花产量	吨					
规模以上工业企业单位数	个	52	26	44	40	35
固定电话用户	户	20280	12659	10977	14075	14220
四、教育、卫生和社会保障						
普通中学在校学生数	人	21425	14604	17020	19079	19086
小学在校学生数	人	25982	20096	21989	32076	29862
医疗卫生机构床位数	床	2550	1562	1981	2424	2291
各种社会福利收养性单位数	个	4	3	14	12	6
各种社会福利收养性单位床位数	床	9108	1150	3597	2815	2520

2018年县(市)社会经济主要指标

河北省

指　　标	单位	宽城满族自治县	围场满族蒙古族自治县	平泉市	沧　县	青　县
一、基本情况						
行政区域面积	平方公里	1936	9037	3294	1520	968
乡个数	个	8	25	4	15	3
镇个数	个	10	12	15	4	7
街道办事处个数	个					
户籍人口	人	261941	535606	479226	740889	439413
第二产业从业人员	人	52931	29922	84973	173547	114213
第三产业从业人员	人	54924	52597	68830	175121	59833
二、综合经济						
地区生产总值	万元	1754610	1400746	1745559	2073586	1880137
第一产业增加值	万元	171662	511847	367769	223675	459445
第二产业增加值	万元	897650	362544	607539	788946	634481
一般公共预算收入	万元	103456	58168	68128	111618	88008
一般公共预算支出	万元	212280	435978	345678	446447	271098
居民储蓄存款余额	万元	1797791	1475991	1961633	1926859	1967275
年末金融机构各项贷款余额	万元	1891065	1372799	1730776	1100300	1067249
三、农业、工业和通讯						
设施农业占地(水面)面积	公顷	530	675	404	139	4353
油料产量	吨	1663	8449	524	249	1821
棉花产量	吨				64	149
规模以上工业企业单位数	个	41	40	66	169	156
固定电话用户	户	11592	22315	17529	184396	37355
四、教育、卫生和社会保障						
普通中学在校学生数	人	11860	31331	26601	32492	16786
小学在校学生数	人	23762	41364	31507	68634	38969
医疗卫生机构床位数	床	1713	2748	2246	3018	1617
各种社会福利收养性单位数	个	8	13	17	2	5
各种社会福利收养性单位床位数	床	2312	2991	3002	4282	1666

2018年县(市)社会经济主要指标

河北省

指　　标	单位	东光县	海兴县	盐山县	肃宁县	南皮县
一、基本情况						
行政区域面积	平方公里	710	868	795	516	790
乡个数	个	1	4	6	3	3
镇个数	个	8	3	6	6	6
街道办事处个数	个					
户籍人口	人	384736	236162	495170	369551	399490
第二产业从业人员	人	76740	37118	75849	80904	
第三产业从业人员	人	44976	33521	77504	96595	
二、综合经济						
地区生产总值	万元	1542894	482165	1145411	1296761	1068932
第一产业增加值	万元	111135	85954	95980	225897	162804
第二产业增加值	万元	521907	200357	591529	378536	428547
一般公共预算收入	万元	52690	43372	54968	113855	49450
一般公共预算支出	万元	231412	178408	250417	346519	264200
居民储蓄存款余额	万元	1791534	687188	1178620	1581137	1305994
年末金融机构各项贷款余额	万元	726830	424556	879900	717225	745906
三、农业、工业和通讯						
设施农业占地(水面)面积	公顷	170	391	3773	243	1394
油料产量	吨	1245	917	162	1024	1801
棉花产量	吨	5339	144	4	14	4937
规模以上工业企业单位数	个	117	43	139	87	76
固定电话用户	户	21720	23815	33010	25598	18934
四、教育、卫生和社会保障						
普通中学在校学生数	人	13231	10150	15940	19296	18561
小学在校学生数	人	29556	19982	44911	33311	35307
医疗卫生机构床位数	床	1643	1032	1431	1602	1502
各种社会福利收养性单位数	个	8	3	2	2	6
各种社会福利收养性单位床位数	床	1335	1172	1563	2126	2408

2018年县(市)社会经济主要指标

河北省

指　　标	单位	吴桥县	献　县	孟村回族自治县	泊头市	任丘市
一、基本情况						
行政区域面积	平方公里	582	1173	387	1009	872
乡个数	个	5	11	2	4	5
镇个数	个	5	7	4	8	7
街道办事处个数	个				3	7
户籍人口	人	281237	661330	232487	631330	809952
第二产业从业人员	人	74108	110565	46491	174969	177506
第三产业从业人员	人	58980	61676	18792	115026	123455
二、综合经济						
地区生产总值	万元	781447	1729712	800362	2092727	6042175
第一产业增加值	万元	165523	258710	65961	164795	121034
第二产业增加值	万元	137790	575708	407250	962757	3238232
一般公共预算收入	万元	36822	73980	37664	95169	370826
一般公共预算支出	万元	206834	326454	140844	302751	490766
居民储蓄存款余额	万元	1137216	2230294	823092	2819081	4711178
年末金融机构各项贷款余额	万元	535459	966212	377275	1095857	2504564
三、农业、工业和通讯						
设施农业占地(水面)面积	公顷	130	2164	8	194	345
油料产量	吨	1134	13561	1256	345	1502
棉花产量	吨	5610	513	85	111	275
规模以上工业企业单位数	个	50	83	82	262	276
固定电话用户	户	23801	45080	42127	37960	161170
四、教育、卫生和社会保障						
普通中学在校学生数	人	11629	37882	8153	36663	44709
小学在校学生数	人	17752	73638	23388	62751	85586
医疗卫生机构床位数	床	1473	1840	521	2167	4618
各种社会福利收养性单位数	个	3	10	2	7	20
各种社会福利收养性单位床位数	床	2823	3918	865	4387	3631

2018年县(市)社会经济主要指标

河北省

指　　标	单位	黄骅市	河间市	固安县	永清县	香河县
一、基本情况						
行政区域面积	平方公里	1545	1322	703	776	448
乡个数	个	6	11	4	5	
镇个数	个	4	7	5	5	9
街道办事处个数	个	3	2			
户籍人口	人	482526	902506	522113	412921	374349
第二产业从业人员	人	118814	218293	49703	81802	93467
第三产业从业人员	人	87715	128985	67668	61097	61545
二、综合经济						
地区生产总值	万元	2786430	2801329	2749076	1823149	2516529
第一产业增加值	万元	325598	154516	421822	548679	183740
第二产业增加值	万元	953463	1130780	630933	297180	1169772
一般公共预算收入	万元	188008	118412	456086	163110	367553
一般公共预算支出	万元	492037	398092	738393	420358	638734
居民储蓄存款余额	万元	2822439	3545378	2605071	1452210	3028731
年末金融机构各项贷款余额	万元	2515311	1368236	4453255	2535700	6062031
三、农业、工业和通讯						
设施农业占地(水面)面积	公顷	2107	342			
油料产量	吨	2644	9225	4068	8974	34
棉花产量	吨	881	480	4	628	
规模以上工业企业单位数	个	114	299	88	77	133
固定电话用户	户	51428	56862	28010	18500	29454
四、教育、卫生和社会保障						
普通中学在校学生数	人	27911	30349	25419	11481	19252
小学在校学生数	人	44934	87930	50448	33797	35076
医疗卫生机构床位数	床	2463	2439	1390	1199	1744
各种社会福利收养性单位数	个	2	6	3	3	3
各种社会福利收养性单位床位数	床	3134	4203	2354	2339	2818

2018年县(市)社会经济主要指标

河北省

指　　标	单位	大城县	文安县	大厂回族自治县	霸州市	三河市
一、基本情况						
行政区域面积	平方公里	897	1037	176	802	643
乡个数	个		1		3	
镇个数	个	10	12	5	9	10
街道办事处个数	个			1	1	5
户籍人口	人	535823	554165	132483	656313	731252
第二产业从业人员	人	136979	103712	33890	150986	81181
第三产业从业人员	人	69595	108671	24346	135621	244662
二、综合经济						
地区生产总值	万元	1416316	1650246	1090266	3862679	4877050
第一产业增加值	万元	169868	120042	40516	126844	166055
第二产业增加值	万元	523074	782446	311209	1732196	2074985
一般公共预算收入	万元	100070	114350	277752	274281	600503
一般公共预算支出	万元	324817	381906	344541	712064	922217
居民储蓄存款余额	万元	2525955	2683935	1105242	4322186	5071163
年末金融机构各项贷款余额	万元	1025169	1723588	3156563	4771220	17007183
三、农业、工业和通讯						
设施农业占地(水面)面积	公顷					
油料产量	吨	5852	327		4780	9
棉花产量	吨	1576	192		790	3
规模以上工业企业单位数	个	90	151	68	185	125
固定电话用户	户	45010	25795	11600	52612	54069
四、教育、卫生和社会保障						
普通中学在校学生数	人	27661	24991	7147	35428	41093
小学在校学生数	人	57620	63349	12892	77882	75401
医疗卫生机构床位数	床	2058	2548	475	3118	5521
各种社会福利收养性单位数	个	10	9	3	6	8
各种社会福利收养性单位床位数	床	3010	2896	441	1538	7764

2018年县(市)社会经济主要指标

河北省

指　　标	单位	冀州区	枣强县	武邑县	武强县	饶阳县
一、基本情况						
行政区域面积	平方公里	878	905	800	443	572
乡个数	个	4	2	2	2	2
镇个数	个	6	9	7	4	5
街道办事处个数	个					
户籍人口	人	345375	405214	318500	216284	290872
第二产业从业人员	人	82345	63283	53611	38316	64160
第三产业从业人员	人	46290	48756	32826	17046	51857
二、综合经济						
地区生产总值	万元	1090319	923060	820376	680864	773231
第一产业增加值	万元	119035	133588	235176	84151	270426
第二产业增加值	万元	487338	469171	273920	312701	216053
一般公共预算收入	万元	56312	75018	45582	38003	32510
一般公共预算支出	万元	259089	295480	231257	185154	206919
居民储蓄存款余额	万元	1933718	2117785	1274346	857775	1091609
年末金融机构各项贷款余额	万元	1198480	1457595	810302	564791	595368
三、农业、工业和通讯						
设施农业占地(水面)面积	公顷	139	332	21	205	2701
油料产量	吨	8965	5219	12036	2467	9179
棉花产量	吨	17235	9971	7310	78	42
规模以上工业企业单位数	个	89	105	54	58	62
固定电话用户	户	48180	38932	26601	15250	20200
四、教育、卫生和社会保障						
普通中学在校学生数	人	48165	24850	32360	7012	8747
小学在校学生数	人	28705	36138	20716	15643	19858
医疗卫生机构床位数	床	995	1293	1193	601	1423
各种社会福利收养性单位数	个	9	8	9	4	5
各种社会福利收养性单位床位数	床	2394	2970	1540	1350	1661

2018年县(市)社会经济主要指标

河北省

指　　标	单位	安平县	故城县	景　县	阜城县	深州市
一、基本情况						
行政区域面积	平方公里	496	941	1188	695	1245
乡个数	个	3	2	5	4	6
镇个数	个	5	11	11	6	11
街道办事处个数	个					
户籍人口	人	336771	526179	547624	354325	567695
第二产业从业人员	人	87056	84964	91437	87182	96600
第三产业从业人员	人	35973	37055	69856	41059	117263
二、综合经济						
地区生产总值	万元	1435101	1199478	1607096	814518	1677970
第一产业增加值	万元	117134	213097	176766	183965	357001
第二产业增加值	万元	726051	432226	800520	356798	542162
一般公共预算收入	万元	77027	66633	82200	47093	89963
一般公共预算支出	万元	270408	300045	279986	241627	340473
居民储蓄存款余额	万元	1927840	1815983	2516591	1469651	1891640
年末金融机构各项贷款余额	万元	1558061	1056861	1219398	760258	1365057
三、农业、工业和通讯						
设施农业占地(水面)面积	公顷	97	277	338	24	247
油料产量	吨	5802	11025	2431	1029	28924
棉花产量	吨		10773	3869	2672	94
规模以上工业企业单位数	个	128	66	117	73	82
固定电话用户	户	43171	44966	44161	17473	35000
四、教育、卫生和社会保障						
普通中学在校学生数	人	16071	30492	28635	20080	22644
小学在校学生数	人	27267	45336	44655	27536	34334
医疗卫生机构床位数	床	1302	2388	2261	1423	1730
各种社会福利收养性单位数	个	8	7	12	14	9
各种社会福利收养性单位床位数	床	2422	2282	2829	2692	2194

2018年县(市)社会经济主要指标

山西省

指　　标	单位	清徐县	阳曲县	娄烦县	古交市	云州区
一、基本情况						
行政区域面积	平方公里	609	2059	1276	1584	1468
乡个数	个	5	6	5	7	7
镇个数	个	4	4	3	3	3
街道办事处个数	个				4	
户籍人口	人	337134	152402	126057	216967	174728
第二产业从业人员	人					7285
第三产业从业人员	人					10151
二、综合经济						
地区生产总值	万元	1736571	457077	224124	366075	346750
第一产业增加值	万元	139005	65771	23971	25422	79011
第二产业增加值	万元	1028774	255499	91525	157986	102371
一般公共预算收入	万元	130044	60019	37885	93226	23289
一般公共预算支出	万元	241183	160817	185634	176208	182859
居民储蓄存款余额	万元	1731723	607839	359148	1470397	537977
年末金融机构各项贷款余额	万元	1856958	420851	295121	1009724	317207
三、农业、工业和通讯						
设施农业占地(水面)面积	公顷	444	336	294	109	226
油料产量	吨	83	220	612	495	635
棉花产量	吨	1				
规模以上工业企业单位数	个	57	27	8	14	19
固定电话用户	户	12282	10368	5863	6755	2034
四、教育、卫生和社会保障						
普通中学在校学生数	人	18098	9198	4989	11218	5512
小学在校学生数	人	22019	8820	6760	16662	7763
医疗卫生机构床位数	床	826	1176	334	1399	364
各种社会福利收养性单位数	个	5	1	5	1	10
各种社会福利收养性单位床位数	床	720	1269	1096	504	529

2018年县(市)社会经济主要指标

山西省

指　　标	单位	阳高县	天镇县	广灵县	灵丘县	浑源县
一、基本情况						
行政区域面积	平方公里	1598	1709	1284	2732	1968
乡个数	个	5	7	7	9	12
镇个数	个	7	5	2	3	6
街道办事处个数	个					
户籍人口	人	270182	227048	182701	245858	349072
第二产业从业人员	人	20860	14053	4684	18400	22530
第三产业从业人员	人	29675	15866	7146	31175	41230
二、综合经济						
地区生产总值	万元	371402	273769	277468	390529	412020
第一产业增加值	万元	112136	71943	61142	41762	111684
第二产业增加值	万元	84510	83752	86164	144739	105922
一般公共预算收入	万元	13381	14251	14900	14787	24849
一般公共预算支出	万元	237818	253274	207625	223838	278006
居民储蓄存款余额	万元	768328	649784	504628	899983	948685
年末金融机构各项贷款余额	万元	329371	257520	217394	263052	341401
三、农业、工业和通讯						
设施农业占地(水面)面积	公顷	2089	552	2979	1461	46
油料产量	吨	3100	1557	1576	2418	1594
棉花产量	吨					
规模以上工业企业单位数	个	19	12	13	31	16
固定电话用户	户	35187	3470	3965		22000
四、教育、卫生和社会保障						
普通中学在校学生数	人	5196	9651	9704	14270	7453
小学在校学生数	人	13594	8781	10348	18107	15246
医疗卫生机构床位数	床	948	565	591	945	1230
各种社会福利收养性单位数	个	12	9	21	15	10
各种社会福利收养性单位床位数	床	710	700	469	1153	580

2018年县(市)社会经济主要指标

山西省

指　　标	单位	左云县	平定县	盂　县	上党区	屯留区
一、基本情况						
行政区域面积	平方公里	1297	1390	2523	482	1190
乡个数	个	6	2	6	5	4
镇个数	个	3	8	8	6	7
街道办事处个数	个					
户籍人口	人	138772	318089	309103	348674	291510
第二产业从业人员	人	2455	25931	18352	39356	45737
第三产业从业人员	人	8106	19374	41779	45447	15216
二、综合经济						
地区生产总值	万元	530293	1052088	1229350	2052085	1280059
第一产业增加值	万元	26078	47400	40385	68368	67489
第二产业增加值	万元	229836	563936	682853	1332027	919305
一般公共预算收入	万元	100995	50847	81162	189450	98755
一般公共预算支出	万元	196434	233871	211623	319733	172045
居民储蓄存款余额	万元	780202	1482729	1991741	1306323	828231
年末金融机构各项贷款余额	万元	365163	959568	1468057	623724	511797
三、农业、工业和通讯						
设施农业占地(水面)面积	公顷	113	157	87	393	372
油料产量	吨	3791	89	28	572	266
棉花产量	吨					
规模以上工业企业单位数	个	18	59	37	62	35
固定电话用户	户	8130	23807	10484	10338	11652
四、教育、卫生和社会保障						
普通中学在校学生数	人	5053	17568	7870	16257	12383
小学在校学生数	人	8203	20235	20886	21751	18807
医疗卫生机构床位数	床	410	655	847	790	637
各种社会福利收养性单位数	个	9	11	15	4	3
各种社会福利收养性单位床位数	床	231	1070	1039	187	96

2018年县(市)社会经济主要指标

山西省

指　　标	单位	潞城区	襄垣县	平顺县	黎城县	壶关县
一、基本情况						
行政区域面积	平方公里	614	1178	1510	1113	1008
乡个数	个	3	3	7	4	7
镇个数	个	4	8	5	5	5
街道办事处个数	个	2				
户籍人口	人	226161	266145	152517	164772	298120
第二产业从业人员	人	28660	20744	13484	24680	41659
第三产业从业人员	人	15784	20247	9299	23749	35208
二、综合经济						
地区生产总值	万元	1202397	2284977	216056	298340	517493
第一产业增加值	万元	43135	63789	26801	26466	55100
第二产业增加值	万元	794863	1659129	59052	83825	183449
一般公共预算收入	万元	67980	182506	10578	17724	19302
一般公共预算支出	万元	143064	230886	168487	118438	206096
居民储蓄存款余额	万元	866727	1799016	360632	606412	757381
年末金融机构各项贷款余额	万元	599525	2050082	259967	308505	482434
三、农业、工业和通讯						
设施农业占地(水面)面积	公顷	374	226	71	33	196
油料产量	吨	139	1107	50	316	319
棉花产量	吨	3		31	1	
规模以上工业企业单位数	个	45	46	14	11	13
固定电话用户	户	15959	18430	4849	8128	8238
四、教育、卫生和社会保障						
普通中学在校学生数	人	11733	11018	5197	8535	12180
小学在校学生数	人	13111	16054	5704	9788	16054
医疗卫生机构床位数	床	1059	1481	636	693	1215
各种社会福利收养性单位数	个	8	7	4	15	15
各种社会福利收养性单位床位数	床	460	310	280	861	807

2018年县(市)社会经济主要指标

山西省

指　　标	单位	长子县	武乡县	沁　县	沁源县	沁水县
一、基本情况						
行政区域面积	平方公里	1031	1615	1320	2549	2658
乡个数	个	5	9	7	9	7
镇个数	个	7	5	6	5	7
街道办事处个数	个					
户籍人口	人	366492	209837	173828	159784	202168
第二产业从业人员	人	24902	13952	9865	26323	21116
第三产业从业人员	人	27366	16054	10702	32950	31558
二、综合经济						
地区生产总值	万元	1637400	573281	290417	1229745	2287402
第一产业增加值	万元	133165	37838	55515	26944	80031
第二产业增加值	万元	1102103	255303	62154	857848	1628121
一般公共预算收入	万元	133238	44218	10405	121245	160570
一般公共预算支出	万元	271249	199286	158717	179995	241373
居民储蓄存款余额	万元	1088628	644803	459911	532161	805048
年末金融机构各项贷款余额	万元	679026	408147	240597	299545	471153
三、农业、工业和通讯						
设施农业占地(水面)面积	公顷	1403	249	352	128	77
油料产量	吨		451	3	1578	983
棉花产量	吨					63
规模以上工业企业单位数	个	32	16	5	31	47
固定电话用户	户	13319	7442	8468	6825	11125
四、教育、卫生和社会保障						
普通中学在校学生数	人	14199	8940	6304	5823	8763
小学在校学生数	人	18756	10023	8361	9557	8516
医疗卫生机构床位数	床	1290	690	575	1244	740
各种社会福利收养性单位数	个	21	5	13	15	12
各种社会福利收养性单位床位数	床	848	638	466	823	557

2018年县(市)社会经济主要指标

山西省

指　　标	单位	阳城县	陵川县	泽州县	高平市	山阴县
一、基本情况						
行政区域面积	平方公里	1917	1751	2024	980	1651
乡个数	个	7	5	3	4	9
镇个数	个	10	7	14	9	4
街道办事处个数	个				3	2
户籍人口	人	383100	253400	492717	486700	242921
第二产业从业人员	人	66537	26385	69345	111485	
第三产业从业人员	人	82414	28756	65214	71523	
二、综合经济						
地区生产总值	万元	2375027	415258	2795330	2400463	1796939
第一产业增加值	万元	85755	53134	125800	140371	105485
第二产业增加值	万元	1457347	98859	1776411	1421584	641388
一般公共预算收入	万元	166270	16573	192135	191858	154616
一般公共预算支出	万元	298606	197143	351605	342178	266777
居民储蓄存款余额	万元	1611672	717138	955722	2175415	1381920
年末金融机构各项贷款余额	万元	1020375	255306	986100	1378123	906402
三、农业、工业和通讯						
设施农业占地(水面)面积	公顷	111	75	116	577	2077
油料产量	吨	2152	589	607	20	2064
棉花产量	吨	5		3		
规模以上工业企业单位数	个	64	15	56	61	
固定电话用户	户	21590	11056	23313	21706	12712
四、教育、卫生和社会保障						
普通中学在校学生数	人	16644	12186	16226	23896	10799
小学在校学生数	人	14141	11690	17327	23122	13235
医疗卫生机构床位数	床	2137	973	2289	1608	1646
各种社会福利收养性单位数	个	20	6	12	16	5
各种社会福利收养性单位床位数	床	1100	560	631	1330	333

2018年县(市)社会经济主要指标

山西省

指　　标	单位	应　县	右玉县	怀仁市	榆社县	左权县
一、基本情况						
行政区域面积	平方公里	1708	1969	1234	1701	2020
乡个数	个	9	6	6	5	5
镇个数	个	3	4	4	4	5
街道办事处个数	个	9	1			1
户籍人口	人	308585	110517	292131	145662	164673
第二产业从业人员	人				10832	12591
第三产业从业人员	人				15722	30781
二、综合经济						
地区生产总值	万元	751921	725803	2323830	343706	586136
第一产业增加值	万元	152238	61063	109798	47657	41025
第二产业增加值	万元	134500	337819	1128651	135470	288049
一般公共预算收入	万元	16516	42576	120120	30169	46932
一般公共预算支出	万元	172017	155509	251869	172223	192788
居民储蓄存款余额	万元	976856	545901	2031161	400150	789406
年末金融机构各项贷款余额	万元	448277	357303	681710	238279	741813
三、农业、工业和通讯						
设施农业占地(水面)面积	公顷	784	772	398	1468	202
油料产量	吨	3340	13220	51	266	505
棉花产量	吨					
规模以上工业企业单位数	个				11	17
固定电话用户	户	7239	4445	11946	5795	6833
四、教育、卫生和社会保障						
普通中学在校学生数	人	14670	3607	53367	6948	7910
小学在校学生数	人	15459	4727	40408	8869	11972
医疗卫生机构床位数	床	1171	696	1812	393	481
各种社会福利收养性单位数	个	7	6	10	3	10
各种社会福利收养性单位床位数	床	872	340	2972	128	770

2018年县(市)社会经济主要指标

山西省

指　　标	单位	和顺县	昔阳县	寿阳县	太谷县	祁　县
一、基本情况						
行政区域面积	平方公里	2250	1946	2110	1050	854
乡个数	个	5	7	7	6	2
镇个数	个	5	5	7	3	6
街道办事处个数	个	1		8		
户籍人口	人	139946	235948	211432	292088	275690
第二产业从业人员	人	37869	14478	39226	38326	43058
第三产业从业人员	人	35040	28561	64388	33477	36854
二、综合经济						
地区生产总值	万元	588972	846213	1283759	963912	826900
第一产业增加值	万元	37355	54731	132442	210887	185476
第二产业增加值	万元	310945	496074	714322	243906	192812
一般公共预算收入	万元	56598	63578	114046	58403	40233
一般公共预算支出	万元	152631	191299	199461	210666	177317
居民储蓄存款余额	万元	655400	1105397	1205806	1824995	1160734
年末金融机构各项贷款余额	万元	279013	379862	696019	687625	566327
三、农业、工业和通讯						
设施农业占地(水面)面积	公顷	76	113	83	2523	854
油料产量	吨	1179	84			20
棉花产量	吨				2	
规模以上工业企业单位数	个	15	25	37	65	45
固定电话用户	户	5854	11709	13527	15197	17091
四、教育、卫生和社会保障						
普通中学在校学生数	人	6471	10032	8587	24253	13193
小学在校学生数	人	7641	13166	10541	17967	18313
医疗卫生机构床位数	床	671	954	1001	2051	753
各种社会福利收养性单位数	个	10	5	4	8	6
各种社会福利收养性单位床位数	床	220	858	315	1019	430

2018年县(市)社会经济主要指标

山西省

指　　标	单位	平遥县	灵石县	介休市	临猗县	万荣县
一、基本情况						
行政区域面积	平方公里	1260	1202	741	1362	1076
乡个数	个	9	6	3	5	10
镇个数	个	5	6	7	9	4
街道办事处个数	个	3		5		
户籍人口	人	542514	262964	438769	557508	441877
第二产业从业人员	人	62100	62889	72504	31109	29476
第三产业从业人员	人	54266	74501	101527	78892	35414
二、综合经济						
地区生产总值	万元	1186933	2474250	2323238	1433982	730958
第一产业增加值	万元	118563	39567	53142	439428	187862
第二产业增加值	万元	394282	1610125	1484647	323148	203710
一般公共预算收入	万元	66536	181572	200019	21007	16555
一般公共预算支出	万元	306794	297282	265526	235223	210725
居民储蓄存款余额	万元	1736141	2038327	2555497	1354302	938163
年末金融机构各项贷款余额	万元	762640	1089258	2446553	885819	449050
三、农业、工业和通讯						
设施农业占地(水面)面积	公顷	281	152	113	244	1204
油料产量	吨	354	135	20	5679	3570
棉花产量	吨	5			1780	365
规模以上工业企业单位数	个	54	105	106	50	25
固定电话用户	户	27394	16884	28913	139225	21000
四、教育、卫生和社会保障						
普通中学在校学生数	人	27739	17392	22757	22659	17693
小学在校学生数	人	39206	21845	36600	26824	20066
医疗卫生机构床位数	床	2188	810	2635	2910	1898
各种社会福利收养性单位数	个	3	8	6	18	17
各种社会福利收养性单位床位数	床	71	845	301	1350	860

2018年县(市)社会经济主要指标

山西省

指　　标	单位	闻喜县	稷山县	新绛县	绛　县	垣曲县
一、基本情况						
行政区域面积	平方公里	1168	686	597	978	1620
乡个数	个	6	2	1	2	6
镇个数	个	7	5	8	8	5
街道办事处个数	个					
户籍人口	人	403255	360993	332729	278896	223552
第二产业从业人员	人	68409	58480	28470	13406	28019
第三产业从业人员	人	37158	22703	40665	33295	36752
二、综合经济						
地区生产总值	万元	1185403	929329	981234	623453	634457
第一产业增加值	万元	119930	147214	182214	102689	60873
第二产业增加值	万元	583778	354436	461701	223340	299746
一般公共预算收入	万元	53260	24096	48404	13257	27590
一般公共预算支出	万元	217196	166666	169828	153822	202730
居民储蓄存款余额	万元	1332560	911586	988623	792784	789636
年末金融机构各项贷款余额	万元	536138	322649	343379	371086	408349
三、农业、工业和通讯						
设施农业占地(水面)面积	公顷	386	82	1115	101	126
油料产量	吨	2338	475	1045	828	2090
棉花产量	吨	8				40
规模以上工业企业单位数	个	28	22	31	38	13
固定电话用户	户	33900	22012	13808	15400	8009
四、教育、卫生和社会保障						
普通中学在校学生数	人	18484	17183	20600	9803	9897
小学在校学生数	人	23458	22460	18872	14584	11666
医疗卫生机构床位数	床	2299	2753	1871	1140	1314
各种社会福利收养性单位数	个	7	10	5	10	13
各种社会福利收养性单位床位数	床	750	329	394	821	747

2018年县(市)社会经济主要指标

山西省

指　　标	单位	夏　县	平陆县	芮城县	永济市	河津市
一、基本情况						
行政区域面积	平方公里	1351	1174	1176	1208	593
乡个数	个	5	4	3		5
镇个数	个	6	6	7	7	2
街道办事处个数	个				3	2
户籍人口	人	364506	247438	380503	442456	399650
第二产业从业人员	人	52924	14795	24741	32235	37230
第三产业从业人员	人	44935	18651	38822	81201	32504
二、综合经济						
地区生产总值	万元	561997	488031	918524	1437432	2371171
第一产业增加值	万元	218500	107443	252319	235047	85807
第二产业增加值	万元	113653	180843	263841	624950	1492197
一般公共预算收入	万元	12777	30907	34577	45663	157018
一般公共预算支出	万元	167349	190984	210701	226999	265415
居民储蓄存款余额	万元	792432	791938	940554	1316894	1608786
年末金融机构各项贷款余额	万元	493868	216157	568383	683508	1132793
三、农业、工业和通讯						
设施农业占地(水面)面积	公顷	3015	41	389	278	3
油料产量	吨	3312	4376	3709	4913	1882
棉花产量	吨	24	11	92	385	
规模以上工业企业单位数	个	21	20	30	48	72
固定电话用户	户	11664	9039	18900	30074	33066
四、教育、卫生和社会保障						
普通中学在校学生数	人	10354	9104	15762	18770	23101
小学在校学生数	人	15392	11398	16313	22082	27613
医疗卫生机构床位数	床	1248	1101	1611	1972	2252
各种社会福利收养性单位数	个	7	10	6	14	19
各种社会福利收养性单位床位数	床	598	270	850	1234	2231

2018年县(市)社会经济主要指标

山西省

指　　标	单位	定襄县	五台县	代　县	繁峙县	宁武县
一、基本情况						
行政区域面积	平方公里	851	2428	1729	2373	1936
乡个数	个	6	11	5	10	10
镇个数	个	3	5	6	3	4
街道办事处个数	个					
户籍人口	人	221790	277263	204653	283910	160682
第二产业从业人员	人	21248	11224	6073	19907	7565
第三产业从业人员	人	18933	16615	7801	15771	9871
二、综合经济						
地区生产总值	万元	517402	495317	755899	697256	623609
第一产业增加值	万元	50711	53676	30258	56636	25379
第二产业增加值	万元	272800	178867	477799	368532	385945
一般公共预算收入	万元	21065	24903	31416	26436	71438
一般公共预算支出	万元	142345	231655	159706	228139	196388
居民储蓄存款余额	万元	779479	1415500	1012556	1235570	842455
年末金融机构各项贷款余额	万元	321993	896800	497240	497240	330475
三、农业、工业和通讯						
设施农业占地(水面)面积	公顷	1086	261	409	144	54
油料产量	吨	919	32	190	1167	1571
棉花产量	吨					
规模以上工业企业单位数	个	36	15	53	57	26
固定电话用户	户	45250	23300	7158	5200	4900
四、教育、卫生和社会保障						
普通中学在校学生数	人	10721	15519	6458	13495	6265
小学在校学生数	人	13768	14002	11935	21327	9500
医疗卫生机构床位数	床	771	573	446	1225	891
各种社会福利收养性单位数	个	5	9	3	76	1
各种社会福利收养性单位床位数	床	214	220	130	680	78

2018年县(市)社会经济主要指标

山西省

指　　标	单位	静乐县	神池县	五寨县	岢岚县	河曲县
一、基本情况						
行政区域面积	平方公里	2058	1471	1391	1980	1317
乡个数	个	10	7	9	10	9
镇个数	个	4	3	3	2	4
街道办事处个数	个		1			1
户籍人口	人	158882	96248	112692	80762	145560
第二产业从业人员	人	8388	3165	8000	5891	19541
第三产业从业人员	人	11092	8716	19200	15667	17932
二、综合经济						
地区生产总值	万元	336475	253687	249906	301315	1071447
第一产业增加值	万元	39531	104435	47918	46743	39955
第二产业增加值	万元	154072	31500	30346	62898	741702
一般公共预算收入	万元	32740	15155	26638	14906	59486
一般公共预算支出	万元	191570	136376	140094	150283	161625
居民储蓄存款余额	万元	362600	411138	630904	376559	999126
年末金融机构各项贷款余额	万元	136500	183676	182604	142748	754711
三、农业、工业和通讯						
设施农业占地(水面)面积	公顷	201	26	9	27	86
油料产量	吨	4030	6424	190	1514	3051
棉花产量	吨					
规模以上工业企业单位数	个	11	7	9	14	29
固定电话用户	户	3025		12305	1501	500
四、教育、卫生和社会保障						
普通中学在校学生数	人	6134	1792	2778	2851	5999
小学在校学生数	人	7834	4083	6442	3530	8030
医疗卫生机构床位数	床	678	469	580	238	467
各种社会福利收养性单位数	个	6	4	5	9	3
各种社会福利收养性单位床位数	床	85	225	450	322	150

2018年县(市)社会经济主要指标

山西省

指　　标	单位	保德县	偏关县	原平市	曲沃县	翼城县
一、基本情况						
行政区域面积	平方公里	998	1685	2571	437	1168
乡个数	个	9	6	11	2	4
镇个数	个	4	4	7	5	6
街道办事处个数	个	1		3		
户籍人口	人	164759	103979	517082	234668	308938
第二产业从业人员	人	19582	4825	52943	23354	33882
第三产业从业人员	人	17084	12945	72995	34976	67683
二、综合经济						
地区生产总值	万元	957962	323123	1581665	1016810	755173
第一产业增加值	万元	39212	35780	137836	140032	85437
第二产业增加值	万元	706318	153148	795567	534697	230692
一般公共预算收入	万元	62811	13444	96854	39073	31143
一般公共预算支出	万元	192526	154879	262040	141697	202999
居民储蓄存款余额	万元	853125	452774	2381954	772536	1044719
年末金融机构各项贷款余额	万元	300420	137861	819660	371201	390291
三、农业、工业和通讯						
设施农业占地(水面)面积	公顷	124	34	161	1470	245
油料产量	吨	894	2045	1450	1578	1004
棉花产量	吨					
规模以上工业企业单位数	个	22	8	42	24	28
固定电话用户	户	5012	6369	17265	9371	11501
四、教育、卫生和社会保障						
普通中学在校学生数	人	6146	2480	18974	9109	16380
小学在校学生数	人	10722	4228	25502	13532	17982
医疗卫生机构床位数	床	800	430	1952	953	1561
各种社会福利收养性单位数	个	6	2	4	4	1
各种社会福利收养性单位床位数	床	303	79	253	410	24

2018年县(市)社会经济主要指标

山西省

指　　标	单位	襄汾县	洪洞县	古　县	安泽县	浮山县
一、基本情况						
行政区域面积	平方公里	1031	1495	1196	1960	940
乡个数	个	6	7	3	3	7
镇个数	个	7	9	4	4	2
街道办事处个数	个					
户籍人口	人	504227	767671	90644	82451	127393
第二产业从业人员	人	60157	90655	9520	8421	13502
第三产业从业人员	人	42835	141921	23256	16892	31632
二、综合经济						
地区生产总值	万元	1322140	1686057	479621	631739	461072
第一产业增加值	万元	138952	95062	23107	42299	45371
第二产业增加值	万元	603987	832293	327014	466941	274541
一般公共预算收入	万元	67085	96250	43205	60181	8560
一般公共预算支出	万元	262507	341195	129576	119060	120766
居民储蓄存款余额	万元	1669228	1918841	357003	302107	318171
年末金融机构各项贷款余额	万元	897880	1335332	149182	256787	132384
三、农业、工业和通讯						
设施农业占地(水面)面积	公顷	2580	179	542	33	204
油料产量	吨	2912	354	1017	395	967
棉花产量	吨		4			11
规模以上工业企业单位数	个	33	58	24	10	21
固定电话用户	户	17755	27703	4321	4225	4236
四、教育、卫生和社会保障						
普通中学在校学生数	人	23398	35362	3596	3126	4325
小学在校学生数	人	26877	48351	5523	5258	5786
医疗卫生机构床位数	床	1382	2407	365	444	364
各种社会福利收养性单位数	个	4	3	2	5	5
各种社会福利收养性单位床位数	床	230	163	102	59	101

2018年县(市)社会经济主要指标

山西省

指　　标	单位	吉　县	乡宁县	大宁县	隰　县	永和县
一、基本情况						
行政区域面积	平方公里	1780	2025	962	1413	1214
乡个数	个	5	5	4	5	5
镇个数	个	3	5	2	3	2
街道办事处个数	个					
户籍人口	人	108840	238781	66229	108542	65712
第二产业从业人员	人	10580	26545	6065	10568	6356
第三产业从业人员	人	19266	33165	8305	15463	15160
二、综合经济						
地区生产总值	万元	213671	1334566	67308	167672	91150
第一产业增加值	万元	57614	36764	15714	39736	22848
第二产业增加值	万元	85378	999941	9143	24753	16244
一般公共预算收入	万元	12563	172810	3772	8794	11399
一般公共预算支出	万元	135841	269319	139569	162508	145891
居民储蓄存款余额	万元	257315	818698	121059	281355	144101
年末金融机构各项贷款余额	万元	170140	563236	73189	137371	79819
三、农业、工业和通讯						
设施农业占地(水面)面积	公顷	26	8	54	32	4
油料产量	吨	944	1463	776	611	446
棉花产量	吨			21		20
规模以上工业企业单位数	个	3	34	2	2	2
固定电话用户	户	4328	7303	2847	3651	1430
四、教育、卫生和社会保障						
普通中学在校学生数	人	3911	11977	1699	4541	1681
小学在校学生数	人	5602	15082	2585	6794	3286
医疗卫生机构床位数	床	500	1148	245	374	218
各种社会福利收养性单位数	个	2	3	1	2	2
各种社会福利收养性单位床位数	床	90	272	28	59	141

2018年县(市)社会经济主要指标

山西省

指　　标	单位	蒲　县	汾西县	侯马市	霍州市	离石区
一、基本情况						
行政区域面积	平方公里	1513	875	220	765	1324
乡个数	个	5	3	3	3	3
镇个数	个	4	5		4	2
街道办事处个数	个			5	5	7
户籍人口	人	108269	148779	240531	308888	286994
第二产业从业人员	人	10682	16562	25560	36001	48278
第三产业从业人员	人	18030	20357	73208	70933	46419
二、综合经济						
地区生产总值	万元	967786	242173	1151168	832392	1004485
第一产业增加值	万元	20988	32585	34172	36664	18897
第二产业增加值	万元	803701	64578	251386	507913	328981
一般公共预算收入	万元	96863	7846	48833	59325	124802
一般公共预算支出	万元	145977	141657	175485	170192	225909
居民储蓄存款余额	万元	360669	223221	1538911	1238866	2650949
年末金融机构各项贷款余额	万元	281197	53950	1120992	829942	3232921
三、农业、工业和通讯						
设施农业占地(水面)面积	公顷	57	474	136	87	36
油料产量	吨	785	318	48	119	434
棉花产量	吨		6		13	
规模以上工业企业单位数	个	36	6	30	17	
固定电话用户	户	3567	3600	28072	26652	24259
四、教育、卫生和社会保障						
普通中学在校学生数	人	4693	7111	9283	13741	18897
小学在校学生数	人	7013	8505	14190	19946	44508
医疗卫生机构床位数	床	661	389	1532	1376	399
各种社会福利收养性单位数	个	3	1	9	11	6
各种社会福利收养性单位床位数	床	328	80	1110	929	441

2018年县(市)社会经济主要指标

山西省

指　　标	单位	文水县	交城县	兴　县	临　县	柳林县
一、基本情况						
行政区域面积	平方公里	1069	1827	3166	2977	1287
乡个数	个	5	4	10	10	7
镇个数	个	7	6	7	13	8
街道办事处个数	个					
户籍人口	人	454285	233720	289973	659524	346105
第二产业从业人员	人	45782	30082	29922	32885	97562
第三产业从业人员	人	36226	23759	24476	52873	61253
二、综合经济						
地区生产总值	万元	697278	906357	980478	692866	2065080
第一产业增加值	万元	125299	32488	46629	85843	25118
第二产业增加值	万元	361859	622853	756508	303719	1490134
一般公共预算收入	万元	31182	75417	151389	68917	304957
一般公共预算支出	万元	197468	195985	433848	505998	428772
居民储蓄存款余额	万元	1370419	1060038	759407	917435	1259756
年末金融机构各项贷款余额	万元	865624	566053	669967	711872	801187
三、农业、工业和通讯						
设施农业占地(水面)面积	公顷	116	75	60	38	5
油料产量	吨	377	239	5207	2513	804
棉花产量	吨					20
规模以上工业企业单位数	个					42
固定电话用户	户	21193	6432	7329	5035	38753
四、教育、卫生和社会保障						
普通中学在校学生数	人	22667	14794	6069	11755	21423
小学在校学生数	人	29409	17284	12391	22992	25053
医疗卫生机构床位数	床	972	864	665	1535	1309
各种社会福利收养性单位数	个	7	7	2	5	5
各种社会福利收养性单位床位数	床	267	655	102	322	470

2018年县(市)社会经济主要指标

山西省

指　　标	单位	石楼县	岚　县	方山县	中阳县	交口县
一、基本情况						
行政区域面积	平方公里	1735	1513	1434	1439	1258
乡个数	个	5	8	2	2	3
镇个数	个	4	4	5	5	4
街道办事处个数	个					
户籍人口	人	122470	188115	157401	156013	124526
第二产业从业人员	人	5983	8391	7831	19650	9255
第三产业从业人员	人	12753	26109	6390	20433	14365
二、综合经济						
地区生产总值	万元	106999	423766	393161	842509	663376
第一产业增加值	万元	28629	28892	22456	14247	22630
第二产业增加值	万元	1400	273726	257126	634994	545264
一般公共预算收入	万元	5044	53648	49175	104479	83860
一般公共预算支出	万元	181179	183862	173849	176591	146768
居民储蓄存款余额	万元	242152	482464	314067	739698	621171
年末金融机构各项贷款余额	万元	205898	294251	189101	488950	386358
三、农业、工业和通讯						
设施农业占地(水面)面积	公顷	8	16	3514	5	1577
油料产量	吨	578	818	1022	103	429
棉花产量	吨	1				
规模以上工业企业单位数	个		14			
固定电话用户	户	2861	3200	2301	3200	24552
四、教育、卫生和社会保障						
普通中学在校学生数	人	6250	9428	4805	8253	5834
小学在校学生数	人	8204	11634	7499	11240	8559
医疗卫生机构床位数	床	419	594	561	466	431
各种社会福利收养性单位数	个	1	7	6	4	2
各种社会福利收养性单位床位数	床	20	200	266	160	30

2018年县(市)社会经济主要指标

山西省、内蒙古自治区

指　　标	单位	孝义市	汾阳市	土默特左旗	托克托县	和林格尔县
一、基本情况						
行政区域面积	平方公里	938	1179	2765	1408	3448
乡个数	个	5	3	2		4
镇个数	个	7	9	7	5	4
街道办事处个数	个	5	4			
户籍人口	人	490816	433065	363393	202439	204003
第二产业从业人员	人	88609	53058	70952	24426	19165
第三产业从业人员	人	82703	61503	59418	22958	32768
二、综合经济						
地区生产总值	万元	3769021	1597801	2773439	1554734	1576300
第一产业增加值	万元	76352	65608	328403	183457	192100
第二产业增加值	万元	2226404	915721	1225340	842820	783800
一般公共预算收入	万元	282882	133080	166475	107044	148219
一般公共预算支出	万元	385798	242190	322902	233029	230608
居民储蓄存款余额	万元	3663426	1935500	748981	585539	547614
年末金融机构各项贷款余额	万元	2089681	927600	588683	992104	743988
三、农业、工业和通讯						
设施农业占地(水面)面积	公顷	1090	265	2577	493	2080
油料产量	吨	68	87	27517	1904	3940
棉花产量	吨					
规模以上工业企业单位数	个	153	31	52	32	36
固定电话用户	户	38901	45389	8000	14487	14000
四、教育、卫生和社会保障						
普通中学在校学生数	人	29755	21559	11140	10555	8113
小学在校学生数	人	39869	28571	10586	10977	8584
医疗卫生机构床位数	床	1253	2032	756	539	513
各种社会福利收养性单位数	个	9	14	15	4	7
各种社会福利收养性单位床位数	床	1249	719	1146	260	590

2018年县(市)社会经济主要指标

内蒙古自治区

指　　标	单位	清水河县	武川县	土默特右旗	固阳县	达尔罕茂明安联合旗
一、基本情况						
行政区域面积	平方公里	2818	4682	2368	5025	17482
乡个数	个	4	6	3		5
镇个数	个	4	3	5	6	7
街道办事处个数	个					
户籍人口	人	141331	171100	362914	199040	110991
第二产业从业人员	人	4962	11871	39888	31562	8489
第三产业从业人员	人	11239	19512	78578	21296	20142
二、综合经济						
地区生产总值	万元	513670	520508	1810200	638900	1066300
第一产业增加值	万元	63780	87491	365700	128200	136900
第二产业增加值	万元	122013	130799	737900	336100	474200
一般公共预算收入	万元	44104	23761	60158	32837	57141
一般公共预算支出	万元	169669	154555	250723	248580	220709
居民储蓄存款余额	万元	400969	439273	923985	393731	319802
年末金融机构各项贷款余额	万元	282271	513217	1030834	584827	291960
三、农业、工业和通讯						
设施农业占地(水面)面积	公顷	275	2491	223	5	2
油料产量	吨	4732	51317	34381	21333	12360
棉花产量	吨					
规模以上工业企业单位数	个	15	13	22	24	40
固定电话用户	户	2095	3940	12638	3945	1800
四、教育、卫生和社会保障						
普通中学在校学生数	人	4492	3599	7655	3829	1329
小学在校学生数	人	4764	4407	12828	5063	2852
医疗卫生机构床位数	床	412	419	899	609	633
各种社会福利收养性单位数	个	1	2	9	8	5
各种社会福利收养性单位床位数	床	128	470	460	539	522

2018年县(市)社会经济主要指标

内蒙古自治区

指　　标	单位	阿鲁科尔沁旗	巴林左旗	巴林右旗	林西县	克什克腾旗
一、基本情况						
行政区域面积	平方公里	14555	6459	9837	3933	20673
乡个数	个	7	4	4	2	6
镇个数	个	7	7	5	7	7
街道办事处个数	个	2	2	2	2	3
户籍人口	人	292285	340020	182170	230088	247896
第二产业从业人员	人	10412	21324	2902	11878	9418
第三产业从业人员	人	12718	11081	3737	14546	45828
二、综合经济						
地区生产总值	万元	829894	960118	561069	801657	970485
第一产业增加值	万元	201848	239983	123477	136204	195697
第二产业增加值	万元	170876	296459	157452	330545	398827
一般公共预算收入	万元	46501	54003	31000	37103	57200
一般公共预算支出	万元	350228	345143	290618	278258	302600
居民储蓄存款余额	万元	559774	710220	439330	577035	576629
年末金融机构各项贷款余额	万元	795990	874842	720107	562741	812551
三、农业、工业和通讯						
设施农业占地(水面)面积	公顷	600	4968	228	693	
油料产量	吨	21247	3748	34210	12023	7787
棉花产量	吨					
规模以上工业企业单位数	个	10	25	12	29	31
固定电话用户	户	11070	16038	6000	17000	9500
四、教育、卫生和社会保障						
普通中学在校学生数	人	12668	18741	8349	8823	4749
小学在校学生数	人	14073	17626	9531	9903	9523
医疗卫生机构床位数	床	1702	1897	844	1207	1308
各种社会福利收养性单位数	个	6	21	9	17	15
各种社会福利收养性单位床位数	床	546	1902	352	1250	759

2018年县(市)社会经济主要指标

内蒙古自治区

指　　标	单位	翁牛特旗	喀喇沁旗	宁城县	敖汉旗	科尔沁左翼中旗
一、基本情况						
行政区域面积	平方公里	11882	3050	4305	8294	9573
乡个数	个	6	2	2	5	6
镇个数	个	8	7	13	11	11
街道办事处个数	个	2	2	3		1
户籍人口	人	476996	345389	605563	605811	520903
第二产业从业人员	人	42550	16471	47000	37597	31017
第三产业从业人员	人	46705	47528	41049	58136	75266
二、综合经济						
地区生产总值	万元	1126235	657707	1474995	1310022	1052700
第一产业增加值	万元	450834	142660	386792	452701	508100
第二产业增加值	万元	258803	203353	425492	258610	127400
一般公共预算收入	万元	48761	43451	50207	40017	36533
一般公共预算支出	万元	385870	270754	422227	457305	432656
居民储蓄存款余额	万元	789564	826143	1564787	1153000	427063
年末金融机构各项贷款余额	万元	916087	591683	1091957	832000	398925
三、农业、工业和通讯						
设施农业占地(水面)面积	公顷	9858	5827	23128		1533
油料产量	吨	62770	2618	1362	11351	32142
棉花产量	吨					
规模以上工业企业单位数	个	20	16	22	21	12
固定电话用户	户	6949	9400	55300	132012	7958
四、教育、卫生和社会保障						
普通中学在校学生数	人	16401	14867	20970	28049	16550
小学在校学生数	人	19734	17636	36441	30482	22337
医疗卫生机构床位数	床	1240	1139	3078	2909	1897
各种社会福利收养性单位数	个	19	11	27	30	13
各种社会福利收养性单位床位数	床	990	938	980	1088	610

2018年县(市)社会经济主要指标

内蒙古自治区

指　　标	单位	科尔沁左翼后旗	开鲁县	库伦旗	奈曼旗	扎鲁特旗
一、基本情况						
行政区域面积	平方公里	11500	4353	4709	8135	16492
乡个数	个	5		3	6	8
镇个数	个	10	10	5	8	7
街道办事处个数	个			1		
户籍人口	人	401539	391134	177711	445328	305728
第二产业从业人员	人	14410	19771	9543	36208	14839
第三产业从业人员	人	55800	24368	26494	23673	74563
二、综合经济						
地区生产总值	万元	994300	1192419	436658	791614	1216610
第一产业增加值	万元	401800	456686	191809	336114	359416
第二产业增加值	万元	192400	177149	52133	158100	365627
一般公共预算收入	万元	39176	33398	12674	36722	78029
一般公共预算支出	万元	372086	296345	196148	420300	353167
居民储蓄存款余额	万元	465033	748367	232336	676510	509073
年末金融机构各项贷款余额	万元	731081	523057	223570	485257	603635
三、农业、工业和通讯						
设施农业占地(水面)面积	公顷	45	3399	650	593	268
油料产量	吨	33402	6280	1388	9902	4903
棉花产量	吨					
规模以上工业企业单位数	个	18	20	4	29	23
固定电话用户	户	45000	5430	5795	11130	11337
四、教育、卫生和社会保障						
普通中学在校学生数	人	16079	18768	7683	20725	7959
小学在校学生数	人	22565	19457	9692	25636	16174
医疗卫生机构床位数	床	3466	1336	708	1580	1757
各种社会福利收养性单位数	个	7	6	6	6	11
各种社会福利收养性单位床位数	床	347	890	131	429	518

2018年县(市)社会经济主要指标

内蒙古自治区

指　　标	单位	霍林郭勒市	东胜区	达拉特旗	准格尔旗	鄂托克前旗
一、基本情况						
行政区域面积	平方公里	585	2145	8241	7692	12221
乡个数	个	1		1	3	
镇个数	个		3	8	7	4
街道办事处个数	个	4	12	6	4	
户籍人口	人	83374	268473	370933	330700	80920
第二产业从业人员	人	27310	109573	48057	69131	14933
第三产业从业人员	人	29401	182629	108631	100906	18274
二、综合经济						
地区生产总值	万元	1662145	7338900	3567800	9381800	1353600
第一产业增加值	万元	32833	15800	386800	109900	133600
第二产业增加值	万元	893389	2443400	1693200	5048400	767100
一般公共预算收入	万元	118232	454659	188136	777117	105607
一般公共预算支出	万元	198440	615136	501720	883223	306076
居民储蓄存款余额	万元	566304	9571500	1415281	3592900	357300
年末金融机构各项贷款余额	万元	1014929	21908300	1236441	3483000	345000
三、农业、工业和通讯						
设施农业占地(水面)面积	公顷	202	109	6243	577	
油料产量	吨	8812	19	39519	2349	1965
棉花产量	吨					
规模以上工业企业单位数	个	37	54	52	104	15
固定电话用户	户	5865	51927	18553	60397	13300
四、教育、卫生和社会保障						
普通中学在校学生数	人	6681	27584	13806	14859	2958
小学在校学生数	人	7974	44457	25992	27025	5124
医疗卫生机构床位数	床	758	5257	2799	1486	539
各种社会福利收养性单位数	个	1	23	39	8	2
各种社会福利收养性单位床位数	床	107	4252	2419	1809	690

2018年县(市)社会经济主要指标

内蒙古自治区

指　　标	单位	鄂托克旗	杭锦旗	乌审旗	伊金霍洛旗	海拉尔区
一、基本情况						
行政区域面积	平方公里	20367	19253	11674	5487	1309
乡个数	个	2	1	1		
镇个数	个	4	5	5	7	2
街道办事处个数	个					7
户籍人口	人	98140	144051	116277	177661	285654
第二产业从业人员	人	35471	14515	4871	51155	19307
第三产业从业人员	人	26899	25400	37478	58469	141810
二、综合经济						
地区生产总值	万元	4533000	1028100	3871100	6015800	1922896
第一产业增加值	万元	89500	210100	150300	81700	64364
第二产业增加值	万元	3271900	385900	2703300	3123400	564962
一般公共预算收入	万元	262380	45416	210020	743067	86501
一般公共预算支出	万元	412716	314949	380708	837209	320196
居民储蓄存款余额	万元	936203	488830	543597	2923276	2422999
年末金融机构各项贷款余额	万元	1232928	654842	1151950	1546881	4048975
三、农业、工业和通讯						
设施农业占地(水面)面积	公顷		60			405
油料产量	吨	7784	59367	2137		5666
棉花产量	吨					
规模以上工业企业单位数	个	72	21	21	53	28
固定电话用户	户	11800	9700	11642	14501	59907
四、教育、卫生和社会保障						
普通中学在校学生数	人	5072	4042	4731	6395	16415
小学在校学生数	人	10779	6612	10448	15435	14831
医疗卫生机构床位数	床	520	523	661	1330	3489
各种社会福利收养性单位数	个	6	3	3	5	5
各种社会福利收养性单位床位数	床	793	664	300	551	622

2018年县(市)社会经济主要指标

内蒙古自治区

指　　标	单位	阿荣旗	莫力达瓦达斡尔族自治旗	鄂伦春自治旗	鄂温克族自治旗	陈巴尔虎旗
一、基本情况						
行政区域面积	平方公里	11073	10356	54688	18657	17458
乡个数	个	4	4	2	6	4
镇个数	个	8	11	8	4	3
街道办事处个数	个					
户籍人口	人	321339	319569	248462	137863	55239
第二产业从业人员	人	10091	9072	7494	19673	7313
第三产业从业人员	人	43322	49607	30305	63169	13432
二、综合经济						
地区生产总值	万元	1035104	947637	669818	1055693	901009
第一产业增加值	万元	429118	554462	240677	89517	114077
第二产业增加值	万元	182872	45866	36737	653598	564651
一般公共预算收入	万元	21176	26671	13375	80525	64727
一般公共预算支出	万元	349791	348105	314539	235752	166235
居民储蓄存款余额	万元	660370	454408	757199	497911	170323
年末金融机构各项贷款余额	万元	588708	606301	782500	920401	197475
三、农业、工业和通讯						
设施农业占地(水面)面积	公顷	710	5		2215	9
油料产量	吨	213	42	21	7412	62799
棉花产量	吨					
规模以上工业企业单位数	个	11	3	4	13	10
固定电话用户	户	6300	8000	6257	12279	3270
四、教育、卫生和社会保障						
普通中学在校学生数	人	8988	11220	6509	904	974
小学在校学生数	人	16861	14905	8605	4421	1883
医疗卫生机构床位数	床	1356	884	862	804	340
各种社会福利收养性单位数	个	12	10	10	8	2
各种社会福利收养性单位床位数	床	1530	1165	536	451	160

2018年县(市)社会经济主要指标

内蒙古自治区

指　　标	单位	新巴尔虎左旗	新巴尔虎右旗	满洲里市	牙克石市	扎兰屯市
一、基本情况						
行政区域面积	平方公里	20107	24840	465	27803	16785
乡个数	个	5	4			4
镇个数	个	2	3	2	10	8
街道办事处个数	个			10	6	7
户籍人口	人	41991	35223	172371	325815	406596
第二产业从业人员	人	56	3958	17251	59930	25430
第三产业从业人员	人	1140	11270	104281	85442	68742
二、综合经济						
地区生产总值	万元	242886	581992	1735099	1253437	1593815
第一产业增加值	万元	95123	93960	35297	269066	459775
第二产业增加值	万元	42872	355080	357100	206871	586525
一般公共预算收入	万元	12342	43955	72094	31128	60669
一般公共预算支出	万元	129783	144807	336254	356742	421888
居民储蓄存款余额	万元	73748	99912	1477349	1395900	878450
年末金融机构各项贷款余额	万元	86794	95872	1208165	893148	1626928
三、农业、工业和通讯						
设施农业占地(水面)面积	公顷	1256			3088	402
油料产量	吨		11		76500	4158
棉花产量	吨					
规模以上工业企业单位数	个	4		31	28	11
固定电话用户	户	1593	3210	23459	27200	30300
四、教育、卫生和社会保障						
普通中学在校学生数	人	822	750	9423	10798	12434
小学在校学生数	人	1747	1698	9182	7097	17487
医疗卫生机构床位数	床	136	117	1164	2816	2132
各种社会福利收养性单位数	个	1	2	5	12	29
各种社会福利收养性单位床位数	床	60	98	390	936	4069

2018年县(市)社会经济主要指标

内蒙古自治区

指　　标	单位	额尔古纳市	根河市	临河区	五原县	磴口县
一、基本情况						
行政区域面积	平方公里	28958	20010	2333	2503	3676
乡个数	个	3	1	2	1	1
镇个数	个	3	4	7	8	4
街道办事处个数	个	2	4	11		
户籍人口	人	79942	133711	520840	280503	113670
第二产业从业人员	人	6630	4758	37715	4285	4016
第三产业从业人员	人	23903	17916	182239	41027	23347
二、综合经济						
地区生产总值	万元	451903	324247	2714000	924500	507300
第一产业增加值	万元	190236	55199	494300	283100	113700
第二产业增加值	万元	50211	54344	968800	225500	231700
一般公共预算收入	万元	15570	8777	162262	35077	24060
一般公共预算支出	万元	189839	157943	444051	327272	158740
居民储蓄存款余额	万元	329845	578168	3093600	883500	424581
年末金融机构各项贷款余额	万元	315655	296374	4614094	984200	429123
三、农业、工业和通讯						
设施农业占地(水面)面积	公顷	124		2225	1513	2113
油料产量	吨	129886	1263	182405	267444	65350
棉花产量	吨					
规模以上工业企业单位数	个	6	4			
固定电话用户	户	4795	4321	111000	6700	12100
四、教育、卫生和社会保障						
普通中学在校学生数	人	2557	2187	22534	9078	2769
小学在校学生数	人	2675	1827	29396	11523	3494
医疗卫生机构床位数	床	424	485	4720	1183	1123
各种社会福利收养性单位数	个	1	1	10	5	4
各种社会福利收养性单位床位数	床	100	100	1630	750	597

2018年县(市)社会经济主要指标

内蒙古自治区

指　　标	单位	乌拉特前旗	乌拉特中旗	乌拉特后旗	杭锦后旗	集宁区
一、基本情况						
行政区域面积	平方公里	7482	22868	24525	1752	542
乡个数	个	2	4	3		1
镇个数	个	9	6	3	9	1
街道办事处个数	个					8
户籍人口	人	332604	142902	58361	292409	314200
第二产业从业人员	人	8539	5243	8588	5780	12607
第三产业从业人员	人	37854	18725	13901	56352	79427
二、综合经济						
地区生产总值	万元	1292300	888200	678300	1126400	1692814
第一产业增加值	万元	347000	184900	43500	376400	46987
第二产业增加值	万元	367200	500200	492500	309400	655687
一般公共预算收入	万元	74821	81933	86506	29697	119980
一般公共预算支出	万元	340690	291774	200357	260987	346084
居民储蓄存款余额	万元	1027841	437310	230744	1007460	3046198
年末金融机构各项贷款余额	万元	1044913	488000	254800	1089888	3397970
三、农业、工业和通讯						
设施农业占地(水面)面积	公顷	261	811	73	767	2340
油料产量	吨	145331	57074	4893	76650	3163
棉花产量	吨					
规模以上工业企业单位数	个					23
固定电话用户	户	4500	5000	1083	41210	43090
四、教育、卫生和社会保障						
普通中学在校学生数	人	9447	3152	1347	5523	29255
小学在校学生数	人	12731	4092	2460	10054	22202
医疗卫生机构床位数	床	1469	498	228	1576	3215
各种社会福利收养性单位数	个	9	2	1	10	16
各种社会福利收养性单位床位数	床	1391	400	150	1730	2030

2018年县(市)社会经济主要指标

内蒙古自治区

指　　标	单位	卓资县	化德县	商都县	兴和县	凉城县
一、基本情况						
行政区域面积	平方公里	3119	2534	4284	3518	3451
乡个数	个	3	3	4	4	2
镇个数	个	5	3	6	5	6
街道办事处个数	个					
户籍人口	人	199791	163069	331505	319415	234897
第二产业从业人员	人	32084	7568	12263	11326	3683
第三产业从业人员	人	53984	26534	25996	24065	25568
二、综合经济						
地区生产总值	万元	525996	474740	473751	510685	625576
第一产业增加值	万元	64141	136907	121860	123095	151271
第二产业增加值	万元	213231	195636	158310	149764	223780
一般公共预算收入	万元	23652	14820	15141	16001	12531
一般公共预算支出	万元	230066	216519	292818	275543	263727
居民储蓄存款余额	万元	465966	389000	611208	709547	558086
年末金融机构各项贷款余额	万元	331892	220000	274676	488319	427496
三、农业、工业和通讯						
设施农业占地(水面)面积	公顷	263	46	493		680
油料产量	吨	11173	7989	55400	26860	6502
棉花产量	吨					
规模以上工业企业单位数	个	12	18	27	16	6
固定电话用户	户	4905	7830	3383	2502	1850
四、教育、卫生和社会保障						
普通中学在校学生数	人	2483	3496	6419	2951	4258
小学在校学生数	人	2605	4265	7848	9416	6011
医疗卫生机构床位数	床	384	505	970	800	1016
各种社会福利收养性单位数	个	3	11	5	1	4
各种社会福利收养性单位床位数	床	310	445	570	305	480

2018年县(市)社会经济主要指标

内蒙古自治区

指　　标	单位	察哈尔右翼前旗	察哈尔右翼中旗	察哈尔右翼后旗	四子王旗	丰镇市
一、基本情况						
行政区域面积	平方公里	2440	4186	3910	24036	2722
乡个数	个	4	7	3	8	3
镇个数	个	5	5	5	5	5
街道办事处个数	个		8		13	5
户籍人口	人	215504	202054	206753	212361	312643
第二产业从业人员	人	26646	12765	9609	14129	42057
第三产业从业人员	人	25753	10268	18044	36379	37013
二、综合经济						
地区生产总值	万元	748732	440000	583003	495666	1076687
第一产业增加值	万元	135379	113000	156621	104694	82096
第二产业增加值	万元	380531	154000	242220	185997	560076
一般公共预算收入	万元	41450	12284	18477	10803	46773
一般公共预算支出	万元	229311	238160	219123	292947	292084
居民储蓄存款余额	万元	537020	378060	456607	446553	880373
年末金融机构各项贷款余额	万元	486221	372304	311627	493332	601643
三、农业、工业和通讯						
设施农业占地(水面)面积	公顷	1229	560	8750	424	
油料产量	吨	3460	24394	27553	25565	13101
棉花产量	吨					
规模以上工业企业单位数	个	35	12	12	25	41
固定电话用户	户	2100	9730	8780	8000	4716
四、教育、卫生和社会保障						
普通中学在校学生数	人	2763	2377	1915	4842	6058
小学在校学生数	人	3523	2843	4440	5613	10245
医疗卫生机构床位数	床	409	399	430	673	530
各种社会福利收养性单位数	个	1	5	2	5	7
各种社会福利收养性单位床位数	床	350	616	400	422	613

2018年县(市)社会经济主要指标

内蒙古自治区

指　　标	单位	乌兰浩特市	阿尔山市	科尔沁右翼前旗	科尔沁右翼中旗	扎赉特旗
一、基本情况						
行政区域面积	平方公里	2728	7409	16964	15613	11837
乡个数	个			5	6	5
镇个数	个	4	4	9	6	8
街道办事处个数	个	9	4			
户籍人口	人	320106	45269	332474	252599	389019
第二产业从业人员	人	15986	1546	40531	7216	15081
第三产业从业人员	人	110650	14995	70878	35026	52703
二、综合经济						
地区生产总值	万元	1670792	170920	814533	562926	864530
第一产业增加值	万元	125490	34028	417779	233440	445039
第二产业增加值	万元	767098	31511	149735	123442	134245
一般公共预算收入	万元	87060	12216	29557	25707	71608
一般公共预算支出	万元	323006	150764	416609	311366	432502
居民储蓄存款余额	万元	1701787	170835	350967	293766	591932
年末金融机构各项贷款余额	万元	3792282	415704	468980	337454	717872
三、农业、工业和通讯						
设施农业占地(水面)面积	公顷	658	5	514	1889	2400
油料产量	吨	1212	16336	11226	61848	1540
棉花产量	吨					
规模以上工业企业单位数	个	32	1	23	17	18
固定电话用户	户	34243	5276	5263	8249	9912
四、教育、卫生和社会保障						
普通中学在校学生数	人	21453	559	10472	11388	13206
小学在校学生数	人	19616	995	16330	12981	21436
医疗卫生机构床位数	床	3249	292	1385	1547	1461
各种社会福利收养性单位数	个	15	1	17	5	7
各种社会福利收养性单位床位数	床	1189	60	669	385	787

2018年县(市)社会经济主要指标

内蒙古自治区

指　　标	单位	突泉县	二连浩特市	锡林浩特市	阿巴嘎旗	苏尼特左旗
一、基本情况						
行政区域面积	平方公里	4797	4015	14780	27495	34240
乡个数	个	3	1	3	4	4
镇个数	个	6		1	3	3
街道办事处个数	个			7		
户籍人口	人	299610	34182	192164	43788	34494
第二产业从业人员	人	18120	4851	27211	3791	3718
第三产业从业人员	人	26495	34143	88167	9012	9887
二、综合经济						
地区生产总值	万元	641133	752500	2101646	308503	326703
第一产业增加值	万元	286016	7300	164369	85860	66947
第二产业增加值	万元	162161	60300	928627	106381	138251
一般公共预算收入	万元	26192	38503	177730	16503	16127
一般公共预算支出	万元	324937	210088	205850	103381	118249
居民储蓄存款余额	万元	460431	551978	1861026	158437	133726
年末金融机构各项贷款余额	万元	462753	672599	3353332	130352	97125
三、农业、工业和通讯						
设施农业占地(水面)面积	公顷	798	38	1855		
油料产量	吨	6301		947		
棉花产量	吨					
规模以上工业企业单位数	个	8	13	66		13
固定电话用户	户	6141	6400	22150	1660	1017
四、教育、卫生和社会保障						
普通中学在校学生数	人	10324	4459	19276	905	670
小学在校学生数	人	12563	5486	18316	1489	1600
医疗卫生机构床位数	床	1006	207	2250	214	130
各种社会福利收养性单位数	个	10	1	6	1	1
各种社会福利收养性单位床位数	床	1058	130	1314	70	100

2018年县(市)社会经济主要指标

内蒙古自治区

指　　标	单位	苏尼特右旗	东乌珠穆沁旗	西乌珠穆沁旗	太仆寺旗	镶黄旗
一、基本情况						
行政区域面积	平方公里	22455	47554	22459	3426	5146
乡个数	个	4	4	7	2	2
镇个数	个	3	6	5	5	2
街道办事处个数	个		7		8	6
户籍人口	人	66985	81481	80415	208383	31435
第二产业从业人员	人	8599	9436	14359	3341	1498
第三产业从业人员	人	15682	24152	20121	8461	6580
二、综合经济						
地区生产总值	万元	462988	895071	1357464	410279	213333
第一产业增加值	万元	59027	208507	144948	122374	37448
第二产业增加值	万元	232229	396868	1027290	95456	60880
一般公共预算收入	万元	21277	119474	204504	16581	18293
一般公共预算支出	万元	149894	263375	273215	208040	101828
居民储蓄存款余额	万元	291556	428960	338192	474777	91616
年末金融机构各项贷款余额	万元	166646	347623	690916	385054	101323
三、农业、工业和通讯						
设施农业占地(水面)面积	公顷		80		2022	
油料产量	吨	1270	2949		26352	
棉花产量	吨					
规模以上工业企业单位数	个				19	7
固定电话用户	户	2000	2452	3524	6860	800
四、教育、卫生和社会保障						
普通中学在校学生数	人	1394	3696	2994	4546	1021
小学在校学生数	人	3118	5814	5280	4784	1286
医疗卫生机构床位数	床	372	389	442	432	234
各种社会福利收养性单位数	个	3	6	4	11	1
各种社会福利收养性单位床位数	床	147	256	933	543	71

2018年县(市)社会经济主要指标

内蒙古自治区

指　　标	单位	正镶白旗	正蓝旗	多伦县	阿拉善左旗	阿拉善右旗
一、基本情况						
行政区域面积	平方公里	6253	10206	3864	80412	74485
乡个数	个	3	4	2	6	4
镇个数	个	2	3	3	9	3
街道办事处个数	个				4	
户籍人口	人	71177	84734	111540	145152	25209
第二产业从业人员	人	634	3773	10221	26331	2114
第三产业从业人员	人	9387	14173	20906	66381	7048
二、综合经济						
地区生产总值	万元	266786	634152	467974	2274126	183316
第一产业增加值	万元	55814	75685	91467	91520	23809
第二产业增加值	万元	93442	373745	193205	1498376	63129
一般公共预算收入	万元	12043	39794	27103	100541	8871
一般公共预算支出	万元	127038	167725	126696	436114	116266
居民储蓄存款余额	万元	161386	281778	362051	1817700	109040
年末金融机构各项贷款余额	万元	106391	557742	439822	3510600	60303
三、农业、工业和通讯						
设施农业占地(水面)面积	公顷	15	19	85	156	8
油料产量	吨	1878	468	600	3931	5422
棉花产量	吨				4	21
规模以上工业企业单位数	个		20	7	86	12
固定电话用户	户	810	1730	2018	16677	1276
四、教育、卫生和社会保障						
普通中学在校学生数	人	1266	2360	4557	8244	823
小学在校学生数	人	1778	3549	7005	9590	866
医疗卫生机构床位数	床	185	336	444	1165	176
各种社会福利收养性单位数	个	2	5	4	3	2
各种社会福利收养性单位床位数	床	275	427	195	426	92

2018年县(市)社会经济主要指标

内蒙古自治区、辽宁省

指　　标	单位	额济纳旗	辽中区	康平县	法库县	新民市
一、基本情况						
行政区域面积	平方公里	114606	1470	2167	2320	3318
乡个数	个	5		7	5	4
镇个数	个	3	16	5	12	20
街道办事处个数	个	2	4	3	2	5
户籍人口	人	18756	514000	342000	438204	665647
第二产业从业人员	人	2810	27309	14009	95519	39096
第三产业从业人员	人	12425	76191	38890	51673	68143
二、综合经济						
地区生产总值	万元	354206	2083740	1323643	1997967	2346660
第一产业增加值	万元	18671	652150	318795	363186	677619
第二产业增加值	万元	116103	568391	442257	751946	764846
一般公共预算收入	万元	18841	93929	80528	106326	111423
一般公共预算支出	万元	122404	273166	273924	304281	420729
居民储蓄存款余额	万元	171239	1816740	925667	1139296	2333764
年末金融机构各项贷款余额	万元	200910	837724	670456	746894	1375554
三、农业、工业和通讯						
设施农业占地(水面)面积	公顷	3	3415	280	580	10519
油料产量	吨		15233	48941	16254	7006
棉花产量	吨	81				
规模以上工业企业单位数	个	8	82	54	90	69
固定电话用户	户	1548	91803	60000	16950	89324
四、教育、卫生和社会保障						
普通中学在校学生数	人	828	11638	12739	13189	16440
小学在校学生数	人	1363	38044	14804	15213	26720
医疗卫生机构床位数	床	162	2329	1680	1006	2800
各种社会福利收养性单位数	个	1	11	10	11	12
各种社会福利收养性单位床位数	床	105	1622	1150	1508	2060

2018年县(市)社会经济主要指标

辽宁省

指　　标	单位	普兰店区	长海县	瓦房店市	庄河市	台安县
一、基本情况						
行政区域面积	平方公里	2678	142	3643	4114	1393
乡个数	个			8	6	
镇个数	个		5	13	15	10
街道办事处个数	个	19		11	5	4
户籍人口	人	728459	71226	988588	888519	365110
第二产业从业人员	人					37030
第三产业从业人员	人					53553
二、综合经济						
地区生产总值	万元	4783748	944613	9753030	6537927	1297484
第一产业增加值	万元	728776	503115	1019378	1133486	293926
第二产业增加值	万元	2473487	77671	5201280	3244677	487936
一般公共预算收入	万元	183448	40010	633311	358078	57576
一般公共预算支出	万元	424102	105658	891962	689444	197937
居民储蓄存款余额	万元	4388740	437182	5562928	4825696	1444247
年末金融机构各项贷款余额	万元	2126920	299030	5130838	2895673	853609
三、农业、工业和通讯						
设施农业占地(水面)面积	公顷	4717	21893	5909	10741	6436
油料产量	吨	22955	15	3976	13181	6416
棉花产量	吨					
规模以上工业企业单位数	个	130	7	168	130	66
固定电话用户	户	121076	15000	164500	120287	31000
四、教育、卫生和社会保障						
普通中学在校学生数	人	19748	2444	29496	25240	8083
小学在校学生数	人	23848	2785	42882	26871	14498
医疗卫生机构床位数	床	3379	236	5360	4984	1613
各种社会福利收养性单位数	个	37	6	39	33	19
各种社会福利收养性单位床位数	床	2918	470	4592	6530	2330

2018年县(市)社会经济主要指标

辽宁省

指　　标	单位	岫岩满族自治县	海城市	抚顺县	新宾满族自治县	清原满族自治县
一、基本情况						
行政区域面积	平方公里	4502	2566	1701	4287	3921
乡个数	个	3		4	6	4
镇个数	个	18	21	4	9	10
街道办事处个数	个	5	6	2		
户籍人口	人	505674	1071200	113088	290343	320545
第二产业从业人员	人	45320	232832	10928	21539	12603
第三产业从业人员	人	51450	256663	13598	39595	29515
二、综合经济						
地区生产总值	万元	1185384	5582393	374431	521504	582956
第一产业增加值	万元	239635	367654	95547	159913	162371
第二产业增加值	万元	420249	1674995	162067	119508	133441
一般公共预算收入	万元	98268	322710	45252	47811	59237
一般公共预算支出	万元	297747	440509	124197	218212	220562
居民储蓄存款余额	万元	2282940	7217332	312653	1141391	1167134
年末金融机构各项贷款余额	万元	1385171	3370559	264164	524577	630677
三、农业、工业和通讯						
设施农业占地(水面)面积	公顷	1710	5173	71	233	115
油料产量	吨	5405	1755	617	125	55
棉花产量	吨					
规模以上工业企业单位数	个	59	256	16	23	24
固定电话用户	户	66009	117000	25436	41274	31113
四、教育、卫生和社会保障						
普通中学在校学生数	人	13254	28338	3334	8303	6673
小学在校学生数	人	23801	57639	3587	10004	11479
医疗卫生机构床位数	床	1688	4496	393	985	1294
各种社会福利收养性单位数	个	25	43	8	16	25
各种社会福利收养性单位床位数	床	1433	4452	454	1044	1588

2018年县(市)社会经济主要指标

辽宁省

指　　标	单位	本溪满族自治县	桓仁满族自治县	宽甸满族自治县	东港市	凤城市
一、基本情况						
行政区域面积	平方公里	3342	3547	6115	2399	5515
乡个数	个	1	4	3	1	1
镇个数	个	10	8	19	14	17
街道办事处个数	个	1	1		3	3
户籍人口	人	280956	289680	423930	597876	564686
第二产业从业人员	人	25688	32110	24364	77976	63020
第三产业从业人员	人	32258	58923	43283	144561	97522
二、综合经济						
地区生产总值	万元	1262257	1106515	859861	2403548	1906942
第一产业增加值	万元	170320	203855	241621	708344	265353
第二产业增加值	万元	438578	374072	211926	730393	584108
一般公共预算收入	万元	74366	58135	57225	144011	120748
一般公共预算支出	万元	192490	245242	277069	459905	365955
居民储蓄存款余额	万元	1201188	1198837	1880366	4006573	2944744
年末金融机构各项贷款余额	万元	831605	594933	892910	2795517	1668207
三、农业、工业和通讯						
设施农业占地(水面)面积	公顷	78	205	363	6066	2465
油料产量	吨	65	212	906	11644	1988
棉花产量	吨					
规模以上工业企业单位数	个	29	26	32	112	77
固定电话用户	户	40210	30921		116322	153958
四、教育、卫生和社会保障						
普通中学在校学生数	人	9483	8815	15730	17281	13609
小学在校学生数	人	9520	10825	14190	21828	20501
医疗卫生机构床位数	床	1303	1248	2897	3531	3899
各种社会福利收养性单位数	个	7	11	12	26	32
各种社会福利收养性单位床位数	床	580	1914	850	1962	1899

2018年县(市)社会经济主要指标

辽宁省

指　　标	单位	黑山县	义　县	凌海市	北镇市	盖州市
一、基本情况						
行政区域面积	平方公里	2497	2476	2586	1694	2946
乡个数	个	4	3	2	3	3
镇个数	个	15	13	15	11	16
街道办事处个数	个	2	2	4	5	8
户籍人口	人	587239	409248	502330	504989	687300
第二产业从业人员	人	28980	36496	46084	22591	64465
第三产业从业人员	人	122889	67475	46767	42334	82410
二、综合经济						
地区生产总值	万元	1193140	1169920	1426492	1129146	1814279
第一产业增加值	万元	459173	331369	475115	403219	451512
第二产业增加值	万元	169207	385013	426205	169020	583416
一般公共预算收入	万元	48100	69579	107899	54142	89760
一般公共预算支出	万元	368208	314144	331979	290235	379791
居民储蓄存款余额	万元	2082811	1248585	2024605	2323384	2476000
年末金融机构各项贷款余额	万元	1144420	907819	1111427	1187265	1375632
三、农业、工业和通讯						
设施农业占地(水面)面积	公顷	3528	1195	2675	13600	2780
油料产量	吨	25858	26882	23562	48670	133
棉花产量	吨					
规模以上工业企业单位数	个	38	37	43	35	75
固定电话用户	户	52488	42984	24170	109136	152605
四、教育、卫生和社会保障						
普通中学在校学生数	人	12518	15753	16663	18530	13723
小学在校学生数	人	19974	14536	16364	19129	25763
医疗卫生机构床位数	床	2399	1203	2160	2200	2659
各种社会福利收养性单位数	个	23	20	37	28	34
各种社会福利收养性单位床位数	床	1715	1725	2059	1580	3103

2018年县(市)社会经济主要指标

辽宁省

指　　标	单位	大石桥市	阜新蒙古族自治县	彰武县	辽阳县	灯塔市
一、基本情况						
行政区域面积	平方公里	1610	6218	3623	2480	1170
乡个数	个		3	2	3	1
镇个数	个	13	32	22	12	10
街道办事处个数	个	5	1		11	3
户籍人口	人	690337	707310	398556	464407	436065
第二产业从业人员	人	87481	39478	14130	39737	44534
第三产业从业人员	人	84907	25737	49429	48153	60017
二、综合经济						
地区生产总值	万元	3150066	1338789	926468	1192792	1502260
第一产业增加值	万元	334627	491340	431398	297167	300204
第二产业增加值	万元	1718259	252645	152923	414589	566637
一般公共预算收入	万元	222307	69025	52306	114206	148000
一般公共预算支出	万元	421638	424283	294908	224785	258704
居民储蓄存款余额	万元	3875161	1352146	1005582	2103500	1878708
年末金融机构各项贷款余额	万元	3147380	1122867	699400	1940966	1291025
三、农业、工业和通讯						
设施农业占地(水面)面积	公顷	999	2237		938	3640
油料产量	吨	79	106979	100379	1229	3936
棉花产量	吨					
规模以上工业企业单位数	个	232	58	41	53	35
固定电话用户	户	72182	122000	79313	54909	66378
四、教育、卫生和社会保障						
普通中学在校学生数	人	23446	29345	9158	10090	9386
小学在校学生数	人	32356	26222	16561	16876	16286
医疗卫生机构床位数	床	3831	1969	1519	2260	1730
各种社会福利收养性单位数	个	30	33	16	11	16
各种社会福利收养性单位床位数	床	1780	1658	1116	1699	1407

2018年县(市)社会经济主要指标

辽宁省

指　　标	单位	大洼区	盘山县	铁岭县	西丰县	昌图县
一、基本情况						
行政区域面积	平方公里	1816	2015	2250	2683	4324
乡个数	个			2	6	
镇个数	个	10	10	12	12	33
街道办事处个数	个	8	3			
户籍人口	人	391286	273786	378601	332079	992620
第二产业从业人员	人	44208	28342	37447	18859	41064
第三产业从业人员	人	80313	42923	44643	49847	96477
二、综合经济						
地区生产总值	万元	2700239	1580795	986794	473015	1298436
第一产业增加值	万元	533026	399088	233245	204827	570434
第二产业增加值	万元	1404242	771239	334134	43814	192631
一般公共预算收入	万元	415663	180308	56775	28028	51068
一般公共预算支出	万元	630245	296439	252495	208987	539905
居民储蓄存款余额	万元	1740647	1263774		819701	2258649
年末金融机构各项贷款余额	万元	1380411	559801	634901	598182	1667239
三、农业、工业和通讯						
设施农业占地(水面)面积	公顷	1163	5502	982	470	1805
油料产量	吨		3221	481	25	81810
棉花产量	吨					
规模以上工业企业单位数	个	85	72	80	16	30
固定电话用户	户	69000	45782	18913		
四、教育、卫生和社会保障						
普通中学在校学生数	人	15284	8675	6335	10975	21880
小学在校学生数	人	17568	9021	9502	10178	35822
医疗卫生机构床位数	床	2522	932	1352	1481	3392
各种社会福利收养性单位数	个	11	11	5	7	10
各种社会福利收养性单位床位数	床	674	1487	840	920	1610

2018年县(市)社会经济主要指标

辽宁省

指　　标	单位	调兵山市	开原市	朝阳县	建平县	喀喇沁左翼蒙古族自治县
一、基本情况						
行政区域面积	平方公里	262	2838	3758	4868	2232
乡个数	个		1	12	7	5
镇个数	个	3	16	14	17	14
街道办事处个数	个	2	3	1	6	3
户籍人口	人	239000	560378	555097	577573	419557
第二产业从业人员	人	57295	33317	67202	53017	47747
第三产业从业人员	人	44589	79200	60026	86610	61655
二、综合经济						
地区生产总值	万元	1034445	1028697	994922	1185974	990028
第一产业增加值	万元	29084	341833	297677	303309	305703
第二产业增加值	万元	710883	206389	228828	229670	230364
一般公共预算收入	万元	107869	70309	51459	78836	47497
一般公共预算支出	万元	134085	272797	372224	357326	294536
居民储蓄存款余额	万元	1649079	1877387	889291	2326000	1308025
年末金融机构各项贷款余额	万元	1211108	1346362	819581	1155000	976867
三、农业、工业和通讯						
设施农业占地(水面)面积	公顷	46	2266	1544	1785	2766
油料产量	吨	37	144	2635	4038	1210
棉花产量	吨			19		
规模以上工业企业单位数	个	16	40	34	43	36
固定电话用户	户	23985	23747	62609	135000	50135
四、教育、卫生和社会保障						
普通中学在校学生数	人	4628	12987	22570	24212	19355
小学在校学生数	人	7853	21659	30389	26357	20684
医疗卫生机构床位数	床	1330	3321	1213	2747	2098
各种社会福利收养性单位数	个	1	39	11	14	6
各种社会福利收养性单位床位数	床	150	3710	1214	1745	1060

2018年县(市)社会经济主要指标

辽宁省

指　　标	单位	北票市	凌源市	绥中县	建昌县	兴城市
一、基本情况						
行政区域面积	平方公里	4419	3282	2780	3195	2102
乡个数	个	15	6	11	21	12
镇个数	个	12	16	14	7	7
街道办事处个数	个	7	8			9
户籍人口	人	558144	637000	639109	620540	532568
第二产业从业人员	人	37150	51514	41010	47919	42533
第三产业从业人员	人	56163	59874	44475	97923	36320
二、综合经济						
地区生产总值	万元	1238458	1527938	1661277	776716	1242950
第一产业增加值	万元	315602	391245	549125	203013	279171
第二产业增加值	万元	288965	416819	511843	170651	168987
一般公共预算收入	万元	62747	100500	123086	35067	127422
一般公共预算支出	万元	432978	388300	381429	339737	429780
居民储蓄存款余额	万元	1887380	2439548	2710359	1349728	2463035
年末金融机构各项贷款余额	万元	1108956	1227399	2172646	963747	2548149
三、农业、工业和通讯						
设施农业占地(水面)面积	公顷	2042	10	5612	982	1029
油料产量	吨	2477	54	53228	238	108841
棉花产量	吨	3				
规模以上工业企业单位数	个	41	39	26	15	80
固定电话用户	户	74128	81200	35877	88030	129020
四、教育、卫生和社会保障						
普通中学在校学生数	人	20433	32331	28161	26707	22788
小学在校学生数	人	20870	38155	32228	35832	25246
医疗卫生机构床位数	床	3307	3561	2100	1959	1958
各种社会福利收养性单位数	个	48	8	20	24	10
各种社会福利收养性单位床位数	床	1848	730	1625	1961	1750

2018年县(市)社会经济主要指标

吉林省

指　　标	单位	九台区	农安县	榆树市	德惠市	永吉县
一、基本情况						
行政区域面积	平方公里	3375	5415	4712	3461	2399
乡个数	个	2	10	9	4	2
镇个数	个	2	12	15	12	6
街道办事处个数	个	15	4	4	4	
户籍人口	人	790743	1126472	1229647	925600	327200
第二产业从业人员	人	138759	89116	163852	79471	18606
第三产业从业人员	人	114729	98936	151698	114560	26929
二、综合经济						
地区生产总值	万元	5115863	4988503	4563436	5122969	909875
第一产业增加值	万元	394391	909095	790075	652263	99708
第二产业增加值	万元	2467981	1438316	1276019	1958041	311502
一般公共预算收入	万元	245255	203314	124339	153279	72276
一般公共预算支出	万元	650531	754845	776387	591219	325106
居民储蓄存款余额	万元	2126205	3024412	2340077	2577187	1160186
年末金融机构各项贷款余额	万元	2680630	2758914	2553123	1409981	1337297
三、农业、工业和通讯						
设施农业占地(水面)面积	公顷	417	129	677	925	269
油料产量	吨	36	65104	6798	6367	146
棉花产量	吨					
规模以上工业企业单位数	个	209	209	139	203	66
固定电话用户	户		81491	127569	80250	34062
四、教育、卫生和社会保障						
普通中学在校学生数	人	30417	43700	49613	37059	11725
小学在校学生数	人	31947	51531	49796	40748	13983
医疗卫生机构床位数	床	2920	4110	2798	2600	1417
各种社会福利收养性单位数	个	18	58	40	17	13
各种社会福利收养性单位床位数	床	3700	4046	3206	2390	2229

2018年县(市)社会经济主要指标

吉林省

指　　标	单位	蛟河市	桦甸市	舒兰市	磐石市	梨树县
一、基本情况						
行政区域面积	平方公里	6370	6625	4559	3861	3520
乡个数	个	2	3	5	1	6
镇个数	个	8	6	10	13	15
街道办事处个数	个	7	5	5	4	
户籍人口	人	421830	421509	607753	506427	761900
第二产业从业人员	人	39681	23013	31249	54078	27925
第三产业从业人员	人	78494	59496	82604	89273	44940
二、综合经济						
地区生产总值	万元	1585915	1753905	1762715	2206915	1924619
第一产业增加值	万元	215539	277725	383948	278822	649350
第二产业增加值	万元	549433	631215	432385	748923	321436
一般公共预算收入	万元	89581	100397	71231	165277	84106
一般公共预算支出	万元	376656	378337	494422	385530	609097
居民储蓄存款余额	万元	1280060	1247097	1539579	1079506	1729452
年末金融机构各项贷款余额	万元	932848	1104066	1959157	1478704	958692
三、农业、工业和通讯						
设施农业占地(水面)面积	公顷	448	449	871	132	1608
油料产量	吨	274	2282		484	
棉花产量	吨					
规模以上工业企业单位数	个	26	159	65	126	15
固定电话用户	户	32100	35174	50662	54307	41800
四、教育、卫生和社会保障						
普通中学在校学生数	人	16705	19928	20812	17860	28673
小学在校学生数	人	16009	19873	23216	19105	35542
医疗卫生机构床位数	床	2089	2009	2562	2016	2672
各种社会福利收养性单位数	个	41	14	18	34	15
各种社会福利收养性单位床位数	床	2340	1413	1120	4406	1538

2018年县(市)社会经济主要指标

吉林省

指　　标	单位	伊通满族自治县	公主岭市	双辽市	东丰县	东辽县
一、基本情况						
行政区域面积	平方公里	2527	4111	3121	2522	2173
乡个数	个	3	2	4	2	4
镇个数	个	12	18	8	12	9
街道办事处个数	个	2	10	6		
户籍人口	人	449557	1031000	392536	386661	335731
第二产业从业人员	人	25021	74315	22781	31600	35900
第三产业从业人员	人	68955	109133	89523	47270	42085
二、综合经济						
地区生产总值	万元	1114053	4015255	978009	1825821	1238597
第一产业增加值	万元	335533	694639	316173	188574	151273
第二产业增加值	万元	104056	1501705	246892	978964	630541
一般公共预算收入	万元	58371	237750	67833	68612	50239
一般公共预算支出	万元	408188	798199	414035	345000	372006
居民储蓄存款余额	万元	1029996	3290979	377394	1190885	835618
年末金融机构各项贷款余额	万元	855067	2677663	1142799	763359	1143700
三、农业、工业和通讯						
设施农业占地(水面)面积	公顷	123	1307	289	246	63
油料产量	吨		112	36107	28	10
棉花产量	吨					
规模以上工业企业单位数	个	28	172	34	27	71
固定电话用户	户	33515	225603	17509	27165	34103
四、教育、卫生和社会保障						
普通中学在校学生数	人	11867	53856	16672	16580	8100
小学在校学生数	人	18813	59238	20103	16130	11290
医疗卫生机构床位数	床	1615	6474	1433	1921	926
各种社会福利收养性单位数	个	27	40	17	39	16
各种社会福利收养性单位床位数	床	1749	5887	1699	1849	1723

2018年县(市)社会经济主要指标

吉林省

指　　标	单位	通化县	辉南县	柳河县	梅河口市	集安市
一、基本情况						
行政区域面积	平方公里	3724	2276	3346	2179	3341
乡个数	个	5	1	3	3	2
镇个数	个	11	10	12	16	9
街道办事处个数	个				5	4
户籍人口	人	236063	327334	359095	591494	211690
第二产业从业人员	人	31801	30546	23498	78573	26388
第三产业从业人员	人	13950	52114	45558	64675	27037
二、综合经济						
地区生产总值	万元	1087780	849210	604237	3723200	774698
第一产业增加值	万元	72924	166535	170585	190400	59054
第二产业增加值	万元	480901	265747	133870	1604700	97741
一般公共预算收入	万元	91893	85901	80031	372828	37144
一般公共预算支出	万元	275587	332875	317177	616469	22361
居民储蓄存款余额	万元	906385	1082804	884042	2455671	1148233
年末金融机构各项贷款余额	万元	1069345	760151	840474	1599765	885191
三、农业、工业和通讯						
设施农业占地(水面)面积	公顷	418	193	86	172	28
油料产量	吨	284	508	1319	8	355
棉花产量	吨					
规模以上工业企业单位数	个	52	27	22	177	23
固定电话用户	户	42192	45883	51252	96027	42344
四、教育、卫生和社会保障						
普通中学在校学生数	人	8592	14607	12392	23095	4444
小学在校学生数	人	8286	13216	15645	24668	6971
医疗卫生机构床位数	床	1580	1549	1980	3315	1101
各种社会福利收养性单位数	个	17	24	26	41	13
各种社会福利收养性单位床位数	床	942	713	1810	3538	576

2018年县(市)社会经济主要指标

吉林省

指　　标	单位	江源区	抚松县	靖宇县	长白朝鲜族自治县	临江市
一、基本情况						
行政区域面积	平方公里	1348	6159	3094	2506	3009
乡个数	个		3	1	1	1
镇个数	个	6	11	7	7	6
街道办事处个数	个	4				6
户籍人口	人	205278	282228	134939	77969	154241
第二产业从业人员	人	47706	21044	11910	9336	23056
第三产业从业人员	人	30690	77327	31265	18342	36377
二、综合经济						
地区生产总值	万元	1429111	1529299	640384	454121	867859
第一产业增加值	万元	70416	198237	61099	46372	69491
第二产业增加值	万元	686135	570996	294942	200868	426922
一般公共预算收入	万元	40653	39560	50858	30817	23161
一般公共预算支出	万元	253211	377573	237888	248139	311400
居民储蓄存款余额	万元	654785	1111000	396610	358020	668616
年末金融机构各项贷款余额	万元	299791	842300	482108	157733	422893
三、农业、工业和通讯						
设施农业占地(水面)面积	公顷	126	74	151	67	128
油料产量	吨	816	773	3440	136	657
棉花产量	吨					
规模以上工业企业单位数	个	29	48	56	29	46
固定电话用户	户	21456	56848	24730	21692	23688
四、教育、卫生和社会保障						
普通中学在校学生数	人	5035	11638	4835	3590	5649
小学在校学生数	人	4916	10749	5659	2450	4976
医疗卫生机构床位数	床	1735	2824	396	316	1138
各种社会福利收养性单位数	个	11	3	7	11	13
各种社会福利收养性单位床位数	床	908	356	289	306	443

2018年县(市)社会经济主要指标

吉林省

指　　标	单位	前郭尔罗斯蒙古族自治县	长岭县	乾安县	扶余市	镇赉县
一、基本情况						
行政区域面积	平方公里	6979	5736	3617	4654	4719
乡个数	个	13	10	4	5	4
镇个数	个	9	12	6	12	7
街道办事处个数	个				5	
户籍人口	人	572492	631162	271822	710467	264606
第二产业从业人员	人	56892	36401	22476	60275	14703
第三产业从业人员	人	129733	96581	59623	103158	32736
二、综合经济						
地区生产总值	万元	2900179	2495271	1576268	2959187	1132464
第一产业增加值	万元	519583	495218	162436	492195	287611
第二产业增加值	万元	633947	614502	760503	645497	382226
一般公共预算收入	万元	91749	87097	75650	91209	86497
一般公共预算支出	万元	538395	551332	342201	530094	379670
居民储蓄存款余额	万元	2137265	1038858	606799	1212881	683144
年末金融机构各项贷款余额	万元	2808627	1454248	556896	1194421	1234225
三、农业、工业和通讯						
设施农业占地(水面)面积	公顷	998	2152	179000	1	2056
油料产量	吨	177994	72004	9372	253816	15206
棉花产量	吨					
规模以上工业企业单位数	个	78	66	84	61	40
固定电话用户	户	221000	60964	26970	55487	17638
四、教育、卫生和社会保障						
普通中学在校学生数	人	26472	28215	10011	28902	10631
小学在校学生数	人	32322	32961	11196	29030	11704
医疗卫生机构床位数	床	2155	2298	1097	1080	786
各种社会福利收养性单位数	个	16	20	14	25	12
各种社会福利收养性单位床位数	床	873	2175	596	1056	1919

2018年县(市)社会经济主要指标

吉林省

指　　标	单位	通榆县	洮南市	大安市	延吉市	图们市
一、基本情况						
行政区域面积	平方公里	8496	5017	4879	1748	1147
乡个数	个	8	10	8	4	
镇个数	个	8	6	10	4	4
街道办事处个数	个	3	8	5	6	3
户籍人口	人	356552	410118	382016	552786	110436
第二产业从业人员	人	7122	24182	35842	31110	10132
第三产业从业人员	人	28716	67025	31857	177912	16748
二、综合经济						
地区生产总值	万元	1039012	1078331	1197260	3184913	232226
第一产业增加值	万元	204840	251441	201779	38916	10839
第二产业增加值	万元	229997	288107	513989	1036047	68330
一般公共预算收入	万元	69039	59595	127067	252120	14735
一般公共预算支出	万元	589118	535364	433799	627516	234070
居民储蓄存款余额	万元	1366635	831800	977718	5116593	582607
年末金融机构各项贷款余额	万元	932016	1203410	1406790	4485974	208527
三、农业、工业和通讯						
设施农业占地(水面)面积	公顷	672	1308	547		85
油料产量	吨	32206	32752	32217		33
棉花产量	吨					
规模以上工业企业单位数	个	39	49	53	71	31
固定电话用户	户	28252	32416	61590	216000	20882
四、教育、卫生和社会保障						
普通中学在校学生数	人	15783	10334	6431	23655	1968
小学在校学生数	人	15238	16823	12086	30773	2428
医疗卫生机构床位数	床	1152	2356	1503	4980	371
各种社会福利收养性单位数	个	17	18	19	60	12
各种社会福利收养性单位床位数	床	1186	1408	1132	4587	1120

2018年县(市)社会经济主要指标

吉林省

指　　标	单位	敦化市	珲春市	龙井市	和龙市	汪清县
一、基本情况						
行政区域面积	平方公里	11957	5184	2209	5069	8918
乡个数	个	5	5	2		1
镇个数	个	11	4	5	8	8
街道办事处个数	个	4	4	2	3	3
户籍人口	人	456708	228455	154043	158625	218922
第二产业从业人员	人	39630	15544	6894	10252	11399
第三产业从业人员	人	98866	37025	23753	29975	41921
二、综合经济						
地区生产总值	万元	1239904	937005	278716	489814	501285
第一产业增加值	万元	173505	52899	32815	35623	111484
第二产业增加值	万元	305848	453837	40584	285649	62999
一般公共预算收入	万元	169835	165970	19242	8140	69834
一般公共预算支出	万元	585153	338280	267778	7641	468094
居民储蓄存款余额	万元	1987380	1304901	766223	547831	920567
年末金融机构各项贷款余额	万元	1727448	1514490	287839	546540	687844
三、农业、工业和通讯						
设施农业占地(水面)面积	公顷	170	106	132	76	161
油料产量	吨	153	356			119
棉花产量	吨					
规模以上工业企业单位数	个	96	57	14	21	18
固定电话用户	户	85900	68876	34411	28376	41100
四、教育、卫生和社会保障						
普通中学在校学生数	人	17325	8313	2583	1715	6024
小学在校学生数	人	18576	11121	3491	4317	6692
医疗卫生机构床位数	床	2112	1433	429	785	932
各种社会福利收养性单位数	个	14	23	15	13	17
各种社会福利收养性单位床位数	床	2028	2020	1397	1275	1037

2018年县(市)社会经济主要指标

吉林省、黑龙江省

指　　标	单位	安图县	呼兰区	阿城区	双城区	依兰县
一、基本情况						
行政区域面积	平方公里	7444	2229	2452	3112	4616
乡个数	个	2	3		8	3
镇个数	个	7	7	4	9	6
街道办事处个数	个		16	15	10	
户籍人口	人	197479	531875	544514	770024	379658
第二产业从业人员	人	9459	31215		87543	17243
第三产业从业人员	人	21969	76958		148726	25541
二、综合经济						
地区生产总值	万元	512313	1278975	3233322	5299105	1364203
第一产业增加值	万元	57160	370066	185520	1022148	232292
第二产业增加值	万元	63852	211203	817478	1159055	271017
一般公共预算收入	万元	29017	30050	47749	43298	41221
一般公共预算支出	万元	417434	361829	181871	513148	329684
居民储蓄存款余额	万元	635054	1983725	1818760	1807638	885423
年末金融机构各项贷款余额	万元	646931	1343548	1018851	1842203	537823
三、农业、工业和通讯						
设施农业占地(水面)面积	公顷	178	873	446	2692	2126
油料产量	吨	3056	40		6854	42
棉花产量	吨					
规模以上工业企业单位数	个	15	13	60	85	23
固定电话用户	户	36354	53772	72230	26371	21451
四、教育、卫生和社会保障						
普通中学在校学生数	人	4210	14689	20795	29944	7521
小学在校学生数	人	7548	20341	23344	32449	14524
医疗卫生机构床位数	床	812	3970	2578	2586	1153
各种社会福利收养性单位数	个	14	12	3	27	2
各种社会福利收养性单位床位数	床	1569	1147	1210	2185	556

2018年县(市)社会经济主要指标

黑龙江省

指　　标	单位	方正县	宾县	巴彦县	木兰县	通河县
一、基本情况						
行政区域面积	平方公里	2976	3843	3143	3600	5676
乡个数	个	4	5	8	2	
镇个数	个	4	12	10	6	8
街道办事处个数	个					
户籍人口	人	220989	569697	665811	249428	235487
第二产业从业人员	人	10591	47621	95947	8082	17613
第三产业从业人员	人	13846	110256	101196	29654	20848
二、综合经济						
地区生产总值	万元	644004	3049266	1810756	830684	795631
第一产业增加值	万元	231745	370904	363160	212651	266047
第二产业增加值	万元	105597	970952	259332	81332	97152
一般公共预算收入	万元	18237	45609	35717	11554	21010
一般公共预算支出	万元	187475	381276	430840	234979	206331
居民储蓄存款余额	万元	822917	1279202	1142926	479781	589323
年末金融机构各项贷款余额	万元	372382	1666786	699715	281341	693176
三、农业、工业和通讯						
设施农业占地(水面)面积	公顷	3894	724	1920	209	163
油料产量	吨	136	3	1	149	10
棉花产量	吨					
规模以上工业企业单位数	个	47	56	29	23	29
固定电话用户	户	16222	26000	21489	16211	17635
四、教育、卫生和社会保障						
普通中学在校学生数	人	8486	23329	20405	8182	5460
小学在校学生数	人	8732	26217	21446	10610	8911
医疗卫生机构床位数	床	1130	1934	1819	800	903
各种社会福利收养性单位数	个	10	50	10	14	8
各种社会福利收养性单位床位数	床	1404	3077	1165	1139	1657

2018年县(市)社会经济主要指标

黑龙江省

指　　标	单位	延寿县	尚志市	五常市	龙江县	依安县
一、基本情况						
行政区域面积	平方公里	3150	8891	7512	5887	3678
乡个数	个	3	7	12	6	9
镇个数	个	6	10	12	8	6
街道办事处个数	个					
户籍人口	人	246787	560448	897705	580847	464931
第二产业从业人员	人	7356	53664	112369	48158	14580
第三产业从业人员	人	27085	118522	120205	96557	57833
二、综合经济						
地区生产总值	万元	648142	2137363	4132765	1004990	588607
第一产业增加值	万元	143617	554357	959002	450066	291463
第二产业增加值	万元	143935	432956	1124188	258454	84577
一般公共预算收入	万元	35264	36000	75677	42482	31877
一般公共预算支出	万元	253079	340000	335845	411995	149907
居民储蓄存款余额	万元	528080	1759522	1993789	861600	691847
年末金融机构各项贷款余额	万元	442924	1306641	1241847	485700	556167
三、农业、工业和通讯						
设施农业占地(水面)面积	公顷		623	669	417	191
油料产量	吨	20	1318		245	140
棉花产量	吨					
规模以上工业企业单位数	个	37	65	189	19	21
固定电话用户	户	24227	41800	79346	30258	5373
四、教育、卫生和社会保障						
普通中学在校学生数	人	4933	13340	20773	22220	12537
小学在校学生数	人	9407	22411	32781	24352	13489
医疗卫生机构床位数	床	1049	2340	3501	2330	821
各种社会福利收养性单位数	个	2	3	43	4	16
各种社会福利收养性单位床位数	床	1385	620	2948	900	1500

2018年县(市)社会经济主要指标

黑龙江省

指　　标	单位	泰来县	甘南县	富裕县	克山县	克东县
一、基本情况						
行政区域面积	平方公里	3917	4791	4060	3320	2083
乡个数	个	2	5	4	8	2
镇个数	个	8	5	6	7	5
街道办事处个数	个					
户籍人口	人	303490	319247	279955	439855	277110
第二产业从业人员	人	15962	13312	15034	64025	59949
第三产业从业人员	人	46105	27652	22408	86807	57910
二、综合经济						
地区生产总值	万元	535142	600840	716003	717162	479240
第一产业增加值	万元	231422	267378	277329	299737	144801
第二产业增加值	万元	108522	150357	230222	129509	244396
一般公共预算收入	万元	30854	32897	43081	19993	46240
一般公共预算支出	万元	247279	328829	259917	327531	269263
居民储蓄存款余额	万元	560352	802612	686970	772225	496798
年末金融机构各项贷款余额	万元	369782	957001	365794	376938	320286
三、农业、工业和通讯						
设施农业占地(水面)面积	公顷	133	200	1112	127	252
油料产量	吨	2601	2655	25	575	
棉花产量	吨					
规模以上工业企业单位数	个	19	22	23	14	14
固定电话用户	户	8638	7459	45230	5758	12912
四、教育、卫生和社会保障						
普通中学在校学生数	人	10695	13534	9933	12044	9270
小学在校学生数	人	14187	17055	10759	10685	7671
医疗卫生机构床位数	床	1053	1074	1221	1540	530
各种社会福利收养性单位数	个	22	7	22	9	4
各种社会福利收养性单位床位数	床	2089	1169	1104	2024	1140

2018年县(市)社会经济主要指标

黑龙江省

指　　标	单位	拜泉县	讷河市	鸡东县	虎林市	密山市
一、基本情况						
行政区域面积	平方公里	3599	6660	3243	9334	7731
乡个数	个	9	4	3	4	8
镇个数	个	7	11	8	7	8
街道办事处个数	个		2			1
户籍人口	人	553219	681250	270716	151486	396504
第二产业从业人员	人	13324	54644	4813	3160	13533
第三产业从业人员	人	43554	58657	11618	8917	54572
二、综合经济						
地区生产总值	万元	856251	1147753	849439	729571	1016494
第一产业增加值	万元	267882	447244	302439	281486	325726
第二产业增加值	万元	218204	206582	170874	101015	177066
一般公共预算收入	万元	16562	30588	26573	41377	36186
一般公共预算支出	万元	468084	433962	238492	272308	322595
居民储蓄存款余额	万元	737670	1200157	846800	1434101	1616686
年末金融机构各项贷款余额	万元	345432	1494405	388011	2577737	664353
三、农业、工业和通讯						
设施农业占地(水面)面积	公顷	60	1085	380	736	507
油料产量	吨	602	61	1123	220	7
棉花产量	吨					
规模以上工业企业单位数	个	14	39	20	27	29
固定电话用户	户	9163	17784	53017	25824	19233
四、教育、卫生和社会保障						
普通中学在校学生数	人	13978	22353	10408	9798	15497
小学在校学生数	人	15431	22059	7082	6719	9712
医疗卫生机构床位数	床	1070	1643	1675	1594	2910
各种社会福利收养性单位数	个	12	12	10	3	27
各种社会福利收养性单位床位数	床	1510	4471	1384	489	2677

2018年县(市)社会经济主要指标

黑龙江省

指　　标	单位	萝北县	绥滨县	集贤县	友谊县	宝清县
一、基本情况						
行政区域面积	平方公里	2077	3344	2258	1647	10001
乡个数	个	2	6	3		4
镇个数	个	6	3	5	1	6
街道办事处个数	个					
户籍人口	人	82858	122981	274631	46000	293311
第二产业从业人员	人	3982	10150	20674	245	16011
第三产业从业人员	人	16784	13568	45501	4960	17015
二、综合经济						
地区生产总值	万元	420069	283861	726751	92099	885179
第一产业增加值	万元	86660	129344	174066	3170	336647
第二产业增加值	万元	92818	17302	173938	46378	199946
一般公共预算收入	万元	35976	16568	25668	88720	44728
一般公共预算支出	万元	214150	191972	233614	83471	319440
居民储蓄存款余额	万元	868567	520495	924045	676443	1203964
年末金融机构各项贷款余额	万元	3229999	226238	783421	217865	1040160
三、农业、工业和通讯						
设施农业占地(水面)面积	公顷	605	285	175		1736
油料产量	吨	7		8		213
棉花产量	吨					
规模以上工业企业单位数	个	21	6	34	12	41
固定电话用户	户	3368	3000	18500	9887	50551
四、教育、卫生和社会保障						
普通中学在校学生数	人	3371	4696	13264	2568	12862
小学在校学生数	人	3012	4477	9585	2256	15753
医疗卫生机构床位数	床	584	498	1044	1138	1862
各种社会福利收养性单位数	个	1	1	3	9	8
各种社会福利收养性单位床位数	床	267	240	762	1064	954

2018年县(市)社会经济主要指标

黑龙江省

指　　标	单位	饶河县	肇州县	肇源县	林甸县	杜尔伯特蒙古族自治县
一、基本情况						
行政区域面积	平方公里	6598	2446	4120	3504	6054
乡个数	个	5	6	8	3	6
镇个数	个	4	6	8	5	5
街道办事处个数	个					
户籍人口	人	70000	429815	439621	251400	235330
第二产业从业人员	人	2589	3705	5067	10855	5418
第三产业从业人员	人	6335	14498	13683	14645	40751
二、综合经济						
地区生产总值	万元	229744	1155975	1014935	454313	781928
第一产业增加值	万元	159592	450660	424481	235041	349809
第二产业增加值	万元	17611	338603	120670	47711	149645
一般公共预算收入	万元	12828	32993	28996	23336	34201
一般公共预算支出	万元	188551	269016	264742	226897	262473
居民储蓄存款余额	万元	431087	784735	904403	564957	534693
年末金融机构各项贷款余额	万元	254220	928282	426294	1438285	385344
三、农业、工业和通讯						
设施农业占地(水面)面积	公顷		571	1565	3033	1565
油料产量	吨	169	3561	30660	302	2572
棉花产量	吨					
规模以上工业企业单位数	个	5	61	84	11	31
固定电话用户	户	14346	14320	22526	6200	19339
四、教育、卫生和社会保障						
普通中学在校学生数	人	3362	20213	14592	9332	12837
小学在校学生数	人	3392	13056	14794	10176	9676
医疗卫生机构床位数	床	501	1204	1265	811	858
各种社会福利收养性单位数	个	2	16	19	16	18
各种社会福利收养性单位床位数	床	120	1438	2020	1672	1013

2018年县(市)社会经济主要指标

黑龙江省

指　　标	单位	嘉荫县	铁力市	桦南县	桦川县	汤原县
一、基本情况						
行政区域面积	平方公里	6739	6443	4417	2268	3420
乡个数	个	5	3	4	4	6
镇个数	个	4	5	6	5	4
街道办事处个数	个			1		
户籍人口	人	70389	346000	411128	188195	243415
第二产业从业人员	人	1376	1505	24619	5820	9642
第三产业从业人员	人	4448	8124	17589	7769	23465
二、综合经济						
地区生产总值	万元	211581	810118	1433874	631429	776680
第一产业增加值	万元	102527	407877	617359	287063	294737
第二产业增加值	万元	25476	122413	351780	210964	289124
一般公共预算收入	万元	10007	29124	30629	20983	22504
一般公共预算支出	万元	165493	265157	395791	225253	256335
居民储蓄存款余额	万元	246118	1279174	928846	462383	617349
年末金融机构各项贷款余额	万元	90387	366073	419698	1674341	623214
三、农业、工业和通讯						
设施农业占地(水面)面积	公顷		118	392	21	160
油料产量	吨	22	348	2950		
棉花产量	吨					
规模以上工业企业单位数	个	3	14	38	36	21
固定电话用户	户	5010	19800	36716	31850	4888
四、教育、卫生和社会保障						
普通中学在校学生数	人	2349	10063	25926	7472	4589
小学在校学生数	人	2557	8505	14152	7770	7584
医疗卫生机构床位数	床	351	1365	1412	1070	960
各种社会福利收养性单位数	个	3	40	24	11	15
各种社会福利收养性单位床位数	床	161	3349	1012	1839	812

2018年县(市)社会经济主要指标

黑龙江省

指　　标	单位	同江市	富锦市	抚远市	勃利县	林口县
一、基本情况						
行政区域面积	平方公里	6229	8224	6047	2575	6638
乡个数	个	4		5	5	
镇个数	个	6	11	5	5	11
街道办事处个数	个		2		5	
户籍人口	人	106620	373438	83434	283424	336520
第二产业从业人员	人	5998	8409	5109	12705	33921
第三产业从业人员	人	19656	35738	33072	11510	80974
二、综合经济						
地区生产总值	万元	473341	1413652	377830	570683	891462
第一产业增加值	万元	170393	437313	232370	152728	252311
第二产业增加值	万元	73535	360332	27005	147428	310189
一般公共预算收入	万元	24052	61399	19089	31950	42388
一般公共预算支出	万元	238686	539575	213047	286391	279784
居民储蓄存款余额	万元	412668	1191947	325026	736208	801685
年末金融机构各项贷款余额	万元	823187	866349	310334	847484	264580
三、农业、工业和通讯						
设施农业占地(水面)面积	公顷	62	120		1045	1315
油料产量	吨		45		87	5436
棉花产量	吨					
规模以上工业企业单位数	个	15	22	4	24	24
固定电话用户	户	6986	12737	6718	62870	21375
四、教育、卫生和社会保障						
普通中学在校学生数	人	3889	16917	2757	10125	10661
小学在校学生数	人	6143	16147	3142	12011	11213
医疗卫生机构床位数	床	419	1397	180	635	1335
各种社会福利收养性单位数	个	6	65	1	4	9
各种社会福利收养性单位床位数	床	524	3739	8	820	1554

2018年县(市)社会经济主要指标

黑龙江省

指　　标	单位	绥芬河市	海林市	宁安市	穆棱市	东宁市
一、基本情况						
行政区域面积	平方公里	422	8712	7227	6040	7117
乡个数	个			4	2	
镇个数	个	2	8	8	6	6
街道办事处个数	个		1	1	1	
户籍人口	人	69607	365797	411182	271383	202973
第二产业从业人员	人	813	50227	35076	44833	8504
第三产业从业人员	人	7495	62750	63552	54927	45771
二、综合经济						
地区生产总值	万元	1479239	1910116	1944532	1757737	1473018
第一产业增加值	万元	14548	264687	489664	215590	245005
第二产业增加值	万元	155620	895070	699911	886467	353906
一般公共预算收入	万元	47927	47995	34674	51396	37744
一般公共预算支出	万元	204846	224738	310321	305229	217121
居民储蓄存款余额	万元	975768	1327920	1277794	692500	1140783
年末金融机构各项贷款余额	万元	582538	366629	406730	269051	575802
三、农业、工业和通讯						
设施农业占地(水面)面积	公顷	27		2128	636	2337
油料产量	吨	297	1772	3445	13357	6876
棉花产量	吨					
规模以上工业企业单位数	个	37	36	35	37	31
固定电话用户	户	15786	31185	32230	24292	27428
四、教育、卫生和社会保障						
普通中学在校学生数	人	5787	7170	14630	10077	9194
小学在校学生数	人	7684	11733	15151	10504	9584
医疗卫生机构床位数	床	502	1826	1627	962	814
各种社会福利收养性单位数	个	2	13	23	9	21
各种社会福利收养性单位床位数	床	514	2540	2336	1147	934

2018年县(市)社会经济主要指标

黑龙江省

指　　标	单位	嫩江县	逊克县	孙吴县	北安市	五大连池市
一、基本情况						
行政区域面积	平方公里	15109	17344	4319	7194	8745
乡个数	个	5	6	9	4	4
镇个数	个	9	3	2	5	7
街道办事处个数	个		1		6	1
户籍人口	人	317507	76651	92582	420494	259704
第二产业从业人员	人	31865	4301	2692	29000	13593
第三产业从业人员	人	49961	11640	12715	99000	24895
二、综合经济						
地区生产总值	万元	1785832	266150	135814	1014187	681659
第一产业增加值	万元	770053	136297	67849	223138	385375
第二产业增加值	万元	248623	57951	22493	234513	59128
一般公共预算收入	万元	65173	50068	17507	61840	36089
一般公共预算支出	万元	490795	261855	182933	410611	345733
居民储蓄存款余额	万元	1061949	355656	292173	1464046	1013925
年末金融机构各项贷款余额	万元	1259542	190767	177232	2569066	403548
三、农业、工业和通讯						
设施农业占地(水面)面积	公顷	29	89	76	273	43
油料产量	吨	201	49	346	38	88
棉花产量	吨					
规模以上工业企业单位数	个	21	8	6	36	8
固定电话用户	户	6815	9370	6854	16000	10332
四、教育、卫生和社会保障						
普通中学在校学生数	人	13653	3330	3985	7473	9344
小学在校学生数	人	14906	3022	4163	10377	8019
医疗卫生机构床位数	床	1278	377	460	2953	1619
各种社会福利收养性单位数	个	2	4	1	4	19
各种社会福利收养性单位床位数	床	360	268	150	460	1194

2018年县(市)社会经济主要指标

黑龙江省

指　　标	单位	望奎县	兰西县	青冈县	庆安县	明水县
一、基本情况						
行政区域面积	平方公里	2316	2484	2685	5467	2308
乡个数	个	5	7	4	6	6
镇个数	个	10	8	11	8	6
街道办事处个数	个	4	4	4	4	4
户籍人口	人	445446	484699	445552	366000	332909
第二产业从业人员	人	22084	36587	20122	32178	28272
第三产业从业人员	人	14812	49088	38741	35187	22956
二、综合经济						
地区生产总值	万元	767291	766747	744991	965698	593653
第一产业增加值	万元	348699	348593	393763	439044	259509
第二产业增加值	万元	265500	242486	247958	259740	231095
一般公共预算收入	万元	41495	34796	29502	43066	25699
一般公共预算支出	万元	365957	376509	375813	312203	324976
居民储蓄存款余额	万元	820789	777923	738501	897951	565544
年末金融机构各项贷款余额	万元	518048	342470	363469	482039	255372
三、农业、工业和通讯						
设施农业占地(水面)面积	公顷	130	292	373	563	503
油料产量	吨	9	677	616		71
棉花产量	吨					
规模以上工业企业单位数	个	10	17	22	27	9
固定电话用户	户	29000	41180	35850	27652	21242
四、教育、卫生和社会保障						
普通中学在校学生数	人	13445	19538	19793	13589	11310
小学在校学生数	人	12531	13034	12005	11709	8450
医疗卫生机构床位数	床	1669	1361	1405	1080	1660
各种社会福利收养性单位数	个	4	4	4	32	13
各种社会福利收养性单位床位数	床	714	1200	2380	2533	2668

2018年县(市)社会经济主要指标

黑龙江省

指　　标	单位	绥棱县	安达市	肇东市	海伦市	漠河市
一、基本情况						
行政区域面积	平方公里	4238	3586	4323	4667	18428
乡个数	个	6	3	9	9	
镇个数	个	5	11	12	14	6
街道办事处个数	个		4	4		
户籍人口	人	293632	450922	859001	756616	70535
第二产业从业人员	人	9045	8555	11001	48273	3065
第三产业从业人员	人	38546	18252	22428	50328	6420
二、综合经济						
地区生产总值	万元	634834	2635579	3633360	1481810	292852
第一产业增加值	万元	269374	356066	822083	815542	100928
第二产业增加值	万元	187261	946948	1364269	311025	48718
一般公共预算收入	万元	32767	83770	87887	51268	56671
一般公共预算支出	万元	304388	368720	457567	634645	35706
居民储蓄存款余额	万元	830541	1284068	1431532	1399534	290877
年末金融机构各项贷款余额	万元	534922	619211	1685544	1263207	202676
三、农业、工业和通讯						
设施农业占地(水面)面积	公顷	509		584	1089	25
油料产量	吨	5	172	470	37	
棉花产量	吨					
规模以上工业企业单位数	个	15	47	45	33	6
固定电话用户	户	8900	20000	88550	120410	9750
四、教育、卫生和社会保障						
普通中学在校学生数	人	9675	13297	26420	20395	2405
小学在校学生数	人	8648	13929	27419	19339	610
医疗卫生机构床位数	床	967	1742	2192	1462	385
各种社会福利收养性单位数	个	2	30	32	5	5
各种社会福利收养性单位床位数	床	450	2159	2998	3253	258

2018年县(市)社会经济主要指标

黑龙江省、上海市、江苏省

指　　标	单位	呼玛县	塔河县	奉贤区	崇明区	浦口区
一、基本情况						
行政区域面积	平方公里	14335	14059	739	1413	910
乡个数	个	6	3		2	
镇个数	个	2	4	8	16	
街道办事处个数	个			2		5
户籍人口	人	44671	70628	538713	678631	743200
第二产业从业人员	人	216	3011	288921	171467	77500
第三产业从业人员	人	2871	3270	149022	103878	105100
二、综合经济						
地区生产总值	万元	131315	186771	9423100	3511418	10501100
第一产业增加值	万元	70704	97508	129400	218840	422800
第二产业增加值	万元	10209	13088	5490500	1400440	4897100
一般公共预算收入	万元	11521	6560	4922073	2563834	1356305
一般公共预算支出	万元	125295	79446	2728277	2670067	1128852
居民储蓄存款余额	万元	179583	379169	8677801	5538311	4761100
年末金融机构各项贷款余额	万元	100222	90167	12282673	6593368	12310000
三、农业、工业和通讯						
设施农业占地(水面)面积	公顷	1220	80	1953	962	6133
油料产量	吨			135	2805	3025
棉花产量	吨				103	75
规模以上工业企业单位数	个	1	3	987	114	291
固定电话用户	户	1907	43180	189338	173089	147742
四、教育、卫生和社会保障						
普通中学在校学生数	人	1736	1088	24402	15818	20737
小学在校学生数	人	1556	1293	33869	15486	48509
医疗卫生机构床位数	床	202	533	5134	3030	1282
各种社会福利收养性单位数	个	5	1	32	47	10
各种社会福利收养性单位床位数	床	393	60	6791	7195	1401

2018年县(市)社会经济主要指标

江苏省

指　　标	单位	江宁区	六合区	溧水区	高淳区	锡山区
一、基本情况						
行政区域面积	平方公里	1563	1471	1064	790	399
乡个数	个					
镇个数	个		1	3	6	4
街道办事处个数	个	10	8	5	2	5
户籍人口	人	1123300	932700	443800	449300	461700
第二产业从业人员	人	356700	134300	191500	157000	298400
第三产业从业人员	人	347800	127600	97500	96500	140200
二、综合经济						
地区生产总值	万元	21636000	12279000	7890900	6825900	8833100
第一产业增加值	万元	658000	674700	441600	440500	161300
第二产业增加值	万元	11265900	7352400	4117600	3283700	4543700
一般公共预算收入	万元	2550555	1275547	630926	313230	866941
一般公共预算支出	万元	2422212	1181246	953272	678434	829304
居民储蓄存款余额	万元	8900400	4955400	2732600	2136400	
年末金融机构各项贷款余额	万元	18541300	9280100	7242700	4748200	
三、农业、工业和通讯						
设施农业占地(水面)面积	公顷	12000	11490	11900	8587	1104
油料产量	吨	11322	4618	8767	4512	210
棉花产量	吨	816	27	390	110	
规模以上工业企业单位数	个	749	421	480	247	767
固定电话用户	户	300467	85681	64392	52258	
四、教育、卫生和社会保障						
普通中学在校学生数	人	41896	30265	15541	14854	25538
小学在校学生数	人	80461	44491	25338	22207	46279
医疗卫生机构床位数	床	7457	1821	2084	1952	2723
各种社会福利收养性单位数	个	11	13	10	12	16
各种社会福利收养性单位床位数	床	2554	2801	2572	3123	3077

2018年县(市)社会经济主要指标

江苏省

指　　标	单位	江阴市	宜兴市	铜山区	丰　县	沛　县
一、基本情况						
行政区域面积	平方公里	987	1997	1871	1450	1806
乡个数	个					
镇个数	个	10	13	17	12	13
街道办事处个数	个	7	5	11	3	4
户籍人口	人	1259500	1081300	1331500	1214800	1298100
第二产业从业人员	人	606800	401700	185100	202500	235100
第三产业从业人员	人	339600	260100	191500	185000	221900
二、综合经济						
地区生产总值	万元	38061800	17132800	10906700	4601400	7626200
第一产业增加值	万元	369800	506100	888800	868500	1041100
第二产业增加值	万元	20719100	8903100	5196000	1826900	3328700
一般公共预算收入	万元	2540388	1200082	651349	280966	562051
一般公共预算支出	万元	2304834	1406999	1198133	700000	1033358
居民储蓄存款余额	万元	12509000	10855900		2924224	3681271
年末金融机构各项贷款余额	万元	30075600	15869100		2404360	3155727
三、农业、工业和通讯						
设施农业占地(水面)面积	公顷	1809	2108	26554	9539	12030
油料产量	吨	1249	3309	4478	4222	2885
棉花产量	吨			1286	5616	2176
规模以上工业企业单位数	个	1730	1024	364	291	415
固定电话用户	户	264800	209519	93262	65510	75410
四、教育、卫生和社会保障						
普通中学在校学生数	人	59387	41892	56960	46917	49218
小学在校学生数	人	97911	63691	129973	94960	115216
医疗卫生机构床位数	床	8952	6402	5668	3927	5632
各种社会福利收养性单位数	个	29	32	44	17	27
各种社会福利收养性单位床位数	床	8900	9656	6593	5013	6435

2018年县(市)社会经济主要指标

江苏省

指　　标	单位	睢宁县	新沂市	邳州市	武进区	金坛区
一、基本情况						
行政区域面积	平方公里	1769	1592	2085	1065	976
乡个数	个					
镇个数	个	15	13	21	11	6
街道办事处个数	个	3	4	4	5	3
户籍人口	人	1441000	1132100	1943600	970400	548700
第二产业从业人员	人	226300	200900	316900	513000	182800
第三产业从业人员	人	208000	200900	311000	301700	135500
二、综合经济						
地区生产总值	万元	5773000	6533200	9206600	23801300	8019300
第一产业增加值	万元	964000	738200	1323200	396700	360200
第二产业增加值	万元	2355600	2619100	3644400	12920400	4034600
一般公共预算收入	万元	417360	523811	587812	1784837	565508
一般公共预算支出	万元	871916	994996	1207673	1710643	736609
居民储蓄存款余额	万元	3381521	2673487	4172362	11229600	4032133
年末金融机构各项贷款余额	万元	3282101	3328841	4881429	22658500	7575743
三、农业、工业和通讯						
设施农业占地(水面)面积	公顷	25026	21809	24527	8485	7406
油料产量	吨	30329	68969	10212	620	2814
棉花产量	吨	502		408		
规模以上工业企业单位数	个	259	310	451	1665	462
固定电话用户	户	91041	75910	91781		143427
四、教育、卫生和社会保障						
普通中学在校学生数	人	51730	57333	99098	53912	18691
小学在校学生数	人	113113	120720	190783	106144	27644
医疗卫生机构床位数	床	4471	3817	7493	5870	2660
各种社会福利收养性单位数	个	22	34	31	21	15
各种社会福利收养性单位床位数	床	5370	5260	7895	6518	3463

2018年县(市)社会经济主要指标

江苏省

指　　标	单位	溧阳市	吴中区	吴江区	常熟市	张家港市
一、基本情况						
行政区域面积	平方公里	1535	2231	1237	1276	987
乡个数	个					
镇个数	个	10	7	7	8	8
街道办事处个数	个	1	7	3	6	
户籍人口	人	790400	682900	840800	1068000	929400
第二产业从业人员	人	243100	424900	528100	630600	457000
第三产业从业人员	人	140300	271600	299300	377200	273800
二、综合经济						
地区生产总值	万元	9355100	11250400	19248900	23999100	27203100
第一产业增加值	万元	510600	221500	431000	399000	306300
第二产业增加值	万元	4539700	5258900	9867900	12300100	14236800
一般公共预算收入	万元	662918	1606135	2029000	2110591	2334288
一般公共预算支出	万元	871708	1417359	1930641	1831208	2119909
居民储蓄存款余额	万元	5427215		10454738	13417989	11133659
年末金融机构各项贷款余额	万元	8999247		27308445	25521430	23688491
三、农业、工业和通讯						
设施农业占地(水面)面积	公顷	12683	1207	11355	6772	1265
油料产量	吨	11326		143	1856	2104
棉花产量	吨	166			50	17
规模以上工业企业单位数	个	385	903	1526	1373	1197
固定电话用户	户	159060		245449	318392	235493
四、教育、卫生和社会保障						
普通中学在校学生数	人	27481	30191	45611	48249	47422
小学在校学生数	人	39499	82912	97389	82121	88113
医疗卫生机构床位数	床	3780	6177	6276	8497	9721
各种社会福利收养性单位数	个	20	28	24	25	21
各种社会福利收养性单位床位数	床	5613	6104	5942	6658	5689

2018年县(市)社会经济主要指标

江苏省

指　　标	单位	昆山市	太仓市	通州区	如东县	启东市
一、基本情况						
行政区域面积	平方公里	932	810	1562	2791	1715
乡个数	个					
镇个数	个	10	6	12	12	12
街道办事处个数	个		1	4	3	
户籍人口	人	903200	494000	1257000	1020800	1110400
第二产业从业人员	人	734200	264100	332000	305100	290600
第三产业从业人员	人	418900	169700	220000	190000	220000
二、综合经济						
地区生产总值	万元	38321500	13304500	12690000	9522900	10633300
第一产业增加值	万元	316200	349800	583500	752200	720400
第二产业增加值	万元	20745300	6754700	6224700	4391300	5053400
一般公共预算收入	万元	3878858	1550558	722486	575510	723051
一般公共预算支出	万元	3184901	1325917	1161642	1191789	952257
居民储蓄存款余额	万元	13560468	5933127	9731846	6980689	8741889
年末金融机构各项贷款余额	万元	34413966	14993528	10114535	6988209	9436768
三、农业、工业和通讯						
设施农业占地(水面)面积	公顷	5079	4044	8798	19693	4063
油料产量	吨	504	1320	42641	24176	54980
棉花产量	吨	22	50	353	1312	1402
规模以上工业企业单位数	个	2100	1002	733	733	501
固定电话用户	户	406624	154821	206100	172800	254400
四、教育、卫生和社会保障						
普通中学在校学生数	人	57391	23467	32489	23931	28350
小学在校学生数	人	147975	48872	52961	30303	38316
医疗卫生机构床位数	床	7522	4070	6440	4145	4544
各种社会福利收养性单位数	个	17	11	20	15	9
各种社会福利收养性单位床位数	床	7608	3632	3071	5470	2995

2018年县(市)社会经济主要指标

江苏省

指　　标	单位	如皋市	海门市	海安市	赣榆区	东海县
一、基本情况						
行政区域面积	平方公里	1576	1144	1184	1514	2037
乡个数	个					6
镇个数	个	11	9	9	15	11
街道办事处个数	个	3	3	4		2
户籍人口	人	1419700	995900	927300	1199700	1246200
第二产业从业人员	人	343000	309900	284000	223600	180300
第三产业从业人员	人	220000	190000	150000	168000	201400
二、综合经济						
地区生产总值	万元	11204800	12490000	9930000	6082600	4944200
第一产业增加值	万元	693900	588000	614100	912600	734600
第二产业增加值	万元	5343600	6095100	4674000	2807900	2077800
一般公共预算收入	万元	700066	710074	617149	258097	230035
一般公共预算支出	万元	1076881	1027114	1124934	695891	667483
居民储蓄存款余额	万元	8267601	8832876	7855031	2712592	2711295
年末金融机构各项贷款余额	万元	8836759	10669750	10591355	3561594	3329987
三、农业、工业和通讯						
设施农业占地(水面)面积	公顷	16521	20950	12708	17907	26550
油料产量	吨	23566	50668	9887	46480	35280
棉花产量	吨	41	4752			
规模以上工业企业单位数	个	870	683	983	236	290
固定电话用户	户	223700	208900	211700	107094	81057
四、教育、卫生和社会保障						
普通中学在校学生数	人	48756	35140	26842	62507	66068
小学在校学生数	人	63849	48600	32515	105240	123699
医疗卫生机构床位数	床	6849	3910	5530	4726	4734
各种社会福利收养性单位数	个	17	12	23	20	26
各种社会福利收养性单位床位数	床	4187	3790	5443	2779	3553

2018年县(市)社会经济主要指标

江苏省

指　　标	单位	灌云县	灌南县	淮安区	淮阴区	洪泽区
一、基本情况						
行政区域面积	平方公里	1538	1028	1452	1307	1273
乡个数	个	2				
镇个数	个	10	11	12	9	6
街道办事处个数	个	1		3	4	3
户籍人口	人	1037400	819200	1149400	911800	368300
第二产业从业人员	人	130800	110900	168900	143600	67900
第三产业从业人员	人	163900	103900	188900	164200	73200
二、综合经济						
地区生产总值	万元	3750000	3529900	5469200	5345000	3128100
第一产业增加值	万元	691500	572400	726200	752500	369100
第二产业增加值	万元	1590600	1621200	2078600	2248500	1262000
一般公共预算收入	万元	223254	224977	245027	262706	193041
一般公共预算支出	万元	565708	534079	758895	675981	387699
居民储蓄存款余额	万元	1770193	1332364			1201100
年末金融机构各项贷款余额	万元	2441193	2155104			1940000
三、农业、工业和通讯						
设施农业占地(水面)面积	公顷	19533	15051	2170	16512	518
油料产量	吨	599	1018	3572	12114	1933
棉花产量	吨					
规模以上工业企业单位数	个	96	137	308	292	261
固定电话用户	户	70909	55842	65767	58605	42226
四、教育、卫生和社会保障						
普通中学在校学生数	人	42799	35677	51455	36413	13662
小学在校学生数	人	70615	64838	66544	61711	17204
医疗卫生机构床位数	床	3623	3851	4821	6957	1595
各种社会福利收养性单位数	个	21	43	56	45	30
各种社会福利收养性单位床位数	床	3024	3600	5010	4100	1650

2018年县(市)社会经济主要指标

江苏省

指　　标	单位	涟水县	盱眙县	金湖县	盐都区	大丰区
一、基本情况						
行政区域面积	平方公里	1678	2497	1378	1015	3008
乡个数	个					
镇个数	个	12	10	5	8	11
街道办事处个数	个	4	3	3	4	2
户籍人口	人	1132800	798200	349000	711300	710900
第二产业从业人员	人	116700	127800	66400	151300	157600
第三产业从业人员	人	200700	142200	72200	163500	188400
二、综合经济						
地区生产总值	万元	4762700	4413400	2962900	5467200	6999300
第一产业增加值	万元	623900	593900	370400	467600	830900
第二产业增加值	万元	1839300	1737800	1115100	2618300	2737700
一般公共预算收入	万元	215022	180068	220329	345555	551266
一般公共预算支出	万元	629779	549738	407766	646466	910620
居民储蓄存款余额	万元	2153100	2127100	1570400		4195617
年末金融机构各项贷款余额	万元	2571700	3197900	2360700		5615832
三、农业、工业和通讯						
设施农业占地(水面)面积	公顷	11627	6558	298	5857	9834
油料产量	吨	26182	6752	4308	5510	29073
棉花产量	吨		68			
规模以上工业企业单位数	个	257	296	307	384	429
固定电话用户	户	44509	31817	28814	46345	76647
四、教育、卫生和社会保障						
普通中学在校学生数	人	52476	35843	9305	27072	21589
小学在校学生数	人	75510	53689	12529	37064	27570
医疗卫生机构床位数	床	4538	4029	1512	2924	3482
各种社会福利收养性单位数	个	53	40	21	2	5
各种社会福利收养性单位床位数	床	4850	3505	1580	768	1317

2018年县(市)社会经济主要指标

江苏省

指　　标	单位	响水县	滨海县	阜宁县	射阳县	建湖县
一、基本情况						
行政区域面积	平方公里	1474	1950	1439	2606	1157
乡个数	个					
镇个数	个	8	11	13	13	11
街道办事处个数	个		3	4		3
户籍人口	人	623600	1225700	1122800	951800	784200
第二产业从业人员	人	98800	191200	175600	197100	169600
第三产业从业人员	人	105400	212700	190400	218900	165200
二、综合经济						
地区生产总值	万元	3498600	4754200	4828300	5366100	5616800
第一产业增加值	万元	428200	634500	588800	876700	501700
第二产业增加值	万元	1739100	1937500	2104200	1967100	2389300
一般公共预算收入	万元	253504	289405	277024	263600	283200
一般公共预算支出	万元	615414	809997	865203	851088	873440
居民储蓄存款余额	万元	1287067	2281460	3239561	3395756	3334173
年末金融机构各项贷款余额	万元	1957581	3351007	2788596	3464722	3393323
三、农业、工业和通讯						
设施农业占地(水面)面积	公顷	1212	7595	7919	12661	6524
油料产量	吨	11153	16729	10821	7644	11291
棉花产量	吨		140		460	50
规模以上工业企业单位数	个	163	207	221	317	385
固定电话用户	户	27483	65969	52116	61099	53026
四、教育、卫生和社会保障						
普通中学在校学生数	人	28631	49020	38333	36084	29256
小学在校学生数	人	47571	79972	69110	46008	37608
医疗卫生机构床位数	床	2756	4995	4334	4242	3336
各种社会福利收养性单位数	个	9	9	4	5	2
各种社会福利收养性单位床位数	床	942	1182	710	2366	166

2018年县(市)社会经济主要指标

江苏省

指　　标	单位	东台市	邗江区	江都区	宝应县	仪征市
一、基本情况						
行政区域面积	平方公里	3176	553	1330	1462	902
乡个数	个		1			
镇个数	个	14	7	13	14	9
街道办事处个数	个		5			
户籍人口	人	1098100	621600	1044700	887600	560300
第二产业从业人员	人	232600	151800	270200	188200	184100
第三产业从业人员	人	262900	220000	230000	130000	130000
二、综合经济						
地区生产总值	万元	8786800	9551200	10703900	6300300	6743300
第一产业增加值	万元	990300	211000	669500	717900	238400
第二产业增加值	万元	3561200	3650200	4944400	2822400	3474900
一般公共预算收入	万元	567000	600171	528875	275918	509152
一般公共预算支出	万元	1153415	673879	1121903	717623	660347
居民储蓄存款余额	万元	5941057		6782096	3285168	3314576
年末金融机构各项贷款余额	万元	5092140		6725485	3780984	4524352
三、农业、工业和通讯						
设施农业占地(水面)面积	公顷	43257	3868	15731	21295	8776
油料产量	吨	32268	1289	11651	8213	4089
棉花产量	吨	150	44			18
规模以上工业企业单位数	个	523	435	639	452	437
固定电话用户	户	99793	193001	224933	124093	124348
四、教育、卫生和社会保障						
普通中学在校学生数	人	29489	21437	36074	31666	19008
小学在校学生数	人	36105	36685	40368	33708	23604
医疗卫生机构床位数	床	5231	2759	4845	2833	2690
各种社会福利收养性单位数	个	20	21	19	19	19
各种社会福利收养性单位床位数	床	3033	2320	4140	4253	4164

2018年县(市)社会经济主要指标

江苏省

指　　标	单位	高邮市	丹徒区	丹阳市	扬中市	句容市
一、基本情况						
行政区域面积	平方公里	1922	617	1047	332	1378
乡个数	个	1				
镇个数	个	10	6	10	4	8
街道办事处个数	个	2	2	2	2	3
户籍人口	人	808200	290500	806300	282500	589000
第二产业从业人员	人	214900	80700	329500	114000	152200
第三产业从业人员	人	150000	82500	250900	90500	147600
二、综合经济						
地区生产总值	万元	6690400	4180000	12510000	5410000	5710000
第一产业增加值	万元	777100	200000	490000	180000	460000
第二产业增加值	万元	2913300	2170000	6310000	2730000	2640000
一般公共预算收入	万元	368021	231097	614039	327667	500015
一般公共预算支出	万元	741886	327026	916517	420297	697999
居民储蓄存款余额	万元	3998268		6590541	3036974	3533814
年末金融机构各项贷款余额	万元	4295140		10690263	4899711	9060401
三、农业、工业和通讯						
设施农业占地(水面)面积	公顷	25257	6800	3407	2520	15355
油料产量	吨	12028	5233	5995	985	19458
棉花产量	吨		24			619
规模以上工业企业单位数	个	583	201	703	343	246
固定电话用户	户	144972		146368	71847	93431
四、教育、卫生和社会保障						
普通中学在校学生数	人	24469	9732	35279	10375	17601
小学在校学生数	人	27191	15013	52165	14850	26677
医疗卫生机构床位数	床	3315	821	3548	1426	1884
各种社会福利收养性单位数	个	21	18	49	39	23
各种社会福利收养性单位床位数	床	4489	2493	5503	2730	4506

2018年县(市)社会经济主要指标

江苏省

指　　标	单位	姜堰区	兴化市	靖江市	泰兴市	宿豫区
一、基本情况						
行政区域面积	平方公里	928	2395	656	1170	1108
乡个数	个		1		1	2
镇个数	个	14	24	8	14	8
街道办事处个数	个	2	3	1	1	3
户籍人口	人	778100	1556700	658800	1178800	658700
第二产业从业人员	人	170000	257000	206000	259000	126000
第三产业从业人员	人	161000	265000	139000	229000	137700
二、综合经济						
地区生产总值	万元	7155800	9051300	10020500	10503400	3028300
第一产业增加值	万元	474700	1248500	244400	604200	290100
第二产业增加值	万元	3279100	3399200	4925100	4906300	1678700
一般公共预算收入	万元	377852	394146	562235	745118	194578
一般公共预算支出	万元	716088	1055013	811454	963370	379011
居民储蓄存款余额	万元	5077665	5899808	5368169	5188111	
年末金融机构各项贷款余额	万元	6319502	5599165	8764901	8409344	
三、农业、工业和通讯						
设施农业占地(水面)面积	公顷	5913	11170	4959	12088	11440
油料产量	吨	18794	24307	3465	33019	984
棉花产量	吨	144	314			21
规模以上工业企业单位数	个	458	537	492	638	234
固定电话用户	户	126417	151878	157294	200337	43234
四、教育、卫生和社会保障						
普通中学在校学生数	人	32346	40438	24381	42368	14951
小学在校学生数	人	32056	69250	28179	48260	53218
医疗卫生机构床位数	床	4352	5437	4830	4954	3196
各种社会福利收养性单位数	个	22	38	30	54	19
各种社会福利收养性单位床位数	床	3692	9031	2354	7721	4208

2018年县(市)社会经济主要指标

江苏省、浙江省

指　　标	单位	沭阳县	泗阳县	泗洪县	萧山区	余杭区
一、基本情况						
行政区域面积	平方公里	2299	1378	2694	1420	1228
乡个数	个	8	5	9		
镇个数	个	25	11	13	12	6
街道办事处个数	个	6		3	14	14
户籍人口	人	1982800	1067900	1095800	1320579	1098603
第二产业从业人员	人	366300	160600	164200	501600	367200
第三产业从业人员	人	307400	151600	154400	436100	527800
二、综合经济						
地区生产总值	万元	8254400	4792200	4789500	21063670	23124409
第一产业增加值	万元	973500	612200	699900	655817	504609
第二产业增加值	万元	3739800	2362500	2032000	9797255	6296800
一般公共预算收入	万元	470019	254614	260279	2703161	3363800
一般公共预算支出	万元	1098016	671345	749650	2674049	3425400
居民储蓄存款余额	万元	3937489	2437423	2439005	17234400	12384900
年末金融机构各项贷款余额	万元	5526291	4263459	3630061	38498100	20667100
三、农业、工业和通讯						
设施农业占地(水面)面积	公顷	27867	19933	26727	3250	7811
油料产量	吨	14920	6931	14413	11680	3845
棉花产量	吨		12	444	73	26
规模以上工业企业单位数	个	612	240	287	1575	1155
固定电话用户	户	108655	65864	41464	410300	242000
四、教育、卫生和社会保障						
普通中学在校学生数	人	89299	56473	50256	67893	53055
小学在校学生数	人	187086	96085	106391	107934	105432
医疗卫生机构床位数	床	8117	5313	5106	10174	6113
各种社会福利收养性单位数	个	61	38	34	37	18
各种社会福利收养性单位床位数	床	7387	6227	7243	5615	8887

2018年县(市)社会经济主要指标

浙江省

指　　标	单位	富阳区	临安区	桐庐县	淳安县	建德市
一、基本情况						
行政区域面积	平方公里	1832	3119	1829	4452	2314
乡个数	个	6		4	12	1
镇个数	个	13	13	6	11	12
街道办事处个数	个	5	5	4		3
户籍人口	人	683454	537599	417174	459653	511184
第二产业从业人员	人	202758	163252	126153	36700	83900
第三产业从业人员	人	153769	136787	119271	113100	95800
二、综合经济						
地区生产总值	万元	7646122	5396346	3919867	2431853	3679000
第一产业增加值	万元	452887	429101	235266	359879	336500
第二产业增加值	万元	3329015	2385782	1955596	678217	1655000
一般公共预算收入	万元	727000	531682	306679	194962	282707
一般公共预算支出	万元	729998	742193	448682	671781	477100
居民储蓄存款余额	万元	4965900	3412513	2111489	1681554	2634300
年末金融机构各项贷款余额	万元	12829900	6455487	4670165	2714385	3749000
三、农业、工业和通讯						
设施农业占地(水面)面积	公顷	2442	689	1365	518	
油料产量	吨	8175	4399	6883	8751	22141
棉花产量	吨				95	46
规模以上工业企业单位数	个	622	640	292	85	362
固定电话用户	户	98400	102780	63508	56700	66700
四、教育、卫生和社会保障						
普通中学在校学生数	人	33912	20430	16221	14440	17523
小学在校学生数	人	45061	31433	24593	15399	21655
医疗卫生机构床位数	床	4075	2948	2263	2420	3051
各种社会福利收养性单位数	个	27	27	30	28	22
各种社会福利收养性单位床位数	床	4137	2742	2571	2612	3250

2018年县(市)社会经济主要指标

浙江省

指　　标	单位	鄞州区	奉化区	象山县	宁海县	余姚市
一、基本情况						
行政区域面积	平方公里	814	1268	1382	1843	1501
乡个数	个			5	3	1
镇个数	个	10	6	10	11	14
街道办事处个数	个	15	5	3	4	6
户籍人口	人	902200	481300	548600	633300	836306
第二产业从业人员	人	438600	191500	166900	252000	374400
第三产业从业人员	人	455200	130400	134100	165000	318300
二、综合经济						
地区生产总值	万元	18201129	6023590	5316465	6036406	11050788
第一产业增加值	万元	251354	300134	734160	434043	440840
第二产业增加值	万元	6225967	3552096	2255890	3159675	6424287
一般公共预算收入	万元	2529936	494700	409984	616311	1006321
一般公共预算支出	万元	2125104	718765	686585	834266	1153702
居民储蓄存款余额	万元	17189630	3320608	2846434	3196359	8844224
年末金融机构各项贷款余额	万元	79748831	6923854	7941102	8644393	12660162
三、农业、工业和通讯						
设施农业占地(水面)面积	公顷	743	7700	12588	2236	2474
油料产量	吨	1314	1083	3078	2242	4733
棉花产量	吨	12		4	682	44
规模以上工业企业单位数	个	1078	492	510	553	1197
固定电话用户	户	405800	118800	173100	124400	257200
四、教育、卫生和社会保障						
普通中学在校学生数	人	32376	19302	22231	30923	39000
小学在校学生数	人	83309	30772	36500	48585	66800
医疗卫生机构床位数	床	8590	2614	2211	2808	3323
各种社会福利收养性单位数	个	24	23	60	19	37
各种社会福利收养性单位床位数	床	9353	5049	5933	5949	7121

2018年县(市)社会经济主要指标

浙江省

指　　标	单位	慈溪市	洞头区	永嘉县	平阳县	苍南县
一、基本情况						
行政区域面积	平方公里	1361	157	2677	1042	1253
乡个数	个		1	4	2	2
镇个数	个	14	1	11	14	17
街道办事处个数	个	5	5	7		
户籍人口	人	1055702	154743	983669	886195	1349464
第二产业从业人员	人	459000	32575	176742	198200	287700
第三产业从业人员	人	263000	42950	154285	149000	245900
二、综合经济						
地区生产总值	万元	17370315	1011523	4144650	4601653	5605927
第一产业增加值	万元	522413	56606	146111	169213	330186
第二产业增加值	万元	10525944	366188	1774021	1792544	2012341
一般公共预算收入	万元	1800004	81758	350712	395628	377207
一般公共预算支出	万元	1885582	279707	815279	715866	1053672
居民储蓄存款余额	万元	12872578	457786	4499305	3892300	4526488
年末金融机构各项贷款余额	万元	20278684	844026	6336580	5173499	8103757
三、农业、工业和通讯						
设施农业占地(水面)面积	公顷	10667	3153	2237	1106	4739
油料产量	吨	17275	483	3675	2659	935
棉花产量	吨	2201		2		
规模以上工业企业单位数	个	1499	34	361	374	393
固定电话用户	户	315000	12697	103605	73420	134314
四、教育、卫生和社会保障						
普通中学在校学生数	人	51320	4748	44868	43201	62000
小学在校学生数	人	81204	7117	60700	61281	101000
医疗卫生机构床位数	床	4524	307	3025	3393	5152
各种社会福利收养性单位数	个	22	10	13	52	71
各种社会福利收养性单位床位数	床	5176	1026	678	5731	6705

2018年县(市)社会经济主要指标

浙江省

指　　标	单位	文成县	泰顺县	瑞安市	乐清市	嘉善县
一、基本情况						
行政区域面积	平方公里	1293	1768	1350	1391	507
乡个数	个	5	7	2	3	
镇个数	个	12	12	9	14	6
街道办事处个数	个			12	8	3
户籍人口	人	408586	373500	1253384	1308933	399259
第二产业从业人员	人	33500	75200	388961	287200	227496
第三产业从业人员	人	64500	43000	297673	317700	137361
二、综合经济						
地区生产总值	万元	974738	989731	9480210	10785204	5826007
第一产业增加值	万元	88823	80813	236413	200004	223998
第二产业增加值	万元	235599	260332	3853664	4566244	3204979
一般公共预算收入	万元	82620	87605	710898	943017	615975
一般公共预算支出	万元	472701	473030	1091299	1159263	751611
居民储蓄存款余额	万元	2137230	1349142	10500156	9401359	4467688
年末金融机构各项贷款余额	万元	1400194	1248945	12047466	12472695	7067700
三、农业、工业和通讯						
设施农业占地(水面)面积	公顷	1953	1990			7665
油料产量	吨	892	280	2160	1569	1130
棉花产量	吨				5	3
规模以上工业企业单位数	个	25	21	906	1185	830
固定电话用户	户	17170	20521	193124	220361	110473
四、教育、卫生和社会保障						
普通中学在校学生数	人	7248	13600	55969	61769	19552
小学在校学生数	人	15627	20300	88988	106862	34426
医疗卫生机构床位数	床	1213	1218	4364	4645	2637
各种社会福利收养性单位数	个	16	7		61	9
各种社会福利收养性单位床位数	床	2807	2478		8664	3590

2018年县(市)社会经济主要指标

浙江省

指　　标	单位	海盐县	海宁市	平湖市	桐乡市	德清县
一、基本情况						
行政区域面积	平方公里	585	863	554	727	938
乡个数	个					
镇个数	个	5	8	6	8	8
街道办事处个数	个	4	4	3	3	4
户籍人口	人	382097	697717	499923	701305	442407
第二产业从业人员	人	166200	363091	247197	366514	180500
第三产业从业人员	人	88900	253005	150321	243472	109900
二、综合经济						
地区生产总值	万元	5032711	9487327	6939188	8935121	5169955
第一产业增加值	万元	166671	176313	119082	217641	223856
第二产业增加值	万元	2938511	5380163	4172281	4669386	2675473
一般公共预算收入	万元	475231	889957	818818	724000	591450
一般公共预算支出	万元	611813	831452	867500	732908	671981
居民储蓄存款余额	万元	3312640	7417072	4224555	7154663	3619885
年末金融机构各项贷款余额	万元	6670999	12212869	7489318	11145267	6883905
三、农业、工业和通讯						
设施农业占地(水面)面积	公顷	5795	12402	9862	6265	8260
油料产量	吨	1107	5693	1685	4096	715
棉花产量	吨	81	215	148	622	173
规模以上工业企业单位数	个	581	1389	746	1117	785
固定电话用户	户	71733	185398	110167	162155	108153
四、教育、卫生和社会保障						
普通中学在校学生数	人	16350	28481	19113	31515	19500
小学在校学生数	人	24416	44397	29915	46836	25900
医疗卫生机构床位数	床	2264	4619	3123	4053	2331
各种社会福利收养性单位数	个	10	22	16	20	17
各种社会福利收养性单位床位数	床	3572	6206	4864	4806	4388

2018年县(市)社会经济主要指标

浙江省

指　　标	单位	长兴县	安吉县	柯桥区	上虞区	新昌县
一、基本情况						
行政区域面积	平方公里	1431	1886	1066	1406	1214
乡个数	个	2	3		3	5
镇个数	个	9	8	8	12	8
街道办事处个数	个	4	4	8	6	3
户籍人口	人	636389	470660	681299	780389	434806
第二产业从业人员	人	227100	141700	387000	311100	121500
第三产业从业人员	人	155700	123400	285500	189500	92100
二、综合经济						
地区生产总值	万元	6097756	4043247	14045538	9165158	4210875
第一产业增加值	万元	333930	263788	351238	465809	209960
第二产业增加值	万元	3004088	1782977	7088693	4717691	2000842
一般公共预算收入	万元	593675	469217	1263560	826461	418800
一般公共预算支出	万元	715779	743038	1128860	864179	567880
居民储蓄存款余额	万元	3801510	2947083	9580406	6558011	2639206
年末金融机构各项贷款余额	万元	6916883	6304773	15800109	10852661	5056451
三、农业、工业和通讯						
设施农业占地(水面)面积	公顷	16767	9267	131	2362	803
油料产量	吨	11168	1643	2570	6299	6146
棉花产量	吨	11	8	14	274	68
规模以上工业企业单位数	个	767	435	1204	731	256
固定电话用户	户	132900	111828	218211	152012	56557
四、教育、卫生和社会保障						
普通中学在校学生数	人	26900	22300	44277	32841	20518
小学在校学生数	人	35900	30200	37251	37602	22839
医疗卫生机构床位数	床	3821	2502	4435	3331	2650
各种社会福利收养性单位数	个	41	28	14	28	22
各种社会福利收养性单位床位数	床	6281	4154	6942	7840	4699

2018年县(市)社会经济主要指标

浙江省

指　　标	单位	诸暨市	嵊州市	武义县	浦江县	磐安县
一、基本情况						
行政区域面积	平方公里	2311	1789	1568	918	1195
乡个数	个	1	6	7	5	5
镇个数	个	23	11	8	7	7
街道办事处个数	个	3	4	3	3	2
户籍人口	人	1085367	726304	345000	401200	213070
第二产业从业人员	人	437200	241100	103600	156900	51400
第三产业从业人员	人	262200	133100	71800	100800	40600
二、综合经济						
地区生产总值	万元	12252458	5606539	2465839	2218797	966191
第一产业增加值	万元	451806	366243	145731	99188	115683
第二产业增加值	万元	6058975	2721634	1275675	1105585	436034
一般公共预算收入	万元	873728	454858	259807	191360	100068
一般公共预算支出	万元	922137	610104	421266	385688	317019
居民储蓄存款余额	万元	8661548	4687528	2487193	2596332	956093
年末金融机构各项贷款余额	万元	12966503	6355689	3499889	3112905	1477122
三、农业、工业和通讯						
设施农业占地(水面)面积	公顷	2088	2574	3350		1797
油料产量	吨	5948	4218	4441	3615	565
棉花产量	吨	8	49	5	40	
规模以上工业企业单位数	个	1025	604	467	225	118
固定电话用户	户	245263	114188	46706	43600	18005
四、教育、卫生和社会保障						
普通中学在校学生数	人	73514	28024	14600	23194	9472
小学在校学生数	人	67075	32334	27900	30308	10742
医疗卫生机构床位数	床	5898	3515	2142	2425	915
各种社会福利收养性单位数	个	46	67	21	11	6
各种社会福利收养性单位床位数	床	11234	8028	3280	2506	1801

2018年县(市)社会经济主要指标

浙江省

指　　标	单位	兰溪市	义乌市	东阳市	永康市	衢江区
一、基本情况						
行政区域面积	平方公里	1312	1105	1747	1047	1748
乡个数	个	3		1		8
镇个数	个	7	6	11	11	10
街道办事处个数	个	6	8	6	3	2
户籍人口	人	660489	818362	847814	615227	412662
第二产业从业人员	人	155400	368046	261500	310738	60240
第三产业从业人员	人	118300	518893	178000	148405	70900
二、综合经济						
地区生产总值	万元	3751273	12481108	5850037	5577057	1746187
第一产业增加值	万元	228682	210466	167913	79285	191865
第二产业增加值	万元	1969358	4095293	2764830	3103326	766797
一般公共预算收入	万元	266000	952005	657548	563580	163839
一般公共预算支出	万元	475567	1070100	925198	748683	410861
居民储蓄存款余额	万元	2807334	15559122	6958884	6799547	1241846
年末金融机构各项贷款余额	万元	4352690	24506035	8389454	9195172	1909669
三、农业、工业和通讯						
设施农业占地(水面)面积	公顷		447	2985	1380	2450
油料产量	吨	16327	4489	4803	1121	11949
棉花产量	吨	1789		108		16
规模以上工业企业单位数	个	378	623	526	641	114
固定电话用户	户	64885	292722		104641	
四、教育、卫生和社会保障						
普通中学在校学生数	人	26115	51244	46679	35566	15502
小学在校学生数	人	31948	109172	69349	59301	20589
医疗卫生机构床位数	床	2456	6339	5248	3699	1251
各种社会福利收养性单位数	个	19	8	26	9	33
各种社会福利收养性单位床位数	床	6011	3658	6815	4417	3316

2018年县(市)社会经济主要指标

浙江省

指　　标	单位	常山县	开化县	龙游县	江山市	岱山县
一、基本情况						
行政区域面积	平方公里	1097	2231	1143	2019	327
乡个数	个	5	6	7	5	1
镇个数	个	6	8	6	11	6
街道办事处个数	个	3		2	3	
户籍人口	人	344267	362158	402875	616388	178845
第二产业从业人员	人	80100	42700	70484	105600	52400
第三产业从业人员	人	57400	49800	83190	66800	58200
二、综合经济						
地区生产总值	万元	1404180	1319896	2419800	3004725	2154926
第一产业增加值	万元	79108	130865	120100	208521	431695
第二产业增加值	万元	599948	434430	1074000	1402515	816627
一般公共预算收入	万元	109781	93887	176300	192060	241540
一般公共预算支出	万元	470519	524791	590200	560261	541712
居民储蓄存款余额	万元	1213447	1204231	1779900	2972695	1195663
年末金融机构各项贷款余额	万元	1546188	1795465	2877040	3684487	1221276
三、农业、工业和通讯						
设施农业占地(水面)面积	公顷			3142	32	
油料产量	吨	5575	10623	12654	8960	923
棉花产量	吨	25	13	270	278	
规模以上工业企业单位数	个	116	70	178	220	54
固定电话用户	户	30907	26100	54600	58300	28800
四、教育、卫生和社会保障						
普通中学在校学生数	人	13046	14289	16170	27746	4320
小学在校学生数	人	16367	16712	17660	31019	6408
医疗卫生机构床位数	床	1463	1435	1865	2743	576
各种社会福利收养性单位数	个	23	16	12	33	22
各种社会福利收养性单位床位数	床	3570	1989	1424	3537	2295

2018年县(市)社会经济主要指标

浙江省

指　　标	单位	嵊泗县	三门县	天台县	仙居县	温岭市
一、基本情况						
行政区域面积	平方公里	97	1072	1426	2000	1074
乡个数	个	4	1	5	10	
镇个数	个	3	6	7	7	11
街道办事处个数	个		3	3	3	5
户籍人口	人	75221	447500	602520	517377	1221381
第二产业从业人员	人	3712	108600	75200	79900	495000
第三产业从业人员	人	27562	62400	78100	72100	273300
二、综合经济						
地区生产总值	万元	1143000	2293788	2545147	2301117	10910665
第一产业增加值	万元	322000	307058	135400	147234	751060
第二产业增加值	万元	164000	863239	1045545	980397	4547930
一般公共预算收入	万元	72008	186290	218960	208400	772850
一般公共预算支出	万元	281392	483152	511399	545537	1078061
居民储蓄存款余额	万元	435016	1683297	2499224	2371446	9909558
年末金融机构各项贷款余额	万元	414173	4492780	3804053	3454279	13909757
三、农业、工业和通讯						
设施农业占地(水面)面积	公顷			3037	872	6877
油料产量	吨		1590	2920	3129	1112
棉花产量	吨		143	25		50
规模以上工业企业单位数	个	11	210	155	161	851
固定电话用户	户	12300	49500	68200	51439	198821
四、教育、卫生和社会保障						
普通中学在校学生数	人	1881	19894	31600	31778	54559
小学在校学生数	人	2470	26829	32300	32479	87490
医疗卫生机构床位数	床	362	1236	2602	2105	6125
各种社会福利收养性单位数	个	13	25	36	21	49
各种社会福利收养性单位床位数	床	657	1480	4463	3991	10304

2018年县(市)社会经济主要指标

浙江省

指　　标	单位	临海市	玉环市	青田县	缙云县	遂昌县
一、基本情况						
行政区域面积	平方公里	2251	510	2484	1494	2539
乡个数	个		2	20	8	11
镇个数	个	14	6	9	7	7
街道办事处个数	个	5	3	3	3	2
户籍人口	人	1204900	435295	562103	469957	230912
第二产业从业人员	人	378800	263700	59206	68300	36300
第三产业从业人员	人	86000	112100	67829	58700	42500
二、综合经济						
地区生产总值	万元	6709217	5807680	2391508	2370522	1165267
第一产业增加值	万元	445821	343698	87386	106419	110625
第二产业增加值	万元	3103050	3145111	1172768	1170529	433279
一般公共预算收入	万元	640650	533376	191071	153412	100968
一般公共预算支出	万元	946885	699759	535430	521537	411486
居民储蓄存款余额	万元	6124416	4072885	5123304	1850892	987786
年末金融机构各项贷款余额	万元	8889847	5502493	2530062	2287749	1252517
三、农业、工业和通讯						
设施农业占地(水面)面积	公顷	2891	635	508	2682	434
油料产量	吨	1438	772	943	1105	1136
棉花产量	吨	45	6	9	3	
规模以上工业企业单位数	个	507	821	114	177	66
固定电话用户	户	131515	142087	50173	53700	21248
四、教育、卫生和社会保障						
普通中学在校学生数	人	60225	23622	18670	23349	8967
小学在校学生数	人	79168	46172	29104	28899	10462
医疗卫生机构床位数	床	6349	2498	1521	2043	801
各种社会福利收养性单位数	个	40	17	14	14	9
各种社会福利收养性单位床位数	床	3535	1897	857	1134	614

2018年县(市)社会经济主要指标

浙江省

指　　标	单位	松阳县	云和县	庆元县	景宁畲族自治县	龙泉市
一、基本情况						
行政区域面积	平方公里	1401	978	1898	1949	3046
乡个数	个	11	3	10	15	7
镇个数	个	5	3	6	4	8
街道办事处个数	个	3	4	3	2	4
户籍人口	人	241261	114093	205069	170954	290836
第二产业从业人员	人	42500	27900	18028	9400	45200
第三产业从业人员	人	39800	33200	23916	22400	56500
二、综合经济						
地区生产总值	万元	1060595	732122	722600	593434	1335200
第一产业增加值	万元	124708	48551	65500	62436	145400
第二产业增加值	万元	444431	359220	284500	175236	476100
一般公共预算收入	万元	72697	58890	50500	77418	91018
一般公共预算支出	万元	379950	250235	329800	423285	483660
居民储蓄存款余额	万元	937105	605664	725925	520779	1224423
年末金融机构各项贷款余额	万元	1241825	856557	1027164	817853	1543895
三、农业、工业和通讯						
设施农业占地(水面)面积	公顷	496	279	50	817	2297
油料产量	吨	904	147	50	421	599
棉花产量	吨	1				
规模以上工业企业单位数	个	99	57	58	19	99
固定电话用户	户	26284	14015	14800	11774	25830
四、教育、卫生和社会保障						
普通中学在校学生数	人	9635	4778	7689	6278	12783
小学在校学生数	人	12683	8183	9480	8308	15203
医疗卫生机构床位数	床	945	549	635	651	1202
各种社会福利收养性单位数	个	4	6	2	10	6
各种社会福利收养性单位床位数	床	748	864	330	1148	1430

2018年县(市)社会经济主要指标

安徽省

指　　标	单位	长丰县	肥东县	肥西县	庐江县	巢湖市
一、基本情况						
行政区域面积	平方公里	1841	2182	1695	2344	2046
乡个数	个	4	6	4		1
镇个数	个	10	12	8	17	11
街道办事处个数	个					5
户籍人口	人	784064	1076996	838091	1208579	859161
第二产业从业人员	人				284516	194836
第三产业从业人员	人				172640	163361
二、综合经济						
地区生产总值	万元	4777152	6195449	7030816	3176788	3484033
第一产业增加值	万元	587883	644984	523572	521617	353770
第二产业增加值	万元	2772795	3790824	4449999	1251948	1762789
一般公共预算收入	万元	605168	655983	515176	337706	206164
一般公共预算支出	万元	680315	760836	766358	626360	506823
居民储蓄存款余额	万元	1927773	2994300	3136873	3218428	3208506
年末金融机构各项贷款余额	万元	3039715	4112300	4067342	3329010	4313761
三、农业、工业和通讯						
设施农业占地(水面)面积	公顷	11820	3390	5333	3389	866
油料产量	吨	17611	66100	18536	16382	28514
棉花产量	吨	1730	1700	1532	1247	1951
规模以上工业企业单位数	个	370	330	431	227	149
固定电话用户	户	51319	89770	53985	62546	76637
四、教育、卫生和社会保障						
普通中学在校学生数	人	34479	63172	29995	47971	37931
小学在校学生数	人	49523	51101	41860	60915	42623
医疗卫生机构床位数	床	2090	2700	2835	3616	4305
各种社会福利收养性单位数	个	21	19	21	32	19
各种社会福利收养性单位床位数	床	4248	3460	3390	4661	2191

2018年县(市)社会经济主要指标

安徽省

指　　标	单位	芜湖县	繁昌县	南陵县	无为县	怀远县
一、基本情况						
行政区域面积	平方公里	650	585	1264	2022	2192
乡个数	个					3
镇个数	个	5	6	8	20	15
街道办事处个数	个					
户籍人口	人	348522	276066	550726	1210475	1330726
第二产业从业人员	人	63870	71527	108456	278541	168972
第三产业从业人员	人	78590	39499	100763	290032	250643
二、综合经济						
地区生产总值	万元	2708123	2831370	2455218	4381500	3115304
第一产业增加值	万元	195035	94900	306813	453900	637771
第二产业增加值	万元	1636823	1861069	1101938	2086800	1318290
一般公共预算收入	万元	468340	315362	312846	247106	318906
一般公共预算支出	万元	436658	400523	405033	634268	669618
居民储蓄存款余额	万元	1565763	1597887	1935536	3589707	2094555
年末金融机构各项贷款余额	万元	1839321	1278011	1576602	3287076	2677691
三、农业、工业和通讯						
设施农业占地(水面)面积	公顷	420		850	2766	9069
油料产量	吨	13664	4098	5702	28101	31448
棉花产量	吨	854	538	72	8569	94
规模以上工业企业单位数	个	369	271	238	279	265
固定电话用户	户	21929	20035	21832	45000	46406
四、教育、卫生和社会保障						
普通中学在校学生数	人	15450	12636	25413	47322	60293
小学在校学生数	人	17815	11747	26022	50097	106354
医疗卫生机构床位数	床	934	685	1465	4502	5193
各种社会福利收养性单位数	个	14	11	18	52	60
各种社会福利收养性单位床位数	床	1329	1221	2275	8232	7490

2018年县(市)社会经济主要指标

安徽省

指　　标	单位	五河县	固镇县	凤台县	寿　县	当涂县
一、基本情况						
行政区域面积	平方公里	1428	1361	894	2948	1002
乡个数	个	2	3	4	3	1
镇个数	个	12	8	12	22	10
街道办事处个数	个					
户籍人口	人	693369	658603	678368	1396280	478485
第二产业从业人员	人	4379	59321		204800	84140
第三产业从业人员	人	13039	74711		227800	99348
二、综合经济						
地区生产总值	万元	2158410	2407440	2723062	1785821	3857808
第一产业增加值	万元	529037	639727	358030	455710	295538
第二产业增加值	万元	568104	910517	1607892	625453	2330660
一般公共预算收入	万元	107463	173619	239235	203790	534856
一般公共预算支出	万元	373440	375267	407059	639808	479899
居民储蓄存款余额	万元	1400081	1372840	1991310	2121921	2180865
年末金融机构各项贷款余额	万元	1507223	1340537	1895892	2310035	1859305
三、农业、工业和通讯						
设施农业占地(水面)面积	公顷	5815	2727	227	745	
油料产量	吨	47120	252054	4973	11167	21804
棉花产量	吨	12	45	11	507	354
规模以上工业企业单位数	个	171	199	166	148	349
固定电话用户	户	23900	23200	40259	50535	35469
四、教育、卫生和社会保障						
普通中学在校学生数	人	28076	25516	32407	58406	17229
小学在校学生数	人	48782	52961	59285	75215	21868
医疗卫生机构床位数	床	2480	2515	2080	4038	1815
各种社会福利收养性单位数	个	22	24	18	75	16
各种社会福利收养性单位床位数	床	3805	4008	1980	9684	2573

2018年县(市)社会经济主要指标

安徽省

指　　标	单位	含山县	和　县	濉溪县	义安区	枞阳县
一、基本情况						
行政区域面积	平方公里	1028	1319	1982	845	1473
乡个数	个				2	4
镇个数	个	8	9	11	6	15
街道办事处个数	个				1	
户籍人口	人	445548	542192	1129503	294705	970185
第二产业从业人员	人	72522	83976	97372	80752	
第三产业从业人员	人	97943	137026	118345	40134	
二、综合经济						
地区生产总值	万元	1735774	1982138	3418811	1183391	2594970
第一产业增加值	万元	203220	247408	433519	120437	339553
第二产业增加值	万元	846518	1011393	1762953	595817	1265093
一般公共预算收入	万元	181506	306093	396444	418875	91709
一般公共预算支出	万元	278232	389539	626022	307221	428236
居民储蓄存款余额	万元	1407386	1945447	3135401		3146476
年末金融机构各项贷款余额	万元	1348021	1762099	2617446		1447550
三、农业、工业和通讯						
设施农业占地(水面)面积	公顷	615	6712	733	1422	320
油料产量	吨	19659	14101	1905	15880	19901
棉花产量	吨	1421	188	39	288	2273
规模以上工业企业单位数	个	184	147	288	91	190
固定电话用户	户	19913	31166	57285	9576	47955
四、教育、卫生和社会保障						
普通中学在校学生数	人	17233	17795	54221	9639	35953
小学在校学生数	人	22759	24473	83237	11967	33112
医疗卫生机构床位数	床	1508	1452	3597	980	2377
各种社会福利收养性单位数	个	22	34	19	11	26
各种社会福利收养性单位床位数	床	1821	3056	2680	1168	3461

2018年县(市)社会经济主要指标

安徽省

指 标	单位	怀宁县	太湖县	宿松县	望江县	岳西县
一、基本情况						
行政区域面积	平方公里	1276	2040	2394	1348	2372
乡个数	个	5	5	13	2	10
镇个数	个	15	10	9	8	14
街道办事处个数	个					
户籍人口	人	706124	579396	870440	640054	412418
第二产业从业人员	人	128000		104542	139765	6864
第三产业从业人员	人	188000		247354	105579	13326
二、综合经济						
地区生产总值	万元	2446680	1296011	1934432	1269069	987505
第一产业增加值	万元	195338	267970	421404	256350	143640
第二产业增加值	万元	1551036	579087	847651	591464	536553
一般公共预算收入	万元	218918	95104	125599	98109	86441
一般公共预算支出	万元	349589	468204	518800	382816	369150
居民储蓄存款余额	万元	2899164	1305376	1957927	1919632	1135931
年末金融机构各项贷款余额	万元	1999071	1178164	1396112	1186613	932996
三、农业、工业和通讯						
设施农业占地(水面)面积	公顷	1010	207	64		35
油料产量	吨	30152	23658	66514	72963	4284
棉花产量	吨	3711	5080	13554	11959	116
规模以上工业企业单位数	个	296	136	212	133	110
固定电话用户	户	22546	30306	24986	26634	23000
四、教育、卫生和社会保障						
普通中学在校学生数	人	26291	21457	43282	24743	18162
小学在校学生数	人	29634	28362	57232	30996	21953
医疗卫生机构床位数	床	1512	1572	2223	1308	1931
各种社会福利收养性单位数	个	24	21	28	12	40
各种社会福利收养性单位床位数	床	5708	4550	6278	2849	3227

2018年县(市)社会经济主要指标

安徽省

指　　标	单位	桐城市	潜山市	歙　县	休宁县	黟　县
一、基本情况						
行政区域面积	平方公里	1546	1686	2122	2126	857
乡个数	个		5	13	11	3
镇个数	个	12	11	15	10	5
街道办事处个数	个	3				
户籍人口	人	753768	583969	473150	268349	93419
第二产业从业人员	人	64279	128474	86286	48635	15752
第三产业从业人员	人	19909	114023	101932	67419	25631
二、综合经济						
地区生产总值	万元	3004075	1695760	1687127	902901	321524
第一产业增加值	万元	263559	227085	166986	129853	37026
第二产业增加值	万元	1936964	882877	732554	336137	116648
一般公共预算收入	万元	288355	130829	122953	84795	37145
一般公共预算支出	万元	460529	423187	358834	226910	128253
居民储蓄存款余额	万元	3210969	1813419	1951608	1070301	500140
年末金融机构各项贷款余额	万元	2728339	1193016	1822192	862178	487870
三、农业、工业和通讯						
设施农业占地(水面)面积	公顷	261	415	827	1108	277
油料产量	吨	22189	15283	15726	8416	3640
棉花产量	吨	1488	2067	27	22	11
规模以上工业企业单位数	个	399	179	149	69	21
固定电话用户	户	81280	42574	39680	29334	9841
四、教育、卫生和社会保障						
普通中学在校学生数	人	30687	23927	17318	8382	2137
小学在校学生数	人	29806	25579	19299	10978	3495
医疗卫生机构床位数	床	2600	1844	1809	996	254
各种社会福利收养性单位数	个	1	35	15	3	11
各种社会福利收养性单位床位数	床	250	4230	785	490	595

2018年县(市)社会经济主要指标

安徽省

指　　标	单位	祁门县	来安县	全椒县	定远县	凤阳县
一、基本情况						
行政区域面积	平方公里	2215	1481	1568	3001	1937
乡个数	个	8	1		6	1
镇个数	个	10	11	10	16	14
街道办事处个数	个					
户籍人口	人	187007	486831	452799	976253	787570
第二产业从业人员	人	22798		83287		148517
第三产业从业人员	人	37163		132370		85854
二、综合经济						
地区生产总值	万元	683440	1798626	1619322	2017596	2079658
第一产业增加值	万元	65907	222472	215891	539683	368414
第二产业增加值	万元	228653	918904	708335	637431	834400
一般公共预算收入	万元	53607	301496	274338	167513	301496
一般公共预算支出	万元	183387	392481	370776	625366	466990
居民储蓄存款余额	万元	813177	1372892	1432291	1833549	1641771
年末金融机构各项贷款余额	万元	593671	2096004	1889440	1614016	1646553
三、农业、工业和通讯						
设施农业占地(水面)面积	公顷	79	400	531	2270	32
油料产量	吨	2939	9734	4898	18981	29212
棉花产量	吨	89	145	210	342	120
规模以上工业企业单位数	个	52	185	178	136	130
固定电话用户	户	15785	33089	41520	37648	38000
四、教育、卫生和社会保障						
普通中学在校学生数	人	5519	15053	15351	41443	32211
小学在校学生数	人	8265	22386	18098	45165	46349
医疗卫生机构床位数	床	938	1827	2048	2830	2048
各种社会福利收养性单位数	个	2	13	14	26	27
各种社会福利收养性单位床位数	床	208	2850	1825	5308	3425

2018年县(市)社会经济主要指标

安徽省

指　　标	单位	天长市	明光市	临泉县	太和县	阜南县
一、基本情况						
行政区域面积	平方公里	1754	2350	1839	1867	1801
乡个数	个		1	2	1	8
镇个数	个	14	12	21	30	20
街道办事处个数	个	1	4	5		
户籍人口	人	632828	644383	2295346	1773291	1728455
第二产业从业人员	人	201200	86578			
第三产业从业人员	人	149800	117212			
二、综合经济						
地区生产总值	万元	4000455	1526056	2110509	2722609	1799834
第一产业增加值	万元	322818	344810	725309	486588	497954
第二产业增加值	万元	2473901	463185	560891	1279626	597004
一般公共预算收入	万元	363033	184345	252222	402052	108338
一般公共预算支出	万元	628426	406390	841850	807118	741907
居民储蓄存款余额	万元	2325259	1501645	3897463	4024186	2776877
年末金融机构各项贷款余额	万元	2654796	1646746	2690420	2901364	2284828
三、农业、工业和通讯						
设施农业占地(水面)面积	公顷	228	263	6419	1925	4623
油料产量	吨	1595	45019	11058	4502	14733
棉花产量	吨		130	440	331	175
规模以上工业企业单位数	个	453	92	175	399	231
固定电话用户	户	53865	35509	48016	24246	45051
四、教育、卫生和社会保障						
普通中学在校学生数	人	25187	26681	108566	94762	80202
小学在校学生数	人	30121	35081	152506	139919	122788
医疗卫生机构床位数	床	3513	2411	7064	7447	5377
各种社会福利收养性单位数	个	22	27	64	3	49
各种社会福利收养性单位床位数	床	3490	3925	10064	903	6031

2018年县(市)社会经济主要指标

安徽省

指　　标	单位	颍上县	界首市	砀山县	萧　县	灵璧县
一、基本情况						
行政区域面积	平方公里	1859	667	1197	1854	2124
乡个数	个	8	3		5	6
镇个数	个	22	12	13	18	13
街道办事处个数	个		3			
户籍人口	人	1783792	829496	1002141	1395776	1288365
第二产业从业人员	人	37753		95000	246443	202515
第三产业从业人员	人	21211		97000	294655	218692
二、综合经济						
地区生产总值	万元	2795905	2160444	2041141	2982659	2226522
第一产业增加值	万元	498196	262043	333300	554100	522500
第二产业增加值	万元	1449492	1353575	932859	1144672	741016
一般公共预算收入	万元	386498	221916	105548	281793	150133
一般公共预算支出	万元	776266	608427	486743	699220	548357
居民储蓄存款余额	万元	2726109	2064377	2100533	2670784	2012246
年末金融机构各项贷款余额	万元	2644029	1870618	1892818	1968029	1596150
三、农业、工业和通讯						
设施农业占地(水面)面积	公顷	5378	989	3060	921	190
油料产量	吨	6104	2532	7630	9018	15771
棉花产量	吨	376	277	95	331	457
规模以上工业企业单位数	个	254	309	211	196	155
固定电话用户	户	46543	28000	4089	9000	25000
四、教育、卫生和社会保障						
普通中学在校学生数	人	73482	31348	37134	55962	49995
小学在校学生数	人	129187	58025	61872	90454	109829
医疗卫生机构床位数	床	4327	3288	3804	2087	3365
各种社会福利收养性单位数	个	49	26	31	38	43
各种社会福利收养性单位床位数	床	5100	1445	4100	3520	8055

2018年县(市)社会经济主要指标

安徽省

指　　标	单位	泗　县	霍邱县	舒城县	金寨县	霍山县
一、基本情况						
行政区域面积	平方公里	1857	3239	2100	3814	2043
乡个数	个	3	9	6	11	3
镇个数	个	12	21	15	12	13
街道办事处个数	个					
户籍人口	人	961076	1638401	996376	683502	362595
第二产业从业人员	人	123000		115000	64363	58425
第三产业从业人员	人	145000		92000	82461	64590
二、综合经济						
地区生产总值	万元	2089360	2274468	1973393	1139372	1766862
第一产业增加值	万元	500500	516202	306673	188965	157315
第二产业增加值	万元	637680	788403	824743	409529	957652
一般公共预算收入	万元	108007	215443	241622	190758	102853
一般公共预算支出	万元	569376	626078	505047	534073	288414
居民储蓄存款余额	万元	1610739	2253502	2771196	1647794	1315770
年末金融机构各项贷款余额	万元	1633678	2231144	2436319	2087226	1133050
三、农业、工业和通讯						
设施农业占地(水面)面积	公顷	490		1822	624	482
油料产量	吨	77493	19536	23200	8653	3826
棉花产量	吨	1100	684	1710		75
规模以上工业企业单位数	个	157	125	147	97	119
固定电话用户	户	42396	30000	81400	34082	96302
四、教育、卫生和社会保障						
普通中学在校学生数	人	41445	55025	32448	28484	13749
小学在校学生数	人	78163	93724	38087	35757	14789
医疗卫生机构床位数	床	4780	3970	2368	1889	1480
各种社会福利收养性单位数	个	18	1	41	35	23
各种社会福利收养性单位床位数	床	3593	50	5896	5800	3430

2018年县(市)社会经济主要指标

安徽省

指　　标	单位	涡阳县	蒙城县	利辛县	东至县	石台县
一、基本情况						
行政区域面积	平方公里	2110	2144	2005	3261	1413
乡个数	个		2	3	3	2
镇个数	个	20	12	20	12	6
街道办事处个数	个	3	3			
户籍人口	人	1703506	1448488	1732952	548929	107776
第二产业从业人员	人		257059		83430	24373
第三产业从业人员	人		223388		118003	19376
二、综合经济						
地区生产总值	万元	3002749	2943972	2299580	1678299	265044
第一产业增加值	万元	447409	538014	491275	283483	45366
第二产业增加值	万元	1315648	1106318	664551	644129	70966
一般公共预算收入	万元	243852	201142	224332	157708	28060
一般公共预算支出	万元	700289	648057	675103	314573	132610
居民储蓄存款余额	万元	2880846	2533575	2697126	1836145	394248
年末金融机构各项贷款余额	万元	2228228	3056521	2378229	1137742	322228
三、农业、工业和通讯						
设施农业占地(水面)面积	公顷	1233	2546	3063	2392	20
油料产量	吨	1889	28411	5402	33291	5827
棉花产量	吨	234	158	315	3485	21
规模以上工业企业单位数	个	213	176	143	164	16
固定电话用户	户	26362	42030	41855	41468	17064
四、教育、卫生和社会保障						
普通中学在校学生数	人	72243	76044	84767	23925	3448
小学在校学生数	人	122918	132529	136448	26812	4385
医疗卫生机构床位数	床	5440	4953	4191	2108	497
各种社会福利收养性单位数	个	79	38	58	27	16
各种社会福利收养性单位床位数	床	7925	6660	8060	2867	1051

2018年县(市)社会经济主要指标

安徽省

指　　标	单位	青阳县	郎溪县	广德县	泾　县	绩溪县
一、基本情况						
行政区域面积	平方公里	1131	1101	2116	2055	1116
乡个数	个	2	2	3	2	3
镇个数	个	9	7	6	9	8
街道办事处个数	个					
户籍人口	人	275423	347515	518579	351327	174831
第二产业从业人员	人	62411		161979		26451
第三产业从业人员	人	70612		146473		18985
二、综合经济						
地区生产总值	万元	1033808	1486000	2601391	1071612	734333
第一产业增加值	万元	112851	155000	222486	175746	116752
第二产业增加值	万元	474582	861000	1339662	446172	360195
一般公共预算收入	万元	102772	276700	419088	146152	81163
一般公共预算支出	万元	230805	344566	479483	296526	154006
居民储蓄存款余额	万元	1332459	1070724	1717738	1306351	695190
年末金融机构各项贷款余额	万元	1119627	1229000	2242659	942346	852484
三、农业、工业和通讯						
设施农业占地(水面)面积	公顷	327	956	553	9760	205
油料产量	吨	4716	7478	11894	7079	8715
棉花产量	吨	13	1000	53	4	4
规模以上工业企业单位数	个	149	238	345	139	62
固定电话用户	户	29248	31000	36000	10281	20000
四、教育、卫生和社会保障						
普通中学在校学生数	人	14847	4179	20762	10212	4696
小学在校学生数	人	14597	18407	26579	14275	6787
医疗卫生机构床位数	床	1249	1171	2328	1272	566
各种社会福利收养性单位数	个	13	21	20	19	13
各种社会福利收养性单位床位数	床	1446	2045	2499	2155	1726

2018年县(市)社会经济主要指标

安徽省、福建省

指　　标	单位	旌德县	宁国市	长乐区	闽侯县	连江县
一、基本情况						
行政区域面积	平方公里	905	2487	664	2130	1168
乡个数	个		5	2	6	6
镇个数	个	10	8	12	8	16
街道办事处个数	个		6	4	1	
户籍人口	人	149065	384018	750178	724197	676654
第二产业从业人员	人	14569	94785	74008	150521	131128
第三产业从业人员	人	27030	88560	26721	139486	96352
二、综合经济						
地区生产总值	万元	429788	3230337	8117950	6035538	4694772
第一产业增加值	万元	69227	217470	538082	391675	1358675
第二产业增加值	万元	193992	1961523	5015332	3413419	2039177
一般公共预算收入	万元	84646	304057	766436	800712	486628
一般公共预算支出	万元	146273	438268	615868	996962	706249
居民储蓄存款余额	万元	527583	1601533	3551874	3020921	2903856
年末金融机构各项贷款余额	万元	476487	2177491	8927835	3798890	4054965
三、农业、工业和通讯						
设施农业占地(水面)面积	公顷	429	352	568	345	2947
油料产量	吨	1736	11323	1719	2174	812
棉花产量	吨	6	17			
规模以上工业企业单位数	个	41	325	390	391	124
固定电话用户	户	16604	42466	89873	96853	85952
四、教育、卫生和社会保障						
普通中学在校学生数	人	2355	13362	30501	31780	27636
小学在校学生数	人	5741	19584	55141	57350	49185
医疗卫生机构床位数	床	791	2101	2563	1593	1499
各种社会福利收养性单位数	个	11	32	25	4	14
各种社会福利收养性单位床位数	床	880	3352	2356	545	1334

2018年县(市)社会经济主要指标

福建省

指　　标	单位	罗源县	闽清县	永泰县	平潭县	福清市
一、基本情况						
行政区域面积	平方公里	1100	1494	2244	393	1701
乡个数	个	5	5	12	8	
镇个数	个	6	11	9	7	17
街道办事处个数	个					7
户籍人口	人	269485	325214	385139	448832	1381000
第二产业从业人员	人	24346	72347	82131	46378	167159
第三产业从业人员	人	68356	50802	75343	53469	231989
二、综合经济						
地区生产总值	万元	2428244	2263332	1846081	2542783	11021385
第一产业增加值	万元	439929	323973	464586	345510	951498
第二产业增加值	万元	1433447	1151707	736959	718517	5436994
一般公共预算收入	万元	149474	186888	110338	605548	1310062
一般公共预算支出	万元	303733	264849	305630	1347377	988390
居民储蓄存款余额	万元	776101	1130090	938554	1505400	8471000
年末金融机构各项贷款余额	万元	1916243	851544	1220443	4086100	8998000
三、农业、工业和通讯						
设施农业占地(水面)面积	公顷	317	224	881	100	9549
油料产量	吨	295	2667	5718	6935	29673
棉花产量	吨					
规模以上工业企业单位数	个	59	110	45	18	379
固定电话用户	户	28170	28097	45808	61000	285730
四、教育、卫生和社会保障						
普通中学在校学生数	人	9131	13514	13447	20580	72579
小学在校学生数	人	17782	19072	19356	29588	119876
医疗卫生机构床位数	床	1164	1463	1203	1132	3031
各种社会福利收养性单位数	个	17	8	24	5	23
各种社会福利收养性单位床位数	床	602	238	639	202	1237

2018年县(市)社会经济主要指标

福建省

指　　标	单位	仙游县	明溪县	清流县	宁化县	大田县
一、基本情况						
行政区域面积	平方公里	1841	1730	1806	2408	2233
乡个数	个	5	5	6	5	6
镇个数	个	12	4	7	11	12
街道办事处个数	个	1				
户籍人口	人	1171738	119060	155684	377770	415827
第二产业从业人员	人	182366	15174	14142	52985	37938
第三产业从业人员	人	148197	29563	20822	58841	32935
二、综合经济						
地区生产总值	万元	4115754	816063	1177579	1451592	2266954
第一产业增加值	万元	189219	187242	209072	255788	404486
第二产业增加值	万元	2016324	350900	572394	678188	1136972
一般公共预算收入	万元	244605	48172	67636	93734	110823
一般公共预算支出	万元	497477	150584	183572	293841	257523
居民储蓄存款余额	万元	2861143	473997	382881	857637	775600
年末金融机构各项贷款余额	万元	2684870	287131	347306	785995	865277
三、农业、工业和通讯						
设施农业占地(水面)面积	公顷	211	97	565	103	274
油料产量	吨	7639	1553	1889	2776	987
棉花产量	吨					
规模以上工业企业单位数	个	301	97	102	143	183
固定电话用户	户	154668	16400	23667	27596	43392
四、教育、卫生和社会保障						
普通中学在校学生数	人	53924	3841	6262	14733	14510
小学在校学生数	人	73307	5770	10329	22842	32165
医疗卫生机构床位数	床	3579	509	652	1283	1471
各种社会福利收养性单位数	个	26	8	13	17	20
各种社会福利收养性单位床位数	床	2780	680	669	508	1289

2018年县(市)社会经济主要指标

福建省

指　　标	单位	尤溪县	沙　县	将乐县	泰宁县	建宁县
一、基本情况						
行政区域面积	平方公里	3420	1799	2241	1529	1716
乡个数	个	5	4	5	6	5
镇个数	个	10	6	8	3	4
街道办事处个数	个		2			
户籍人口	人	453235	272211	187400	138696	156286
第二产业从业人员	人	61825	24946	29883	7756	14260
第三产业从业人员	人	45891	52731	23514	16135	23769
二、综合经济						
地区生产总值	万元	2464439	2542052	1378134	1051456	1078723
第一产业增加值	万元	444450	276294	182143	132383	169242
第二产业增加值	万元	1105125	1412763	753464	479959	554197
一般公共预算收入	万元	119740	147137	88738	37557	44476
一般公共预算支出	万元	294839	262345	223059	160400	171025
居民储蓄存款余额	万元	1108374	1045082	576525	412104	436567
年末金融机构各项贷款余额	万元	1112839	1695105	597262	436467	408136
三、农业、工业和通讯						
设施农业占地(水面)面积	公顷	976	58	130	63	451
油料产量	吨	787	1142	828	682	277
棉花产量	吨	44			10	
规模以上工业企业单位数	个	159	208	139	97	111
固定电话用户	户	36654	30137	26972	22057	22816
四、教育、卫生和社会保障						
普通中学在校学生数	人	15932	15933	8088	5564	5570
小学在校学生数	人	24642	24218	12747	8455	9199
医疗卫生机构床位数	床	1641	1224	865	682	502
各种社会福利收养性单位数	个	16	11	11	7	9
各种社会福利收养性单位床位数	床	610	715	371	385	440

2018年县(市)社会经济主要指标

福建省

指　　标	单位	永安市	惠安县	安溪县	永春县	德化县
一、基本情况						
行政区域面积	平方公里	2931	708	3057	1468	2232
乡个数	个	3	1	11	4	6
镇个数	个	8	15	13	18	12
街道办事处个数	个	4				
户籍人口	人	331277	1039884	1219532	603675	348644
第二产业从业人员	人	49238	304902	113267	101533	104775
第三产业从业人员	人	48309	227339	147107	118559	37747
二、综合经济						
地区生产总值	万元	4277570	10945327	5803730	4194600	2462326
第一产业增加值	万元	325953	303840	503730	239700	101461
第二产业增加值	万元	2534124	7442444	2863200	2374300	1381113
一般公共预算收入	万元	257698	302295	304397	122670	118260
一般公共预算支出	万元	305713	551949	611468	329954	271066
居民储蓄存款余额	万元	1366136	3257260	2983200	1465041	970632
年末金融机构各项贷款余额	万元	2024538	4559165	4155800	1418227	1996884
三、农业、工业和通讯						
设施农业占地(水面)面积	公顷	317	3015	60	191	90
油料产量	吨	987	20623	3254	566	287
棉花产量	吨					
规模以上工业企业单位数	个	265	467	279	203	149
固定电话用户	户	39015	426544	74803	61300	46092
四、教育、卫生和社会保障						
普通中学在校学生数	人	17177	41033	41747	22802	15569
小学在校学生数	人	25631	81534	114167	37776	24494
医疗卫生机构床位数	床	2589	3802	3940	2279	1495
各种社会福利收养性单位数	个	15	15	16	20	20
各种社会福利收养性单位床位数	床	1230	1551	940	1219	1174

2018年县(市)社会经济主要指标

福建省

指　　标	单位	金门县	石狮市	晋江市	南安市	云霄县
一、基本情况						
行政区域面积	平方公里		178	744	2024	1051
乡个数	个				2	3
镇个数	个		7	13	21	6
街道办事处个数	个		2	6	3	
户籍人口	人		346094	1176303	1710899	467105
第二产业从业人员	人		195394	675745	571268	75766
第三产业从业人员	人		133702	270583	308543	46799
二、综合经济						
地区生产总值	万元		8360273	22289980	10678207	2301055
第一产业增加值	万元		254995	202988	274956	373236
第二产业增加值	万元		4125569	13336858	6128094	1056617
一般公共预算收入	万元		418213	1351988	459874	81926
一般公共预算支出	万元		542909	1355106	681769	282891
居民储蓄存款余额	万元		3636504	9063308	6064408	995881
年末金融机构各项贷款余额	万元		6644063	14253138	7861452	1011148
三、农业、工业和通讯						
设施农业占地(水面)面积	公顷		37	330		10930
油料产量	吨		822	5860	8177	2446
棉花产量	吨					
规模以上工业企业单位数	个		407	1638	787	184
固定电话用户	户		204600	369039	222851	54169
四、教育、卫生和社会保障						
普通中学在校学生数	人		35710	92106	65501	23177
小学在校学生数	人		64629	183711	126988	30920
医疗卫生机构床位数	床		1639	5319	5720	1803
各种社会福利收养性单位数	个		3	54	19	143
各种社会福利收养性单位床位数	床		600	5676	1801	2598

2018年县(市)社会经济主要指标

福建省

指标	单位	漳浦县	诏安县	长泰县	东山县	南靖县
一、基本情况						
行政区域面积	平方公里	2149	1294	900	249	1962
乡个数	个	4	5	1		
镇个数	个	17	10	4	7	11
街道办事处个数	个					
户籍人口	人	940316	682460	212677	220753	362403
第二产业从业人员	人	128060	93245	64314	39899	49689
第三产业从业人员	人	144285	78046	42047	40201	46439
二、综合经济						
地区生产总值	万元	4381290	2785797	2849861	2307047	3147898
第一产业增加值	万元	758520	479332	147063	380363	597908
第二产业增加值	万元	1747872	1203406	1807581	1071091	1502920
一般公共预算收入	万元	212871	71244	137024	110807	83657
一般公共预算支出	万元	494463	370069	205069	213063	273161
居民储蓄存款余额	万元	1837714	949480	851279	694954	895679
年末金融机构各项贷款余额	万元	2561398	815747	876690	1070160	869213
三、农业、工业和通讯						
设施农业占地(水面)面积	公顷	8201	5223	664	376	2747
油料产量	吨	13099	4874	2752	2512	1642
棉花产量	吨					
规模以上工业企业单位数	个	250	156	257	99	239
固定电话用户	户	124512	88424	31991	39530	51445
四、教育、卫生和社会保障						
普通中学在校学生数	人	40099	25347	7963	8441	13248
小学在校学生数	人	63982	44232	16573	14469	19343
医疗卫生机构床位数	床	3174	2210	954	980	1062
各种社会福利收养性单位数	个	142	32	51	77	11
各种社会福利收养性单位床位数	床	4111	916	457	1063	550

2018年县(市)社会经济主要指标

福建省

指　　标	单位	平和县	华安县	龙海市	建阳区	顺昌县
一、基本情况						
行政区域面积	平方公里	2310	1278	1337	3383	1980
乡个数	个	5	3	2	3	3
镇个数	个	10	6	12	8	8
街道办事处个数	个				2	1
户籍人口	人	623856	169491	897905	358965	235009
第二产业从业人员	人	58727	34998	239386	21835	24952
第三产业从业人员	人	78910	18656	221279	77210	32738
二、综合经济						
地区生产总值	万元	2264557	1466394	9083476	2079111	1278766
第一产业增加值	万元	454321	301582	732557	368351	191695
第二产业增加值	万元	763816	771778	4890665	1029252	479169
一般公共预算收入	万元	75349	77911	570710	128468	52699
一般公共预算支出	万元	341782	185315	732099	275036	206250
居民储蓄存款余额	万元	1210363	402178	2989691	1172553	734872
年末金融机构各项贷款余额	万元	842937	310548	6431632	2072775	699114
三、农业、工业和通讯						
设施农业占地(水面)面积	公顷	518	1367	4555	157	259
油料产量	吨	290	1031	1805	957	320
棉花产量	吨				11	2
规模以上工业企业单位数	个	120	116	481	167	79
固定电话用户	户	57092	23549	138572	46872	21234
四、教育、卫生和社会保障						
普通中学在校学生数	人	27793	7151	41194	17341	11617
小学在校学生数	人	34015	9610	68515	25230	11335
医疗卫生机构床位数	床	2046	600	3314	2114	799
各种社会福利收养性单位数	个	275	62	166	14	16
各种社会福利收养性单位床位数	床	3168	1011	3629	1411	862

2018年县(市)社会经济主要指标

福建省

指　　标	单位	浦城县	光泽县	松溪县	政和县	邵武市
一、基本情况						
行政区域面积	平方公里	3376	2240	1043	1744	2831
乡个数	个	8	5	6	5	3
镇个数	个	9	3	2	4	12
街道办事处个数	个	2		1	1	4
户籍人口	人	429953	163173	172726	237635	305837
第二产业从业人员	人	50643	25584	13069	22789	20017
第三产业从业人员	人	65036	21952	14433	26125	69854
二、综合经济						
地区生产总值	万元	1575393	987748	597248	698730	2577204
第一产业增加值	万元	338711	404989	130466	164706	274976
第二产业增加值	万元	572528	322545	237400	275287	1246502
一般公共预算收入	万元	66122	44901	27200	391681	124972
一般公共预算支出	万元	310569	162070	179100	167160	282422
居民储蓄存款余额	万元	1169531	445808	438600	514681	1193207
年末金融机构各项贷款余额	万元	752216	737990	386200	391681	1331079
三、农业、工业和通讯						
设施农业占地(水面)面积	公顷	382	957	90	293	170
油料产量	吨	978	366	161	150	3909
棉花产量	吨					
规模以上工业企业单位数	个	113	37	56	109	208
固定电话用户	户	41010	19508	18500	19387	48913
四、教育、卫生和社会保障						
普通中学在校学生数	人	19756	8041	6283	8929	12816
小学在校学生数	人	23625	10128	11421	16790	18895
医疗卫生机构床位数	床	1630	700	650	768	2203
各种社会福利收养性单位数	个	26	9	9	15	19
各种社会福利收养性单位床位数	床	3100	452	878	517	1333

2018年县(市)社会经济主要指标

福建省

指　　标	单位	武夷山市	建瓯市	永定区	长汀县	上杭县
一、基本情况						
行政区域面积	平方公里	2803	4233	2377	3099	2855
乡个数	个	4	4	11	5	5
镇个数	个	3	10	12	13	17
街道办事处个数	个	3	4	1		
户籍人口	人	245939	552806	505058	551350	537724
第二产业从业人员	人	24349	54072	56902	131755	103708
第三产业从业人员	人	52238	73128	89855	84411	79334
二、综合经济						
地区生产总值	万元	1866792	2667027	2662252	2317433	3544539
第一产业增加值	万元	256023	484282	307467	324602	438531
第二产业增加值	万元	728184	1084117	1253993	1030478	1670466
一般公共预算收入	万元	120744	95498	160377	138299	262576
一般公共预算支出	万元	275872	343950	294458	347250	456032
居民储蓄存款余额	万元	1073838	1520947	1028018	1077990	1203752
年末金融机构各项贷款余额	万元	1247473	1239111	1104953	1387819	2009224
三、农业、工业和通讯						
设施农业占地(水面)面积	公顷	321	1005	162	273	518
油料产量	吨	1598	1151	1272	4300	2732
棉花产量	吨		4			
规模以上工业企业单位数	个	63	177	127	112	98
固定电话用户	户	39932	41000	58408	54236	72500
四、教育、卫生和社会保障						
普通中学在校学生数	人	11508	22445	18075	22759	17765
小学在校学生数	人	18965	37432	27713	35325	27963
医疗卫生机构床位数	床	1189	2490	1421	2758	2036
各种社会福利收养性单位数	个	10	16	23	17	22
各种社会福利收养性单位床位数	床	622	1191	921	707	2596

2018年县(市)社会经济主要指标

福建省

指　　标	单位	武平县	连城县	漳平市	霞浦县	古田县
一、基本情况						
行政区域面积	平方公里	2638	2579	2976	1708	2377
乡个数	个	2	7	3	6	4
镇个数	个	14	10	11	6	8
街道办事处个数	个	1		2	2	2
户籍人口	人	402868	348443	297297	548550	430000
第二产业从业人员	人	45150	47377	32861	34451	42185
第三产业从业人员	人	105461	98977	50795	125018	53590
二、综合经济						
地区生产总值	万元	2023494	2039570	2557366	2315888	1675044
第一产业增加值	万元	319663	333010	318822	639438	439291
第二产业增加值	万元	819010	855036	1051727	664195	525596
一般公共预算收入	万元	135354	59012	82537	130786	77734
一般公共预算支出	万元	352698	259632	224750	359466	271137
居民储蓄存款余额	万元	763182	613945	760534	860271	1140756
年末金融机构各项贷款余额	万元	1048204	803722	1007529	1645099	1368051
三、农业、工业和通讯						
设施农业占地(水面)面积	公顷	816	319	526	1412	535
油料产量	吨	1019	3674	986	1590	410
棉花产量	吨					
规模以上工业企业单位数	个	125	120	141	142	107
固定电话用户	户	61332	39819	53875	50286	52600
四、教育、卫生和社会保障						
普通中学在校学生数	人	13112	11423	11693	20649	13446
小学在校学生数	人	19920	17988	19763	41495	21517
医疗卫生机构床位数	床	1686	1562	1303	1886	1397
各种社会福利收养性单位数	个	22	15	16	76	15
各种社会福利收养性单位床位数	床	1395	860	803	1256	877

2018年县(市)社会经济主要指标

福建省

指　　标	单位	屏南县	寿宁县	周宁县	柘荣县	福安市
一、基本情况						
行政区域面积	平方公里	1486	1433	1047	544	1810
乡个数	个	7	6	3	7	5
镇个数	个	4	8	6	2	13
街道办事处个数	个					4
户籍人口	人	191244	270477	212046	109762	673870
第二产业从业人员	人	13929	18006	9232	16718	101258
第三产业从业人员	人	22392	46534	29888	15356	86102
二、综合经济						
地区生产总值	万元	659007	744340	509027	487277	4692264
第一产业增加值	万元	129490	155832	70860	77779	482146
第二产业增加值	万元	216959	301891	223936	224326	2909072
一般公共预算收入	万元	37212	50792	40382	27845	42736
一般公共预算支出	万元	200206	192853	168225	131464	424242
居民储蓄存款余额	万元	449181	466717	378996	235510	1535475
年末金融机构各项贷款余额	万元	739868	430344	374695	339980	2421454
三、农业、工业和通讯						
设施农业占地(水面)面积	公顷	116	530	1389	150	3451
油料产量	吨		113	320	93	1639
棉花产量	吨					
规模以上工业企业单位数	个	29	72	45	70	225
固定电话用户	户	18000	23172	17545	15516	84949
四、教育、卫生和社会保障						
普通中学在校学生数	人	6146	10130	7380	4598	34472
小学在校学生数	人	10632	13057	11921	8405	54748
医疗卫生机构床位数	床	752	907	645	500	2363
各种社会福利收养性单位数	个	9	15	9	9	45
各种社会福利收养性单位床位数	床	365	294	360	330	1941

2018年县(市)社会经济主要指标

福建省、江西省

指　　标	单位	福鼎市	新建区	南昌县	安义县	进贤县
一、基本情况						
行政区域面积	平方公里	1526	2368	1811	660	1946
乡个数	个	3	6	7	3	12
镇个数	个	10	13	11	7	9
街道办事处个数	个	3	4	1		
户籍人口	人	601223	975696	1054105	306546	850474
第二产业从业人员	人	105106	82993	311986	21355	112264
第三产业从业人员	人	96135	134771	393991	23190	196771
二、综合经济						
地区生产总值	万元	3664350	8216215	14761269	1201871	3626832
第一产业增加值	万元	551713	567088	606687	121857	568429
第二产业增加值	万元	2047944	3150967	10485177	574529	1735317
一般公共预算收入	万元	282517	695384	971262	104009	174946
一般公共预算支出	万元	388411	1194539	1685677	284366	503200
居民储蓄存款余额	万元	1697665	2433817	3765483	967973	2386811
年末金融机构各项贷款余额	万元	4380275	4082094	5604643	1473485	2311174
三、农业、工业和通讯						
设施农业占地(水面)面积	公顷	872	131	433	19	119
油料产量	吨	332	30297	13424	21507	49593
棉花产量	吨		175		1329	95
规模以上工业企业单位数	个	302	164	415	142	143
固定电话用户	户	73809	56700	50078		51643
四、教育、卫生和社会保障						
普通中学在校学生数	人	24235	50976	61578	12942	49226
小学在校学生数	人	43826	79485	107640	17909	55135
医疗卫生机构床位数	床	2163	2268	2405	1053	2243
各种社会福利收养性单位数	个	27	21	23	1	33
各种社会福利收养性单位床位数	床	2465	3041	4270	26	2655

2018年县(市)社会经济主要指标

江西省

指　　标	单位	浮梁县	乐平市	莲花县	上栗县	芦溪县
一、基本情况						
行政区域面积	平方公里	2851	1980	1072	727	961
乡个数	个	8	1	8	4	5
镇个数	个	10	15	5	6	5
街道办事处个数	个		2			
户籍人口	人	285600	945178	279451	522231	313165
第二产业从业人员	人	66277	173812	42793	117797	68700
第三产业从业人员	人	46313	205132	45370	97474	65400
二、综合经济						
地区生产总值	万元	1208800	3081097	615161	1772022	1362608
第一产业增加值	万元	172600	337437	110085	133010	165575
第二产业增加值	万元	648500	1578209	221414	855140	594492
一般公共预算收入	万元	109300	263344	29591	155491	106920
一般公共预算支出	万元	264084	612869	46532	374190	311109
居民储蓄存款余额	万元	750000	2480231	764632	779693	637344
年末金融机构各项贷款余额	万元	950000	1688817	594509	994063	1363253
三、农业、工业和通讯						
设施农业占地(水面)面积	公顷	545	2570	14	126	420
油料产量	吨	9733	26951	22383	4797	3199
棉花产量	吨	328	1359			
规模以上工业企业单位数	个	97	117	53	115	115
固定电话用户	户	23500	39954	22050	41023	35662
四、教育、卫生和社会保障						
普通中学在校学生数	人	13866	56160	16437	29281	17611
小学在校学生数	人	18989	89626	22607	41176	26863
医疗卫生机构床位数	床	839	2985	1116	2292	1192
各种社会福利收养性单位数	个	21	23	14	11	13
各种社会福利收养性单位床位数	床	1300	2550	1065	1328	1200

2018年县(市)社会经济主要指标

江西省

指　　标	单位	柴桑区	武宁县	修水县	永修县	德安县
一、基本情况						
行政区域面积	平方公里	917	3504	4504	2047	863
乡个数	个	4	11	17	4	8
镇个数	个	6	8	19	11	5
街道办事处个数	个	1	1			
户籍人口	人	335628	408322	889876	399415	176323
第二产业从业人员	人	68622	49975	149726	49532	33464
第三产业从业人员	人	57737	79893	170235	62158	33749
二、综合经济						
地区生产总值	万元	1422512	1378065	2040177	1813900	1275833
第一产业增加值	万元	178821	191505	221815	223049	79078
第二产业增加值	万元	716904	665326	990050	1112921	843833
一般公共预算收入	万元	216644	135700	255867	167217	129891
一般公共预算支出	万元	221679	131500	564680	416730	257290
居民储蓄存款余额	万元	917628	996000	1445693	1136518	689306
年末金融机构各项贷款余额	万元	1341206	1129900	1926426	1121270	886361
三、农业、工业和通讯						
设施农业占地(水面)面积	公顷	902	112	775	200	586
油料产量	吨	16357	15235	17126	17751	8044
棉花产量	吨	5119	229	485	2102	1964
规模以上工业企业单位数	个	122	111	159	165	140
固定电话用户	户	25011	37560	93264	41632	23849
四、教育、卫生和社会保障						
普通中学在校学生数	人	18969	16355	38845	21787	10405
小学在校学生数	人	22568	31241	71720	27082	16933
医疗卫生机构床位数	床	1476	1574	1945	1107	768
各种社会福利收养性单位数	个	13	22	42	23	9
各种社会福利收养性单位床位数	床	2605	1156	4620	2817	765

2018年县(市)社会经济主要指标

江西省

指　　标	单位	都昌县	湖口县	彭泽县	瑞昌市	共青城市
一、基本情况						
行政区域面积	平方公里	2227	674	1534	1419	310
乡个数	个	12	6	3	8	3
镇个数	个	12	6	10	8	2
街道办事处个数	个				2	1
户籍人口	人	816900	297308	379636	462733	122832
第二产业从业人员	人	145019	46568	46970	71326	32368
第三产业从业人员	人	169173	45126	89600	75169	3512
二、综合经济						
地区生产总值	万元	1587815	1586003	1424366	2114833	1310976
第一产业增加值	万元	268247	141782	214539	174767	64619
第二产业增加值	万元	697145	1103400	786288	1394331	847734
一般公共预算收入	万元	159419	200515	163773	362029	127821
一般公共预算支出	万元	510397	306610	338959	401299	233970
居民储蓄存款余额	万元	1835799	893561	1019880	1281000	401171
年末金融机构各项贷款余额	万元	1222988	1156892	961473	1503630	1083020
三、农业、工业和通讯						
设施农业占地(水面)面积	公顷	97	125	50	350	1666
油料产量	吨	32896	24937	39610	25222	2187
棉花产量	吨	5445	6828	12259	2466	512
规模以上工业企业单位数	个	98	97	145	178	177
固定电话用户	户	95103	30662	48600	42374	18327
四、教育、卫生和社会保障						
普通中学在校学生数	人	44096	16752	14778	31305	6930
小学在校学生数	人	57842	19285	24080	38390	14004
医疗卫生机构床位数	床	2342	1145	1277	1936	542
各种社会福利收养性单位数	个	27	14	17	22	4
各种社会福利收养性单位床位数	床	1295	1349	761	2200	75

2018年县(市)社会经济主要指标

江西省

指　　标	单位	庐山市	分宜县	余江区	贵溪市	南康区
一、基本情况						
行政区域面积	平方公里	641	1389	931	2493	1829
乡个数	个	1	3	5	4	12
镇个数	个	9	7	7	14	6
街道办事处个数	个		1		3	2
户籍人口	人	277555	345479	399852	647240	885680
第二产业从业人员	人	52078	51200	64528	107500	226092
第三产业从业人员	人	26543	67420	100657	141000	158430
二、综合经济						
地区生产总值	万元	1323272	2352607	1200806	4381725	2437331
第一产业增加值	万元	84083	184253	172866	304595	248753
第二产业增加值	万元	394377	982254	676706	2725144	1257918
一般公共预算收入	万元	183637	144247	124284	350465	217708
一般公共预算支出	万元	251898	282768	235327	506482	711765
居民储蓄存款余额	万元	685802	946600	1055643	1668800	3533390
年末金融机构各项贷款余额	万元	743507	1245300	1315912	2041475	4072066
三、农业、工业和通讯						
设施农业占地(水面)面积	公顷	144	557	179	870	1688
油料产量	吨	7798	5618	23181	8806	14037
棉花产量	吨	2635	71			
规模以上工业企业单位数	个	72	80	95	107	529
固定电话用户	户	49700	15900	17100	45800	137426
四、教育、卫生和社会保障						
普通中学在校学生数	人	14014	18311	23158	21627	65190
小学在校学生数	人	24248	26920	31214	47955	88554
医疗卫生机构床位数	床	1306	1563	1748	2865	3463
各种社会福利收养性单位数	个	10	12	20	25	23
各种社会福利收养性单位床位数	床	430	950	1633	1470	2078

2018年县(市)社会经济主要指标

江西省

指　　标	单位	赣县区	信丰县	大余县	上犹县	崇义县
一、基本情况						
行政区域面积	平方公里	2990	2866	1344	1542	2208
乡个数	个	7	3	3	8	10
镇个数	个	12	13	8	6	6
街道办事处个数	个					
户籍人口	人	658847	779371	310315	324655	217220
第二产业从业人员	人	52814	102555	36304	35179	25628
第三产业从业人员	人	79239	103829	45490	48317	38924
二、综合经济						
地区生产总值	万元	1875900	2096899	1245528	733655	919334
第一产业增加值	万元	212100	306951	132987	119582	108887
第二产业增加值	万元	1081700	863616	602040	284906	441820
一般公共预算收入	万元	157752	124917	87714	65707	88466
一般公共预算支出	万元	533020	71379	308455	291665	241649
居民储蓄存款余额	万元	1920579	2135953	912781	831399	611961
年末金融机构各项贷款余额	万元	2043607	2148130	872908	1058106	788875
三、农业、工业和通讯						
设施农业占地(水面)面积	公顷	656	160	121	110	97
油料产量	吨	4965	15835	3756	2304	1345
棉花产量	吨					
规模以上工业企业单位数	个	107	94	71	58	36
固定电话用户	户	42406	53451	29540	28102	14376
四、教育、卫生和社会保障						
普通中学在校学生数	人	48107	55332	18696	21471	13861
小学在校学生数	人	57277	71722	27215	29325	17325
医疗卫生机构床位数	床	2177	2848	1539	1204	1037
各种社会福利收养性单位数	个	22	17	11	6	8
各种社会福利收养性单位床位数	床	1525	1782	761	667	1210

2018年县(市)社会经济主要指标

江西省

指　　标	单位	安远县	龙南县	定南县	全南县	宁都县
一、基本情况						
行政区域面积	平方公里	2350	1646	1321	1535	4049
乡个数	个	10	5		3	12
镇个数	个	8	9	7	6	12
街道办事处个数	个					
户籍人口	人	406846	338709	222365	197227	850600
第二产业从业人员	人	23956	65582	27648	22192	86945
第三产业从业人员	人	62426	70999	48535	29912	129036
二、综合经济						
地区生产总值	万元	740230	1746151	873773	770762	1835636
第一产业增加值	万元	177142	132018	103867	111721	339147
第二产业增加值	万元	166824	955317	400553	384508	757074
一般公共预算收入	万元	57640	140202	83033	65513	82887
一般公共预算支出	万元	334466	346000	262352	278320	508604
居民储蓄存款余额	万元	816813	985458	550693	622917	2342762
年末金融机构各项贷款余额	万元	1081175	1424821	1319835	638938	1795992
三、农业、工业和通讯						
设施农业占地(水面)面积	公顷	212	156	204	428	254
油料产量	吨	337	2823	545	3992	9020
棉花产量	吨				7	
规模以上工业企业单位数	个	46	108	51	51	88
固定电话用户	户	38042	35983	27466	18550	39182
四、教育、卫生和社会保障						
普通中学在校学生数	人	17638	19189	17118	13073	58564
小学在校学生数	人	37500	29318	22328	17191	73680
医疗卫生机构床位数	床	2117	1911	1230	1041	3363
各种社会福利收养性单位数	个	16	8	1	5	26
各种社会福利收养性单位床位数	床	822	856	100	808	3822

2018年县(市)社会经济主要指标

江西省

指　　标	单位	于都县	兴国县	会昌县	寻乌县	石城县
一、基本情况						
行政区域面积	平方公里	2892	3215	2712	2352	1567
乡个数	个	14	18	13	8	5
镇个数	个	9	7	6	7	6
街道办事处个数	个					
户籍人口	人	1119211	856515	531640	331934	334564
第二产业从业人员	人	106589	69966	40382	30741	36231
第三产业从业人员	人	162090	102771	71792	62251	48277
二、综合经济						
地区生产总值	万元	2373591	1745230	1148304	789081	606018
第一产业增加值	万元	269182	269769	199269	211841	145611
第二产业增加值	万元	1164365	869738	467751	242363	177067
一般公共预算收入	万元	140011	85200	98271	57139	55379
一般公共预算支出	万元	648006	540100	402202	323000	274939
居民储蓄存款余额	万元	2604879	1957911	1236216	357665	895722
年末金融机构各项贷款余额	万元	2242125	1614751	1269498	386203	1113496
三、农业、工业和通讯						
设施农业占地(水面)面积	公顷	1247	480	321	1367	228
油料产量	吨	14615	7547	1739	2777	4919
棉花产量	吨					
规模以上工业企业单位数	个	114	95	55	52	45
固定电话用户	户	64054	65854	32800	29834	23158
四、教育、卫生和社会保障						
普通中学在校学生数	人	81771	66768	32886	22011	20631
小学在校学生数	人	97459	82508	39856	25772	23864
医疗卫生机构床位数	床	3868	2846	2647	1050	1731
各种社会福利收养性单位数	个	26	31	25	16	17
各种社会福利收养性单位床位数	床	2033	3678	2368	730	2264

2018年县(市)社会经济主要指标

江西省

指　　标	单位	瑞金市	吉安县	吉水县	峡江县	新干县
一、基本情况						
行政区域面积	平方公里	2441	2122	2510	1298	1248
乡个数	个	10	6	3	5	6
镇个数	个	7	13	15	6	7
街道办事处个数	个		2			1
户籍人口	人	710096	526381	579611	190477	354791
第二产业从业人员	人	62261	103194	118492	30010	48615
第三产业从业人员	人	97819	43517	81201	28160	66184
二、综合经济						
地区生产总值	万元	1600791	1823710	1524234	712999	1351968
第一产业增加值	万元	233042	256205	237558	109481	183868
第二产业增加值	万元	541028	917455	614056	314530	639559
一般公共预算收入	万元	132011	188110	110038	77717	109827
一般公共预算支出	万元	551127	435092	412486	234792	285898
居民储蓄存款余额	万元	1859572	1642312	1451309	625073	1380084
年末金融机构各项贷款余额	万元	2395693	1390438	1464893	585090	1546242
三、农业、工业和通讯						
设施农业占地(水面)面积	公顷	278	852	429	190	427
油料产量	吨	8062	16186	18485	5165	21408
棉花产量	吨	3			63	214
规模以上工业企业单位数	个	68	137	101	66	143
固定电话用户	户	53696	37628	37879	14594	3933
四、教育、卫生和社会保障						
普通中学在校学生数	人	48401	30253	21917	10466	21481
小学在校学生数	人	63033	50165	53836	16334	29978
医疗卫生机构床位数	床	2387	2088	2481	680	1493
各种社会福利收养性单位数	个	31	21	24	13	15
各种社会福利收养性单位床位数	床	3095	1109	1408	1050	2102

2018年县(市)社会经济主要指标

江西省

指　　标	单位	永丰县	泰和县	遂川县	万安县	安福县
一、基本情况						
行政区域面积	平方公里	2710	2660	3144	2038	2793
乡个数	个	13	6	11	7	12
镇个数	个	8	16	12	9	7
街道办事处个数	个					
户籍人口	人	492577	600457	622623	318529	421448
第二产业从业人员	人	105077	224672	112194	58047	63945
第三产业从业人员	人	61542	126331	105641	51362	117587
二、综合经济						
地区生产总值	万元	1598425	1780109	1295879	773660	1474075
第一产业增加值	万元	207887	258564	141159	121374	189990
第二产业增加值	万元	731969	797488	590275	308672	606942
一般公共预算收入	万元	123318	143111	107539	80699	126515
一般公共预算支出	万元	355162	431142	452638	309535	372168
居民储蓄存款余额	万元	1355707	1860004	1296821	945460	1305746
年末金融机构各项贷款余额	万元	1218944	1695370	1380052	853711	942005
三、农业、工业和通讯						
设施农业占地(水面)面积	公顷	935	1852	53	3089	553
油料产量	吨	7474	28011	7863	10745	20231
棉花产量	吨					
规模以上工业企业单位数	个	145	109	103	86	111
固定电话用户	户	18190	44272	49112	26710	31148
四、教育、卫生和社会保障						
普通中学在校学生数	人	27253	31948	40218	16975	19603
小学在校学生数	人	46631	55182	60977	26564	31701
医疗卫生机构床位数	床	2459	3032	2480	1429	2000
各种社会福利收养性单位数	个	28	25	25	1	20
各种社会福利收养性单位床位数	床	2015	2520	1682	785	1733

2018年县(市)社会经济主要指标

江西省

指　　标	单位	永新县	井冈山市	奉新县	万载县	上高县
一、基本情况						
行政区域面积	平方公里	2181	1298	1642	1714	1350
乡个数	个	13	12	3	7	5
镇个数	个	10	7	10	9	9
街道办事处个数	个	1	1		1	1
户籍人口	人	529328	170915	336781	577327	384014
第二产业从业人员	人	87277	30089	44224	120710	118008
第三产业从业人员	人	76546	33816	47407	127940	49131
二、综合经济						
地区生产总值	万元	1118165	764503	1648551	1547142	1845074
第一产业增加值	万元	156348	53755	191510	173852	223705
第二产业增加值	万元	350378	192656	768693	729321	833476
一般公共预算收入	万元	72295	60639	173250	162920	176772
一般公共预算支出	万元	344547	223921	346793	410319	360573
居民储蓄存款余额	万元	1476821	611622	971421	1414737	1505557
年末金融机构各项贷款余额	万元	818192	870200	1146556	1654330	1789952
三、农业、工业和通讯						
设施农业占地(水面)面积	公顷	50	1164	111	643	225
油料产量	吨	27081	1303	15537	4256	15452
棉花产量	吨	10		684	33	871
规模以上工业企业单位数	个	59	31	110	175	206
固定电话用户	户	38943	40725	23067	42532	33988
四、教育、卫生和社会保障						
普通中学在校学生数	人	31982	9653	18558	30870	22135
小学在校学生数	人	42601	15916	26737	62159	36086
医疗卫生机构床位数	床	2175	472	2053	1516	1857
各种社会福利收养性单位数	个	23	7	19	20	15
各种社会福利收养性单位床位数	床	1791	550	1758	2084	2668

2018年县(市)社会经济主要指标

江西省

指　　标	单位	宜丰县	靖安县	铜鼓县	丰城市	樟树市
一、基本情况						
行政区域面积	平方公里	1934	1377	1552	2845	1289
乡个数	个	4	6	3	7	4
镇个数	个	8	5	6	20	10
街道办事处个数	个				6	5
户籍人口	人	300179	152999	138616	1507402	610424
第二产业从业人员	人	45009	24042	15333	184041	91901
第三产业从业人员	人	58835	30825	23347	324886	152574
二、综合经济						
地区生产总值	万元	1301567	507836	498577	5060666	4085867
第一产业增加值	万元	205600	71086	68618	659264	371963
第二产业增加值	万元	606699	219498	193161	2359676	1985762
一般公共预算收入	万元	127796	67993	65807	486133	331388
一般公共预算支出	万元	286299	190112	184527	951189	572628
居民储蓄存款余额	万元	1159827	519293	339341	3869700	2315500
年末金融机构各项贷款余额	万元	1154475	590703	339737	3602167	2697284
三、农业、工业和通讯						
设施农业占地(水面)面积	公顷	41	38	15	423	442
油料产量	吨	1231	7739	505	45065	56825
棉花产量	吨	240	493		157	337
规模以上工业企业单位数	个	136	56	29	223	226
固定电话用户	户	24000	15633	15791	87302	60103
四、教育、卫生和社会保障						
普通中学在校学生数	人	17246	6594	7343	78748	31247
小学在校学生数	人	24167	10416	10753	98228	45410
医疗卫生机构床位数	床	1401	632	623	5298	2092
各种社会福利收养性单位数	个	17	12	10	29	23
各种社会福利收养性单位床位数	床	1224	855	998	1860	4495

2018年县(市)社会经济主要指标

江西省

指　　标	单位	高安市	东乡区	南城县	黎川县	南丰县
一、基本情况						
行政区域面积	平方公里	2439	1268	1713	1709	1913
乡个数	个	2	4	2	8	5
镇个数	个	19	9	10	7	7
街道办事处个数	个	2	1			
户籍人口	人	878300	483382	340359	253056	316301
第二产业从业人员	人	143383	57254	58310	47956	26728
第三产业从业人员	人	178852	49213	59500	60989	51986
二、综合经济						
地区生产总值	万元	2845799	1565848	1328634	725653	1319778
第一产业增加值	万元	383832	216111	174330	106634	315633
第二产业增加值	万元	1250097	714981	509916	279040	362381
一般公共预算收入	万元	284432	154835	98701	72344	80401
一般公共预算支出	万元	584231	452641	299200	240320	286986
居民储蓄存款余额	万元	2872471	1370222	978800	658334	812901
年末金融机构各项贷款余额	万元	3377960	1601162	1090100	701488	1311781
三、农业、工业和通讯						
设施农业占地(水面)面积	公顷	1176	189		577	117
油料产量	吨	61467	8100	1831	3314	462
棉花产量	吨	8658	29	35		
规模以上工业企业单位数	个	219	112	82	49	38
固定电话用户	户	73860	27209	21316	11000	16346
四、教育、卫生和社会保障						
普通中学在校学生数	人	53711	26243	21422	11593	11713
小学在校学生数	人	73112	36787	29615	17109	27916
医疗卫生机构床位数	床	4323	2097	1104	866	1473
各种社会福利收养性单位数	个	24	21	16	14	13
各种社会福利收养性单位床位数	床	2670	1811	810	783	1692

2018年县(市)社会经济主要指标

江西省

指　　标	单位	崇仁县	乐安县	宜黄县	金溪县	资溪县
一、基本情况						
行政区域面积	平方公里	1521	2411	1937	1353	1248
乡个数	个	8	7	4	5	2
镇个数	个	7	9	8	8	5
街道办事处个数	个					
户籍人口	人	388886	389192	237200	320294	115964
第二产业从业人员	人	43325	44916	33457	53959	12274
第三产业从业人员	人	45560	32194	53268	56695	33295
二、综合经济						
地区生产总值	万元	1165268	681523	726844	904614	411552
第一产业增加值	万元	244661	106291	95429	130847	41453
第二产业增加值	万元	426441	226537	336523	330004	162492
一般公共预算收入	万元	81819	86767	65600	68947	30664
一般公共预算支出	万元	315329	55556	223122	252182	136536
居民储蓄存款余额	万元	990785	1140420	599621	822653	392280
年末金融机构各项贷款余额	万元	839727	885081	735775	1052134	360336
三、农业、工业和通讯						
设施农业占地(水面)面积	公顷	342	158	191	96	46
油料产量	吨	18700	1581	1879	5596	84
棉花产量	吨	1013		8		
规模以上工业企业单位数	个	92	20	78	59	11
固定电话用户	户	10964	9141	6406	9055	10575
四、教育、卫生和社会保障						
普通中学在校学生数	人	20670	18116	11193	17264	5709
小学在校学生数	人	30562	33191	17085	26101	7855
医疗卫生机构床位数	床	1240	1655	475	985	244
各种社会福利收养性单位数	个	18	18	16	15	8
各种社会福利收养性单位床位数	床	1055	1700	1280	882	311

2018年县(市)社会经济主要指标

江西省

指　　标	单位	广昌县	广丰区	上饶县	玉山县	铅山县
一、基本情况						
行政区域面积	平方公里	1603	1377	2232	1732	2178
乡个数	个	5	3	10	6	10
镇个数	个	6	15	11	10	7
街道办事处个数	个		5	3	2	
户籍人口	人	252010	981219	857156	647369	481299
第二产业从业人员	人	25309	161665	177923	160340	73120
第三产业从业人员	人	57788	170903	208364	121246	110369
二、综合经济						
地区生产总值	万元	695516	4031029	2372031	1927616	1317608
第一产业增加值	万元	114492	230092	192921	172043	164448
第二产业增加值	万元	265308	2033479	1784117	1004899	601568
一般公共预算收入	万元	55960	311897	269511	207637	148963
一般公共预算支出	万元	293151	632527	570563	466150	368327
居民储蓄存款余额	万元	708159	1950070	1870673	1949679	1268943
年末金融机构各项贷款余额	万元	671076	2050015	2955628	2002169	1132164
三、农业、工业和通讯						
设施农业占地(水面)面积	公顷	233	990	1057	1836	256
油料产量	吨	458	10151	7809	16173	3015
棉花产量	吨		24	7	179	
规模以上工业企业单位数	个	46	182	189	223	65
固定电话用户	户	9132	45607	46237	69200	30470
四、教育、卫生和社会保障						
普通中学在校学生数	人	12739	58873	52841	48194	29813
小学在校学生数	人	20071	80087	69467	52682	37137
医疗卫生机构床位数	床	722	3521	3257	2929	1725
各种社会福利收养性单位数	个	12	23	20	20	24
各种社会福利收养性单位床位数	床	803	1733	1060	1795	2286

2018年县(市)社会经济主要指标

江西省

指　　标	单位	横峰县	弋阳县	余干县	鄱阳县	万年县
一、基本情况						
行政区域面积	平方公里	654	1573	2331	4215	1148
乡个数	个	6	5	11	15	6
镇个数	个	2	10	9	14	6
街道办事处个数	个	1	2		1	
户籍人口	人	228972	428484	1090192	1583934	439131
第二产业从业人员	人	41794	96713	119597	245423	93364
第三产业从业人员	人	49393	69845	154751	228795	99955
二、综合经济						
地区生产总值	万元	743149	1075527	1579619	2203713	1518523
第一产业增加值	万元	54382	201237	422703	582069	160677
第二产业增加值	万元	441108	427138	601265	956706	869914
一般公共预算收入	万元	67297	109335	104547	130231	140646
一般公共预算支出	万元	253562	376405	568160	853176	384760
居民储蓄存款余额	万元	617533	1086512	2230797	3016015	1235813
年末金融机构各项贷款余额	万元	1092646	1052453	1772151	1993693	1217949
三、农业、工业和通讯						
设施农业占地(水面)面积	公顷	213	64	7105	8495	386
油料产量	吨	4452	6564	25926	105109	5812
棉花产量	吨	5	38	77	6481	455
规模以上工业企业单位数	个	51	109	111	132	122
固定电话用户	户	3591	23021	37309	80083	2900
四、教育、卫生和社会保障						
普通中学在校学生数	人	13453	26582	46159	85953	31398
小学在校学生数	人	20227	38928	92819	107665	42042
医疗卫生机构床位数	床	1299	1295	4861	4682	1629
各种社会福利收养性单位数	个	7	25	22	41	21
各种社会福利收养性单位床位数	床	800	2314	950	4391	2258

2018年县(市)社会经济主要指标

江西省、山东省

指　　标	单位	婺源县	德兴市	长清区	章丘区	济阳区
一、基本情况						
行政区域面积	平方公里	2968	2082	1209	1719	1099
乡个数	个	6	6			
镇个数	个	10	6	3	3	4
街道办事处个数	个	1	4	7	15	6
户籍人口	人	376419	336375	568464	1051848	592243
第二产业从业人员	人	51888	14425	157342	316926	111639
第三产业从业人员	人	81448	14368	113825	274281	93478
二、综合经济						
地区生产总值	万元	1064285	1570706	3668871	10727163	2957499
第一产业增加值	万元	95662	179115	311235	764740	395724
第二产业增加值	万元	339663	625711	1533529	6156541	1453722
一般公共预算收入	万元	99559	291721	234995	603234	250566
一般公共预算支出	万元	304816	465787	667967	707026	462859
居民储蓄存款余额	万元	1225625	1207687	2552845	5105975	1690610
年末金融机构各项贷款余额	万元	1151329	1277608	2058931	4783790	1485450
三、农业、工业和通讯						
设施农业占地(水面)面积	公顷	104	22	967	4138	7565
油料产量	吨	8529	4789	19125	6434	3730
棉花产量	吨	80	31	208	911	94
规模以上工业企业单位数	个	59	127	198	629	240
固定电话用户	户	52949	50127	80098	121000	51925
四、教育、卫生和社会保障						
普通中学在校学生数	人	20374	19953	24071	48902	27837
小学在校学生数	人	26990	28853	28513	53533	38208
医疗卫生机构床位数	床	1828	1726	1368	5468	1831
各种社会福利收养性单位数	个	9	19	10	114	11
各种社会福利收养性单位床位数	床	502	1514	998	2006	1700

2018年县(市)社会经济主要指标

山东省

指　　标	单位	平阴县	商河县	即墨区	胶州市	平度市
一、基本情况						
行政区域面积	平方公里	715	1162	1921	1324	3176
乡个数	个					
镇个数	个	6	11	7	6	12
街道办事处个数	个	2	1	8	6	5
户籍人口	人	374896	642745	1176300	858952	1391015
第二产业从业人员	人	78455	86368	367600	263548	255385
第三产业从业人员	人	65012	104836	265700	182520	253694
二、综合经济						
地区生产总值	万元	2848881	1808383	14134300	12113800	8958600
第一产业增加值	万元	299273	434078	708400	532700	1013600
第二产业增加值	万元	1623746	698219	7617200	6039500	4614900
一般公共预算收入	万元	218949	122577	1111918	1003788	560180
一般公共预算支出	万元	430987	419966	1687264	1169575	995209
居民储蓄存款余额	万元	1356694	1440502	5805305	4423328	4842213
年末金融机构各项贷款余额	万元	1382059	1233564	8808210	7390598	4084477
三、农业、工业和通讯						
设施农业占地(水面)面积	公顷	991	4329	1985	1219	5365
油料产量	吨	9181	346	59094	28140	120207
棉花产量	吨	633	921			977
规模以上工业企业单位数	个	204	190	518	835	381
固定电话用户	户	93183	36000	121464	110500	137300
四、教育、卫生和社会保障						
普通中学在校学生数	人	16218	27941	50257	46772	58057
小学在校学生数	人	18441	41357	77988	62449	69058
医疗卫生机构床位数	床	2111	2140	5379	6042	5376
各种社会福利收养性单位数	个	11	13	13	11	4
各种社会福利收养性单位床位数	床	1254	1245	3517	2113	1515

2018年县(市)社会经济主要指标

山东省

指　　标	单位	莱西市	桓台县	高青县	沂源县	滕州市
一、基本情况						
行政区域面积	平方公里	1568	509	831	1636	1495
乡个数	个					
镇个数	个	8	7	7	10	17
街道办事处个数	个	3	2	2	2	4
户籍人口	人	744442	504701	369902	575777	1752006
第二产业从业人员	人	158633	165840	93876	86137	356262
第三产业从业人员	人	98408	115989	81674	83291	382173
二、综合经济						
地区生产总值	万元	6201100	6101307	2518430	3208157	11963300
第一产业增加值	万元	618800	132706	333166	360969	749900
第二产业增加值	万元	2995000	3595578	1177802	1381052	5908300
一般公共预算收入	万元	493777	388228	157051	214134	706016
一般公共预算支出	万元	767102	440005	299380	373412	918527
居民储蓄存款余额	万元	2852075	2167250	1209489	1822319	5116886
年末金融机构各项贷款余额	万元	3696187	4094636	1359962	1908956	4913942
三、农业、工业和通讯						
设施农业占地(水面)面积	公顷		334	2227	1522	3194
油料产量	吨	77799	47	344	13738	32799
棉花产量	吨		18	718	290	761
规模以上工业企业单位数	个	279	273	112	165	390
固定电话用户	户	51575	75506	21461	26017	120602
四、教育、卫生和社会保障						
普通中学在校学生数	人	39558	32299	19518	32760	78868
小学在校学生数	人	32238	19973	14871	21049	125601
医疗卫生机构床位数	床	4402	4109	1202	2053	8968
各种社会福利收养性单位数	个	1	27	6	8	19
各种社会福利收养性单位床位数	床	1200	3258	667	510	3984

2018年县(市)社会经济主要指标

山东省

指　　标	单位	垦利区	利津县	广饶县	长岛县	龙口市
一、基本情况						
行政区域面积	平方公里	2331	1301	1166	59	901
乡个数	个		2		6	
镇个数	个	5	4	6	1	8
街道办事处个数	个	2	2	3	1	5
户籍人口	人	238759	309035	531401	41489	635839
第二产业从业人员	人			149838	3798	197759
第三产业从业人员	人			101387	17872	106184
二、综合经济						
地区生产总值	万元	4925416	3268838	9320579	777959	12388000
第一产业增加值	万元	280079	318692	446138	429250	305000
第二产业增加值	万元	2785281	1728877	5971015	44080	6949000
一般公共预算收入	万元	243158	150117	443511	14354	1044617
一般公共预算支出	万元	311166	297146	506725	94553	1038079
居民储蓄存款余额	万元	1804183	1046000	2902466	303508	5439561
年末金融机构各项贷款余额	万元	4176573	1540633	7932883	129373	5830673
三、农业、工业和通讯						
设施农业占地(水面)面积	公顷	97	264	1152	674	1196
油料产量	吨	414	937	16	7	7481
棉花产量	吨	4601	6805	2624		
规模以上工业企业单位数	个	187	131	301	4	281
固定电话用户	户	17300	11574	47000	7219	61391
四、教育、卫生和社会保障						
普通中学在校学生数	人	10636	15114	30899	795	31464
小学在校学生数	人	12210	9770	26019	892	28844
医疗卫生机构床位数	床	1119	1080	2654	244	4629
各种社会福利收养性单位数	个	48	9	13	2	20
各种社会福利收养性单位床位数	床	1853	814	2016	80	2142

2018年县(市)社会经济主要指标

山东省

指　　标	单位	莱阳市	莱州市	蓬莱市	招远市	栖霞市
一、基本情况						
行政区域面积	平方公里	1731	1931	1009	1432	2016
乡个数	个					
镇个数	个	13	11	6	9	12
街道办事处个数	个	5	6	5	5	3
户籍人口	人	856900	843617	402643	562820	593738
第二产业从业人员	人	163081	168914	82412	136807	41964
第三产业从业人员	人	58058	169928	85664	91539	138492
二、综合经济						
地区生产总值	万元	3983454	8056357	5362455	7808980	2874150
第一产业增加值	万元	460749	770483	474680	448497	527347
第二产业增加值	万元	1844710	3991338	2637462	3967951	1145347
一般公共预算收入	万元	220716	615007	351975	612500	147805
一般公共预算支出	万元	432279	665486	422471	611626	345162
居民储蓄存款余额	万元	3208292	5467994	2925263	3657896	2222323
年末金融机构各项贷款余额	万元	2118190	3034314	3435576	2823886	1255309
三、农业、工业和通讯						
设施农业占地(水面)面积	公顷	1367	532	577	645	161
油料产量	吨	88174	47604	21360	56779	55288
棉花产量	吨	8	86			
规模以上工业企业单位数	个	160	239	158	279	174
固定电话用户	户	88750	111852	30751	22099	66500
四、教育、卫生和社会保障						
普通中学在校学生数	人	34836	36804	17880	25050	19166
小学在校学生数	人	30629	27452	14681	18881	14317
医疗卫生机构床位数	床	3931	6728	2328	2439	2466
各种社会福利收养性单位数	个	15	27	8	19	5
各种社会福利收养性单位床位数	床	3717	4709	833	3144	824

2018年县(市)社会经济主要指标

山东省

指　　标	单位	海阳市	临朐县	昌乐县	青州市	诸城市
一、基本情况						
行政区域面积	平方公里	1910	1831	1101	1569	2151
乡个数	个					
镇个数	个	10	8	4	8	10
街道办事处个数	个	4	2	4	4	3
户籍人口	人	642643	925567	638556	954835	1118684
第二产业从业人员	人	153897	174047	116725	198771	288908
第三产业从业人员	人	125426	181580	89093	143884	237707
二、综合经济						
地区生产总值	万元	3416723	3055100	3298700	7040500	8777334
第一产业增加值	万元	770780	358700	448600	592400	683534
第二产业增加值	万元	1252598	1228700	1316600	3010400	4161700
一般公共预算收入	万元	323606	182918	247490	483902	728168
一般公共预算支出	万元	412265	426777	378056	585402	782913
居民储蓄存款余额	万元	3020911	3239935	2484411	5710617	4841930
年末金融机构各项贷款余额	万元	3185633	2755878	2929299	4980141	5384850
三、农业、工业和通讯						
设施农业占地(水面)面积	公顷	2233	3407	16666	7075	5393
油料产量	吨	87373	17799	38715	30	50451
棉花产量	吨		609	142	33	408
规模以上工业企业单位数	个	160	258	244	427	462
固定电话用户	户	28796	78026	52804	108223	62815
四、教育、卫生和社会保障						
普通中学在校学生数	人	26470	34090	44015	39939	63460
小学在校学生数	人	18688	59788	38844	53117	63039
医疗卫生机构床位数	床	2944	4341	3556	5316	5988
各种社会福利收养性单位数	个	32	6	6	13	24
各种社会福利收养性单位床位数	床	4437	500	1921	7500	8600

2018年县(市)社会经济主要指标

山东省

指　　标	单位	寿光市	安丘市	高密市	昌邑市	兖州区
一、基本情况						
行政区域面积	平方公里	1990	1712	1527	1628	650
乡个数	个					
镇个数	个	9	10	7	6	6
街道办事处个数	个	5	2	3	3	6
户籍人口	人	1103110	975816	896444	586788	653268
第二产业从业人员	人	209875	134588	253826	156500	125472
第三产业从业人员	人	266339	98566	157165	159800	162701
二、综合经济						
地区生产总值	万元	9026600	3526800	6737900	4703700	7126598
第一产业增加值	万元	994400	517900	479300	478100	327006
第二产业增加值	万元	3556100	1345300	3202600	2277100	3984848
一般公共预算收入	万元	934769	249758	506000	317140	531712
一般公共预算支出	万元	992904	462541	554357	446908	574711
居民储蓄存款余额	万元	6079346	3285638	3866097	3232263	3054714
年末金融机构各项贷款余额	万元	7341698	3799547	4747121	2624145	3151162
三、农业、工业和通讯						
设施农业占地(水面)面积	公顷	24642	7684	1881	2011	478
油料产量	吨	198	50594	30222	8441	2713
棉花产量	吨	2276	243	294	2816	41
规模以上工业企业单位数	个	349	341	436	325	378
固定电话用户	户	84257	100768	110000	53500	30209
四、教育、卫生和社会保障						
普通中学在校学生数	人	56933	46283	48306	26911	31828
小学在校学生数	人	69141	57124	60870	30268	41960
医疗卫生机构床位数	床	6307	2594	4820	2098	4007
各种社会福利收养性单位数	个	102	26	15	8	18
各种社会福利收养性单位床位数	床	7375	1369	3369	426	6930

2018年县(市)社会经济主要指标

山东省

指　　标	单位	微山县	鱼台县	金乡县	嘉祥县	汶上县
一、基本情况						
行政区域面积	平方公里	1738	653	888	975	889
乡个数	个	1				1
镇个数	个	11	9	9	12	12
街道办事处个数	个	3	2	4	3	2
户籍人口	人	734008	483817	680037	932598	823179
第二产业从业人员	人	117038	73669	103298	210403	184850
第三产业从业人员	人	129996	96538	165267	252851	131500
二、综合经济						
地区生产总值	万元	4833900	2017600	2364500	3108493	2920300
第一产业增加值	万元	593500	476800	608600	389093	378700
第二产业增加值	万元	2019900	738000	649900	1420000	1311300
一般公共预算收入	万元	327717	100136	147788	187270	140074
一般公共预算支出	万元	421256	268143	382125	415884	343117
居民储蓄存款余额	万元	1746134	1296322	2162447	2935269	2220967
年末金融机构各项贷款余额	万元	981167	697843	1525911	1699405	1460746
三、农业、工业和通讯						
设施农业占地(水面)面积	公顷	12345	552	3791	1168	388
油料产量	吨	1392		1520	2530	6943
棉花产量	吨	74	8475	34848	2470	130
规模以上工业企业单位数	个	202	136	229	273	226
固定电话用户	户	31950	67996	52900	23900	57620
四、教育、卫生和社会保障						
普通中学在校学生数	人	26922	20273	22055	62089	33298
小学在校学生数	人	43649	32252	54841	92500	55650
医疗卫生机构床位数	床	3293	1615	2267	3351	2581
各种社会福利收养性单位数	个	20	12	44	19	86
各种社会福利收养性单位床位数	床	2470	2042	1238	2666	3660

2018年县(市)社会经济主要指标

山东省

指　　标	单位	泗水县	梁山县	曲阜市	邹城市	宁阳县
一、基本情况						
行政区域面积	平方公里	1118	961	815	1617	1124
乡个数	个		2			1
镇个数	个	11	10	8	13	10
街道办事处个数	个	2	2	4	3	2
户籍人口	人	645900	845927	655721	1215566	837370
第二产业从业人员	人	104362	141079	160312	309000	154820
第三产业从业人员	人	98704	115419	126945	316000	184947
二、综合经济						
地区生产总值	万元	2001700	2951400	4071991	10081800	4436200
第一产业增加值	万元	477400	490500	253121	552400	525100
第二产业增加值	万元	710800	1367600	1412235	5224700	1891800
一般公共预算收入	万元	87129	161777	253916	762618	122389
一般公共预算支出	万元	313776	382754	474173	830053	369791
居民储蓄存款余额	万元	1663736	2982095	2473612	4104564	2242185
年末金融机构各项贷款余额	万元	1004529	1456742	1795106	5823459	1406035
三、农业、工业和通讯						
设施农业占地(水面)面积	公顷	3374	764	1157	848	1347
油料产量	吨	56947	11295	8091	52312	64904
棉花产量	吨	287	2402	143	392	100
规模以上工业企业单位数	个	211	252	152	358	273
固定电话用户	户	67817	32000	9011	88300	71691
四、教育、卫生和社会保障						
普通中学在校学生数	人	28391	39737	28116	51039	40781
小学在校学生数	人	44160	83264	40671	74250	39947
医疗卫生机构床位数	床	2328	3144	2783	6610	3369
各种社会福利收养性单位数	个	16	17	24	29	15
各种社会福利收养性单位床位数	床	2088	2290	1624	4562	2084

2018年县(市)社会经济主要指标

山东省

指　　标	单位	东平县	新泰市	肥城市	文登区	荣成市
一、基本情况						
行政区域面积	平方公里	1340	1934	1277	1616	1528
乡个数	个	2	1			
镇个数	个	9	17	10	12	12
街道办事处个数	个	3	3	4	3	10
户籍人口	人	813220	1369704	988900	574257	659395
第二产业从业人员	人	89593	339063	127733		
第三产业从业人员	人	110207	349588	129765		
二、综合经济						
地区生产总值	万元	4059900	8434400	8235400	8524708	12112427
第一产业增加值	万元	482300	575100	543800	687553	1224391
第二产业增加值	万元	1831100	3915800	3882700	3797261	5140238
一般公共预算收入	万元	117557	406776	404179	537598	748499
一般公共预算支出	万元	424318	628006	594350	652151	998279
居民储蓄存款余额	万元	2285633	4979524	4112464	3937449	4893237
年末金融机构各项贷款余额	万元	2365166	4100553	3168998	3939195	5519952
三、农业、工业和通讯						
设施农业占地(水面)面积	公顷	817	4717	1379	1067	493
油料产量	吨	17741	92258	8932	71296	50953
棉花产量	吨	2440	132	1057		
规模以上工业企业单位数	个	229	302	265	491	530
固定电话用户	户	63340	67342	158339	50733	70760
四、教育、卫生和社会保障						
普通中学在校学生数	人	41920	79821	48649	20681	28325
小学在校学生数	人	39210	76801	53576	18920	25112
医疗卫生机构床位数	床	2901	6601	4944	5300	4121
各种社会福利收养性单位数	个	15	27	20	41	40
各种社会福利收养性单位床位数	床	3137	3779	2137	8966	7476

2018年县(市)社会经济主要指标

山东省

指　　标	单位	乳山市	五莲县	莒县	沂南县	郯城县
一、基本情况						
行政区域面积	平方公里	1665	1497	1821	1719	1195
乡个数	个		2	1	1	3
镇个数	个	14	8	15	13	9
街道办事处个数	个	1	2	4	1	1
户籍人口	人	547486	513610	1160585	976473	1034484
第二产业从业人员	人		128393	170061	135784	125390
第三产业从业人员	人		116966	152903	102953	173795
二、综合经济						
地区生产总值	万元	5655196	2724700	4102700	2788900	3266800
第一产业增加值	万元	471028	244500	472200	390000	303800
第二产业增加值	万元	2554386	1478900	1688500	1069800	1493200
一般公共预算收入	万元	330268	145109	210300	149018	130567
一般公共预算支出	万元	445043	303363	608600	456385	365000
居民储蓄存款余额	万元	2971913	2044638	3801206	2924339	2425733
年末金融机构各项贷款余额	万元	1854871	1560215	3406971	1875385	1788092
三、农业、工业和通讯						
设施农业占地(水面)面积	公顷	1714	3265	4756	3084	2652
油料产量	吨	78142	64439	98093	93650	13304
棉花产量	吨		567	143	716	8
规模以上工业企业单位数	个	355	214	239	322	296
固定电话用户	户	80662	29800	31561	47172	18550
四、教育、卫生和社会保障						
普通中学在校学生数	人	14939	22496	55361	40653	42706
小学在校学生数	人	12485	24573	80514	69756	87731
医疗卫生机构床位数	床	2242	2206	4961	4316	3315
各种社会福利收养性单位数	个	22	23	22	5	7
各种社会福利收养性单位床位数	床	4647	2248	1718	853	1032

2018年县(市)社会经济主要指标

山东省

指　　标	单位	沂水县	兰陵县	费县	平邑县	莒南县
一、基本情况						
行政区域面积	平方公里	2414	1724	1660	1823	1751
乡个数	个	1	1	1		
镇个数	个	15	14	10	13	15
街道办事处个数	个	2	2	1	1	1
户籍人口	人	1188763	1448803	910548	1106694	1065917
第二产业从业人员	人	180153	184859	174030	211449	116305
第三产业从业人员	人	172510	273208	119415	263995	79297
二、综合经济						
地区生产总值	万元	4359000	4074300	3319400	3428800	3655500
第一产业增加值	万元	389100	581800	343600	379700	421000
第二产业增加值	万元	1852000	1460200	1516800	1437800	1539300
一般公共预算收入	万元	205128	155317	225077	116636	192995
一般公共预算支出	万元	491160	498669	466467	427285	469003
居民储蓄存款余额	万元	3756206	2814335	2571477	2339983	3157082
年末金融机构各项贷款余额	万元	3309597	2409003	1935646	1729813	2741218
三、农业、工业和通讯						
设施农业占地(水面)面积	公顷	1028	6169	2999	363	3509
油料产量	吨	93462	61912	85820	78541	126051
棉花产量	吨	525	1035	1138	98	178
规模以上工业企业单位数	个	410	189	462	275	381
固定电话用户	户	24412	38991	22793	19419	19407
四、教育、卫生和社会保障						
普通中学在校学生数	人	47036	90219	37625	43586	41305
小学在校学生数	人	73503	141580	76654	71210	60209
医疗卫生机构床位数	床	6948	8195	3619	5022	4190
各种社会福利收养性单位数	个	3	7	7	2	16
各种社会福利收养性单位床位数	床	1086	1747	309	400	1929

2018年县(市)社会经济主要指标

山东省

指　　标	单位	蒙阴县	临沭县	陵城区	宁津县	庆云县
一、基本情况						
行政区域面积	平方公里	1602	1010	1213	833	501
乡个数	个	1		1	1	3
镇个数	个	8	7	10	9	5
街道办事处个数	个	1	2	2	2	1
户籍人口	人	580416	674010	595196	492136	344046
第二产业从业人员	人	84097	121318			
第三产业从业人员	人	100302	72421			
二、综合经济						
地区生产总值	万元	2090600	2712400	2785200	2292007	1723500
第一产业增加值	万元	309500	225400	315300	225141	117100
第二产业增加值	万元	742300	1297300	1275000	1179825	782400
一般公共预算收入	万元	101682	150000	126500	73955	70810
一般公共预算支出	万元	339225	354776	259378	266616	191544
居民储蓄存款余额	万元	1751350	1951019	1720957	2079624	994700
年末金融机构各项贷款余额	万元	1367268	2434968	959615	978078	729600
三、农业、工业和通讯						
设施农业占地(水面)面积	公顷	301	472	466	147	1339
油料产量	吨	37247	178184	188	1537	144
棉花产量	吨	632		340	1363	353
规模以上工业企业单位数	个	146	225	213	300	228
固定电话用户	户	24050	20120	16776	16027	
四、教育、卫生和社会保障						
普通中学在校学生数	人	22377	34515	25355	18268	21500
小学在校学生数	人	41674	51285	34324	35960	32255
医疗卫生机构床位数	床	2660	2667	2495	1930	1187
各种社会福利收养性单位数	个	11	2	15	12	8
各种社会福利收养性单位床位数	床	1300	455	2162	1434	898

2018年县(市)社会经济主要指标

山东省

指　　标	单位	临邑县	齐河县	平原县	夏津县	武城县
一、基本情况						
行政区域面积	平方公里	1016	1411	1047	882	751
乡个数	个	1	2	2	2	
镇个数	个	8	11	8	10	7
街道办事处个数	个	3	2	2	2	1
户籍人口	人	555243	641984	476012	536721	402409
第二产业从业人员	人					
第三产业从业人员	人					
二、综合经济						
地区生产总值	万元	3086100	4451455	2536813	2143075	2039000
第一产业增加值	万元	349800	492755	400691	226626	142200
第二产业增加值	万元	1508000	2102400	1156914	1078514	1095500
一般公共预算收入	万元	167801	328807	100044	85749	91689
一般公共预算支出	万元	277641	368215	256800	257009	255237
居民储蓄存款余额	万元	1792337	1954832	1672136	1538362	1498070
年末金融机构各项贷款余额	万元	1158824	1933387	819277	1047545	945516
三、农业、工业和通讯						
设施农业占地(水面)面积	公顷	2593	1119	5816	898	2306
油料产量	吨	22	1757	463	2674	4548
棉花产量	吨	95	504	436	11221	3478
规模以上工业企业单位数	个	271	385	223	240	302
固定电话用户	户	6250	35000	27600	27106	13864
四、教育、卫生和社会保障						
普通中学在校学生数	人	30592	27603	21054	34322	19548
小学在校学生数	人	28056	35932	26307	42963	28761
医疗卫生机构床位数	床	2031	2145	2150	1339	1514
各种社会福利收养性单位数	个	4	17	12	8	8
各种社会福利收养性单位床位数	床	934	1825	2327	1233	1320

2018年县(市)社会经济主要指标

山东省

指　　标	单位	乐陵市	禹城市	阳谷县	莘　县	茌平县
一、基本情况						
行政区域面积	平方公里	1173	992	1008	1388	1003
乡个数	个	3	1	1		1
镇个数	个	9	9	14	20	10
街道办事处个数	个	4	1	3	4	3
户籍人口	人	724015	540994	834599	1112987	573229
第二产业从业人员	人					
第三产业从业人员	人					
二、综合经济						
地区生产总值	万元	2796200	3084200	3697100	3728600	4868000
第一产业增加值	万元	423300	438100	533000	634100	265400
第二产业增加值	万元	1279600	1437100	1871500	1552800	3168100
一般公共预算收入	万元	117638	200700	140238	102001	291382
一般公共预算支出	万元	318909	370700	359656	411720	351313
居民储蓄存款余额	万元	1837345	1671235	2678831	2752805	2411100
年末金融机构各项贷款余额	万元	1526305	1913690	2226921	1563981	2161500
三、农业、工业和通讯						
设施农业占地(水面)面积	公顷	743	4750	5507	21603	745
油料产量	吨	15	2092	4184	14776	5665
棉花产量	吨	1291	1363	293	163	633
规模以上工业企业单位数	个	196	271	269	287	355
固定电话用户	户	33300		51400	19621	20560
四、教育、卫生和社会保障						
普通中学在校学生数	人	33142	25822	34550	46394	27187
小学在校学生数	人	47571	33285	56441	111403	44367
医疗卫生机构床位数	床	2360	2128	4189	5154	1516
各种社会福利收养性单位数	个	15	11	12	7	7
各种社会福利收养性单位床位数	床	2198	683	3703	575	1730

2018年县(市)社会经济主要指标

山东省

指　　标	单位	东阿县	冠　县	高唐县	临清市	沾化区
一、基本情况						
行政区域面积	平方公里	727	1161	947	951	2218
乡个数	个		4			3
镇个数	个	8	11	9	12	7
街道办事处个数	个	2	3	3	4	2
户籍人口	人	413162	877299	515032	839083	399940
第二产业从业人员	人					47061
第三产业从业人员	人					69262
二、综合经济						
地区生产总值	万元	2205500	3244400	4157700	4559200	1842218
第一产业增加值	万元	190200	507000	245900	304800	403835
第二产业增加值	万元	1111600	1499700	2691000	2477500	583337
一般公共预算收入	万元	181273	108413	146280	192572	116050
一般公共预算支出	万元	228753	351656	288715	362298	230709
居民储蓄存款余额	万元	1527448	2308639	1823590	3047275	928764
年末金融机构各项贷款余额	万元	1272152	2020044	2025044	2286080	911101
三、农业、工业和通讯						
设施农业占地(水面)面积	公顷	1222	7880	1648	2423	245
油料产量	吨	695	5874	8068	1412	1049
棉花产量	吨	517	498	2850	544	8884
规模以上工业企业单位数	个	126	259	308	335	89
固定电话用户	户	13986	15597	12428	28326	21359
四、教育、卫生和社会保障						
普通中学在校学生数	人	16479	37486	23511	40089	14270
小学在校学生数	人	23858	85430	40487	91694	19074
医疗卫生机构床位数	床	1641	2931	1507	3519	1536
各种社会福利收养性单位数	个	8	4	12	8	11
各种社会福利收养性单位床位数	床	1696	960	1387	2523	1786

2018年县(市)社会经济主要指标

山东省

指　　标	单位	惠民县	阳信县	无棣县	博兴县	邹平市
一、基本情况						
行政区域面积	平方公里	1362	798	2090	900	1250
乡个数	个		1			
镇个数	个	12	7	10	9	11
街道办事处个数	个	3	2	2	3	5
户籍人口	人	653004	471888	489672	504998	744253
第二产业从业人员	人	131025	117266	116311	128251	198113
第三产业从业人员	人	115123	66943	103698	84452	137205
二、综合经济						
地区生产总值	万元	2139242	1699067	3583934	3676708	8621701
第一产业增加值	万元	425999	287012	476037	218198	310794
第二产业增加值	万元	744688	540134	1917924	1819504	4789227
一般公共预算收入	万元	128198	122435	322124	309491	712307
一般公共预算支出	万元	348939	270186	446135	381553	643691
居民储蓄存款余额	万元	1585688	1094596	1437201	2585234	3400863
年末金融机构各项贷款余额	万元	1776602	1374155	1758656	3847036	7242530
三、农业、工业和通讯						
设施农业占地(水面)面积	公顷	7989	2122	1313	804	603
油料产量	吨	7591		1435	176	988
棉花产量	吨	3627	1426	8852	4540	1002
规模以上工业企业单位数	个	236	97	137	274	235
固定电话用户	户	65000	34400	39514	122803	102000
四、教育、卫生和社会保障						
普通中学在校学生数	人	25973	25653	22006	25834	40506
小学在校学生数	人	34444	31190	37583	26855	48124
医疗卫生机构床位数	床	3093	1671	1865	1873	3713
各种社会福利收养性单位数	个	32	2	13	15	214
各种社会福利收养性单位床位数	床	2463	1200	890	4800	10090

2018年县(市)社会经济主要指标

山东省

指　　标	单位	定陶区	曹　县	单　县	成武县	巨野县
一、基本情况						
行政区域面积	平方公里	846	1974	1670	998	1308
乡个数	个		2	2		
镇个数	个	9	20	16	11	15
街道办事处个数	个	2	5	4	2	2
户籍人口	人	710873	1704606	1275489	727062	1098155
第二产业从业人员	人	76214	254785	205316	84066	157911
第三产业从业人员	人	127129	269115	203417	128953	215558
二、综合经济						
地区生产总值	万元	1974561	3908822	3507740	1993877	3349804
第一产业增加值	万元	261179	415361	422983	263836	340854
第二产业增加值	万元	1013601	2033923	1708487	1000664	1749552
一般公共预算收入	万元	101607	157383	150016	79066	264442
一般公共预算支出	万元	391419	616642	575529	26423	445801
居民储蓄存款余额	万元	1781000	3572972	2927056	2041279	3166219
年末金融机构各项贷款余额	万元	1289000	2097855	1967807	1027714	2151728
三、农业、工业和通讯						
设施农业占地(水面)面积	公顷	4115	25395	4119	4073	925
油料产量	吨	5249	30582	43628	1823	7718
棉花产量	吨	1089	1784	15561	20243	35946
规模以上工业企业单位数	个	244	625	419	205	265
固定电话用户	户	20727	14408	20410	7840	14497
四、教育、卫生和社会保障						
普通中学在校学生数	人	32439	63566	61830	24889	52690
小学在校学生数	人	62030	171190	104758	79823	120049
医疗卫生机构床位数	床	1914	7237	5950	2717	5138
各种社会福利收养性单位数	个	4	23	11	12	19
各种社会福利收养性单位床位数	床	1443	4341	1470	1532	2434

2018年县(市)社会经济主要指标

山东省、河南省

指　　标	单位	郓城县	鄄城县	东明县	中牟县	巩义市
一、基本情况						
行政区域面积	平方公里	1643	1032	1370	953	1043
乡个数	个	2	2	2	1	
镇个数	个	18	13	10	10	15
街道办事处个数	个	2	2	2	3	5
户籍人口	人	1282554	931580	876596	584534	846662
第二产业从业人员	人	206072	97365	89456	44291	216895
第三产业从业人员	人	232531	102305	139990	89510	180877
二、综合经济						
地区生产总值	万元	4075000	1986746	3479457	3499278	8155726
第一产业增加值	万元	405600	286995	283118	259498	120701
第二产业增加值	万元	2157000	923191	2059784	1060954	4680548
一般公共预算收入	万元	303370	88968	201089	530007	453969
一般公共预算支出	万元	594467	388003	559959	1085632	756358
居民储蓄存款余额	万元	4126987	2600500	2136197	3967736	2989210
年末金融机构各项贷款余额	万元	2061458	1190600	1930868	4038171	2672022
三、农业、工业和通讯						
设施农业占地(水面)面积	公顷	2465	963	2416	2895	28
油料产量	吨	28349	28792	54167	46319	5007
棉花产量	吨	1972	1218	4307	685	345
规模以上工业企业单位数	个	537	161	183		541
固定电话用户	户	28430	6450	23556	58600	84126
四、教育、卫生和社会保障						
普通中学在校学生数	人	75784	49105	38554	43297	38743
小学在校学生数	人	126257	86135	90589	77627	54102
医疗卫生机构床位数	床	6478	3315	3594	3371	3901
各种社会福利收养性单位数	个	23	16	28	12	1
各种社会福利收养性单位床位数	床	4359	3120	3002	523	300

2018年县(市)社会经济主要指标

河南省

指标	单位	荥阳市	新密市	新郑市	登封市	祥符区
一、基本情况						
行政区域面积	平方公里	943	1001	707	1217	1251
乡个数	个	3	1	1	3	8
镇个数	个	9	12	9	10	6
街道办事处个数	个	2	4	3	3	1
户籍人口	人	708108	895178	632411	728786	821276
第二产业从业人员	人	151146	158651	155202	42389	47625
第三产业从业人员	人	161892	258813	211749	29715	33024
二、综合经济						
地区生产总值	万元	7010169	7918332	12253684	7030342	2638100
第一产业增加值	万元	293036	195011	265192	190005	505608
第二产业增加值	万元	3867567	3723287	6812441	3760564	917000
一般公共预算收入	万元	469011	350496	750396	275071	98383
一般公共预算支出	万元	704191	633038	1037254	625914	409100
居民储蓄存款余额	万元	2606793	3284824	3638311	2593934	1495858
年末金融机构各项贷款余额	万元	2723693	2053343	5726100	1784908	1075326
三、农业、工业和通讯						
设施农业占地(水面)面积	公顷	424	208	592	113	10239
油料产量	吨	6638	8543	21863	3731	131370
棉花产量	吨	13	19	16	170	579
规模以上工业企业单位数	个	453	406	284	354	96
固定电话用户	户	30165	73069		48244	12800
四、教育、卫生和社会保障						
普通中学在校学生数	人	34440	48355	48998	81217	26690
小学在校学生数	人	48417	68740	94971	89391	65919
医疗卫生机构床位数	床	2797	5479	5816	5315	1524
各种社会福利收养性单位数	个	6	26	21	22	1
各种社会福利收养性单位床位数	床	3794	4110	1905	2451	120

2018年县(市)社会经济主要指标

河南省

指　　标	单位	杞　县	通许县	尉氏县	兰考县	孟津县
一、基本情况						
行政区域面积	平方公里	1257	767	1297	1116	759
乡个数	个	13	6	7	8	
镇个数	个	8	5	10	5	10
街道办事处个数	个		1		3	
户籍人口	人	1229299	652200	1028648	941090	482397
第二产业从业人员	人	98935	30142	141397	191384	101487
第三产业从业人员	人	87677	19192	141260	165866	132060
二、综合经济						
地区生产总值	万元	3228700	2594705	3732088	3036500	3222612
第一产业增加值	万元	753100	448637	498746	403000	253121
第二产业增加值	万元	1101700	1021666	1900398	1243800	1709327
一般公共预算收入	万元	154081	100649	205594	214899	167516
一般公共预算支出	万元	494329	346890	578235	657239	330102
居民储蓄存款余额	万元	1849757	1359427	1775444	1814964	1313056
年末金融机构各项贷款余额	万元	1077071	806246	1311965	1805239	838633
三、农业、工业和通讯						
设施农业占地(水面)面积	公顷	414		210	2502	1337
油料产量	吨	114843	40668	93706	79406	12089
棉花产量	吨	3224	747	2163	1550	614
规模以上工业企业单位数	个	183	172		241	289
固定电话用户	户	11965	10342	21468	10300	37110
四、教育、卫生和社会保障						
普通中学在校学生数	人	44527	29816	54467	37331	27213
小学在校学生数	人	97531	58706	96823	80155	30594
医疗卫生机构床位数	床	3770	2358	4208	5854	1957
各种社会福利收养性单位数	个	33	14	18	16	11
各种社会福利收养性单位床位数	床	2686	895	1117	1258	884

2018年县(市)社会经济主要指标

河南省

指　　标	单位	新安县	栾川县	嵩　县	汝阳县	宜阳县
一、基本情况						
行政区域面积	平方公里	1164	2477	3007	1328	1617
乡个数	个		2	5	5	4
镇个数	个	11	12	11	8	12
街道办事处个数	个				13	
户籍人口	人	539758	355734	640267	527476	715377
第二产业从业人员	人	93121	76309	76960	63281	78314
第三产业从业人员	人	166488	109028	71040	79233	205385
二、综合经济						
地区生产总值	万元	5146133	2001352	1888003	1701672	3016723
第一产业增加值	万元	239442	149777	302845	149817	367097
第二产业增加值	万元	3049950	1148569	656977	878517	1286290
一般公共预算收入	万元	245569	202402	83668	106909	127796
一般公共预算支出	万元	373017	284043	353669	276550	363669
居民储蓄存款余额	万元	1381707	1107078	1259600	1018179	1322873
年末金融机构各项贷款余额	万元	1331041	939874	623915	730234	1015220
三、农业、工业和通讯						
设施农业占地(水面)面积	公顷	217	87	168	283	4235
油料产量	吨	7989	780	8558	9321	67647
棉花产量	吨	178	2	149	119	1488
规模以上工业企业单位数	个	236	64	40	71	
固定电话用户	户	23891	26128	16690	30569	15104
四、教育、卫生和社会保障						
普通中学在校学生数	人	32517	20497	36105	32883	40712
小学在校学生数	人	37897	30516	55268	51907	53021
医疗卫生机构床位数	床	2492	2036	3368	1854	3817
各种社会福利收养性单位数	个	15	18	19	16	19
各种社会福利收养性单位床位数	床	1668	1527	1350	1566	2202

2018年县(市)社会经济主要指标

河南省

指　　标	单位	洛宁县	伊川县	偃师市	宝丰县	叶　县
一、基本情况						
行政区域面积	平方公里	2304	1060	669	722	1346
乡个数	个	6	1		3	6
镇个数	个	12	12	9	9	9
街道办事处个数	个		2	4		3
户籍人口	人	512420	927277	633069	555420	873736
第二产业从业人员	人	99558	89037	204401	24035	11980
第三产业从业人员	人	84900	253914	111367	17978	24736
二、综合经济						
地区生产总值	万元	2080286	4041624	5432761	3206000	2109705
第一产业增加值	万元	311027	258913	211661	204000	430985
第二产业增加值	万元	828633	2061300	2785707	1721000	978600
一般公共预算收入	万元	107879	223568	228452	128159	78199
一般公共预算支出	万元	321814	424553	378756	365369	410370
居民储蓄存款余额	万元	957489	4004249	2544435	1418764	1571220
年末金融机构各项贷款余额	万元	580485	4127568	1429783	1421207	715230
三、农业、工业和通讯						
设施农业占地(水面)面积	公顷	6790	360	589	87	357
油料产量	吨	8460	8575	2536	13678	36274
棉花产量	吨	94	417	155	20	181
规模以上工业企业单位数	个	45	171	295	96	89
固定电话用户	户	20293	52331	30934	9564	17560
四、教育、卫生和社会保障						
普通中学在校学生数	人	27104	54574	28270	35970	39560
小学在校学生数	人	37753	85791	38543	56769	72899
医疗卫生机构床位数	床	2511	4324	2967	2558	2865
各种社会福利收养性单位数	个	17	30	9	13	22
各种社会福利收养性单位床位数	床	1405	1822	955	755	1152

2018年县(市)社会经济主要指标

河南省

指　　标	单位	鲁山县	郏　县	舞钢市	汝州市	安阳县
一、基本情况						
行政区域面积	平方公里	2409	737	641	1573	509
乡个数	个	13	5	3	2	2
镇个数	个	7	8	4	13	7
街道办事处个数	个	4	2	7	5	
户籍人口	人	979951	653216	341762	1175602	565736
第二产业从业人员	人		13368	27827	171765	109427
第三产业从业人员	人		16743	16015	205611	73861
二、综合经济						
地区生产总值	万元	1797393	1869802	1375173	4680219	990791
第一产业增加值	万元	230293	232924	106095	345469	151309
第二产业增加值	万元	677700	1029388	620300	1870770	256916
一般公共预算收入	万元	75312	88338	102401	315860	114590
一般公共预算支出	万元	434817	271185	223450	620603	315192
居民储蓄存款余额	万元	1986425	1347971	1305126	2469904	1014277
年末金融机构各项贷款余额	万元	756197	879856	1087998	2375195	318974
三、农业、工业和通讯						
设施农业占地(水面)面积	公顷	1275	142	559	318	306
油料产量	吨	19857	22522	4893	21786	406
棉花产量	吨	1	207	2	381	150
规模以上工业企业单位数	个	71	163	60	196	14
固定电话用户	户	22008	12555	24375	24331	28795
四、教育、卫生和社会保障						
普通中学在校学生数	人	65651	28242	16592	70506	32247
小学在校学生数	人	102767	58200	30657	122624	46582
医疗卫生机构床位数	床	3829	2420	1559	5442	959
各种社会福利收养性单位数	个	24	17	14	16	15
各种社会福利收养性单位床位数	床	1189	850	1148	1014	1339

2018年县(市)社会经济主要指标

河南省

指　　标	单位	汤阴县	滑　县	内黄县	林州市	浚　县
一、基本情况						
行政区域面积	平方公里	646	1814	1145	2062	966
乡个数	个	1	6	7		1
镇个数	个	9	14	10	16	6
街道办事处个数	个		3		4	4
户籍人口	人	523214	1488467	855931	1138833	752200
第二产业从业人员	人	155892	242817	163411	112793	20310
第三产业从业人员	人	97494	234782	163162	23239	14800
二、综合经济						
地区生产总值	万元	2241076	2635491	2316614	5909120	2155003
第一产业增加值	万元	249575	586460	619746	178576	305551
第二产业增加值	万元	1202280	999938	910298	2883406	1228398
一般公共预算收入	万元	135132	121583	87870	250209	78774
一般公共预算支出	万元	333894	656708	364163	567604	306818
居民储蓄存款余额	万元	1155688	2715888	1286675	4271505	1335665
年末金融机构各项贷款余额	万元	944291	1398309	757265	2058370	1224381
三、农业、工业和通讯						
设施农业占地(水面)面积	公顷	78	14476	7333	26	603
油料产量	吨	6186	128186	115535	5284	38444
棉花产量	吨	198	583	216	665	284
规模以上工业企业单位数	个	135	221	111	163	106
固定电话用户	户	43835	102007	47110	62026	5588
四、教育、卫生和社会保障						
普通中学在校学生数	人	35356	79200	48838	67198	40933
小学在校学生数	人	52188	156800	83396	109070	63211
医疗卫生机构床位数	床	1765	6471	3384	4506	2582
各种社会福利收养性单位数	个	16	31	19	23	7
各种社会福利收养性单位床位数	床	1705	1485	888	1706	1278

2018年县(市)社会经济主要指标

河南省

指　　标	单位	淇　县	新乡县	获嘉县	原阳县	延津县
一、基本情况						
行政区域面积	平方公里	567	393	470	962	886
乡个数	个	1	1	2	8	7
镇个数	个	4	6	9	3	5
街道办事处个数	个	4			2	
户籍人口	人	300900	374371	451006	613327	511396
第二产业从业人员	人	58245	156548	112539	118599	80766
第三产业从业人员	人	26598	86243	95312	86098	83715
二、综合经济						
地区生产总值	万元	2463031	1892767	1138871	1631700	1421069
第一产业增加值	万元	185729	82569	140874	288300	231751
第二产业增加值	万元	1884441	1208204	677151	772800	731440
一般公共预算收入	万元	102915	95337	52512	100100	51408
一般公共预算支出	万元	212062	174874	179396	371242	217511
居民储蓄存款余额	万元	797289	1437403	1011485	1246349	986604
年末金融机构各项贷款余额	万元	1369251	1139942	381442	1059564	403786
三、农业、工业和通讯						
设施农业占地(水面)面积	公顷	112	110	79	942	1267
油料产量	吨	949	10055	173	53701	142861
棉花产量	吨	31	44	21	314	
规模以上工业企业单位数	个	113	116	97	92	85
固定电话用户	户	4217	42218	25363	48580	25631
四、教育、卫生和社会保障						
普通中学在校学生数	人	17421	22053	25886	39667	37632
小学在校学生数	人	25935	32762	39061	54753	48436
医疗卫生机构床位数	床	2051	1266	2643	3358	2580
各种社会福利收养性单位数	个	1	1	8	16	17
各种社会福利收养性单位床位数	床	50	12	266	701	1718

2018年县(市)社会经济主要指标

河南省

指　　标	单位	封丘县	长垣县	卫辉市	辉县市	修武县
一、基本情况						
行政区域面积	平方公里	1226	1051	859	2007	611
乡个数	个	6	2	6	8	3
镇个数	个	13	11	7	12	5
街道办事处个数	个		5		2	
户籍人口	人	867983	1002888	542824	907808	270000
第二产业从业人员	人	138596	324137	63869	161631	11129
第三产业从业人员	人	105250	177243	63287	126345	12846
二、综合经济						
地区生产总值	万元	1571279	3685700	1286153	3787444	1438571
第一产业增加值	万元	425288	416500	206936	397415	86935
第二产业增加值	万元	701280	1814000	323983	2084626	736984
一般公共预算收入	万元	60492	246914	110118	258577	139946
一般公共预算支出	万元	466267	559657	267978	465356	205253
居民储蓄存款余额	万元	1554084	3496851	1252035	2703520	782134
年末金融机构各项贷款余额	万元	403226	2191410	778788	1668368	784232
三、农业、工业和通讯						
设施农业占地(水面)面积	公顷	283		303	906	41
油料产量	吨	65081	36031	9781	21875	969
棉花产量	吨	515	336			8
规模以上工业企业单位数	个	99	192	63	170	79
固定电话用户	户	69916	40000	28000	76588	17044
四、教育、卫生和社会保障						
普通中学在校学生数	人	47122	66641	33430	56098	16182
小学在校学生数	人	77180	97201	57767	99834	19306
医疗卫生机构床位数	床	3785	4196	4866	3129	1223
各种社会福利收养性单位数	个	24	17	20	8	4
各种社会福利收养性单位床位数	床	1771	666	1941	945	1042

2018年县(市)社会经济主要指标

河南省

指　　标	单位	博爱县	武陟县	温　县	沁阳市	孟州市
一、基本情况						
行政区域面积	平方公里	428	798	481	595	542
乡个数	个	2	6	2	3	1
镇个数	个	5	5	5	6	6
街道办事处个数	个	2	4	4	4	4
户籍人口	人	397460	734876	461549	493165	383344
第二产业从业人员	人	17351	267268	74328	32389	99098
第三产业从业人员	人	14556	152738	82923	29468	48553
二、综合经济						
地区生产总值	万元	2684355	3635174	2966200	4273505	3314118
第一产业增加值	万元	145528	359031	287200	195515	210861
第二产业增加值	万元	1679087	2121112	1791800	2665115	2217772
一般公共预算收入	万元	90000	140518	82600	165845	148669
一般公共预算支出	万元	187542	368518	217095	285625	262313
居民储蓄存款余额	万元	1147405	1574766	1097440	1417306	1111848
年末金融机构各项贷款余额	万元	890623	1279759	782476	1051976	927980
三、农业、工业和通讯						
设施农业占地(水面)面积	公顷	408	107	352		597
油料产量	吨	1230	49380	20710	5197	42099
棉花产量	吨	32	135	63		73
规模以上工业企业单位数	个	140	246	181	202	212
固定电话用户	户	26011	32416	21000	38087	16778
四、教育、卫生和社会保障						
普通中学在校学生数	人	19620	35995	13922	31228	13711
小学在校学生数	人	31735	57252	33873	34730	21096
医疗卫生机构床位数	床	2303	3440	2292	1612	2027
各种社会福利收养性单位数	个	11	21	7	25	12
各种社会福利收养性单位床位数	床	703	1056	380	1298	1273

2018年县(市)社会经济主要指标

河南省

指　　标	单位	清丰县	南乐县	范　县	台前县	濮阳县
一、基本情况						
行政区域面积	平方公里	834	624	617	394	1382
乡个数	个	11	6	5	3	8
镇个数	个	6	6	7	6	12
街道办事处个数	个					
户籍人口	人	755179	584380	605200	434587	1231103
第二产业从业人员	人	164383	9883	105944	62625	245876
第三产业从业人员	人	152521	20046	110690	87135	268761
二、综合经济						
地区生产总值	万元	2399592	1980262	2132238	1151937	4183250
第一产业增加值	万元	419937	323480	169595	100006	428896
第二产业增加值	万元	1248108	1015717	1372313	630607	2155719
一般公共预算收入	万元	81715	66355	73833	40259	130366
一般公共预算支出	万元	447569	309028	362777	362048	675669
居民储蓄存款余额	万元	1296945	1010406	1325166	964554	2078415
年末金融机构各项贷款余额	万元	782231	538308	570338	508520	1520489
三、农业、工业和通讯						
设施农业占地(水面)面积	公顷	1152	7053	1466	202	8800
油料产量	吨	57495	18320	5856	3013	19391
棉花产量	吨	2	7	86	64	1973
规模以上工业企业单位数	个	148	101	144	97	173
固定电话用户	户	20118	12153	14562	17427	26636
四、教育、卫生和社会保障						
普通中学在校学生数	人	29883	23804	24182	22945	45535
小学在校学生数	人	62295	55927	49231	40566	103514
医疗卫生机构床位数	床	2907	2496	1841	2257	5670
各种社会福利收养性单位数	个	21	18	12	9	20
各种社会福利收养性单位床位数	床	1264	2107	550	310	3575

2018年县(市)社会经济主要指标

河南省

指　标	单位	建安区	鄢陵县	襄城县	禹州市	长葛市
一、基本情况						
行政区域面积	平方公里	946	866	914	1469	650
乡个数	个	7		6	3	
镇个数	个	7	12	10	19	12
街道办事处个数	个	3			4	4
户籍人口	人	883491	730081	910000	1333368	780747
第二产业从业人员	人			60116		239497
第三产业从业人员	人			55600		204015
二、综合经济						
地区生产总值	万元	4765611	3248065	3718858	6978252	6301964
第一产业增加值	万元	212529	435961	325960	257406	229537
第二产业增加值	万元	2730349	1601888	1769998	4012361	4587072
一般公共预算收入	万元	359184	118719	190007	208686	291388
一般公共预算支出	万元	524106	331228	413667	595392	455943
居民储蓄存款余额	万元		1667754	2258800	3296368	2402494
年末金融机构各项贷款余额	万元		1320655	1940655	2290461	2192050
三、农业、工业和通讯						
设施农业占地(水面)面积	公顷	96	182	35	1874	625
油料产量	吨	19283	5888	11102	10309	8923
棉花产量	吨	437	85	271	62	
规模以上工业企业单位数	个	241	92	121	452	529
固定电话用户	户	62910	20340	31605	44474	42400
四、教育、卫生和社会保障						
普通中学在校学生数	人	30283	25605	52287	66122	35836
小学在校学生数	人	65412	59073	73002	107525	67561
医疗卫生机构床位数	床	2502	3221	3384	6023	2451
各种社会福利收养性单位数	个	27	24	18	41	19
各种社会福利收养性单位床位数	床	2171	1766	1276	3325	3476

2018年县(市)社会经济主要指标

河南省

指　　标	单位	郾城区	舞阳县	临颍县	陕州区	渑池县
一、基本情况						
行政区域面积	平方公里	413	776	821	1610	1421
乡个数	个		4	4	9	6
镇个数	个	7	10	10	4	6
街道办事处个数	个	2		2		
户籍人口	人	506682	598568	672639	340118	328585
第二产业从业人员	人	13825	29870	37049	34782	82004
第三产业从业人员	人	31178	19713	26315	35180	57977
二、综合经济						
地区生产总值	万元	2036638	1951081	2911663	2307578	2779652
第一产业增加值	万元	182939	264517	314921	191520	164591
第二产业增加值	万元	1081758	1029392	1902682	1191765	1796745
一般公共预算收入	万元	60656	122281	154724	254579	258271
一般公共预算支出	万元	206775	334118	354065	356579	393525
居民储蓄存款余额	万元	2106823	1404989	1476355	1002343	1095760
年末金融机构各项贷款余额	万元	2703328	442435	1053961	1138672	747715
三、农业、工业和通讯						
设施农业占地(水面)面积	公顷	117	50	1233	1833	533
油料产量	吨	2119	23108	5592	2261	15473
棉花产量	吨	19	144	442	40	75
规模以上工业企业单位数	个	101	76	168	64	94
固定电话用户	户	35677	13541	13399	16910	20568
四、教育、卫生和社会保障						
普通中学在校学生数	人	35995	23151	39093	10996	21201
小学在校学生数	人	42480	41129	50774	13789	31314
医疗卫生机构床位数	床	3696	2754	2642	1108	1944
各种社会福利收养性单位数	个	15	23	15	14	16
各种社会福利收养性单位床位数	床	2536	1800	3593	433	510

2018年县(市)社会经济主要指标

河南省

指　　标	单位	卢氏县	义马市	灵宝市	南召县	方城县
一、基本情况						
行政区域面积	平方公里	4004	112	3011	2946	2542
乡个数	个	10		5	8	1
镇个数	个	9		10	8	14
街道办事处个数	个		7	2		2
户籍人口	人	380526	169366	746740	691710	1177606
第二产业从业人员	人	21133	56625	71383	81529	33486
第三产业从业人员	人	42587	36009	57989	70619	41751
二、综合经济						
地区生产总值	万元	987324	1426668	5343326	1491677	2312119
第一产业增加值	万元	225016	11955	540833	194632	403793
第二产业增加值	万元	302779	960160	3254468	694445	1000391
一般公共预算收入	万元	74586	145501	211013	63285	102497
一般公共预算支出	万元	363754	194269	497132	342632	478698
居民储蓄存款余额	万元	965179	754636	2492230	1210410	1688519
年末金融机构各项贷款余额	万元	701537	776593	1613730	808976	1088425
三、农业、工业和通讯						
设施农业占地(水面)面积	公顷	320	260	180	696	1668
油料产量	吨	709	363	8755	66251	303702
棉花产量	吨			945		410
规模以上工业企业单位数	个	33	54	200	118	188
固定电话用户	户	13721	9790	28602	12618	13404
四、教育、卫生和社会保障						
普通中学在校学生数	人	21207	4537	30528	34744	54653
小学在校学生数	人	22060	9643	46301	66411	121090
医疗卫生机构床位数	床	1839	1789	2702	2450	4513
各种社会福利收养性单位数	个	20	3	16	20	38
各种社会福利收养性单位床位数	床	1157	200	1708	1259	8683

2018年县(市)社会经济主要指标

河南省

指　　标	单位	西峡县	镇平县	内乡县	淅川县	社旗县
一、基本情况						
行政区域面积	平方公里	3454	1494	2301	2818	1152
乡个数	个	2	4	4	4	1
镇个数	个	14	15	12	11	13
街道办事处个数	个	3	3		2	2
户籍人口	人	489175	1091052	726719	725812	768935
第二产业从业人员	人	82756	173300	115918	81170	21987
第三产业从业人员	人	135923	178000	100136	83100	24568
二、综合经济						
地区生产总值	万元	2651501	2770120	2095096	2288511	1814006
第一产业增加值	万元	298118	325386	381362	381343	375825
第二产业增加值	万元	1473000	1302389	974320	1067449	762450
一般公共预算收入	万元	152667	92425	108166	92381	61369
一般公共预算支出	万元	341699	470687	410362	502467	337636
居民储蓄存款余额	万元	1597929	2431275	1611877	1688889	1189103
年末金融机构各项贷款余额	万元	1247980	1206162	1538558	1349781	820412
三、农业、工业和通讯						
设施农业占地(水面)面积	公顷	16787	82	2134	236	181
油料产量	吨	8684	78769	84592	109987	123964
棉花产量	吨		78	25	564	690
规模以上工业企业单位数	个	161	188	87	116	149
固定电话用户	户	33392	28823	16798	15000	39254
四、教育、卫生和社会保障						
普通中学在校学生数	人	37910	57090	50556	53442	29514
小学在校学生数	人	45967	104564	73655	61446	71068
医疗卫生机构床位数	床	2541	3415	3463	2579	2473
各种社会福利收养性单位数	个	31	28	41	16	15
各种社会福利收养性单位床位数	床	2250	1654	2230	1110	4282

2018年县(市)社会经济主要指标

河南省

指　　标	单位	唐河县	新野县	桐柏县	邓州市	民权县
一、基本情况						
行政区域面积	平方公里	2502	1062	1914	2360	1238
乡个数	个	5	5	3	4	6
镇个数	个	14	8	13	20	11
街道办事处个数	个	4	2		4	2
户籍人口	人	1475000	854604	500696	1855604	1017285
第二产业从业人员	人	43715	116213	92640	186403	228350
第三产业从业人员	人	45223	90460	76774	273279	157581
二、综合经济						
地区生产总值	万元	3312697	2800774	1746486	4299100	2481427
第一产业增加值	万元	763978	473353	221243	887900	457078
第二产业增加值	万元	1305247	1210982	846167	1551300	922905
一般公共预算收入	万元	94108	77369	97756	167263	100118
一般公共预算支出	万元	598360	325518	299088	750037	455976
居民储蓄存款余额	万元	2460751	1921704	1231339	3028579	1642695
年末金融机构各项贷款余额	万元	1282105	1182907	586600	2113651	1186474
三、农业、工业和通讯						
设施农业占地(水面)面积	公顷	226	815	739	1875	2792
油料产量	吨	219635	162489	69905	294889	96730
棉花产量	吨	419		72	487	243
规模以上工业企业单位数	个	217	175	118	166	169
固定电话用户	户	29000	27817	16313	35600	28152
四、教育、卫生和社会保障						
普通中学在校学生数	人	48852	47071	29269	75497	47840
小学在校学生数	人	135550	88562	47582	178091	77221
医疗卫生机构床位数	床	3535	2867	1778	6736	3958
各种社会福利收养性单位数	个	26	51	20	160	20
各种社会福利收养性单位床位数	床	2100	3406	967	4180	2385

2018年县(市)社会经济主要指标

河南省

指　　标	单位	睢　县	宁陵县	柘城县	虞城县	夏邑县
一、基本情况						
行政区域面积	平方公里	920	797	1042	1346	1486
乡个数	个	12	7	10	15	11
镇个数	个	8	7	10	10	13
街道办事处个数	个			2		
户籍人口	人	927584	723883	1099425	1353623	1224846
第二产业从业人员	人	169369	67096	181115	262680	109263
第三产业从业人员	人	118157	34966	153365	147810	290426
二、综合经济						
地区生产总值	万元	1836316	1283258	2264436	2887152	2532784
第一产业增加值	万元	425409	261690	440389	470591	477136
第二产业增加值	万元	712069	550377	836614	1168031	988189
一般公共预算收入	万元	76565	56726	85776	100246	89609
一般公共预算支出	万元	413567	363166	455466	530639	539866
居民储蓄存款余额	万元	1658067	1160730	1911469	2281411	2496231
年末金融机构各项贷款余额	万元	751607	962043	851565	1111813	833560
三、农业、工业和通讯						
设施农业占地(水面)面积	公顷	940	878	286		4405
油料产量	吨	62091	96602	6724	51108	16496
棉花产量	吨	337	21	660	2918	220
规模以上工业企业单位数	个	101	72	97	150	192
固定电话用户	户	31227	22956	17500	49056	36617
四、教育、卫生和社会保障						
普通中学在校学生数	人	47135	29474	52001	77513	51140
小学在校学生数	人	70866	60511	75244	130015	91464
医疗卫生机构床位数	床	4115	2332	4689	3657	4056
各种社会福利收养性单位数	个	53	18	20	38	33
各种社会福利收养性单位床位数	床	2184	811	3260	5216	4520

2018年县(市)社会经济主要指标

河南省

指　　标	单位	永城市	罗山县	光山县	新　县	商城县
一、基本情况						
行政区域面积	平方公里	2012	2077	1835	1554	2117
乡个数	个	4	6	10	10	7
镇个数	个	25	11	7	5	10
街道办事处个数	个		3	2	1	2
户籍人口	人	1674051	792061	860268	382000	804906
第二产业从业人员	人	307618	29974	94254	14925	128500
第三产业从业人员	人	378621	31205	170354	17182	116300
二、综合经济						
地区生产总值	万元	5323200	2064423	1997755	1410233	1991327
第一产业增加值	万元	606270	459062	508030	257276	414163
第二产业增加值	万元	2386360	729471	691854	588404	800775
一般公共预算收入	万元	407962	64530	59327	60596	65719
一般公共预算支出	万元	770112	378785	517294	273011	446600
居民储蓄存款余额	万元	3707966	2029702	2214685	1106595	1889510
年末金融机构各项贷款余额	万元	2920098	773884	1077791	631481	781562
三、农业、工业和通讯						
设施农业占地(水面)面积	公顷	6332	2497		270	64
油料产量	吨	2503	40135	77586	26996	39738
棉花产量	吨	213	69	662	24	24
规模以上工业企业单位数	个	178	117		51	82
固定电话用户	户	45564	28876	46854	7500	13500
四、教育、卫生和社会保障						
普通中学在校学生数	人	82712	45227	68946	23879	30208
小学在校学生数	人	156762	61726	64742	25446	48507
医疗卫生机构床位数	床	7009	2617	3265	996	2759
各种社会福利收养性单位数	个	67	60	28	19	2
各种社会福利收养性单位床位数	床	5232	4788	1754	1022	60

2018年县(市)社会经济主要指标

河南省

指　　标	单位	固始县	潢川县	淮滨县	息　县	扶沟县
一、基本情况						
行政区域面积	平方公里	2946	1635	1208	1835	1163
乡个数	个	11	8	10	12	6
镇个数	个	19	9	5	6	9
街道办事处个数	个	3	4	4	4	2
户籍人口	人	1793086	895696	824828	1128227	789202
第二产业从业人员	人	301026	83000	150021	130803	109000
第三产业从业人员	人	357642	143000	183212	170705	136000
二、综合经济						
地区生产总值	万元	3504200	2681700	1863335	2251337	1969977
第一产业增加值	万元	738900	525000	368964	461647	392393
第二产业增加值	万元	1094300	909700	777945	864102	943081
一般公共预算收入	万元	134789	70262	67623	67891	74923
一般公共预算支出	万元	779086	433179	473878	564019	388758
居民储蓄存款余额	万元	3936257	2016408	1592761	2218802	1771957
年末金融机构各项贷款余额	万元	1875407	2582292	754471	973720	650026
三、农业、工业和通讯						
设施农业占地(水面)面积	公顷	8029	1466	117	701	12534
油料产量	吨	55256	46607	60348	41232	43352
棉花产量	吨	72	150	186	182	538
规模以上工业企业单位数	个	204	126	121	108	109
固定电话用户	户	75438	2431	7984	17859	13100
四、教育、卫生和社会保障						
普通中学在校学生数	人	67977	44492	46919	59264	44656
小学在校学生数	人	124246	60532	60950	87303	50360
医疗卫生机构床位数	床	6013	2468	2543	3221	2823
各种社会福利收养性单位数	个	42	26	40	35	23
各种社会福利收养性单位床位数	床	3172	1204	1956	2198	1629

2018年县(市)社会经济主要指标

河南省

指　　标	单位	西华县	商水县	沈丘县	郸城县	淮阳县
一、基本情况						
行政区域面积	平方公里	1194	1270	1082	1490	1335
乡个数	个	8	9	5	11	11
镇个数	个	9	11	15	8	7
街道办事处个数	个	4	3	2	3	1
户籍人口	人	967715	1322460	1400113	1365700	1491402
第二产业从业人员	人	104728	198579	239600	182305	200735
第三产业从业人员	人	163500	226444	189600	268920	198560
二、综合经济						
地区生产总值	万元	2492016	2599305	2808539	2614964	2352134
第一产业增加值	万元	532506	573736	446181	501435	460054
第二产业增加值	万元	1147637	1094106	1235840	1240084	1078772
一般公共预算收入	万元	76462	72623	141900	110666	89089
一般公共预算支出	万元	496749	546295	650328	595265	603328
居民储蓄存款余额	万元	1951343	2332702	2535772	2497304	2445529
年末金融机构各项贷款余额	万元	677364	715955	1494430	736095	726549
三、农业、工业和通讯						
设施农业占地(水面)面积	公顷	2107	966	1446	1047	1133
油料产量	吨	39962	42648	39211	26131	125847
棉花产量	吨	338	431	16	398	208
规模以上工业企业单位数	个	118	130	126	136	120
固定电话用户	户	14993	13740	17911	12988	13833
四、教育、卫生和社会保障						
普通中学在校学生数	人	46405	68674	70311	100035	81071
小学在校学生数	人	66036	93799	101501	122360	109073
医疗卫生机构床位数	床	3072	4481	4427	4831	4838
各种社会福利收养性单位数	个	18	26	22	21	19
各种社会福利收养性单位床位数	床	1720	3221	599	1532	3986

2018年县(市)社会经济主要指标

河南省

指　　标	单位	太康县	鹿邑县	项城市	西平县	上蔡县
一、基本情况						
行政区域面积	平方公里	1759	1238	1086	1090	1529
乡个数	个	8	7		8	11
镇个数	个	15	13	15	8	11
街道办事处个数	个		4	6	3	4
户籍人口	人	1648298	1380800	1265000	888637	1610000
第二产业从业人员	人	194654	102388	257496	276915	214079
第三产业从业人员	人	225430	129988	201099	254192	232604
二、综合经济						
地区生产总值	万元	2765782	3297000	3399117	2442424	2407290
第一产业增加值	万元	548066	503100	445702	479396	417956
第二产业增加值	万元	1149288	1445000	1527268	814744	947210
一般公共预算收入	万元	110315	142399	121676	105086	80260
一般公共预算支出	万元	716621	582524	529783	456871	616963
居民储蓄存款余额	万元	2610482	2398754	2736070	2130662	3043400
年末金融机构各项贷款余额	万元	988602	1337403	930244	1163930	1109444
三、农业、工业和通讯						
设施农业占地(水面)面积	公顷	2040	542	133	1031	
油料产量	吨	34303	14231	26868	38208	94207
棉花产量	吨	1134	1322	383		270
规模以上工业企业单位数	个	130	151	178	159	103
固定电话用户	户	15163	139000	13998	29954	30065
四、教育、卫生和社会保障						
普通中学在校学生数	人	82557	68230	76655	37272	61765
小学在校学生数	人	126089	96562	104264	52347	118767
医疗卫生机构床位数	床	7240	5448	3502	3399	4860
各种社会福利收养性单位数	个	20	23	20	28	29
各种社会福利收养性单位床位数	床	3060	3366	2700	1754	5310

2018年县(市)社会经济主要指标

河南省

指　　标	单位	平舆县	正阳县	确山县	泌阳县	汝南县
一、基本情况						
行政区域面积	平方公里	1282	1889	1644	2346	1504
乡个数	个	5	10		9	2
镇个数	个	11	8	10	10	12
街道办事处个数	个	3	2	3	3	4
户籍人口	人	1164960	871200	564020	965518	897796
第二产业从业人员	人	216693	179685	101835	167516	181769
第三产业从业人员	人	127273	193973	100406	174073	129981
二、综合经济						
地区生产总值	万元	2330122	1894900	1823691	2418618	2114785
第一产业增加值	万元	385319	504800	321445	494787	471349
第二产业增加值	万元	997192	541100	726455	964412	793800
一般公共预算收入	万元	96420	69578	105176	110016	83579
一般公共预算支出	万元	491408	452438	318195	579285	449201
居民储蓄存款余额	万元	2292824	2004139	1733852	1774837	1930339
年末金融机构各项贷款余额	万元	1112255	1121322	797557	872692	838950
三、农业、工业和通讯						
设施农业占地(水面)面积	公顷	1534	440	929	7667	1000
油料产量	吨	57854	507290	186945	216712	242910
棉花产量	吨	3		16	63	
规模以上工业企业单位数	个	183	110	166	183	123
固定电话用户	户	12253	16500	10093	7800	24176
四、教育、卫生和社会保障						
普通中学在校学生数	人	50934	34373	36153	58321	41835
小学在校学生数	人	91578	84102	48144	88039	65157
医疗卫生机构床位数	床	5825	2832	2369	4470	2386
各种社会福利收养性单位数	个	32	21	23	22	30
各种社会福利收养性单位床位数	床	2652	2256	2933	1643	3523

2018年县(市)社会经济主要指标

河南省、湖北省

指　　标	单位	遂平县	新蔡县	济源市	阳新县	大冶市
一、基本情况						
行政区域面积	平方公里	1063	1447	1899	2794	1566
乡个数	个	2	9			1
镇个数	个	8	11	11	16	10
街道办事处个数	个	4	3	5		5
户籍人口	人	581573	1251324	725500	1112243	995248
第二产业从业人员	人	107184	211799	175213	245929	209465
第三产业从业人员	人	99814	168430	207391	244762	298870
二、综合经济						
地区生产总值	万元	2213978	2103300	6418400	2835067	6236400
第一产业增加值	万元	298076	478400	188700	496117	421600
第二产业增加值	万元	985126	703300	4160300	1342500	4217000
一般公共预算收入	万元	103508	100473	501410	166021	450100
一般公共预算支出	万元	358509	541200	690382	615849	776600
居民储蓄存款余额	万元	1490234	2286155	2966127	2090800	2607900
年末金融机构各项贷款余额	万元	1235817	1192722	2857972	1678600	3721100
三、农业、工业和通讯						
设施农业占地(水面)面积	公顷	1051	2133	658	3020	11145
油料产量	吨	51010	77237	1987	51990	50418
棉花产量	吨	21	505	218	1901	1904
规模以上工业企业单位数	个	128	128	238	120	447
固定电话用户	户	19700	16000	50600	51889	103263
四、教育、卫生和社会保障						
普通中学在校学生数	人	18903	44130	40300	48530	46920
小学在校学生数	人	49973	101172	54800	102514	74325
医疗卫生机构床位数	床	3029	4743	3114	3374	3022
各种社会福利收养性单位数	个	19	24	15	24	19
各种社会福利收养性单位床位数	床	1882	2242	1771	2193	2062

2018年县(市)社会经济主要指标

湖北省

指　　标	单位	郧阳区	郧西县	竹山县	竹溪县	房　县
一、基本情况						
行政区域面积	平方公里	3833	3509	3586	3310	5110
乡个数	个	3	7	8	4	8
镇个数	个	16	9	9	11	12
街道办事处个数	个					
户籍人口	人	632068	517442	461128	359106	476085
第二产业从业人员	人	27493	8549	75113	17214	17340
第三产业从业人员	人	24292	17433	61365	14479	27132
二、综合经济						
地区生产总值	万元	1206843	757400	1091608	823142	953228
第一产业增加值	万元	264892	208695	273420	213186	295350
第二产业增加值	万元	484843	235146	437443	353988	316565
一般公共预算收入	万元	100833	47065	64661	51707	65888
一般公共预算支出	万元	507884	383595	416577	364903	464141
居民储蓄存款余额	万元	1302712	1465308	1104814	952580	1218383
年末金融机构各项贷款余额	万元	1185992	800933	928920	689792	962301
三、农业、工业和通讯						
设施农业占地(水面)面积	公顷	423	198	447	422	386
油料产量	吨	21481	18436	53677	27879	23362
棉花产量	吨	87				
规模以上工业企业单位数	个	176	25	45	39	56
固定电话用户	户	16800	33687	5982	13567	19700
四、教育、卫生和社会保障						
普通中学在校学生数	人	21896	17844	17748	13976	16414
小学在校学生数	人	30167	30815	28523	22324	27544
医疗卫生机构床位数	床	3299	2660	2744	2464	3151
各种社会福利收养性单位数	个	26	19	20	23	24
各种社会福利收养性单位床位数	床	4758	2419	1808	2727	1921

2018年县(市)社会经济主要指标

湖北省

指　　标	单位	丹江口市	夷陵区	远安县	兴山县	秭归县
一、基本情况						
行政区域面积	平方公里	3121	3439	1740	2317	2428
乡个数	个		2	1	2	4
镇个数	个	12	9	6	6	8
街道办事处个数	个	5	1			
户籍人口	人	463605	525644	191042	165495	371190
第二产业从业人员	人	92480	107387	42476	10529	55436
第三产业从业人员	人	94152	107231	58293	40417	72131
二、综合经济						
地区生产总值	万元	2423318	5733882	2158799	1172453	1360155
第一产业增加值	万元	283522	616606	194323	126612	262549
第二产业增加值	万元	1243214	3254443	1314217	645792	529199
一般公共预算收入	万元	128386	236020	96118	80801	78178
一般公共预算支出	万元	486300	499932	234136	233044	369300
居民储蓄存款余额	万元	1957939	2628690	920250	607903	1076994
年末金融机构各项贷款余额	万元	1917547	3459753	1066313	1175677	1245387
三、农业、工业和通讯						
设施农业占地(水面)面积	公顷	208	238	374	143	37
油料产量	吨	12617	25154	14049	8814	17857
棉花产量	吨					
规模以上工业企业单位数	个	182	136	83	14	59
固定电话用户	户	45093	39102	23020	11258	25475
四、教育、卫生和社会保障						
普通中学在校学生数	人	15992	16205	4706	4290	10051
小学在校学生数	人	32017	22160	8037	5982	13465
医疗卫生机构床位数	床	3543	2907	1090	924	2064
各种社会福利收养性单位数	个	23	17	8	10	18
各种社会福利收养性单位床位数	床	2573	2051	887	1074	1666

2018年县(市)社会经济主要指标

湖北省

指　　标	单位	长阳土家族自治县	五峰土家族自治县	宜都市	当阳市	枝江市
一、基本情况						
行政区域面积	平方公里	3436	2348	1357	2159	1375
乡个数	个	3	3	1		
镇个数	个	8	5	8	7	8
街道办事处个数	个			1	3	1
户籍人口	人	396678	198398	388332	466615	486139
第二产业从业人员	人	51658	14023	101508	97999	109769
第三产业从业人员	人	83945	19649	119777	79505	108366
二、综合经济						
地区生产总值	万元	1426126	709200	6067402	5011475	5179998
第一产业增加值	万元	374126	207100	450505	769907	767190
第二产业增加值	万元	426900	243100	3589595	2539273	2586040
一般公共预算收入	万元	75086	33150	230001	178000	187008
一般公共预算支出	万元	392311	310318	459187	429701	396242
居民储蓄存款余额	万元	1209337	581303	1799565	2143600	2191310
年末金融机构各项贷款余额	万元	1487180	492864	1760070	1635600	1913652
三、农业、工业和通讯						
设施农业占地(水面)面积	公顷	70	39	465	234	477
油料产量	吨	14347	3534	21602	54511	40398
棉花产量	吨				1100	6900
规模以上工业企业单位数	个	42	37	252	214	198
固定电话用户	户	17127	10828	28846	32825	33976
四、教育、卫生和社会保障						
普通中学在校学生数	人	10723	4241	10123	13723	10781
小学在校学生数	人	13942	7164	15683	18062	15719
医疗卫生机构床位数	床	2014	923	2553	2231	2820
各种社会福利收养性单位数	个	17	9	23	12	19
各种社会福利收养性单位床位数	床	1504	748	3277	1898	1996

2018年县(市)社会经济主要指标

湖北省

指　　标	单位	襄州区	南漳县	谷城县	保康县	老河口市
一、基本情况						
行政区域面积	平方公里	2467	3859	2553	3222	1052
乡个数	个			1	1	1
镇个数	个	12	10	9	10	7
街道办事处个数	个	4				2
户籍人口	人	1028121	573719	598648	267698	515492
第二产业从业人员	人	157547	114618	95582	20681	120801
第三产业从业人员	人	201574	142448	94533	61557	128532
二、综合经济						
地区生产总值	万元	6962300	2736520	3750758	1269286	3648854
第一产业增加值	万元	967400	455000	364316	203976	437030
第二产业增加值	万元	3673200	1104158	2389386	610632	2001912
一般公共预算收入	万元	344858	112499	146106	94343	200102
一般公共预算支出	万元	678769	464062	483319	359458	485109
居民储蓄存款余额	万元	2442640	1693159	2195958	794785	1721500
年末金融机构各项贷款余额	万元	1364588	1171900	1446967	743733	1548400
三、农业、工业和通讯						
设施农业占地(水面)面积	公顷	871	160	401	703	708
油料产量	吨	104836	15258	19470	16021	22500
棉花产量	吨	1800				900
规模以上工业企业单位数	个	227	94	167	89	184
固定电话用户	户	50013	33223	39012	28354	32451
四、教育、卫生和社会保障						
普通中学在校学生数	人	34059	16955	21844	8185	21747
小学在校学生数	人	63644	28545	35977	12895	34495
医疗卫生机构床位数	床	4236	2825	3549	1960	3670
各种社会福利收养性单位数	个	44	13	23	14	13
各种社会福利收养性单位床位数	床	5633	3885	2111	1084	2320

2018年县(市)社会经济主要指标

湖北省

指　　标	单位	枣阳市	宜城市	沙洋县	钟祥市	京山市
一、基本情况						
行政区域面积	平方公里	3276	2115	2280	4488	3663
乡个数	个				1	
镇个数	个	12	8	13	15	14
街道办事处个数	个	3	2		1	
户籍人口	人	1132400	559819	597518	1049176	775520
第二产业从业人员	人	240721	102071	116153	155900	164044
第三产业从业人员	人	264076	144803	136359	251918	136088
二、综合经济						
地区生产总值	万元	6560138	3601072	3079800	5194100	3677610
第一产业增加值	万元	924155	508534	650100	733500	474110
第二产业增加值	万元	3175761	2140110	1307300	2822300	2093300
一般公共预算收入	万元	262771	169135	94113	206207	158736
一般公共预算支出	万元	777437	594359	413300	717567	495719
居民储蓄存款余额	万元	3308611	1896917	1784452	4067151	2526633
年末金融机构各项贷款余额	万元	2367634	1480203	1044316	2309013	1853877
三、农业、工业和通讯						
设施农业占地(水面)面积	公顷	310	537	1963	1121	5025
油料产量	吨	46370	66021	103787	87687	44817
棉花产量	吨	1800	5200	900	1800	2318
规模以上工业企业单位数	个	248	173	181	302	340
固定电话用户	户	57600	34924	41137	38293	52010
四、教育、卫生和社会保障						
普通中学在校学生数	人	45803	19711	12300	34519	18632
小学在校学生数	人	69830	31050	18535	47644	28107
医疗卫生机构床位数	床	5991	3105	3043	5151	3459
各种社会福利收养性单位数	个	45	14	20	34	34
各种社会福利收养性单位床位数	床	6608	1862	1738	3049	3912

2018年县(市)社会经济主要指标

湖北省

指　　标	单位	孝昌县	大悟县	云梦县	应城市	安陆市
一、基本情况						
行政区域面积	平方公里	1191	1982	605	1103	1353
乡个数	个	4	3	3		4
镇个数	个	8	14	9	10	9
街道办事处个数	个				5	2
户籍人口	人	670000	676582	575611	651920	629140
第二产业从业人员	人	136900	101563	177168	169177	227895
第三产业从业人员	人	196500	83280	189391	177824	124057
二、综合经济						
地区生产总值	万元	1283971	1530664	2565972	3157863	2293195
第一产业增加值	万元	335288	371570	361750	483902	344261
第二产业增加值	万元	453941	464113	1423733	1797673	1009736
一般公共预算收入	万元	104112	44635	135485	163728	111038
一般公共预算支出	万元	417621	43049	356945	432538	265307
居民储蓄存款余额	万元	1440552	1687980	1753874	2108535	1795244
年末金融机构各项贷款余额	万元	773443	1036618	787849	1454403	1314738
三、农业、工业和通讯						
设施农业占地(水面)面积	公顷	1967	2299	555	508	1969
油料产量	吨	36855	60130	21529	23368	19177
棉花产量	吨	914	359	1900	900	1200
规模以上工业企业单位数	个	48	67	151	173	106
固定电话用户	户	49362	119752	32852	37031	70211
四、教育、卫生和社会保障						
普通中学在校学生数	人	21318	24573	19392	17787	20860
小学在校学生数	人	32733	35423	28680	24582	28859
医疗卫生机构床位数	床	2112	3364	2397	3652	2815
各种社会福利收养性单位数	个	18	29	17	27	22
各种社会福利收养性单位床位数	床	1951	1238	1695	4113	2807

2018年县(市)社会经济主要指标

湖北省

指　　标	单位	汉川市	公安县	监利县	江陵县	石首市
一、基本情况						
行政区域面积	平方公里	1659	2257	3201	1049	1406
乡个数	个	6	2	3	2	1
镇个数	个	14	14	18	7	11
街道办事处个数	个	2				2
户籍人口	人	1078115	997192	1571470	359387	623405
第二产业从业人员	人	276124	186658	236784	84967	123718
第三产业从业人员	人	265588	153991	323736	42419	140568
二、综合经济						
地区生产总值	万元	5513009	2709100	2827775	937770	1862500
第一产业增加值	万元	641809	659700	988075	243570	379100
第二产业增加值	万元	3238500	1248800	930900	365900	772100
一般公共预算收入	万元	244122	135175	92880	46915	83943
一般公共预算支出	万元	568425	499159	666384	317022	387215
居民储蓄存款余额	万元	2825100	2907870	3052127	1024302	2032823
年末金融机构各项贷款余额	万元	2360500	1582677	1615361	826871	1191088
三、农业、工业和通讯						
设施农业占地(水面)面积	公顷	5133	8815	116	3	502
油料产量	吨	28507	94715	121625	45177	29969
棉花产量	吨	2400	12632	7600	1100	5100
规模以上工业企业单位数	个	405	144	124	72	113
固定电话用户	户	77527	43300	44830	40024	17757
四、教育、卫生和社会保障						
普通中学在校学生数	人	33445	29744	61490	11475	19586
小学在校学生数	人	61371	38391	92864	16744	25974
医疗卫生机构床位数	床	1836	4386	5098	1391	2493
各种社会福利收养性单位数	个	35	21	37	13	23
各种社会福利收养性单位床位数	床	3019	5043	3227	1041	3720

2018年县(市)社会经济主要指标

湖北省

指　　标	单位	洪湖市	松滋市	团风县	红安县	罗田县
一、基本情况						
行政区域面积	平方公里	2444	2177	833	1796	2130
乡个数	个	1	2	2	1	2
镇个数	个	14	14	8	10	10
街道办事处个数	个	2				
户籍人口	人	918206	829590	370238	652957	598454
第二产业从业人员	人	175906	148990	58100	96574	159639
第三产业从业人员	人	136971	258990	32600	133575	123670
二、综合经济						
地区生产总值	万元	2651340	2850492	1070199	1536642	1382321
第一产业增加值	万元	784740	414192	150987	232162	255607
第二产业增加值	万元	895000	1433100	682419	738692	503614
一般公共预算收入	万元	98704	178500	5654	165515	80233
一般公共预算支出	万元	480698	496868	5318	415329	400788
居民储蓄存款余额	万元	2069063	2833292	927390	1592737	1819031
年末金融机构各项贷款余额	万元	1385120	1564947	745669	1308041	987577
三、农业、工业和通讯						
设施农业占地(水面)面积	公顷	557	2544	1266	2216	443
油料产量	吨	79868	26600	15384	87213	34234
棉花产量	吨	2900	6700	1700	1200	13
规模以上工业企业单位数	个	121	122	75	155	90
固定电话用户	户	41200	45571	14913	64445	37235
四、教育、卫生和社会保障						
普通中学在校学生数	人	29010	24535	10313	23840	19445
小学在校学生数	人	43649	32563	16767	32405	33061
医疗卫生机构床位数	床	3042	3335	1905	3124	3353
各种社会福利收养性单位数	个	27	27	15	15	14
各种社会福利收养性单位床位数	床	5280	3627	1100	2050	1000

2018年县(市)社会经济主要指标

湖北省

指标	单位	英山县	浠水县	蕲春县	黄梅县	麻城市
一、基本情况						
行政区域面积	平方公里	1449	1949	2398	1701	3747
乡个数	个	3	1	1	4	1
镇个数	个	8	12	13	12	15
街道办事处个数	个					3
户籍人口	人	398934	1031240	1011096	996287	1159300
第二产业从业人员	人	76154	145849	123013	159167	174149
第三产业从业人员	人	80751	145858	249360	198594	301938
二、综合经济						
地区生产总值	万元	1002094	2448951	2412700	2129756	3051900
第一产业增加值	万元	323241	622255	475500	526270	557600
第二产业增加值	万元	326851	824361	902500	825691	1186900
一般公共预算收入	万元	251907	106344	138000	114501	202791
一般公共预算支出	万元	365792	480235	549700	472389	680382
居民储蓄存款余额	万元	1460850	2806400	3353800	2965735	3052158
年末金融机构各项贷款余额	万元	808194	1306100	1635600	1603731	2487576
三、农业、工业和通讯						
设施农业占地(水面)面积	公顷	767	5608	315	2057	2902
油料产量	吨	14626	65811	58629	57537	94419
棉花产量	吨	300	4800	3403	5480	4500
规模以上工业企业单位数	个	74	108	113	160	284
固定电话用户	户	32672	76214	61100	87000	76336
四、教育、卫生和社会保障						
普通中学在校学生数	人	15541	36650	43185	44756	43042
小学在校学生数	人	22001	50570	65722	63594	58755
医疗卫生机构床位数	床	2078	5049	3991	4200	4533
各种社会福利收养性单位数	个	12	20	38	36	40
各种社会福利收养性单位床位数	床	1856	3619	4329	2290	3746

2018年县(市)社会经济主要指标

湖北省

指　　标	单位	武穴市	嘉鱼县	通城县	崇阳县	通山县
一、基本情况						
行政区域面积	平方公里	1246	1020	1201	1968	2680
乡个数	个			2	4	4
镇个数	个	8	8	9	8	8
街道办事处个数	个	4				
户籍人口	人	823436	366577	527190	510219	485900
第二产业从业人员	人	192826	59300	60500	58400	54500
第三产业从业人员	人	149818	98800	142400	132000	129200
二、综合经济						
地区生产总值	万元	3005828	2563800	1364953	1274100	1182676
第一产业增加值	万元	498652	421700	243517	262800	178400
第二产业增加值	万元	1398536	1367300	563870	437300	400584
一般公共预算收入	万元	202966	117582	80119	81396	65615
一般公共预算支出	万元	499602	309153	293490	338135	301785
居民储蓄存款余额	万元	2532100	950293	1279963	1147726	903636
年末金融机构各项贷款余额	万元	1542400	1130331	870366	874251	933639
三、农业、工业和通讯						
设施农业占地(水面)面积	公顷	402	3186	2223	381	3016
油料产量	吨	50541	14079	13956	20910	10867
棉花产量	吨	2500	200	200	600	
规模以上工业企业单位数	个	191	190	93	93	80
固定电话用户	户	65162	30700	69854	26864	23846
四、教育、卫生和社会保障						
普通中学在校学生数	人	36796	10930	22981	23563	23717
小学在校学生数	人	67879	16806	40960	40391	45517
医疗卫生机构床位数	床	3920	1426	2248	2328	1720
各种社会福利收养性单位数	个	15	14	16	17	15
各种社会福利收养性单位床位数	床	1898	1346	2979	1514	1889

2018年县(市)社会经济主要指标

湖北省

指　　标	单位	赤壁市	随　县	广水市	恩施市	利川市
一、基本情况						
行政区域面积	平方公里	1723	5543	2646	4003	4607
乡个数	个	1			8	5
镇个数	个	10	19	13	5	7
街道办事处个数	个	3		4	3	2
户籍人口	人	533057	944191	920722	808967	917097
第二产业从业人员	人	69800	125179	172285	98759	163813
第三产业从业人员	人	150700	129520	331045	142173	156916
二、综合经济						
地区生产总值	万元	4244100	2210114	3142425	2331709	1295642
第一产业增加值	万元	473600	652514	524425	294196	354888
第二产业增加值	万元	1760100	1028000	1547700	908056	355239
一般公共预算收入	万元	195700	72138	127475	230911	110123
一般公共预算支出	万元	417171	423196	519180	719658	677837
居民储蓄存款余额	万元	1659602	2540664	2952300	2502679	1817756
年末金融机构各项贷款余额	万元	1611823	997504	1253866	4678131	1645418
三、农业、工业和通讯						
设施农业占地(水面)面积	公顷	3544	1589	5201	484	580
油料产量	吨	45208	31078	54070	21777	14883
棉花产量	吨	2700	1282	3163		
规模以上工业企业单位数	个	223	249	203	79	55
固定电话用户	户	58254	33692	49100	46400	59200
四、教育、卫生和社会保障						
普通中学在校学生数	人	22272	22549	32594	46335	47817
小学在校学生数	人	37133	41972	49265	53077	69967
医疗卫生机构床位数	床	2459	2546	3567	8185	4992
各种社会福利收养性单位数	个	18	35	40	23	15
各种社会福利收养性单位床位数	床	2918	3339	4182	1668	1922

2018年县(市)社会经济主要指标

湖北省

指　　标	单位	建始县	巴东县	宣恩县	咸丰县	来凤县
一、基本情况						
行政区域面积	平方公里	2665	3352	2737	2523	1342
乡个数	个	3	2	4	3	2
镇个数	个	7	10	5	7	6
街道办事处个数	个					
户籍人口	人	511142	488006	358109	385596	334533
第二产业从业人员	人	80869		23307	81976	55312
第三产业从业人员	人	82783		122363	91020	68760
二、综合经济						
地区生产总值	万元	1040477	1129083	722219	834942	741449
第一产业增加值	万元	209951	197640	174291	172899	139051
第二产业增加值	万元	339500	441222	192934	240608	197958
一般公共预算收入	万元	62529	102517	38349	46142	40902
一般公共预算支出	万元	472312	480385	347999	357229	300731
居民储蓄存款余额	万元	925170	994119	613078	818267	744174
年末金融机构各项贷款余额	万元	797277	744903	612886	694766	727590
三、农业、工业和通讯						
设施农业占地(水面)面积	公顷	502	149	1	312	53
油料产量	吨	18530	26546	6937	19139	9997
棉花产量	吨					
规模以上工业企业单位数	个	31	49	58	45	42
固定电话用户	户	16742	28484	14335	100058	16176
四、教育、卫生和社会保障						
普通中学在校学生数	人	21497	23334	14927	17070	17341
小学在校学生数	人	28203	27797	22084	27396	25552
医疗卫生机构床位数	床	3160	2497	1459	2101	1826
各种社会福利收养性单位数	个	14	13	12	13	14
各种社会福利收养性单位床位数	床	1531	831	1162	1608	900

2018年县(市)社会经济主要指标

湖北省

指　　标	单位	鹤峰县	仙桃市	潜江市	天门市	神农架林区
一、基本情况						
行政区域面积	平方公里	2868	2538	2004	2622	3234
乡个数	个	4			1	2
镇个数	个	5	15	10	21	6
街道办事处个数	个		3	7	3	
户籍人口	人	217189	1542975	1008470	1609212	78624
第二产业从业人员	人	35192	354000	213900	284201	8423
第三产业从业人员	人	21188	389600	252100	336867	23468
二、综合经济						
地区生产总值	万元	612723	8001300	7557800	5911500	285909
第一产业增加值	万元	119737	869200	752900	804400	21800
第二产业增加值	万元	243611	4132500	3980900	3028500	111781
一般公共预算收入	万元	30915	333521	258408	204024	50972
一般公共预算支出	万元	281655	906688	701011	783769	211025
居民储蓄存款余额	万元	552571	4855000	4311649	5122500	274421
年末金融机构各项贷款余额	万元	407125	2939400	2648297	2304100	235436
三、农业、工业和通讯						
设施农业占地(水面)面积	公顷	33	2406	15000	16000	150
油料产量	吨	5050	118539	49780	100021	348
棉花产量	吨		10100	1900	10400	
规模以上工业企业单位数	个	53	397	287	286	12
固定电话用户	户	10559	102800	49205	58300	10200
四、教育、卫生和社会保障						
普通中学在校学生数	人	6206	55686	38618	58308	2455
小学在校学生数	人	10452	86032	52099	74463	3393
医疗卫生机构床位数	床	993	5605	4563	6411	520
各种社会福利收养性单位数	个	10	24	21	36	9
各种社会福利收养性单位床位数	床	998	4520	2755	8217	538

2018年县(市)社会经济主要指标

湖南省

指　　标	单位	望城区	长沙县	浏阳市	宁乡市	渌口区
一、基本情况						
行政区域面积	平方公里	951	1756	4997	2912	1054
乡个数	个			1	4	
镇个数	个	5	13	27	21	8
街道办事处个数	个	10	5	4	4	
户籍人口	人	627095	806327	1493770	1430937	351073
第二产业从业人员	人	132604	217472	393569	281436	55217
第三产业从业人员	人	168895	279733	275347	328553	64507
二、综合经济						
地区生产总值	万元	6714233	15093258	13420795	11137422	1363915
第一产业增加值	万元	403990	640105	954068	1009282	209222
第二产业增加值	万元	4445887	9300788	8645057	6595974	599132
一般公共预算收入	万元	903098	2403874	1133158	806000	131658
一般公共预算支出	万元	955760	1705048	1245542	959796	275967
居民储蓄存款余额	万元	2715600	5463019	4870432	3904100	1174143
年末金融机构各项贷款余额	万元	4807300	11605152	6579847	5662300	932024
三、农业、工业和通讯						
设施农业占地(水面)面积	公顷	26	2367	5121		692
油料产量	吨	11629	17037	51991	13759	5958
棉花产量	吨			239	128	480
规模以上工业企业单位数	个	352	406	906	635	62
固定电话用户	户	65323	145000	73000	65000	15216
四、教育、卫生和社会保障						
普通中学在校学生数	人	28632	44840	72373	63589	11800
小学在校学生数	人	49063	84366	106122	80550	13766
医疗卫生机构床位数	床	3754	5520	9041	7599	1385
各种社会福利收养性单位数	个	21	24	55	38	18
各种社会福利收养性单位床位数	床	3003	5355	6222	5323	1127

2018年县(市)社会经济主要指标

湖南省

指　　标	单位	攸　县	茶陵县	炎陵县	醴陵市	湘潭县
一、基本情况						
行政区域面积	平方公里	2649	2496	2030	2157	2140
乡个数	个		2	5		3
镇个数	个	13	10	5	19	14
街道办事处个数	个	4	4		4	
户籍人口	人	810823	646041	192612	1053080	974580
第二产业从业人员	人	114455	80711	38400	270020	134800
第三产业从业人员	人	194829	94188	42300	186631	145500
二、综合经济						
地区生产总值	万元	3470351	1855071	751674	6112136	4436341
第一产业增加值	万元	499954	291556	105623	508745	512866
第二产业增加值	万元	1210199	573784	290308	3347817	2298732
一般公共预算收入	万元	200647	129559	57645	417820	287110
一般公共预算支出	万元	460197	425746	177970	680055	671486
居民储蓄存款余额	万元	2217489	1830743	644843	2655095	3391000
年末金融机构各项贷款余额	万元	1371029	1218537	624070	2243052	3107000
三、农业、工业和通讯						
设施农业占地(水面)面积	公顷	1687	11411			733
油料产量	吨	19646	22816	3136	14631	11128
棉花产量	吨	463	1064	74	40	200
规模以上工业企业单位数	个	271	142	98	545	233
固定电话用户	户	66979	6770	19966	16635	258190
四、教育、卫生和社会保障						
普通中学在校学生数	人	35052	27451	7689	38247	47820
小学在校学生数	人	50485	48365	13140	67759	47599
医疗卫生机构床位数	床	3758	2973	858	5880	3577
各种社会福利收养性单位数	个	21	24	15	57	52
各种社会福利收养性单位床位数	床	1883	1128	1260	4636	2150

2018年县(市)社会经济主要指标

湖南省

指　　标	单位	湘乡市	韶山市	衡阳县	衡南县	衡山县
一、基本情况						
行政区域面积	平方公里	1967	247	2559	2614	935
乡个数	个	3	2	8	1	5
镇个数	个	15	2	17	21	7
街道办事处个数	个	4				
户籍人口	人	928302	119843	1245588	1095673	449023
第二产业从业人员	人	169968	15800	161433	181965	25800
第三产业从业人员	人	133681	11755	260395	301122	84300
二、综合经济						
地区生产总值	万元	4431739	941801	3480635	3303726	1746295
第一产业增加值	万元	499053	51917	566160	571161	269454
第二产业增加值	万元	2354938	464623	1090512	1262592	460076
一般公共预算收入	万元	233688	73056	151756	180355	102108
一般公共预算支出	万元	519800	131738	550920	565088	255188
居民储蓄存款余额	万元	2789251	541770	2997070	2351968	1219938
年末金融机构各项贷款余额	万元	1944085	555205	1236080	1370618	653966
三、农业、工业和通讯						
设施农业占地(水面)面积	公顷	326	1269	78	1733	32
油料产量	吨	13163	1542	69298	58538	15172
棉花产量	吨	43	8	4954	3663	500
规模以上工业企业单位数	个	207	72	128	96	93
固定电话用户	户	59720	27162	50300	39500	24800
四、教育、卫生和社会保障						
普通中学在校学生数	人	36304	2631	56544	57866	20300
小学在校学生数	人	46109	5599	66897	63637	29148
医疗卫生机构床位数	床	4778	547	5360	4684	2077
各种社会福利收养性单位数	个	22	6	33	31	22
各种社会福利收养性单位床位数	床	5812	352	6657	2510	2265

2018年县(市)社会经济主要指标

湖南省

指　　标	单位	衡东县	祁东县	耒阳市	常宁市	邵东县
一、基本情况						
行政区域面积	平方公里	1927	1871	2648	2048	1779
乡个数	个	2	3	5	4	4
镇个数	个	15	17	19	14	18
街道办事处个数	个		4	6	3	3
户籍人口	人	758118	1058383	1421656	962140	1341905
第二产业从业人员	人	111265	103900	191845	77811	172340
第三产业从业人员	人	205620	113500	328031	205972	155295
二、综合经济						
地区生产总值	万元	2842887	2758563	4325046	3319279	4304487
第一产业增加值	万元	393608	438963	479127	469922	427966
第二产业增加值	万元	768973	833856	1152352	1072929	2053683
一般公共预算收入	万元	128116	130092	219053	152492	253228
一般公共预算支出	万元	373148	538112	571133	559460	631947
居民储蓄存款余额	万元	1843721	2744451	3124997	2197082	3568251
年末金融机构各项贷款余额	万元	1008424	1116937	1926024	1654816	2400999
三、农业、工业和通讯						
设施农业占地(水面)面积	公顷	1303	10055			1360
油料产量	吨	31280	37418	50409	35003	41260
棉花产量	吨	643	989	820	1326	2
规模以上工业企业单位数	个	113	128	138	104	473
固定电话用户	户	146015	88600	120100	90310	87562
四、教育、卫生和社会保障						
普通中学在校学生数	人	32580	56862	81356	51745	72659
小学在校学生数	人	53479	67826	121821	71572	90600
医疗卫生机构床位数	床	3427	4836	5401	4368	5370
各种社会福利收养性单位数	个	23	53	34	34	29
各种社会福利收养性单位床位数	床	1396	2850	1344	2080	3061

2018年县(市)社会经济主要指标

湖南省

指　　标	单位	新邵县	邵阳县	隆回县	洞口县	绥宁县
一、基本情况						
行政区域面积	平方公里	1762	2001	2868	2180	2917
乡个数	个	2	8	5	6	9
镇个数	个	13	12	18	14	8
街道办事处个数	个			2	3	
户籍人口	人	830792	1063969	1291947	901237	384799
第二产业从业人员	人	123706	106723	96027	106181	27882
第三产业从业人员	人	122281	99921	156182	163703	44089
二、综合经济						
地区生产总值	万元	1452608	1561808	1864317	1722087	929551
第一产业增加值	万元	281434	339284	375250	463127	176011
第二产业增加值	万元	526770	533380	479186	584974	409586
一般公共预算收入	万元	102635	83044	130923	93228	50156
一般公共预算支出	万元	420384	607778	662353	542262	292530
居民储蓄存款余额	万元	1521103	1746995	2725900	2113565	908752
年末金融机构各项贷款余额	万元	980487	741529	1042900	877359	401293
三、农业、工业和通讯						
设施农业占地(水面)面积	公顷	1299	320	4823	415	495
油料产量	吨	14045	32610	12637	39302	6565
棉花产量	吨				25	
规模以上工业企业单位数	个	139	80	148	97	77
固定电话用户	户	12301	22453	10155	47793	24429
四、教育、卫生和社会保障						
普通中学在校学生数	人	42526	42517	75976	53531	16665
小学在校学生数	人	54552	57255	109574	70206	25104
医疗卫生机构床位数	床	4545	4272	5011	3103	2203
各种社会福利收养性单位数	个	15	26	26	21	22
各种社会福利收养性单位床位数	床	875	1412	1449	880	695

2018年县(市)社会经济主要指标

湖南省

指　　标	单位	新宁县	城步苗族自治县	武冈市	岳阳县	华容县
一、基本情况						
行政区域面积	平方公里	2756	2588	1539	2810	1591
乡个数	个	8	5	3	2	2
镇个数	个	8	7	11	12	12
街道办事处个数	个			4		
户籍人口	人	650874	278940	839678	728930	719705
第二产业从业人员	人	83363	28056	105341	98315	93120
第三产业从业人员	人	148960	40803	176425	215631	152310
二、综合经济						
地区生产总值	万元	1102583	416453	1498401	3279816	3443698
第一产业增加值	万元	253904	94083	421519	465545	629934
第二产业增加值	万元	273028	143988	297767	1508152	1488390
一般公共预算收入	万元	82554	34938	106139	107511	101018
一般公共预算支出	万元	443418	276439	505092	409073	425724
居民储蓄存款余额	万元	1399548	571300	1897600	1121900	1757983
年末金融机构各项贷款余额	万元	884093	444920	1035200	932474	1204578
三、农业、工业和通讯						
设施农业占地(水面)面积	公顷	169	243	531	3134	264
油料产量	吨	11505	4095	20070	31273	66113
棉花产量	吨				4699	23217
规模以上工业企业单位数	个	61	26	81	156	130
固定电话用户	户	33090	12100	53580	52033	54400
四、教育、卫生和社会保障						
普通中学在校学生数	人	31110	12534	50534	26871	22551
小学在校学生数	人	49746	22823	60720	41239	30929
医疗卫生机构床位数	床	2941	1328	4355	3622	4510
各种社会福利收养性单位数	个	18	13	23	17	8
各种社会福利收养性单位床位数	床	998	1080	1024	399	711

2018年县(市)社会经济主要指标

湖南省

指　　标	单位	湘阴县	平江县	汨罗市	临湘市	安乡县
一、基本情况						
行政区域面积	平方公里	1541	4114	1670	1719	1086
乡个数	个	2	5	1		4
镇个数	个	12	19	17	10	8
街道办事处个数	个			1	4	
户籍人口	人	712434	1117764	761324	542359	540872
第二产业从业人员	人	148958	56194	168251	50600	39561
第三产业从业人员	人	106233	184620	194406	66400	36059
二、综合经济						
地区生产总值	万元	3318260	2866126	4641922	2665783	1930246
第一产业增加值	万元	492794	419622	463680	279821	319324
第二产业增加值	万元	1522046	1210630	2421685	1269051	610785
一般公共预算收入	万元	157500	149198	223217	100168	59279
一般公共预算支出	万元	461663	714152	553146	422688	371567
居民储蓄存款余额	万元	1173197	1788700	1719427	1313902	1177971
年末金融机构各项贷款余额	万元	1200238	1422314	1194506	1055100	725303
三、农业、工业和通讯						
设施农业占地(水面)面积	公顷	389		50960	363	321
油料产量	吨	18276	25911	13691	21438	75428
棉花产量	吨	16	792	722	2071	12586
规模以上工业企业单位数	个	110	174	236	145	82
固定电话用户	户	34586	176200	109529	17951	16200
四、教育、卫生和社会保障						
普通中学在校学生数	人	28861	53007	30029	24561	14814
小学在校学生数	人	34542	76123	45487	34398	19416
医疗卫生机构床位数	床	3740	4631	3624	2944	3496
各种社会福利收养性单位数	个	29	45	30	17	23
各种社会福利收养性单位床位数	床	2278	2310	571	1320	2950

2018年县(市)社会经济主要指标

湖南省

指　　标	单位	汉寿县	澧　县	临澧县	桃源县	石门县
一、基本情况						
行政区域面积	平方公里	2091	2075	1204	4442	3970
乡个数	个	3		2	4	4
镇个数	个	16	15	7	23	13
街道办事处个数	个	4	4	2	2	4
户籍人口	人	872813	916435	446302	968697	667658
第二产业从业人员	人	78500	156000	68786	66450	31000
第三产业从业人员	人	115300	142700	47767	112237	93900
二、综合经济						
地区生产总值	万元	2977310	3580271	1782313	3687297	2782192
第一产业增加值	万元	441859	451280	302632	733269	384766
第二产业增加值	万元	931771	1156686	564543	1190292	1019856
一般公共预算收入	万元	128610	177487	87562	215712	151887
一般公共预算支出	万元	509301	503198	328171	656043	534548
居民储蓄存款余额	万元	2119802	2957000	1546607	2774100	1810714
年末金融机构各项贷款余额	万元	1295567	1564000	1229691	1646600	1175623
三、农业、工业和通讯						
设施农业占地(水面)面积	公顷	296	126	3452	62	1119
油料产量	吨	82092	87726	53545	114482	50556
棉花产量	吨	3475	12465	3950	6463	1596
规模以上工业企业单位数	个	131	105	126	135	143
固定电话用户	户	38427	70394	16407	45000	50600
四、教育、卫生和社会保障						
普通中学在校学生数	人	31298	31063	16640	35291	24829
小学在校学生数	人	47953	45274	22998	50750	33576
医疗卫生机构床位数	床	5452	5100	2043	4950	3832
各种社会福利收养性单位数	个	2	30	19	43	35
各种社会福利收养性单位床位数	床	336	3933	3030	3875	2018

2018年县(市)社会经济主要指标

湖南省

指　　标	单位	津市市	慈利县	桑植县	南　县	桃江县
一、基本情况						
行政区域面积	平方公里	556	3492	3475	1444	2068
乡个数	个		10	11	1	2
镇个数	个	4	15	12	14	13
街道办事处个数	个	5				
户籍人口	人	233414	699597	467493	777142	886051
第二产业从业人员	人	36299	67250	52880	68735	130300
第三产业从业人员	人	30225	87470	74355	132228	167800
二、综合经济						
地区生产总值	万元	1581589	1922329	966649	2623082	2716833
第一产业增加值	万元	184764	272100	114956	587179	365360
第二产业增加值	万元	722392	527674	167474	709846	1060281
一般公共预算收入	万元	78616	136423	66773	117800	125658
一般公共预算支出	万元	239393	507620	391516	563827	461851
居民储蓄存款余额	万元	905075	1794100	862460	1785884	2028164
年末金融机构各项贷款余额	万元	527735	1599900	831572	1042297	1327967
三、农业、工业和通讯						
设施农业占地(水面)面积	公顷	93		182	2799	1195
油料产量	吨	30136	41749	20699	80057	31835
棉花产量	吨	3593	669	3	7173	102
规模以上工业企业单位数	个	119	86	32	133	181
固定电话用户	户	15385	37260	12155	27030	37959
四、教育、卫生和社会保障						
普通中学在校学生数	人	6061	27970	24234	21733	36710
小学在校学生数	人	9017	36850	33261	34080	47688
医疗卫生机构床位数	床	1234	4239	2414	3542	4132
各种社会福利收养性单位数	个	21	47	18	20	21
各种社会福利收养性单位床位数	床	2356	2371	435	2548	1177

2018年县(市)社会经济主要指标

湖南省

指　　标	单位	安化县	沅江市	桂阳县	宜章县	永兴县
一、基本情况						
行政区域面积	平方公里	4945	2129	2958	2118	1980
乡个数	个	5		2	5	4
镇个数	个	18	11	17	14	10
街道办事处个数	个		2	3		2
户籍人口	人	1018559	735647	918492	654794	709903
第二产业从业人员	人	97468	88551	98300	121680	124250
第三产业从业人员	人	125184	168961	112200	75300	148551
二、综合经济						
地区生产总值	万元	2334581	3098733	3760151	2312320	3405457
第一产业增加值	万元	380566	518076	415578	204576	258380
第二产业增加值	万元	788512	1088889	1664258	870367	1465503
一般公共预算收入	万元	151700	116721	234303	127337	206440
一般公共预算支出	万元	647490	467645	509800	382285	381785
居民储蓄存款余额	万元	2478504	1746134	1835089	1530500	1342000
年末金融机构各项贷款余额	万元	1442824	1139505	1757860	1161400	863000
三、农业、工业和通讯						
设施农业占地(水面)面积	公顷	373	497	1020	340	
油料产量	吨	38648	62984	14702	7739	19649
棉花产量	吨		1870		12	47
规模以上工业企业单位数	个	128	160	145	132	155
固定电话用户	户	59476	62787	31100	44700	18000
四、教育、卫生和社会保障						
普通中学在校学生数	人	39099	21471	48900	41832	37476
小学在校学生数	人	61395	33019	70003	62882	55530
医疗卫生机构床位数	床	4703	4134	3818	3514	2976
各种社会福利收养性单位数	个	6	9	39	20	32
各种社会福利收养性单位床位数	床	333	790	4658	2817	1384

2018年县(市)社会经济主要指标

湖南省

指　　标	单位	嘉禾县	临武县	汝城县	桂东县	安仁县
一、基本情况						
行政区域面积	平方公里	699	1383	2401	1452	1462
乡个数	个	1	4	5	4	8
镇个数	个	9	9	9	7	5
街道办事处个数	个					
户籍人口	人	436532	384158	422386	186920	466914
第二产业从业人员	人	91242	61232	53938	22314	77534
第三产业从业人员	人	47548	74209	43465	38698	126800
二、综合经济						
地区生产总值	万元	1513271	1535421	652831	368606	945719
第一产业增加值	万元	173668	123912	123448	48502	181519
第二产业增加值	万元	659397	745770	215063	90707	346392
一般公共预算收入	万元	110332	112644	80880	41607	61108
一般公共预算支出	万元	244175	258232	313000	187195	283722
居民储蓄存款余额	万元	964594	1020800	958934	586681	1080700
年末金融机构各项贷款余额	万元	537263	874686	841270	328873	598000
三、农业、工业和通讯						
设施农业占地(水面)面积	公顷	254		299		123
油料产量	吨	8895	6753	6927	1754	30175
棉花产量	吨					8
规模以上工业企业单位数	个	144	60	51	14	47
固定电话用户	户	28125	30000	39200	17225	23800
四、教育、卫生和社会保障						
普通中学在校学生数	人	24041	29314	25671	9832	24748
小学在校学生数	人	33840	40153	37215	13703	34307
医疗卫生机构床位数	床	2604	1855	1795	902	2257
各种社会福利收养性单位数	个	16	21		20	20
各种社会福利收养性单位床位数	床	745	1095		1230	857

2018年县(市)社会经济主要指标

湖南省

指　标	单位	资兴市	祁阳县	东安县	双牌县	道　县
一、基本情况						
行政区域面积	平方公里	2730	2538	2204	1726	2448
乡个数	个	2	3	2	5	4
镇个数	个	9	20	13	6	11
街道办事处个数	个	2	3			7
户籍人口	人	377258	1052643	646512	182273	799461
第二产业从业人员	人	97484	114500	54320	29133	96084
第三产业从业人员	人	102233	118686	68550	45910	96102
二、综合经济						
地区生产总值	万元	3467413	3076973	1869071	641898	2025400
第一产业增加值	万元	243283	440351	323579	144564	369485
第二产业增加值	万元	2020749	1063694	658354	274637	521603
一般公共预算收入	万元	246870	214740	115553	59771	150159
一般公共预算支出	万元	395816	563640	334108	187932	387005
居民储蓄存款余额	万元	1442998	2961889	1362599	419869	1491933
年末金融机构各项贷款余额	万元	1018613	1600948	936138	306672	892201
三、农业、工业和通讯						
设施农业占地(水面)面积	公顷	91	51575	1737	91	208
油料产量	吨	6580	42332	10876	2077	15583
棉花产量	吨	11	551	346	66	141
规模以上工业企业单位数	个	135	135	78	57	109
固定电话用户	户	39000	11014	20850	5013	15400
四、教育、卫生和社会保障						
普通中学在校学生数	人	15865	52622	27685	7374	44280
小学在校学生数	人	25072	71807	43153	11869	65764
医疗卫生机构床位数	床	2194	7531	2937	1228	3458
各种社会福利收养性单位数	个	17	512	131	5	158
各种社会福利收养性单位床位数	床	2418	7231	3343	862	4697

2018年县(市)社会经济主要指标

湖南省

指　　标	单位	江永县	宁远县	蓝山县	新田县	江华瑶族自治县
一、基本情况						
行政区域面积	平方公里	1629	2501	1797	1000	3234
乡个数	个	4	4	6	1	7
镇个数	个	6	12	8	11	9
街道办事处个数	个		4			
户籍人口	人	285625	895698	416914	450171	537517
第二产业从业人员	人	47716	63600	55927	36653	32941
第三产业从业人员	人	39652	180900	63991	71988	104100
二、综合经济						
地区生产总值	万元	699502	1661615	1212361	860511	1253878
第一产业增加值	万元	196129	277936	152100	173874	242161
第二产业增加值	万元	201641	514166	449382	239549	355029
一般公共预算收入	万元	62908	182275	96178	70390	127118
一般公共预算支出	万元	228638	507153	287906	287600	410981
居民储蓄存款余额	万元	711287	1608499	773718	748828	1081141
年末金融机构各项贷款余额	万元	415208	1285521	518622	683143	1155451
三、农业、工业和通讯						
设施农业占地(水面)面积	公顷	3	127	520		200
油料产量	吨	15188	11218	14762	4446	12340
棉花产量	吨	15		337		148
规模以上工业企业单位数	个	45	101	84	60	97
固定电话用户	户	2455	24349	16000	15000	18560
四、教育、卫生和社会保障						
普通中学在校学生数	人	16166	48473	21554	26112	26567
小学在校学生数	人	25964	69243	34585	35858	48129
医疗卫生机构床位数	床	1704	4738	2025	2450	3092
各种社会福利收养性单位数	个	22	25	11	137	16
各种社会福利收养性单位床位数	床	1089	2300	470	2065	1298

2018年县(市)社会经济主要指标

湖南省

指　　标	单位	中方县	沅陵县	辰溪县	溆浦县	会同县
一、基本情况						
行政区域面积	平方公里	1516	5833	1987	3429	2259
乡个数	个	1	13	14	7	10
镇个数	个	11	8	9	18	8
街道办事处个数	个					
户籍人口	人	294589	641968	535144	944597	369585
第二产业从业人员	人	43210	85627	23400	144600	37764
第三产业从业人员	人	34886	98703	35200	129000	30886
二、综合经济						
地区生产总值	万元	1135948	1588745	1184081	1563479	791150
第一产业增加值	万元	132721	226011	168553	325924	121478
第二产业增加值	万元	607371	782305	362718	400347	153451
一般公共预算收入	万元	72508	145135	84888	86046	59864
一般公共预算支出	万元	231000	466430	361721	562810	277946
居民储蓄存款余额	万元	300002	1391500	1003500	2022004	838136
年末金融机构各项贷款余额	万元	482429	763500	666800	1085510	348145
三、农业、工业和通讯						
设施农业占地(水面)面积	公顷		335		90	1107
油料产量	吨	13508	20270	24970	27959	8835
棉花产量	吨	85	13	87	178	6
规模以上工业企业单位数	个	107	34	36	90	27
固定电话用户	户	16202	28126	19600	35000	21814
四、教育、卫生和社会保障						
普通中学在校学生数	人	9427	25711	19199	40903	16388
小学在校学生数	人	16183	38091	31449	70289	24732
医疗卫生机构床位数	床	1131	3282	2384	5525	2014
各种社会福利收养性单位数	个	12	28	23	32	14
各种社会福利收养性单位床位数	床	370	1726	1110	1562	555

2018年县(市)社会经济主要指标

湖南省

指　　标	单位	麻阳苗族自治县	新晃侗族自治县	芷江侗族自治县	靖州苗族侗族自治县	通道侗族自治县
一、基本情况						
行政区域面积	平方公里	1566	1502	2095	2208	2223
乡个数	个	10	2	9	5	2
镇个数	个	8	9	9	6	9
街道办事处个数	个					
户籍人口	人	398852	258788	377984	275971	240563
第二产业从业人员	人	15240	28457	25090	36863	15854
第三产业从业人员	人	78450	37058	70400	60522	29718
二、综合经济						
地区生产总值	万元	812479	574765	997886	883717	436276
第一产业增加值	万元	156627	78420	169197	121303	65898
第二产业增加值	万元	235766	224422	358577	309264	127472
一般公共预算收入	万元	56125	51562	72975	51279	44011
一般公共预算支出	万元	322000	246687	281594	243490	232271
居民储蓄存款余额	万元	799660	506230	937411	723394	475474
年末金融机构各项贷款余额	万元	642608	239589	513380	428974	308222
三、农业、工业和通讯						
设施农业占地(水面)面积	公顷		117	115	140	48
油料产量	吨	12580	4715	14469	8883	9316
棉花产量	吨	31		34		126
规模以上工业企业单位数	个	35	38	50	41	36
固定电话用户	户	8900	413	11300	23783	10711
四、教育、卫生和社会保障						
普通中学在校学生数	人	17807	12262	15479	11607	10020
小学在校学生数	人	27440	18638	23080	19712	17672
医疗卫生机构床位数	床	2353	2107	1756	1353	1232
各种社会福利收养性单位数	个	20	14	19	6	10
各种社会福利收养性单位床位数	床	1120	1771	1811	250	536

2018年县(市)社会经济主要指标

湖南省

指　　标	单位	洪江市	双峰县	新化县	冷水江市	涟源市
一、基本情况						
行政区域面积	平方公里	2283	1711	3620	438	1912
乡个数	个	15	3	7	1	2
镇个数	个	7	12	18	5	16
街道办事处个数	个	4		3	4	1
户籍人口	人	498563	903200	1518487	368497	1145884
第二产业从业人员	人	42487	76500	117958	79798	127300
第三产业从业人员	人	71029	144900	198826	51421	121400
二、综合经济						
地区生产总值	万元	1578769	2335676	2510280	2679065	2905910
第一产业增加值	万元	231664	457219	431763	89462	362827
第二产业增加值	万元	572980	965516	844852	1411926	1268953
一般公共预算收入	万元	120120	121701	156574	203651	131454
一般公共预算支出	万元	422625	469221	799879	295290	583219
居民储蓄存款余额	万元	1413418	2352500	3109517	1483046	1999142
年末金融机构各项贷款余额	万元	890352	1125400	1841354	1343089	1452213
三、农业、工业和通讯						
设施农业占地(水面)面积	公顷	518	128	348	76	406
油料产量	吨	12797	19669	15643	1913	14388
棉花产量	吨	15	262	215		18
规模以上工业企业单位数	个	92	177	179	126	148
固定电话用户	户	19554	24200	112089	21365	39657
四、教育、卫生和社会保障						
普通中学在校学生数	人	16837	45552	70665	22812	45665
小学在校学生数	人	25615	57154	125606	35578	62234
医疗卫生机构床位数	床	4825	4131	7036	2551	5251
各种社会福利收养性单位数	个	29	19	59	15	23
各种社会福利收养性单位床位数	床	446	1489	1798	478	1511

2018年县(市)社会经济主要指标

湖南省

指　　标	单位	吉首市	泸溪县	凤凰县	花垣县	保靖县
一、基本情况						
行政区域面积	平方公里	1078	1566	1734	1109	1755
乡个数	个	1	4	4	3	2
镇个数	个	5	7	13	9	10
街道办事处个数	个	6				
户籍人口	人	311601	317465	431068	312917	308437
第二产业从业人员	人	33430	40400	26110	48330	15400
第三产业从业人员	人	119230	49562	102979	62638	54521
二、综合经济						
地区生产总值	万元	1676245	581453	810267	622079	565981
第一产业增加值	万元	71566	83710	90724	67959	82942
第二产业增加值	万元	484108	258237	110820	302345	190923
一般公共预算收入	万元	150937	58565	125775	72298	51492
一般公共预算支出	万元	386592	322686	380229	305560	280303
居民储蓄存款余额	万元	1931651	729603	922338	683745	567100
年末金融机构各项贷款余额	万元	2523120	449782	842612	775271	441000
三、农业、工业和通讯						
设施农业占地(水面)面积	公顷	550		40	2334	170
油料产量	吨	6622	12314	10645	5825	7932
棉花产量	吨		97			
规模以上工业企业单位数	个	76	24	11	25	31
固定电话用户	户	30940	10190	10400	11000	9600
四、教育、卫生和社会保障						
普通中学在校学生数	人	23501	15205	20932	15350	13011
小学在校学生数	人	33849	21538	31774	27252	18624
医疗卫生机构床位数	床	6146	1334	1507	1814	1659
各种社会福利收养性单位数	个	16	18	19	18	20
各种社会福利收养性单位床位数	床	820	2013	818	804	858

2018年县(市)社会经济主要指标

湖南省、广东省

指　　标	单位	古丈县	永顺县	龙山县	从化区	增城区
一、基本情况						
行政区域面积	平方公里	1286	3812	3130	1975	1617
乡个数	个		11	5		
镇个数	个	7	12	12	5	7
街道办事处个数	个			4	3	4
户籍人口	人	143757	540743	606398	634893	951541
第二产业从业人员	人	17200	51100	79613	119235	278322
第三产业从业人员	人	24020	99100	100953	121835	380380
二、综合经济						
地区生产总值	万元	257473	693506	837225	4166758	11241135
第一产业增加值	万元	51768	164501	185112	211360	463790
第二产业增加值	万元	67511	151676	165096	1841970	4242457
一般公共预算收入	万元	36356	75831	91179	288692	951395
一般公共预算支出	万元	178757	459120	483637	754619	1860349
居民储蓄存款余额	万元	341038	1057000	1283047	2799176	7906134
年末金融机构各项贷款余额	万元	368428	865000	1054156	3768834	12526209
三、农业、工业和通讯						
设施农业占地(水面)面积	公顷		603		317	1064
油料产量	吨	4290	18552	13050	8342	5473
棉花产量	吨	4				
规模以上工业企业单位数	个	20	27	34	199	624
固定电话用户	户	3000	9800	9200	43800	150490
四、教育、卫生和社会保障						
普通中学在校学生数	人	5732	27390	27830	29304	49046
小学在校学生数	人	7944	37643	46932	53010	101905
医疗卫生机构床位数	床	684	3946	3268	3139	3246
各种社会福利收养性单位数	个	14	34	34	15	12
各种社会福利收养性单位床位数	床	902	1460	1585	519	3178

2018年县(市)社会经济主要指标

广东省

指　　标	单位	曲江区	始兴县	仁化县	翁源县	乳源瑶族自治县
一、基本情况						
行政区域面积	平方公里	1621	2132	2223	2175	2299
乡个数	个		1			
镇个数	个	9	9	10	7	9
街道办事处个数	个	1		1		
户籍人口	人	314081	262858	244775	420457	229570
第二产业从业人员	人	42144	25009	17291	29938	22651
第三产业从业人员	人	51397	25864	38946	44348	26057
二、综合经济						
地区生产总值	万元	1938205	755773	1187884	1031895	906492
第一产业增加值	万元	138828	182038	184877	226156	69443
第二产业增加值	万元	1111647	227934	466045	251194	443095
一般公共预算收入	万元	94556	43840	59448	50925	62658
一般公共预算支出	万元	234264	225857	251376	321766	279350
居民储蓄存款余额	万元	1179237	793997	704953	1151209	574628
年末金融机构各项贷款余额	万元	682521	431772	404318	654198	386543
三、农业、工业和通讯						
设施农业占地(水面)面积	公顷	169	15327	1141	1125	62
油料产量	吨	13532	13043	23340	18804	5721
棉花产量	吨					
规模以上工业企业单位数	个	51	33	40	44	63
固定电话用户	户	40596	13710	28914	31206	23300
四、教育、卫生和社会保障						
普通中学在校学生数	人	15583	10905	10558	16553	10086
小学在校学生数	人	24624	16729	17823	29213	17106
医疗卫生机构床位数	床	1480	939	753	1148	582
各种社会福利收养性单位数	个	12	1	12	12	6
各种社会福利收养性单位床位数	床	1159	100	311	919	508

2018年县(市)社会经济主要指标

广东省

指　　标	单位	新丰县	乐昌市	南雄市	斗门区	潮阳区
一、基本情况						
行政区域面积	平方公里	2015	2419	2326	699	678
乡个数	个					
镇个数	个	6	16	17	5	9
街道办事处个数	个	1	1	1	1	4
户籍人口	人	268696	529931	492227	390007	1844324
第二产业从业人员	人	14993	25564	32779	140109	272596
第三产业从业人员	人	39596	56509	58358	93834	141725
二、综合经济						
地区生产总值	万元	749021	1246195	1202219	3883860	4431812
第一产业增加值	万元	113237	227228	279315	382813	248657
第二产业增加值	万元	234694	223708	238145	2124084	2811957
一般公共预算收入	万元	36600	64458	50962	285381	178007
一般公共预算支出	万元	236300	363685	373926	501658	681297
居民储蓄存款余额	万元	620400	1340405	1144366		4476449
年末金融机构各项贷款余额	万元	493600	846604	587693		2045093
三、农业、工业和通讯						
设施农业占地(水面)面积	公顷	156	158	117	447	383
油料产量	吨	5344	11405	26914	373	2743
棉花产量	吨					
规模以上工业企业单位数	个	27	36	43	236	421
固定电话用户	户	20582	33700	24961	73143	211891
四、教育、卫生和社会保障						
普通中学在校学生数	人	11057	22661	20522	16410	119470
小学在校学生数	人	17654	38086	30309	41714	167076
医疗卫生机构床位数	床	1042	3371	1447	2142	2541
各种社会福利收养性单位数	个	8	18	19	6	14
各种社会福利收养性单位床位数	床	225	1150	648	1466	523

2018年县(市)社会经济主要指标

广东省

指　　标	单位	澄海区	南澳县	禅城区	南海区	顺德区
一、基本情况						
行政区域面积	平方公里	345	114	154	1074	807
乡个数	个					
镇个数	个	8	3	1	6	6
街道办事处个数	个	3		3	1	4
户籍人口	人	787675	76246	682380	1478144	1452553
第二产业从业人员	人	190313	3433	240421	971240	905426
第三产业从业人员	人	135899	11817	391074	593317	537036
二、综合经济						
地区生产总值	万元	5189659	245903	18550732	28090896	30159062
第一产业增加值	万元	351930	87371	2784	462403	440186
第二产业增加值	万元	2950713	65431	7546804	15443777	16969464
一般公共预算收入	万元	167575	26164	1254869	2390289	2357813
一般公共预算支出	万元	381594	126005	2233643	2351802	2308496
居民储蓄存款余额	万元	4425692	250712	16473705	26633057	25920522
年末金融机构各项贷款余额	万元	2503295	247899	28929444	32540811	32677724
三、农业、工业和通讯						
设施农业占地(水面)面积	公顷	1411			7	11
油料产量	吨	1370	108			
棉花产量	吨					
规模以上工业企业单位数	个	374	3	588	2499	1938
固定电话用户	户	125000	13577	336500	717627	643047
四、教育、卫生和社会保障						
普通中学在校学生数	人	39474	1943	38570	129128	118139
小学在校学生数	人	74445	3566	82005	223596	188743
医疗卫生机构床位数	床	1538	125	11808	9174	11247
各种社会福利收养性单位数	个	3	1	17	12	19
各种社会福利收养性单位床位数	床	102	128	3800	3472	4081

2018年县(市)社会经济主要指标

广东省

指　　标	单位	三水区	高明区	新会区	台山市	开平市
一、基本情况						
行政区域面积	平方公里	828	938	1355	3288	1657
乡个数	个					
镇个数	个	5	3	10	16	13
街道办事处个数	个	2	1	1	1	2
户籍人口	人	436197	320493	764126	970660	688893
第二产业从业人员	人	218632	146466	241111	106316	132863
第三产业从业人员	人	123611	85327	125622	133029	103379
二、综合经济						
地区生产总值	万元	12279591	8794899	6770292	4325866	3737910
第一产业增加值	万元	309269	201105	442448	661704	337388
第二产业增加值	万元	8817232	6588131	3842783	2363014	1848525
一般公共预算收入	万元	624410	404037	567223	292425	262031
一般公共预算支出	万元	674342	497616	819483	622878	393978
居民储蓄存款余额	万元	4401873	2232816	6517356	4477996	4315644
年末金融机构各项贷款余额	万元	6240343	3286248	5457171	4218473	3459620
三、农业、工业和通讯						
设施农业占地(水面)面积	公顷	4164	112	11	213	71
油料产量	吨	772	1674	796	12437	6840
棉花产量	吨					
规模以上工业企业单位数	个	890	509	519	238	291
固定电话用户	户	105239	108454	162741	160000	134164
四、教育、卫生和社会保障						
普通中学在校学生数	人	31604	11131	45395	35814	39942
小学在校学生数	人	51610	32060	66463	52466	54820
医疗卫生机构床位数	床	2972	1892	4246	4261	2539
各种社会福利收养性单位数	个	227	6	21	23	16
各种社会福利收养性单位床位数	床	3704	590	3564	2575	1753

2018年县(市)社会经济主要指标

广东省

指　　标	单位	鹤山市	恩平市	遂溪县	徐闻县	廉江市
一、基本情况						
行政区域面积	平方公里	1083	1694	2132	1979	2867
乡个数	个				2	
镇个数	个	9	10	15	12	18
街道办事处个数	个	1	1		1	3
户籍人口	人	379099	500004	1108409	783496	1845402
第二产业从业人员	人	149745	40592	15992	19117	229736
第三产业从业人员	人	59006	62191	78942	66363	278315
二、综合经济						
地区生产总值	万元	3555185	1983271	3253024	1905968	5625401
第一产业增加值	万元	222774	205353	1187126	835573	1095806
第二产业增加值	万元	1839719	592933	841112	170428	2682292
一般公共预算收入	万元	301193	114041	74075	49510	120850
一般公共预算支出	万元	415825	301876	458127	394450	777929
居民储蓄存款余额	万元	2360400	1947693	1813347	1612354	3107092
年末金融机构各项贷款余额	万元	3397200	1070061	1030769	1059110	1884003
三、农业、工业和通讯						
设施农业占地(水面)面积	公顷	192	193	22448	301	413
油料产量	吨	2709	6760	52427	19575	48390
棉花产量	吨					
规模以上工业企业单位数	个	385	120	130	29	272
固定电话用户	户	96000	57600	39532	45377	89823
四、教育、卫生和社会保障						
普通中学在校学生数	人	23082	20644	38645	23028	77214
小学在校学生数	人	38252	36536	70760	64853	139420
医疗卫生机构床位数	床	1832	1726	3515	3130	5127
各种社会福利收养性单位数	个	11	13	1	89	260
各种社会福利收养性单位床位数	床	979	1560	150	2933	4230

2018年县(市)社会经济主要指标

广东省

指　　标	单位	雷州市	吴川市	电白区	高州市	化州市
一、基本情况						
行政区域面积	平方公里	3709	870	2128	3270	2357
乡个数	个					
镇个数	个	18	10	21	23	17
街道办事处个数	个	3	5	2	5	6
户籍人口	人	1840539	1219623	1954124	1832727	1767052
第二产业从业人员	人	48413	95788	147398	135818	119896
第三产业从业人员	人	144641	88528	200172	154755	141782
二、综合经济						
地区生产总值	万元	3096724	2820022	6514429	6027878	5170456
第一产业增加值	万元	1216685	310462	1266524	1337041	1072427
第二产业增加值	万元	299046	1190053	2575608	1880468	1596063
一般公共预算收入	万元	55187	84482	205169	175873	120727
一般公共预算支出	万元	714468	485297	856723	727305	696610
居民储蓄存款余额	万元	2302117	2010100	3470559	4180286	2943267
年末金融机构各项贷款余额	万元	1382486	1022369	2023573	2036982	1589962
三、农业、工业和通讯						
设施农业占地(水面)面积	公顷	5176	413	1275	191	831
油料产量	吨	52924	21904	46792	27700	34535
棉花产量	吨					
规模以上工业企业单位数	个	64	145	256	281	194
固定电话用户	户	44374	73209	87400	127836	66270
四、教育、卫生和社会保障						
普通中学在校学生数	人	70926	57006	87587	103440	102145
小学在校学生数	人	128012	84728	144516	133597	152451
医疗卫生机构床位数	床	5485	3426	7435	8655	5667
各种社会福利收养性单位数	个	166	34	25	38	27
各种社会福利收养性单位床位数	床	2032	1228	1261	2155	5514

2018年县(市)社会经济主要指标

广东省

指　　标	单位	信宜市	高要区	广宁县	怀集县	封开县
一、基本情况						
行政区域面积	平方公里	3102	2186	2456	3561	2723
乡个数	个				1	
镇个数	个	18	16	15	18	16
街道办事处个数	个	1	1			
户籍人口	人	1493026	815380	589180	1112377	524787
第二产业从业人员	人	98459	150019	40351	47434	28769
第三产业从业人员	人	121211	93066	48159	68587	64681
二、综合经济						
地区生产总值	万元	4768201	4308380	1593104	2446899	1637123
第一产业增加值	万元	994141	803295	421374	803183	468753
第二产业增加值	万元	1402304	1768917	482266	451462	522188
一般公共预算收入	万元	107259	150571	50218	58262	49777
一般公共预算支出	万元	631910	381338	309363	26242	287486
居民储蓄存款余额	万元	2942848	2687204	1122165	1320571	1051711
年末金融机构各项贷款余额	万元	1605715	1869934	829205	53513	637048
三、农业、工业和通讯						
设施农业占地(水面)面积	公顷		147	125	3051	
油料产量	吨	19041	11415	7292	11055	19253
棉花产量	吨					
规模以上工业企业单位数	个	148	268	92	61	27
固定电话用户	户	98000	74289	58687	248963	43042
四、教育、卫生和社会保障						
普通中学在校学生数	人	81087	33938	19918	73265	25469
小学在校学生数	人	116526	64696	37629	88632	36075
医疗卫生机构床位数	床	5407	2241	1374	2932	867
各种社会福利收养性单位数	个	25	20	15	31	19
各种社会福利收养性单位床位数	床	2150	940	450	2821	973

2018年县(市)社会经济主要指标

广东省

指　　标	单位	德庆县	四会市	惠阳区	博罗县	惠东县
一、基本情况						
行政区域面积	平方公里	2003	1263	916	2855	3527
乡个数	个					
镇个数	个	12	10	6	15	12
街道办事处个数	个	1	4	3	2	2
户籍人口	人	408705	471485	399385	918200	891378
第二产业从业人员	人	21082	178106	219414	336399	257807
第三产业从业人员	人	28039	104044	128790	179409	186121
二、综合经济						
地区生产总值	万元	1468577	5723679	5441353	6501845	6239336
第一产业增加值	万元	304004	538249	170072	548468	466315
第二产业增加值	万元	460156	2757487	2978492	3234578	2294934
一般公共预算收入	万元	42450	236586	516285	447746	347431
一般公共预算支出	万元	282919	535473	626103	850431	720478
居民储蓄存款余额	万元	909565	2886768	3958502	4266235	3045498
年末金融机构各项贷款余额	万元	750541	4285268	6434366	4675519	3050729
三、农业、工业和通讯						
设施农业占地(水面)面积	公顷		243		18	1270
油料产量	吨	11730	14962	5509	17314	14512
棉花产量	吨					
规模以上工业企业单位数	个	75	441	550	572	370
固定电话用户	户	40000	80682	179300	157717	171423
四、教育、卫生和社会保障						
普通中学在校学生数	人	19824	32208	60752	65853	45433
小学在校学生数	人	35320	57338	97491	123668	109313
医疗卫生机构床位数	床	1453	2028	2904	3794	3341
各种社会福利收养性单位数	个	12	15	13	18	21
各种社会福利收养性单位床位数	床	482	829	388	1419	1278

2018年县(市)社会经济主要指标

广东省

指　　标	单位	龙门县	梅县区	大埔县	丰顺县	五华县
一、基本情况						
行政区域面积	平方公里	2267	2483	2468	2710	3238
乡个数	个	1				
镇个数	个	7	17	14	16	16
街道办事处个数	个	2	1			
户籍人口	人	360380	616296	564655	739547	1524090
第二产业从业人员	人	30843	46961	52925	65917	140380
第三产业从业人员	人	52738	105844	64781	58804	147183
二、综合经济						
地区生产总值	万元	1748052	1909762	846873	1091679	1532995
第一产业增加值	万元	272949	453956	210360	222686	302967
第二产业增加值	万元	590180	676643	227538	408174	338410
一般公共预算收入	万元	108329	163816	82791	82277	90168
一般公共预算支出	万元	350323	659328	411804	557973	678515
居民储蓄存款余额	万元	905954	1711321	1111251	1397717	2102643
年末金融机构各项贷款余额	万元	843398	1551793	777985	848406	1248076
三、农业、工业和通讯						
设施农业占地(水面)面积	公顷	264	44	42	123	1237
油料产量	吨	5549	7583	1564	4793	7752
棉花产量	吨					
规模以上工业企业单位数	个	110	101	50	60	45
固定电话用户	户	46175	47700	35262	68000	49500
四、教育、卫生和社会保障						
普通中学在校学生数	人	15952	23082	22461	26559	68677
小学在校学生数	人	30623	45294	29990	44770	98179
医疗卫生机构床位数	床	1058	1950	1084	1761	3907
各种社会福利收养性单位数	个	13	20	1	17	17
各种社会福利收养性单位床位数	床	367	720	60	1002	489

2018年县(市)社会经济主要指标

广东省

指　　标	单位	平远县	蕉岭县	兴宁市	海丰县	陆河县
一、基本情况						
行政区域面积	平方公里	1381	957	2075	1750	986
乡个数	个					
镇个数	个	12	8	17	16	8
街道办事处个数	个			3		
户籍人口	人	265037	233524	1183154	777357	354863
第二产业从业人员	人	26423	28353	134566	142202	30529
第三产业从业人员	人	25863	36675	181108	118037	39452
二、综合经济						
地区生产总值	万元	821020	829457	1719416	2735891	802368
第一产业增加值	万元	122169	119599	435769	327773	110862
第二产业增加值	万元	245008	270155	336821	1078154	309480
一般公共预算收入	万元	75959	83456	101012	85598	34387
一般公共预算支出	万元	341519	214338	620318	619139	289353
居民储蓄存款余额	万元	620666	684615	2451335	1776559	567318
年末金融机构各项贷款余额	万元	453206	359460	1730807	1043855	304316
三、农业、工业和通讯						
设施农业占地(水面)面积	公顷	890	15	33	559	1279
油料产量	吨	2247	3452	4508	6698	4206
棉花产量	吨					
规模以上工业企业单位数	个	61	37	54	94	19
固定电话用户	户	21173	27562	90017	98000	34100
四、教育、卫生和社会保障						
普通中学在校学生数	人	9314	9419	43159	45793	18208
小学在校学生数	人	15439	13405	71260	80420	24362
医疗卫生机构床位数	床	722	848	2966	4029	969
各种社会福利收养性单位数	个	12	13	50	15	9
各种社会福利收养性单位床位数	床	434	1424	3604	1540	1135

2018年县(市)社会经济主要指标

广东省

指　　标	单位	陆丰市	紫金县	龙川县	连平县	和平县
一、基本情况						
行政区域面积	平方公里	1542	3635	3081	2275	2310
乡个数	个					
镇个数	个	17	18	24	13	17
街道办事处个数	个	3				
户籍人口	人	1905103	856726	986583	413813	560648
第二产业从业人员	人	156218	91546	79666	42715	35287
第三产业从业人员	人	207751	108783	95214	49955	35705
二、综合经济						
地区生产总值	万元	2970300	1612717	1556910	768810	1127689
第一产业增加值	万元	598000	275041	264178	147513	177428
第二产业增加值	万元	1273800	486533	390722	165567	409019
一般公共预算收入	万元	74253	156534	72588	67233	62182
一般公共预算支出	万元	810092	381820	638066	349630	443787
居民储蓄存款余额	万元	1394000	1216200	1728700	767600	853500
年末金融机构各项贷款余额	万元	738700	833300	1440500	485300	801800
三、农业、工业和通讯						
设施农业占地(水面)面积	公顷	1040	776	7	303	85
油料产量	吨	18532	15229	11520	15428	7224
棉花产量	吨					
规模以上工业企业单位数	个	80	60	93	56	85
固定电话用户	户	91813	50380	52974	67314	28800
四、教育、卫生和社会保障						
普通中学在校学生数	人	80115	32051	44137	16049	23458
小学在校学生数	人	117952	65940	59036	30397	40210
医疗卫生机构床位数	床	2808	2362	3778	1352	1265
各种社会福利收养性单位数	个	19	21	27	14	17
各种社会福利收养性单位床位数	床	622	1380	204	518	649

2018年县(市)社会经济主要指标

广东省

指　　标	单位	东源县	阳东区	阳西县	阳春市	清新区
一、基本情况						
行政区域面积	平方公里	4009	1703	1435	4054	2354
乡个数	个	1				
镇个数	个	20	11	8	15	8
街道办事处个数	个				2	
户籍人口	人	585906	514038	549457	1220075	716254
第二产业从业人员	人	40676	121966	79101	144916	65428
第三产业从业人员	人	42488	67203	81834	116820	76962
二、综合经济						
地区生产总值	万元	1323429	2828930	2353206	3914086	2884094
第一产业增加值	万元	183041	509488	569673	613605	444747
第二产业增加值	万元	423583	1354309	745704	1138681	1015817
一般公共预算收入	万元	95677	140880	65480	122955	142221
一般公共预算支出	万元	480454	381305	255018	619427	493521
居民储蓄存款余额	万元	936260	1641700	1009993	2514000	1762000
年末金融机构各项贷款余额	万元	1720651	1104539	918350	1911800	2198780
三、农业、工业和通讯						
设施农业占地(水面)面积	公顷	1000	975	80	619	188
油料产量	吨	21809	10224	5102	25958	16394
棉花产量	吨					
规模以上工业企业单位数	个	103	178	58	64	123
固定电话用户	户	80555	65367	63802	73236	42042
四、教育、卫生和社会保障						
普通中学在校学生数	人	23988	25647	22701	47358	35203
小学在校学生数	人	30349	47909	37026	90452	61111
医疗卫生机构床位数	床	1247	2000	1692	5142	1555
各种社会福利收养性单位数	个	19	12	9	1	13
各种社会福利收养性单位床位数	床	620	976	641	270	1638

2018年县(市)社会经济主要指标

广东省

指　　标	单位	佛冈县	阳山县	连山壮族瑶族自治县	连南瑶族自治县	英德市
一、基本情况						
行政区域面积	平方公里	1295	3330	1219	1241	5634
乡个数	个		1			
镇个数	个	6	12	7	7	23
街道办事处个数	个					1
户籍人口	人	353002	575638	123976	176067	1184555
第二产业从业人员	人	41629	45226	9188	9074	78955
第三产业从业人员	人	51179	47885	13286	20313	165415
二、综合经济						
地区生产总值	万元	1392346	1040477	343577	456662	2947644
第一产业增加值	万元	144353	359999	84481	95816	542131
第二产业增加值	万元	644485	197836	89294	110664	971686
一般公共预算收入	万元	95329	46790	11335	12945	180859
一般公共预算支出	万元	293329	295446	11279	165724	713770
居民储蓄存款余额	万元	1030766	997806	303205	303810	2836417
年末金融机构各项贷款余额	万元	1004136	705449	116163	150790	2191694
三、农业、工业和通讯						
设施农业占地(水面)面积	公顷	203	207	29	90	737
油料产量	吨	7227	18130	5207	10168	31572
棉花产量	吨					
规模以上工业企业单位数	个	87	18	2	7	129
固定电话用户	户	25000	23442	6394	10777	56789
四、教育、卫生和社会保障						
普通中学在校学生数	人	15756	15495	4792	7534	49662
小学在校学生数	人	33370	31257	9486	14567	88008
医疗卫生机构床位数	床	988	1300	428	478	3945
各种社会福利收养性单位数	个	7	14	8	7	18
各种社会福利收养性单位床位数	床	391	608	230	553	1679

2018年县(市)社会经济主要指标

广东省

指　　标	单位	连州市	潮安区	饶平县	揭东区	揭西县
一、基本情况						
行政区域面积	平方公里	2668	1089	1732	709	1347
乡个数	个	2				1
镇个数	个	10	16	21	11	15
街道办事处个数	个				2	1
户籍人口	人	546483	1173349	1068818	1117164	987184
第二产业从业人员	人	64247	326372	156628	212416	179444
第三产业从业人员	人	60024	92976	90623	122837	158754
二、综合经济						
地区生产总值	万元	1568920	6182100	2661300	4678477	2515336
第一产业增加值	万元	375530	204300	490900	350784	349607
第二产业增加值	万元	342254	3426700	1048100	2799640	1343940
一般公共预算收入	万元	67618	156875	81463	115621	52628
一般公共预算支出	万元	395514	588611	552127	463907	482187
居民储蓄存款余额	万元	1432722	3717456	1889096	2926367	1851286
年末金融机构各项贷款余额	万元	928814	1146931	849168	1799254	1144729
三、农业、工业和通讯						
设施农业占地(水面)面积	公顷	832	27	251		10
油料产量	吨	16567	1520	3495	7173	8151
棉花产量	吨					
规模以上工业企业单位数	个	38	663	120	473	115
固定电话用户	户	28847	142296	94610	59000	78174
四、教育、卫生和社会保障						
普通中学在校学生数	人	17979	52096	40620	46872	39118
小学在校学生数	人	33579	97506	59454	70381	55066
医疗卫生机构床位数	床	1881	1653	1305	3758	1712
各种社会福利收养性单位数	个	14	15	1	128	196
各种社会福利收养性单位床位数	床	794	474	30	6327	5527

2018年县(市)社会经济主要指标

广东省

指　　标	单位	惠来县	普宁市	云安区	新兴县	郁南县
一、基本情况						
行政区域面积	平方公里	1283	1620	1189	1522	1966
乡个数	个		1			
镇个数	个	15	17	7	12	15
街道办事处个数	个	1	7			
户籍人口	人	1367030	2474422	344667	492782	535657
第二产业从业人员	人	171637	248481	16356	88783	66500
第三产业从业人员	人	118558	306392	24004	55907	61100
二、综合经济						
地区生产总值	万元	2887488	7061326	886332	2642001	1099937
第一产业增加值	万元	531736	325740	128426	570720	224143
第二产业增加值	万元	1629577	4458093	473950	801284	351838
一般公共预算收入	万元	51636	238529	26379	176070	44616
一般公共预算支出	万元	583349	818791	216521	525064	290649
居民储蓄存款余额	万元	1408356	5842586	350873	1835694	1127457
年末金融机构各项贷款余额	万元	803959	3745416	260975	1570406	885924
三、农业、工业和通讯						
设施农业占地(水面)面积	公顷	8484	1426		120	12
油料产量	吨	11085	4322	7560	11333	12908
棉花产量	吨					
规模以上工业企业单位数	个	118	535	61	215	58
固定电话用户	户	68091	198938	15684	123997	33679
四、教育、卫生和社会保障						
普通中学在校学生数	人	61624	146307	10058	22471	18433
小学在校学生数	人	103070	203079	20180	37931	35301
医疗卫生机构床位数	床	2617	7036	660	1749	1540
各种社会福利收养性单位数	个	56	30	7	14	15
各种社会福利收养性单位床位数	床	4967	3704	957	746	752

2018年县(市)社会经济主要指标

广东省、广西壮族自治区

指　　标	单位	罗定市	邕宁区	武鸣区	隆安县	马山县
一、基本情况						
行政区域面积	平方公里	2328	1231	3389	2306	2345
乡个数	个				4	4
镇个数	个	17	5	13	6	7
街道办事处个数	个	4				
户籍人口	人	1292822	372219	723082	424476	575172
第二产业从业人员	人	253481	53820	75976	36244	70872
第三产业从业人员	人	147089	54596	68695	40964	40705
二、综合经济						
地区生产总值	万元	2230700	1002751	3023734	765913	555053
第一产业增加值	万元	483000	280953	876954	273981	182232
第二产业增加值	万元	813200	238752	930450	214372	121807
一般公共预算收入	万元	125215	37286	94264	26578	19562
一般公共预算支出	万元	606020	243451	376324	269393	338805
居民储蓄存款余额	万元	2464035			864965	704384
年末金融机构各项贷款余额	万元	2247474			605028	536435
三、农业、工业和通讯						
设施农业占地(水面)面积	公顷	169		577	184	125
油料产量	吨	19538	13042	44558	4592	2504
棉花产量	吨				1	
规模以上工业企业单位数	个	75	24	204	45	13
固定电话用户	户	103073			8007	9336
四、教育、卫生和社会保障						
普通中学在校学生数	人	56806	15246	25415	21728	25992
小学在校学生数	人	107861	23785	42870	32233	37099
医疗卫生机构床位数	床	4281	1778	4741	2002	1718
各种社会福利收养性单位数	个	23	6	15	13	13
各种社会福利收养性单位床位数	床	839	458	792	421	506

2018年县(市)社会经济主要指标

广西壮族自治区

指　　标	单位	上林县	宾阳县	横县	柳江区	柳城县
一、基本情况						
行政区域面积	平方公里	1871	2298	3448	2148	2114
乡个数	个	4		1		2
镇个数	个	7	16	16	10	10
街道办事处个数	个					
户籍人口	人	502129	1060558	1274582	570000	410900
第二产业从业人员	人	29698	157820	141035	60123	35336
第三产业从业人员	人	29869	181687	137179	63118	47809
二、综合经济						
地区生产总值	万元	587925	2303052	3159909	2275636	1526553
第一产业增加值	万元	226009	529488	748253	392652	470546
第二产业增加值	万元	95614	702083	1197281	1109326	509636
一般公共预算收入	万元	25865	130388	126172	127046	79906
一般公共预算支出	万元	315783	530621	528019	356957	288696
居民储蓄存款余额	万元	800551	1864531	2245176	1417963	844909
年末金融机构各项贷款余额	万元	661519	1420517	1609324	1852365	655323
三、农业、工业和通讯						
设施农业占地(水面)面积	公顷	112	125	478	198	359
油料产量	吨	7545	19896	18562	4653	9507
棉花产量	吨		1			8
规模以上工业企业单位数	个	18	70	107	113	41
固定电话用户	户	6750	18938	23300	173562	15212
四、教育、卫生和社会保障						
普通中学在校学生数	人	21016	51215	55709	17565	10019
小学在校学生数	人	31993	71190	90259	34065	22488
医疗卫生机构床位数	床	1714	3852	3865	1680	1777
各种社会福利收养性单位数	个	28	19	234	10	14
各种社会福利收养性单位床位数	床	498	1197	5396	435	580

2018年县(市)社会经济主要指标

广西壮族自治区

指　　标	单位	鹿寨县	融安县	融水苗族自治县	三江侗族自治县	临桂区
一、基本情况						
行政区域面积	平方公里	2975	2900	4638	2417	2247
乡个数	个	3	6	13	9	2
镇个数	个	6	6	7	6	9
街道办事处个数	个					
户籍人口	人	411905	328079	522734	403787	545300
第二产业从业人员	人	31704	38590	33360	27849	53799
第三产业从业人员	人	21044	52412	29166	19038	46690
二、综合经济						
地区生产总值	万元	1854559	837556	1134210	599222	1686511
第一产业增加值	万元	348530	182300	166308	191856	415197
第二产业增加值	万元	887100	306374	499915	114900	581953
一般公共预算收入	万元	56236	28105	47975	23004	191656
一般公共预算支出	万元	261580	262665	38452	292053	386548
居民储蓄存款余额	万元	1180576	701622	995866	618093	
年末金融机构各项贷款余额	万元	1516195	545157	1002806	573417	3189991
三、农业、工业和通讯						
设施农业占地(水面)面积	公顷	59	80		30	941
油料产量	吨	9083	2589	2081	1300	1276
棉花产量	吨	16	6		163	16
规模以上工业企业单位数	个	81	38	44	10	73
固定电话用户	户	24804	9865	8805	7918	18284
四、教育、卫生和社会保障						
普通中学在校学生数	人	17254	14193	26524	20298	24076
小学在校学生数	人	25575	17770	32498	34746	39838
医疗卫生机构床位数	床	1681	1144	1761	1180	1272
各种社会福利收养性单位数	个	11	65	21	129	68
各种社会福利收养性单位床位数	床	578	482	506	834	960

2018年县(市)社会经济主要指标

广西壮族自治区

指　　标	单位	阳朔县	灵川县	全州县	兴安县	永福县
一、基本情况						
行政区域面积	平方公里	1436	2302	3979	2307	2795
乡个数	个	3	5	3	4	3
镇个数	个	6	7	15	6	6
街道办事处个数	个		2			
户籍人口	人	330515	393940	845306	392583	290698
第二产业从业人员	人	39470	30855	84468	29249	12360
第三产业从业人员	人	49828	31992	69151	32363	13255
二、综合经济						
地区生产总值	万元	1305714	1342699	1635105	1396874	1090705
第一产业增加值	万元	283871	399364	531021	365946	307722
第二产业增加值	万元	372768	391423	380784	451879	519274
一般公共预算收入	万元	51372	107892	46492	79390	48957
一般公共预算支出	万元	220306	344064	406604	263718	217305
居民储蓄存款余额	万元	903488	1517904	1719344	1407574	610705
年末金融机构各项贷款余额	万元	644943	1705339	1358973	1315056	651218
三、农业、工业和通讯						
设施农业占地(水面)面积	公顷	180	316	207	226	288
油料产量	吨	4320	1851	13812	6135	2113
棉花产量	吨	63	20	50	8	6
规模以上工业企业单位数	个	21	71	56	29	56
固定电话用户	户	10800	14907	18651	11000	8293
四、教育、卫生和社会保障						
普通中学在校学生数	人	13044	17045	37601	13767	11239
小学在校学生数	人	20282	27100	57109	25944	19000
医疗卫生机构床位数	床	720	1297	1965	1753	1152
各种社会福利收养性单位数	个	10	11	213	3	43
各种社会福利收养性单位床位数	床	273	236	2586	250	564

2018年县(市)社会经济主要指标

广西壮族自治区

指　　标	单位	灌阳县	龙胜各族自治县	资源县	平乐县	恭城瑶族自治县
一、基本情况						
行政区域面积	平方公里	1835	2538	1941	1893	2139
乡个数	个	3	4	4	4	4
镇个数	个	6	6	3	6	5
街道办事处个数	个		8			10
户籍人口	人	297007	173253	181155	464508	304847
第二产业从业人员	人	35834	9777	14590	62806	28038
第三产业从业人员	人	28888	12926	28620	43823	22240
二、综合经济						
地区生产总值	万元	591771	567484	611662	1094400	785792
第一产业增加值	万元	192619	130234	120890	466400	282773
第二产业增加值	万元	164775	215689	260507	236700	214278
一般公共预算收入	万元	22217	26457	21499	38700	40102
一般公共预算支出	万元	223313	202386	189815	265500	217459
居民储蓄存款余额	万元	726237	454100	519827	884179	625486
年末金融机构各项贷款余额	万元	508685	494200	511290	965700	565704
三、农业、工业和通讯						
设施农业占地(水面)面积	公顷	77	12	26	60	31
油料产量	吨	3999	484	1498	15968	15074
棉花产量	吨	9	52		148	37
规模以上工业企业单位数	个	22	22	26	38	25
固定电话用户	户	9980	6590	6100	12050	10559
四、教育、卫生和社会保障						
普通中学在校学生数	人	11134	7042	8628	19233	13765
小学在校学生数	人	18125	10114	12787	31786	21508
医疗卫生机构床位数	床	936	527	520	1316	1017
各种社会福利收养性单位数	个	6	60		38	1
各种社会福利收养性单位床位数	床	250	418		520	75

2018年县(市)社会经济主要指标

广西壮族自治区

指　　标	单位	荔浦市	苍梧县	藤　县	蒙山县	岑溪市
一、基本情况						
行政区域面积	平方公里	1760	2782	3946	1282	2828
乡个数	个	3		2	3	
镇个数	个	10	9	15	6	14
街道办事处个数	个					
户籍人口	人	384345	410732	1115044	224970	967921
第二产业从业人员	人	69822	69053	107003	32491	182568
第三产业从业人员	人	35330	42868	176494	20456	86728
二、综合经济						
地区生产总值	万元	1587873	415900	2160849	734637	1960637
第一产业增加值	万元	337276	172100	559157	136977	380788
第二产业增加值	万元	607361	106900	893359	299981	858565
一般公共预算收入	万元	101305	25287	99022	18418	148450
一般公共预算支出	万元	257755	260773	486828	179643	400593
居民储蓄存款余额	万元	1082255	559700	1717482	455154	1730289
年末金融机构各项贷款余额	万元	1411555	129600	1553346	419171	1635458
三、农业、工业和通讯						
设施农业占地(水面)面积	公顷	68	28	17	18	33
油料产量	吨	6734	5747	12733	5949	9443
棉花产量	吨	2				
规模以上工业企业单位数	个	64	12	90	26	86
固定电话用户	户	22000	16579	20921	10742	22839
四、教育、卫生和社会保障						
普通中学在校学生数	人	15632	21813	59926	11229	63295
小学在校学生数	人	23937	30513	88810	16519	87086
医疗卫生机构床位数	床	1419	984	2887	766	3529
各种社会福利收养性单位数	个	1	5	26	6	103
各种社会福利收养性单位床位数	床	80	95	736	102	321

2018年县(市)社会经济主要指标

广西壮族自治区

指　　标	单位	合浦县	上思县	东兴市	灵山县	浦北县
一、基本情况						
行政区域面积	平方公里	2762	2814	589	3558	2526
乡个数	个	1	4			
镇个数	个	14	4	3	17	15
街道办事处个数	个				2	2
户籍人口	人	1095434	251346	153811	1677319	951554
第二产业从业人员	人	92421	20278	14028	257701	119684
第三产业从业人员	人	185748	53720	20299	180313	126522
二、综合经济						
地区生产总值	万元	2622827	654149	982922	2740824	1840700
第一产业增加值	万元	978122	236603	198381	704160	443200
第二产业增加值	万元	644440	154025	361138	962433	673400
一般公共预算收入	万元	77614	58788	49432	69332	53300
一般公共预算支出	万元	526131	207545	208996	559697	438200
居民储蓄存款余额	万元	2284224	393185	1173622	2198814	1447600
年末金融机构各项贷款余额	万元	1504112	421866	943739	1307177	913400
三、农业、工业和通讯						
设施农业占地(水面)面积	公顷	6063	29	55	446	200
油料产量	吨	28619	1538	523	5088	7838
棉花产量	吨				32	10
规模以上工业企业单位数	个	80	29	29	85	101
固定电话用户	户	53480		22499	97855	95876
四、教育、卫生和社会保障						
普通中学在校学生数	人	59659	11501	10971	89466	48752
小学在校学生数	人	78380	19325	23742	150863	75227
医疗卫生机构床位数	床	5280	953	471	4957	3460
各种社会福利收养性单位数	个	5	1	27	271	222
各种社会福利收养性单位床位数	床	618	28	273	3798	11052

2018年县(市)社会经济主要指标

广西壮族自治区

指　　标	单位	平南县	桂平市	容　县	陆川县	博白县
一、基本情况						
行政区域面积	平方公里	2984	4071	2255	1551	3830
乡个数	个	3	5			
镇个数	个	16	21	15	14	28
街道办事处个数	个	2				
户籍人口	人	1539645	2034209	873780	1112368	1903187
第二产业从业人员	人	175635	229538	158609	171989	268942
第三产业从业人员	人	242129	348104	93451	136897	199221
二、综合经济						
地区生产总值	万元	2856003	3728099	2364182	2111807	2759266
第一产业增加值	万元	563265	693405	409601	334940	846947
第二产业增加值	万元	1121605	1721323	1234124	676518	862444
一般公共预算收入	万元	111739	103824	104033	108500	112134
一般公共预算支出	万元	672377	738629	418760	450897	683918
居民储蓄存款余额	万元	2443124	3319440	1855697	1693000	2564425
年末金融机构各项贷款余额	万元	1976456	2302407	1471961	1230079	2004038
三、农业、工业和通讯						
设施农业占地(水面)面积	公顷		189	150		
油料产量	吨	30819	39650	3740	5954	17505
棉花产量	吨		39			
规模以上工业企业单位数	个	121	109	85	75	87
固定电话用户	户	110220	45900	40709	47368	60759
四、教育、卫生和社会保障						
普通中学在校学生数	人	77819	118570	53017	58610	102742
小学在校学生数	人	144286	166654	84340	94643	165131
医疗卫生机构床位数	床	4720	5068	3274	2798	3598
各种社会福利收养性单位数	个	317	223	130	76	552
各种社会福利收养性单位床位数	床	3509	3038	1080	1374	5710

2018年县(市)社会经济主要指标

广西壮族自治区

指　　标	单位	兴业县	北流市	右江区	田阳县	田东县
一、基本情况						
行政区域面积	平方公里	1468	2472	3718	2373	2811
乡个数	个			3	1	1
镇个数	个	13	22	4	9	9
街道办事处个数	个		3	2		
户籍人口	人	762926	1536386	368031	358014	439209
第二产业从业人员	人	154927	228830	35780	53883	45669
第三产业从业人员	人	69477	140874	124688	37728	78715
二、综合经济						
地区生产总值	万元	1573608	3097630	2768297	1587971	1253450
第一产业增加值	万元	367935	479095	295594	279715	302978
第二产业增加值	万元	571190	1229416	1137694	911930	551604
一般公共预算收入	万元	82053	266115	195648	83448	65883
一般公共预算支出	万元	340188	543025	625210	300469	317938
居民储蓄存款余额	万元	1237548	2872048	1790371	725917	888681
年末金融机构各项贷款余额	万元	965439	2501665	3061864	878975	1096453
三、农业、工业和通讯						
设施农业占地(水面)面积	公顷	811	204	180	2180	
油料产量	吨	6643	16703	1479	1698	1160
棉花产量	吨	12				
规模以上工业企业单位数	个	40	125	46	41	40
固定电话用户	户	36800	102997	35731	10994	10522
四、教育、卫生和社会保障						
普通中学在校学生数	人	34803	96107	36288	16354	23160
小学在校学生数	人	52483	171589	35707	27712	34410
医疗卫生机构床位数	床	1507	3768	4816	1379	2391
各种社会福利收养性单位数	个	100	46	20	26	107
各种社会福利收养性单位床位数	床	1324	716	2213	808	1055

2018年县(市)社会经济主要指标

广西壮族自治区

指　　标	单位	平果县	德保县	那坡县	凌云县	乐业县
一、基本情况						
行政区域面积	平方公里	2457	2575	2223	2047	2633
乡个数	个	3	5	6	4	4
镇个数	个	9	7	3	4	4
街道办事处个数	个					
户籍人口	人	520412	369695	218648	226587	179946
第二产业从业人员	人	79567	36466	13432	15548	11610
第三产业从业人员	人	57528	43017	9120	22040	8340
二、综合经济						
地区生产总值	万元	1765339	855638	266020	352757	264823
第一产业增加值	万元	172397	110602	75343	86067	77421
第二产业增加值	万元	1110561	508419	50584	120271	49104
一般公共预算收入	万元	174876	68682	24258	14528	12533
一般公共预算支出	万元	370437	287129	244816	263031	192395
居民储蓄存款余额	万元	1018929	481211	318823	369555	248825
年末金融机构各项贷款余额	万元	1516138	518423	242496	343667	269846
三、农业、工业和通讯						
设施农业占地(水面)面积	公顷	645	55	31	184	533
油料产量	吨	887	1214	327	1169	2011
棉花产量	吨					
规模以上工业企业单位数	个	65	30	11	24	9
固定电话用户	户	14331	8008	3971	4200	2914
四、教育、卫生和社会保障						
普通中学在校学生数	人	31790	16223	10916	14970	11386
小学在校学生数	人	40284	24172	15955	20197	15106
医疗卫生机构床位数	床	1940	1276	807	652	541
各种社会福利收养性单位数	个	193	26	31	10	80
各种社会福利收养性单位床位数	床	2963	827	500	316	682

2018年县(市)社会经济主要指标

广西壮族自治区

指　　标	单位	田林县	西林县	隆林各族自治县	靖西市	八步区
一、基本情况						
行政区域面积	平方公里	5524	2997	3518	3326	3714
乡个数	个	9	4	10	8	1
镇个数	个	5	4	6	11	12
街道办事处个数	个					3
户籍人口	人	267389	163350	435451	662877	751004
第二产业从业人员	人	31175	13826	25405	63330	
第三产业从业人员	人	27389	11500	42128	67138	
二、综合经济						
地区生产总值	万元	631080	283968	532948	1285320	2118226
第一产业增加值	万元	156862	119625	117592	157558	321822
第二产业增加值	万元	258505	52285	171672	690910	692784
一般公共预算收入	万元	24288	11981	32026	139079	64723
一般公共预算支出	万元	241258	212588	327975	553923	319085
居民储蓄存款余额	万元	437389	223181	569143	917964	2533533
年末金融机构各项贷款余额	万元	474179	248755	548247	934616	3313180
三、农业、工业和通讯						
设施农业占地(水面)面积	公顷	12		17	333	744
油料产量	吨	687	1677	1687	1698	7889
棉花产量	吨					5
规模以上工业企业单位数	个	44	8	21	29	52
固定电话用户	户	4644	3850	6096	8806	60705
四、教育、卫生和社会保障						
普通中学在校学生数	人	17396	11654	27903	30983	31519
小学在校学生数	人	21838	14621	39222	45909	73282
医疗卫生机构床位数	床	1058	621	1438	1929	1138
各种社会福利收养性单位数	个	15	55	43	125	1
各种社会福利收养性单位床位数	床	214	700	968	2538	238

2018年县(市)社会经济主要指标

广西壮族自治区

指　　标	单位	昭平县	钟山县	富川瑶族自治县	金城江区	宜州区
一、基本情况						
行政区域面积	平方公里	3224	1472	1572	2346	3857
乡个数	个	3	2	3	4	7
镇个数	个	9	10	9	7	9
街道办事处个数	个				1	
户籍人口	人	451015	452871	339762	346414	669105
第二产业从业人员	人	37866	48631		38029	33946
第三产业从业人员	人	32735	60510		125341	85100
二、综合经济						
地区生产总值	万元	770005	1010451	809888	1406053	1386672
第一产业增加值	万元	224262	174597	273789	105059	447638
第二产业增加值	万元	201207	372647	258613	359384	288535
一般公共预算收入	万元	25703	34768	41461	30567	43611
一般公共预算支出	万元	324574	295513	294971	195116	337226
居民储蓄存款余额	万元	651134	884124	706765	1449781	1416883
年末金融机构各项贷款余额	万元	556485	743425	597565	1692537	1151454
三、农业、工业和通讯						
设施农业占地(水面)面积	公顷	105	500		29	55
油料产量	吨	1706	4687	12055	786	2138
棉花产量	吨		10		29	22
规模以上工业企业单位数	个	16	43	18	28	44
固定电话用户	户	21046	6538	8723	28279	14990
四、教育、卫生和社会保障						
普通中学在校学生数	人	20839	21922	15625	24366	35713
小学在校学生数	人	37957	41987	28396	31675	51089
医疗卫生机构床位数	床	1158	1593	1058	4068	4455
各种社会福利收养性单位数	个	30	1	1	15	1
各种社会福利收养性单位床位数	床	263	36	78	407	78

2018年县(市)社会经济主要指标

广西壮族自治区

指　　标	单位	南丹县	天峨县	凤山县	东兰县	罗城仫佬族自治县
一、基本情况						
行政区域面积	平方公里	3905	3184	1730	2437	2651
乡个数	个	3	7	6	8	4
镇个数	个	8	2	3	6	7
街道办事处个数	个					
户籍人口	人	326756	176477	221100	313787	388439
第二产业从业人员	人	17946	4718	10511	49928	16876
第三产业从业人员	人	12840	13864	18320	41127	54616
二、综合经济						
地区生产总值	万元	1248376	714408	261192	319812	525443
第一产业增加值	万元	127023	77963	68497	74914	174595
第二产业增加值	万元	593226	442389	52012	71436	103318
一般公共预算收入	万元	56889	24509	18796	14676	27659
一般公共预算支出	万元	271818	203240	211810	264649	309644
居民储蓄存款余额	万元	645854	299993	294288	453726	669190
年末金融机构各项贷款余额	万元	758792	409277	253243	458043	466816
三、农业、工业和通讯						
设施农业占地(水面)面积	公顷	22	9	18		
油料产量	吨	3136	730	460	1116	3335
棉花产量	吨	2	37		2	48
规模以上工业企业单位数	个	14	8	4	7	16
固定电话用户	户	10485	6365	4729	6313	6400
四、教育、卫生和社会保障						
普通中学在校学生数	人	18653	13825	8554	11966	16309
小学在校学生数	人	33443	15346	18962	22718	27455
医疗卫生机构床位数	床	1088	555	696	1015	1214
各种社会福利收养性单位数	个	32	11	35	13	54
各种社会福利收养性单位床位数	床	420	377	464	296	538

2018年县(市)社会经济主要指标

广西壮族自治区

指 标	单位	环江毛南族自治县	巴马瑶族自治县	都安瑶族自治县	大化瑶族自治县	兴宾区
一、基本情况						
行政区域面积	平方公里	4553	1976	4088	2750	4403
乡个数	个	6	7	9	12	4
镇个数	个	6	3	10	4	16
街道办事处个数	个					4
户籍人口	人	379480	297119	725340	484776	1141362
第二产业从业人员	人	34381	36218	93761	38025	84462
第三产业从业人员	人	31910	23775	77460	46572	94095
二、综合经济						
地区生产总值	万元	565696	463253	565019	622247	3225238
第一产业增加值	万元	190362	115437	136014	94284	663826
第二产业增加值	万元	123911	101514	111555	268532	1140056
一般公共预算收入	万元	26924	21441	28503	33806	51131
一般公共预算支出	万元	300019	283633	503781	267952	458546
居民储蓄存款余额	万元	590100	472997	816205	582643	1670222
年末金融机构各项贷款余额	万元	527000	384917	626373	511880	3088651
三、农业、工业和通讯						
设施农业占地(水面)面积	公顷	26	22	23	132	984
油料产量	吨	537	1112	60	384	19476
棉花产量	吨		1		37	
规模以上工业企业单位数	个	24	13	15	7	90
固定电话用户	户	6649	6463	12351	11634	39250
四、教育、卫生和社会保障						
普通中学在校学生数	人	19095	19302	44646	29507	40122
小学在校学生数	人	25539	29759	66344	45340	89864
医疗卫生机构床位数	床	1100	701	1954	1643	2624
各种社会福利收养性单位数	个	18	7	5	17	24
各种社会福利收养性单位床位数	床	232	172	2165	473	776

2018年县(市)社会经济主要指标

广西壮族自治区

指　　标	单位	忻城县	象州县	武宣县	金秀瑶族自治县	合山市
一、基本情况						
行政区域面积	平方公里	2541	1918	1704	2473	366
乡个数	个	6	3	1	7	
镇个数	个	6	8	9	3	3
街道办事处个数	个					
户籍人口	人	431207	370600	457760	157294	135032
第二产业从业人员	人	33249	21002	39123	14546	6925
第三产业从业人员	人	62307	32985	68437	10094	9495
二、综合经济						
地区生产总值	万元	675384	1205530	1016012	363589	376684
第一产业增加值	万元	223477	339258	279150	95148	47624
第二产业增加值	万元	168501	543036	322172	69165	133406
一般公共预算收入	万元	63097	40238	49917	10125	9767
一般公共预算支出	万元	66268	231129	274124	181694	116106
居民储蓄存款余额	万元	547708	652827	807830	305688	291851
年末金融机构各项贷款余额	万元	375855	616391	729090	332038	202960
三、农业、工业和通讯						
设施农业占地(水面)面积	公顷	41	4	205	33	11
油料产量	吨	2827	3560	9977	1722	1061
棉花产量	吨	13			2	
规模以上工业企业单位数	个	16	58	54	14	8
固定电话用户	户	3335	18106	10051	18520	7400
四、教育、卫生和社会保障						
普通中学在校学生数	人	16458	15548	21557	6670	4333
小学在校学生数	人	27693	22557	33462	9760	8926
医疗卫生机构床位数	床	1850	2052	1986	898	449
各种社会福利收养性单位数	个	14	11	12	1	1
各种社会福利收养性单位床位数	床	493	224	479	40	200

2018年县(市)社会经济主要指标

广西壮族自治区

指　　标	单位	江洲区	扶绥县	宁明县	龙州县	大新县
一、基本情况						
行政区域面积	平方公里	2917	2841	3704	2311	2748
乡个数	个	2	3	6	7	9
镇个数	个	6	8	7	5	5
街道办事处个数	个	3				
户籍人口	人	377256	461867	443983	274130	385013
第二产业从业人员	人	10375	45777	18333	27552	58137
第三产业从业人员	人	30735	53588	48215	38473	38814
二、综合经济						
地区生产总值	万元	2219276	2125454	1542997	1293834	1416004
第一产业增加值	万元	293204	502056	364741	283971	250402
第二产业增加值	万元	1053114	1078018	715555	528289	684635
一般公共预算收入	万元	32712	140168	34244	25222	21753
一般公共预算支出	万元	230602	340058	345471	264155	273566
居民储蓄存款余额	万元	926091	1009135	777413	656947	753939
年末金融机构各项贷款余额	万元	1504251	804640	502524	635571	629372
三、农业、工业和通讯						
设施农业占地(水面)面积	公顷		147	21	63	57
油料产量	吨	2952	10599	4249	3134	1713
棉花产量	吨					171
规模以上工业企业单位数	个	53	86	28	17	24
固定电话用户	户		10444	6212	2541	21648
四、教育、卫生和社会保障						
普通中学在校学生数	人	11317	21927	19177	10104	9522
小学在校学生数	人	25336	32477	31162	15337	22667
医疗卫生机构床位数	床	1584	1288	1201	1188	1169
各种社会福利收养性单位数	个	20	13	13	16	34
各种社会福利收养性单位床位数	床	192	246	402	413	903

2018年县(市)社会经济主要指标

广西壮族自治区、海南省

指　　标	单位	天等县	凭祥市	西沙群岛	南沙群岛	中沙群岛的岛礁及其海域
一、基本情况						
行政区域面积	平方公里	2165	645			
乡个数	个	7				
镇个数	个	6	4			
街道办事处个数	个					
户籍人口	人	458385	116084			
第二产业从业人员	人	119503	19831			
第三产业从业人员	人	21378	22222			
二、综合经济						
地区生产总值	万元	634978	900982			
第一产业增加值	万元	139944	58825			
第二产业增加值	万元	175180	261529			
一般公共预算收入	万元	29500	42363			
一般公共预算支出	万元	262772	185647			
居民储蓄存款余额	万元	655033	703921			
年末金融机构各项贷款余额	万元	566689	392775			
三、农业、工业和通讯						
设施农业占地(水面)面积	公顷	2473	5			
油料产量	吨	1745	725			
棉花产量	吨	8				
规模以上工业企业单位数	个	9	35			
固定电话用户	户	8630	10613			
四、教育、卫生和社会保障						
普通中学在校学生数	人	15407	5616			
小学在校学生数	人	27326	10874			
医疗卫生机构床位数	床	1164	328			
各种社会福利收养性单位数	个	13	1			
各种社会福利收养性单位床位数	床	462	80			

2018年县(市)社会经济主要指标

海南省

指　　标	单位	五指山市	琼海市	文昌市	万宁市	东方市
一、基本情况						
行政区域面积	平方公里	1144	1710	2485	4444	2272
乡个数	个	3				2
镇个数	个	4	12	17	12	8
街道办事处个数	个					
户籍人口	人	105919	519291	600644	632716	456295
第二产业从业人员	人	1243	32099	24752	49100	16174
第三产业从业人员	人	3601	119623	60309	116800	75215
二、综合经济						
地区生产总值	万元	289900	2640980	2311391	2243268	1779072
第一产业增加值	万元	63600	823319	813325	652683	449445
第二产业增加值	万元	64900	383343	559935	494365	789145
一般公共预算收入	万元	41286	162041	137090	148515	139519
一般公共预算支出	万元	226643	570822	732457	604010	558431
居民储蓄存款余额	万元	405141	2489207	2352279	1570885	897594
年末金融机构各项贷款余额	万元	309964	1716930	1616116	1496589	721613
三、农业、工业和通讯						
设施农业占地(水面)面积	公顷			823	52530	6840
油料产量	吨	582	2231	13292	3008	8099
棉花产量	吨					
规模以上工业企业单位数	个	4	10	16	10	12
固定电话用户	户	18676	100776	85794	86500	50994
四、教育、卫生和社会保障						
普通中学在校学生数	人	7984	31664	30789	27476	28642
小学在校学生数	人	9129	44515	43531	46161	37740
医疗卫生机构床位数	床	1231	2309	1515	2320	1047
各种社会福利收养性单位数	个	4	17	19	8	15
各种社会福利收养性单位床位数	床	62	675	445	715	403

2018年县(市)社会经济主要指标

海南省

指　　标	单位	定安县	屯昌县	澄迈县	临高县	白沙黎族自治县
一、基本情况						
行政区域面积	平方公里	1197	1224	2076	1317	2117
乡个数	个					7
镇个数	个	10	8	11	10	4
街道办事处个数	个					
户籍人口	人	346688	309125	568137	504846	195142
第二产业从业人员	人	23428	13658	42888	28699	3669
第三产业从业人员	人	67862	48236	90016	78944	19840
二、综合经济						
地区生产总值	万元	985097	773979	2995512	1804152	502171
第一产业增加值	万元	333977	282382	776900	1152662	208828
第二产业增加值	万元	159697	104989	1025446	122523	56432
一般公共预算收入	万元	42662	28185	246743	55916	16799
一般公共预算支出	万元	300955	300173	622998	556513	362256
居民储蓄存款余额	万元	872783	633980	1270339	892633	420555
年末金融机构各项贷款余额	万元	476779	401644	1776291	558738	232627
三、农业、工业和通讯						
设施农业占地(水面)面积	公顷	121	37		71	
油料产量	吨	13694	5536	5569	1537	311
棉花产量	吨					
规模以上工业企业单位数	个	8	4	40	3	4
固定电话用户	户	33863	23932	39045	43103	16254
四、教育、卫生和社会保障						
普通中学在校学生数	人	14232	13771	21874	25305	9748
小学在校学生数	人	26831	25116	39092	39857	16223
医疗卫生机构床位数	床	990	1082	1758	1032	859
各种社会福利收养性单位数	个	13	7	9	9	9
各种社会福利收养性单位床位数	床	701	278	530	258	442

2018年县(市)社会经济主要指标

海南省

指　　标	单位	昌江黎族自治县	乐东黎族自治县	陵水黎族自治县	保亭黎族苗族自治县	琼中黎族苗族自治县
一、基本情况						
行政区域面积	平方公里	1620	2766	1128	1153	2704
乡个数	个	1		2	3	3
镇个数	个	7	11	9	6	7
街道办事处个数	个					
户籍人口	人	255938	542763	385062	167717	216956
第二产业从业人员	人	14010	19848	13535	4105	6218
第三产业从业人员	人	36438	112689	73657	30122	28991
二、综合经济						
地区生产总值	万元	1254104	1269743	1591571	486325	494949
第一产业增加值	万元	306303	728149	459802	178776	187412
第二产业增加值	万元	543023	196129	330663	68599	79181
一般公共预算收入	万元	128884	74965	376879	45437	27788
一般公共预算支出	万元	354613	509754	660150	317263	361513
居民储蓄存款余额	万元	622630	1184314	1131510	624750	604358
年末金融机构各项贷款余额	万元	489398	656191	1921362	270959	883440
三、农业、工业和通讯						
设施农业占地(水面)面积	公顷	2665	2120	97	8	30
油料产量	吨	1233	5025	2444	882	2624
棉花产量	吨					
规模以上工业企业单位数	个	10	4	1	1	6
固定电话用户	户	28400	42681	54556	19341	22063
四、教育、卫生和社会保障						
普通中学在校学生数	人	13607	27973	17152	5912	7198
小学在校学生数	人	19479	37025	32718	13946	17114
医疗卫生机构床位数	床	879	1406	1127	580	999
各种社会福利收养性单位数	个	12	10	8	7	9
各种社会福利收养性单位床位数	床	108	255	529	65	270

2018年县(市)社会经济主要指标

重庆市

指标	单位	綦江区	大足区	长寿区	江津区	合川区
一、基本情况						
行政区域面积	平方公里	2748	1436	1424	3218	2344
乡个数	个					
镇个数	个	25	21	12	25	23
街道办事处个数	个	5	6	7	5	7
户籍人口	人	1196881	1071585	893014	1492652	1525894
第二产业从业人员	人	301526	251118	167413	380123	232822
第三产业从业人员	人	192160	171027	129057	505080	226101
二、综合经济						
地区生产总值	万元	5556347	5176475	5974878	9023288	7129277
第一产业增加值	万元	623828	490290	456949	931135	776867
第二产业增加值	万元	2637038	2784309	3052974	5185299	3219966
一般公共预算收入	万元	334465	308192	357662	712255	407172
一般公共预算支出	万元	978388	970405	666417	1349458	991771
居民储蓄存款余额	万元	4315654	2817000	3832083	6547088	6007600
年末金融机构各项贷款余额	万元	4263687	3034635	3324800	5721485	3868900
三、农业、工业和通讯						
设施农业占地(水面)面积	公顷	5632	522	1487	1705	253
油料产量	吨	14898	43013	11851	17752	26788
棉花产量	吨					
规模以上工业企业单位数	个	318	378	250	425	324
固定电话用户	户	184082	120662	114001	244000	135374
四、教育、卫生和社会保障						
普通中学在校学生数	人	46921	49873	33127	66204	53651
小学在校学生数	人	60725	75859	36251	84350	72134
医疗卫生机构床位数	床	7111	3263	4680	8051	6805
各种社会福利收养性单位数	个	46	31	23	53	50
各种社会福利收养性单位床位数	床	5160	3501	2336	5589	5248

2018年县(市)社会经济主要指标

重庆市

指　　标	单位	永川区	南川区	璧山区	铜梁区	潼南区
一、基本情况						
行政区域面积	平方公里	1576	2602	915	1340	1583
乡个数	个		2			
镇个数	个	16	29	9	23	20
街道办事处个数	个	7	3	6	5	2
户籍人口	人	1140884	686777	647658	851072	952017
第二产业从业人员	人	228870	116785	182700	176428	92044
第三产业从业人员	人	203038	175971	212400	104607	145368
二、综合经济						
地区生产总值	万元	8456660	2803736	5273009	4569800	3809537
第一产业增加值	万元	621707	481387	287981	427300	585365
第二产业增加值	万元	4251900	922178	3250762	2537700	2007129
一般公共预算收入	万元	466024	234492	528859	321100	202326
一般公共预算支出	万元	1087005	591570	823035	638000	696329
居民储蓄存款余额	万元	4571984	2296866	3402600	3518200	2615334
年末金融机构各项贷款余额	万元	4988800	3061715	3602200	3122200	2248856
三、农业、工业和通讯						
设施农业占地(水面)面积	公顷	1793	306	1178		4864
油料产量	吨	23761	17198	6421	14507	49382
棉花产量	吨					
规模以上工业企业单位数	个	370	132	329	333	228
固定电话用户	户	202491	82245	95671	112395	80716
四、教育、卫生和社会保障						
普通中学在校学生数	人	57890	30576	27687	43413	37011
小学在校学生数	人	83543	44431	41777	48419	46744
医疗卫生机构床位数	床	8088	3554	4909	4160	2957
各种社会福利收养性单位数	个	39	34	25	43	108
各种社会福利收养性单位床位数	床	4787	802	4799	3326	3426

2018年县(市)社会经济主要指标

重庆市

指　　标	单位	荣昌区	开州区	梁平区	武隆区	城口县
一、基本情况						
行政区域面积	平方公里	1077	3967	1890	2889	3289
乡个数	个		7	2	13	13
镇个数	个	15	26	29	12	10
街道办事处个数	个	6	7	2	2	2
户籍人口	人	850143	1685344	928008	411487	251500
第二产业从业人员	人	174810	222700	159796	62927	15268
第三产业从业人员	人	155641	205800	130994	62603	48568
二、综合经济						
地区生产总值	万元	5048801	4731265	3312590	1816270	557772
第一产业增加值	万元	489552	631666	435576	226881	90622
第二产业增加值	万元	2940926	2217452	1702343	679907	220034
一般公共预算收入	万元	283366	233000	208936	128219	42081
一般公共预算支出	万元	710078	970000	695504	487231	403779
居民储蓄存款余额	万元	2649400	4820616	3202340	1267650	584780
年末金融机构各项贷款余额	万元	2592700	2368196	1967476	1968520	768332
三、农业、工业和通讯						
设施农业占地(水面)面积	公顷	2624	2340	1674	198	10
油料产量	吨	23809	36765	15859	10557	3863
棉花产量	吨					
规模以上工业企业单位数	个	326	120	133	33	12
固定电话用户	户	89000	161058	78589	46375	29566
四、教育、卫生和社会保障						
普通中学在校学生数	人	37444	88893	43556	19073	13854
小学在校学生数	人	44574	103943	52457	25563	21254
医疗卫生机构床位数	床	4499	5974	4000	2698	1177
各种社会福利收养性单位数	个	33	55	34	28	24
各种社会福利收养性单位床位数	床	2028	5633	3006	1268	952

2018年县(市)社会经济主要指标

重庆市

指　　标	单位	丰都县	垫江县	忠　县	云阳县	奉节县
一、基本情况						
行政区域面积	平方公里	2901	1516	2187	3649	4098
乡个数	个	5	2	6	7	11
镇个数	个	23	22	19	31	18
街道办事处个数	个	2	2	4	4	3
户籍人口	人	820107	970917	990216	1341208	1058570
第二产业从业人员	人	82500	194352	74400	240828	124343
第三产业从业人员	人	126100	149898	18100	292133	188115
二、综合经济						
地区生产总值	万元	2349576	3169487	3079451	2750474	3006802
第一产业增加值	万元	348374	451445	418921	473225	444300
第二产业增加值	万元	1103615	1420692	1398656	1147220	1098600
一般公共预算收入	万元	196036	169513	184518	160214	157000
一般公共预算支出	万元	686315	687490	601605	840171	834000
居民储蓄存款余额	万元	2584577	2771444	3449803	3310457	2174670
年末金融机构各项贷款余额	万元	1623122	2292173	2237026	1991343	2446734
三、农业、工业和通讯						
设施农业占地(水面)面积	公顷	630	674	20	101	283
油料产量	吨	19650	20367	38189	32240	27870
棉花产量	吨					
规模以上工业企业单位数	个	89	138	70	94	54
固定电话用户	户	57883	85630	80600	96122	89443
四、教育、卫生和社会保障						
普通中学在校学生数	人	33222	55542	50421	60325	48862
小学在校学生数	人	42505	52443	60604	68104	56366
医疗卫生机构床位数	床	4559	5117	3832	4936	4828
各种社会福利收养性单位数	个	26	25	76	75	31
各种社会福利收养性单位床位数	床	2654	1549	6430	7354	2212

2018年县(市)社会经济主要指标

重庆市

指　　标	单位	巫山县	巫溪县	石柱土家族自治县	秀山土家族苗族自治县	酉阳土家族苗族自治县
一、基本情况						
行政区域面积	平方公里	2958	4030	3014	2453	5173
乡个数	个	13	13	13	6	18
镇个数	个	11	17	17	17	19
街道办事处个数	个	2	2	3	4	2
户籍人口	人	637364	542187	548625	667830	854435
第二产业从业人员	人	69969	77453	30900	84069	102888
第三产业从业人员	人	120408	68312	77500	113532	113493
二、综合经济						
地区生产总值	万元	1426379	1037264	1759712	1856382	1579641
第一产业增加值	万元	256555	198187	243813	230797	295321
第二产业增加值	万元	418482	329132	748847	855763	555745
一般公共预算收入	万元	104158	76122	104959	125920	112935
一般公共预算支出	万元	624833	509321	511678	564569	653679
居民储蓄存款余额	万元	1360256	1121704	1685370	1401645	1693814
年末金融机构各项贷款余额	万元	1744490	1031686	1550521	2035110	1569425
三、农业、工业和通讯						
设施农业占地(水面)面积	公顷	442		620	533	1151
油料产量	吨	17938	12357	6437	34941	32463
棉花产量	吨					
规模以上工业企业单位数	个	21	21	54	68	23
固定电话用户	户	54931	52092	32133	61685	40962
四、教育、卫生和社会保障						
普通中学在校学生数	人	33390	29500	31782	33002	52497
小学在校学生数	人	37685	33800	30702	45332	65655
医疗卫生机构床位数	床	2099	1705	3674	3082	2951
各种社会福利收养性单位数	个	27	30	49	26	23
各种社会福利收养性单位床位数	床	3150	855	1060	2168	1048

2018年县(市)社会经济主要指标

重庆市、四川省

指　　标	单位	彭水苗族土家族自治县	新都区	温江区	双流区	郫都区
一、基本情况						
行政区域面积	平方公里	3903	497	276	1029	437
乡个数	个	18				
镇个数	个	18	10	6	18	13
街道办事处个数	个	3	3	4	7	1
户籍人口	人	701456	799448	487709	1316550	632861
第二产业从业人员	人	65700	301355	93700	234109	193632
第三产业从业人员	人	82300	263652	180886	413349	157414
二、综合经济						
地区生产总值	万元	1701095	7992025	5449973	12585432	5802179
第一产业增加值	万元	271001	298119	190543	359837	243521
第二产业增加值	万元	669058	4628054	2711920	5983116	3324178
一般公共预算收入	万元	132548	609901	406236	1226004	460117
一般公共预算支出	万元	622070	843938	568198	1711858	560560
居民储蓄存款余额	万元	1532648	6641787	4405266	13210877	5098135
年末金融机构各项贷款余额	万元	1886192	4452419	4671473	14710739	5011131
三、农业、工业和通讯						
设施农业占地(水面)面积	公顷	92	554	52	2850	970
油料产量	吨	30469	18792	474	28070	9588
棉花产量	吨					
规模以上工业企业单位数	个	28	341	201	328	344
固定电话用户	户	64562	359964	224407	672080	351000
四、教育、卫生和社会保障						
普通中学在校学生数	人	25597	39414	20247	56120	29704
小学在校学生数	人	47801	78387	39600	89066	55374
医疗卫生机构床位数	床	2594	5871	5807	6895	4498
各种社会福利收养性单位数	个	33	17	15	36	23
各种社会福利收养性单位床位数	床	1882	1978	2896	4991	3211

2018年县(市)社会经济主要指标

四川省

指　　标	单位	金堂县	大邑县	蒲江县	新津县	都江堰市
一、基本情况						
行政区域面积	平方公里	1157	1284	583	330	1208
乡个数	个	2	3	4	1	1
镇个数	个	18	16	7	10	13
街道办事处个数	个	1	1	1	1	5
户籍人口	人	902657	510016	268193	318898	622233
第二产业从业人员	人	119000	133301	50100	87400	114271
第三产业从业人员	人	263000	133602	58300	69300	188237
二、综合经济						
地区生产总值	万元	4240703	2601247	1518510	3374149	3847951
第一产业增加值	万元	491411	374906	198752	182771	284509
第二产业增加值	万元	1987276	1143157	786030	1999590	1394531
一般公共预算收入	万元	343231	292314	87533	245290	518969
一般公共预算支出	万元	579732	292025	201683	324179	440596
居民储蓄存款余额	万元	2937896	2540455	1352760	2162375	4293677
年末金融机构各项贷款余额	万元	2881195	1679784	944845	2414996	2856156
三、农业、工业和通讯						
设施农业占地(水面)面积	公顷	3708	908	63	677	1799
油料产量	吨	63855	9406	14374	10432	25633
棉花产量	吨					
规模以上工业企业单位数	个	212	143	104	184	105
固定电话用户	户	132157	132059	92965	90000	194387
四、教育、卫生和社会保障						
普通中学在校学生数	人	32914	16599	9975	11402	23882
小学在校学生数	人	47654	24706	11866	15967	35213
医疗卫生机构床位数	床	6696	4404	2008	2529	5252
各种社会福利收养性单位数	个	20	15	5	15	10
各种社会福利收养性单位床位数	床	4312	3114	650	1720	1882

2018年县(市)社会经济主要指标

四川省

指　　标	单位	彭州市	邛崃市	崇州市	简阳市	荣　县
一、基本情况						
行政区域面积	平方公里	1421	1377	1090	2223	1606
乡个数	个		4	6	29	6
镇个数	个	19	18	18	25	21
街道办事处个数	个	1	2	1	4	
户籍人口	人	802446	654661	662809	1321797	669811
第二产业从业人员	人	116840	126066	284098	148862	86103
第三产业从业人员	人	159568	174756	150486	337470	97430
二、综合经济						
地区生产总值	万元	4116316	2986779	3399909	6349670	2089929
第一产业增加值	万元	539218	400875	377993	823590	505539
第二产业增加值	万元	2189394	1448899	1671114	3151411	788600
一般公共预算收入	万元	355612	214343	236731	331068	58530
一般公共预算支出	万元	467172	456154	399831	870212	337931
居民储蓄存款余额	万元	4225952	2932815	3756475	5702147	2081583
年末金融机构各项贷款余额	万元	2959555	2162709	1782182	5093864	1559155
三、农业、工业和通讯						
设施农业占地(水面)面积	公顷	1511	1119	1427	334	4025
油料产量	吨	19076	26918	26833	101201	32330
棉花产量	吨				218	
规模以上工业企业单位数	个	163	148	175	166	92
固定电话用户	户	157864	107921	180251	24848	151603
四、教育、卫生和社会保障						
普通中学在校学生数	人	23175	22270	20894	56794	22697
小学在校学生数	人	39683	27378	31330	79736	29964
医疗卫生机构床位数	床	5928	4554	6226	7448	3500
各种社会福利收养性单位数	个	29	18	21	51	34
各种社会福利收养性单位床位数	床	3697	2606	4968	3525	3709

2018年县(市)社会经济主要指标

四川省

指　　标	单位	富顺县	米易县	盐边县	泸　县	合江县
一、基本情况						
行政区域面积	平方公里	1342	2105	3289	1530	2414
乡个数	个	4	5	12		1
镇个数	个	22	7	4	19	26
街道办事处个数	个				1	
户籍人口	人	1074971	222399	208361	1072720	898339
第二产业从业人员	人	112469	18470	17787	181142	131216
第三产业从业人员	人	161203	26694	16209	160095	116582
二、综合经济						
地区生产总值	万元	3005805	1656031	1433671	3135461	2005577
第一产业增加值	万元	473684	149890	112828	502978	376828
第二产业增加值	万元	1394911	935506	968967	1702694	756098
一般公共预算收入	万元	106011	100017	60019	151169	88053
一般公共预算支出	万元	524192	181540	158181	537610	421023
居民储蓄存款余额	万元	2902130	657745	384699	2944962	2518076
年末金融机构各项贷款余额	万元	1870879	554572	533599	1591369	1258922
三、农业、工业和通讯						
设施农业占地(水面)面积	公顷	2763	3453	126	2227	469
油料产量	吨	47687	1349	1793	35426	7333
棉花产量	吨					
规模以上工业企业单位数	个	122	48	38	127	83
固定电话用户	户	83511	42500	13836	85492	51000
四、教育、卫生和社会保障						
普通中学在校学生数	人	50358	9862	8462	69577	52670
小学在校学生数	人	60516	14028	13606	64210	64551
医疗卫生机构床位数	床	3995	1030	859	5267	4845
各种社会福利收养性单位数	个	32	8	8	26	32
各种社会福利收养性单位床位数	床	5269	660	850	4927	4485

2018年县(市)社会经济主要指标

四川省

指　　标	单位	叙永县	古蔺县	罗江区	中江县	广汉市
一、基本情况						
行政区域面积	平方公里	2974	3184	448	2200	549
乡个数	个	5	4		16	2
镇个数	个	20	22	10	29	16
街道办事处个数	个					
户籍人口	人	724134	878049	245805	1394765	603823
第二产业从业人员	人	87200	115200	35842	148260	118000
第三产业从业人员	人	97300	102600	37997	241316	132000
二、综合经济						
地区生产总值	万元	1243075	1578074	1263265	3900910	4510631
第一产业增加值	万元	241710	226540	217744	874933	373499
第二产业增加值	万元	484680	811137	636894	1496553	2305732
一般公共预算收入	万元	76160	160501	40206	106000	201000
一般公共预算支出	万元	450178	550156	134352	498153	385000
居民储蓄存款余额	万元	1181902	1011224	809984	3448178	3516169
年末金融机构各项贷款余额	万元	961773	1408424	560303	1675287	2982635
三、农业、工业和通讯						
设施农业占地(水面)面积	公顷	10	59	340	1463	4510
油料产量	吨	10336	27477	47585	96165	39467
棉花产量	吨				110	
规模以上工业企业单位数	个	44	42	125	206	312
固定电话用户	户	67590	80645	27413	123466	129512
四、教育、卫生和社会保障						
普通中学在校学生数	人	41614	51322	7751	45380	17309
小学在校学生数	人	53570	35390	10974	68246	26640
医疗卫生机构床位数	床	2712	2694	1346	5146	3404
各种社会福利收养性单位数	个	30	29	12	56	23
各种社会福利收养性单位床位数	床	1856	2288	1366	4618	2384

2018年县(市)社会经济主要指标

四川省

指　　标	单位	什邡市	绵竹市	安州区	三台县	盐亭县
一、基本情况						
行政区域面积	平方公里	820	1246	1181	2659	1645
乡个数	个		1	3	13	19
镇个数	个	14	20	15	49	14
街道办事处个数	个	2			1	2
户籍人口	人	428199	499535	444236	1414295	549443
第二产业从业人员	人	92896	73042	75535	206356	70979
第三产业从业人员	人	77497	115174	88383	213034	95190
二、综合经济						
地区生产总值	万元	3237578	2917656	1463493	2698057	1140297
第一产业增加值	万元	309380	311272	306592	810620	383463
第二产业增加值	万元	1635367	1505075	596367	756540	331082
一般公共预算收入	万元	187813	190019	66103	101963	37026
一般公共预算支出	万元	318920	340615	234335	582548	341409
居民储蓄存款余额	万元	2081791	1960154	1512262	3395860	1465259
年末金融机构各项贷款余额	万元	1510300	1274029	1149811	1724444	806258
三、农业、工业和通讯						
设施农业占地(水面)面积	公顷	865	741	2266	1802	266
油料产量	吨	13450	15087	40130	148906	50728
棉花产量	吨				17	16
规模以上工业企业单位数	个	240	141	122	102	25
固定电话用户	户	73249	90130	73166	137099	49527
四、教育、卫生和社会保障						
普通中学在校学生数	人	12751	12308	15114	42736	13764
小学在校学生数	人	17539	19732	22529	63501	19592
医疗卫生机构床位数	床	3113	4259	2092	7969	3113
各种社会福利收养性单位数	个	18	120	19	70	38
各种社会福利收养性单位床位数	床	2901	2929	2092	7577	4570

2018年县(市)社会经济主要指标

四川省

指　　标	单位	梓潼县	北川羌族自治县	平武县	江油市	旺苍县
一、基本情况						
行政区域面积	平方公里	1444	3083	5946	2720	2987
乡个数	个	14	13	16	10	17
镇个数	个	18	10	9	29	18
街道办事处个数	个				3	
户籍人口	人	377136	234442	177412	864903	442591
第二产业从业人员	人	54576	38274	20453	181751	75916
第三产业从业人员	人	69589	44598	33829	178697	81203
二、综合经济						
地区生产总值	万元	1126676	559443	450497	4280341	1118042
第一产业增加值	万元	294063	111372	87859	472522	177241
第二产业增加值	万元	394364	186705	201039	1647409	593074
一般公共预算收入	万元	26237	55062	27398	207990	48745
一般公共预算支出	万元	193425	261360	189460	508933	298778
居民储蓄存款余额	万元	1007841	793376	488130	3824035	1256599
年末金融机构各项贷款余额	万元	697178	1098678	628853	2632592	710536
三、农业、工业和通讯						
设施农业占地(水面)面积	公顷	337	31	366	1903	221
油料产量	吨	54716	8846	4959	58846	19090
棉花产量	吨	4				
规模以上工业企业单位数	个	50	41	33	240	79
固定电话用户	户	44577	31303	17632	184343	58711
四、教育、卫生和社会保障						
普通中学在校学生数	人	9382	8141	4681	26952	17717
小学在校学生数	人	14668	11642	6671	36713	21743
医疗卫生机构床位数	床	1691	1680	750	7223	2131
各种社会福利收养性单位数	个	16	9	11	40	16
各种社会福利收养性单位床位数	床	1855	1140	1320	5389	2070

2018年县(市)社会经济主要指标

四川省

指　　标	单位	青川县	剑阁县	苍溪县	蓬溪县	射洪县
一、基本情况						
行政区域面积	平方公里	3216	3203	2334	1251	1496
乡个数	个	25	30	15	13	10
镇个数	个	11	27	24	18	20
街道办事处个数	个					2
户籍人口	人	227480	653456	758423	687238	958343
第二产业从业人员	人	14625	50100	89175	82848	186365
第三产业从业人员	人	25221	101900	101038	84917	186856
二、综合经济						
地区生产总值	万元	391241	1202054	1528986	1607547	3773971
第一产业增加值	万元	82126	281538	323676	285841	472156
第二产业增加值	万元	165229	459535	665404	684203	1855847
一般公共预算收入	万元	22549	45515	54196	51822	116900
一般公共预算支出	万元	223294	473331	450634	420898	476100
居民储蓄存款余额	万元	589947	1497221	2273000	1594800	3001152
年末金融机构各项贷款余额	万元	594472	876808	1403000	987389	1982900
三、农业、工业和通讯						
设施农业占地(水面)面积	公顷	590	797	1403	1664	1417
油料产量	吨	15782	116580	61591	47716	44956
棉花产量	吨				3	2086
规模以上工业企业单位数	个	41	61	50	82	116
固定电话用户	户	24800	67790	107000	22629	97852
四、教育、卫生和社会保障						
普通中学在校学生数	人	6192	19669	15450	9970	32883
小学在校学生数	人	9371	29981	36464	26156	55958
医疗卫生机构床位数	床	846	3070	4191	2691	5268
各种社会福利收养性单位数	个	24	30	17	28	40
各种社会福利收养性单位床位数	床	1880	3520	1445	4836	8100

2018年县(市)社会经济主要指标

四川省

指　　标	单位	大英县	威远县	资中县	隆昌市	犍为县
一、基本情况						
行政区域面积	平方公里	703	1289	1735	794	1375
乡个数	个	2				18
镇个数	个	9	20	33	17	12
街道办事处个数	个				2	
户籍人口	人	536669	708339	1246074	770024	556473
第二产业从业人员	人	84748	132788	156927	189310	90406
第三产业从业人员	人	81450	162035	167659	214652	127606
二、综合经济						
地区生产总值	万元	1714839	3509276	2699865	2849974	1710161
第一产业增加值	万元	266302	489895	671862	337959	288345
第二产业增加值	万元	847857	1966469	988820	1277525	677520
一般公共预算收入	万元	63521	90616	91129	92100	66892
一般公共预算支出	万元	259400	308704	488416	346400	254821
居民储蓄存款余额	万元	1369307	2155742	3173588	2432400	1655325
年末金融机构各项贷款余额	万元	1186137	1616490	1662442	1369500	1301250
三、农业、工业和通讯						
设施农业占地(水面)面积	公顷	649	5141	914	4152	205
油料产量	吨	29087	36864	49981	23688	12627
棉花产量	吨	631				
规模以上工业企业单位数	个	91	76	44	92	66
固定电话用户	户	36021	94059	119600	88354	67052
四、教育、卫生和社会保障						
普通中学在校学生数	人	16698	28048	51888	35189	19062
小学在校学生数	人	27847	36019	58143	43892	25041
医疗卫生机构床位数	床	1975	3971	4321	4025	2465
各种社会福利收养性单位数	个	12	22	48	41	28
各种社会福利收养性单位床位数	床	1178	3172	4277	4220	3536

2018年县(市)社会经济主要指标

四川省

指　　标	单位	井研县	夹江县	沐川县	峨边彝族自治县	马边彝族自治县
一、基本情况						
行政区域面积	平方公里	840	743	1407	2382	2293
乡个数	个	17	11	12	13	15
镇个数	个	10	11	7	6	5
街道办事处个数	个					
户籍人口	人	396549	345058	251254	147256	221209
第二产业从业人员	人	46500	72100	18200	15900	9700
第三产业从业人员	人	81700	74400	61400	33500	42900
二、综合经济						
地区生产总值	万元	964851	1568711	606810	448564	401788
第一产业增加值	万元	231760	212168	144249	48302	88432
第二产业增加值	万元	340611	686497	216783	212560	148049
一般公共预算收入	万元	36379	82030	201515	34233	38014
一般公共预算支出	万元	178444	236738	184071	214330	252175
居民储蓄存款余额	万元	1264400	1880110	629208	415957	395863
年末金融机构各项贷款余额	万元	698328	1138958	456071	758783	284678
三、农业、工业和通讯						
设施农业占地(水面)面积	公顷	8543	899	247	31	17
油料产量	吨	14127	13627	6412	1689	2774
棉花产量	吨					
规模以上工业企业单位数	个	55	123	25	29	21
固定电话用户	户	41612	73143	31777	13221	25100
四、教育、卫生和社会保障						
普通中学在校学生数	人	12220	8755	10201	5524	12334
小学在校学生数	人	16873	13485	15237	10465	18453
医疗卫生机构床位数	床	1871	2528	1120	590	591
各种社会福利收养性单位数	个	13	11	24	6	6
各种社会福利收养性单位床位数	床	1920	1240	1822	640	524

2018年县(市)社会经济主要指标

四川省

指　　标	单位	峨眉山市	南部县	营山县	蓬安县	仪陇县
一、基本情况						
行政区域面积	平方公里	1181	2229	1635	1331	1791
乡个数	个	3	39	33	24	28
镇个数	个	15	32	20	15	29
街道办事处个数	个		2	1		
户籍人口	人	429044	1247996	906662	677586	1075855
第二产业从业人员	人	61400	145226	152685	60611	206774
第三产业从业人员	人	144700	296531	201435	160826	197103
二、综合经济						
地区生产总值	万元	2732083	3500318	1900778	1724020	2037690
第一产业增加值	万元	183710	627569	421452	405609	623292
第二产业增加值	万元	1073833	1714131	741149	740273	603917
一般公共预算收入	万元	161027	100803	78853	60979	79091
一般公共预算支出	万元	277428	495882	581738	364769	544857
居民储蓄存款余额	万元	2594785	2940536	2678413	1915085	2507254
年末金融机构各项贷款余额	万元	2095607	1647601	1411275	828483	1606079
三、农业、工业和通讯						
设施农业占地(水面)面积	公顷	4007	1520	3625	631	2991
油料产量	吨	13090	73199	50274	46846	66559
棉花产量	吨		14			13
规模以上工业企业单位数	个	71	117	54	80	51
固定电话用户	户	106654	113152	72045	83649	101725
四、教育、卫生和社会保障						
普通中学在校学生数	人	14615	48125	34981	23791	45247
小学在校学生数	人	19231	62184	46733	35209	63720
医疗卫生机构床位数	床	3216	5718	4344	3279	3832
各种社会福利收养性单位数	个	5	73	61	52	59
各种社会福利收养性单位床位数	床	1803	4759	4970	2300	3144

2018年县(市)社会经济主要指标

四川省

指　标	单位	西充县	阆中市	彭山区	仁寿县	洪雅县
一、基本情况						
行政区域面积	平方公里	1109	1875	467	2608	1898
乡个数	个	28	21	3	23	3
镇个数	个	16	25	8	37	12
街道办事处个数	个		4	2		
户籍人口	人	600725	829992	327809	1540446	345753
第二产业从业人员	人	91748	115857	66838	254742	29700
第三产业从业人员	人	99990	190275	82485	290632	47690
二、综合经济						
地区生产总值	万元	1350354	2350840	1584178	4083425	1173620
第一产业增加值	万元	340979	496657	149699	807547	178404
第二产业增加值	万元	507656	794307	804183	1706930	530756
一般公共预算收入	万元	74071	117307	151301	283109	91091
一般公共预算支出	万元	371765	481899	282525	740702	230523
居民储蓄存款余额	万元	1713615	2683229	1649944	5081290	1465082
年末金融机构各项贷款余额	万元	1099135	1970463	1075128	3098642	1034381
三、农业、工业和通讯						
设施农业占地(水面)面积	公顷	4875	1351	219	5937	796
油料产量	吨	40945	44952	10457	42055	10933
棉花产量	吨	118			43	
规模以上工业企业单位数	个	89	76	118	156	34
固定电话用户	户	40965	82300	58167	183456	39442
四、教育、卫生和社会保障						
普通中学在校学生数	人	19852	28731	8625	56924	9945
小学在校学生数	人	25106	35049	13014	69711	16679
医疗卫生机构床位数	床	3859	4640	1982	6849	1667
各种社会福利收养性单位数	个	55	61	18	63	12
各种社会福利收养性单位床位数	床	4819	4364	2052	8490	865

2018年县(市)社会经济主要指标

四川省

指　　标	单位	丹棱县	青神县	南溪区	叙州区	江安县
一、基本情况						
行政区域面积	平方公里	449	387	704	2572	894
乡个数	个	2	3	5	3	3
镇个数	个	5	7	8	19	15
街道办事处个数	个			2	2	
户籍人口	人	162751	193741	428122	1023357	557013
第二产业从业人员	人	37800	49100	78321	157744	79229
第三产业从业人员	人	30400	30700	86970	180040	54985
二、综合经济						
地区生产总值	万元	619883	791204	1425008	3986168	1544718
第一产业增加值	万元	117206	98963	240718	427689	250089
第二产业增加值	万元	273338	339643	682583	1613640	792272
一般公共预算收入	万元	38956	50319	100613	132603	98598
一般公共预算支出	万元	112566	146018	331881	420615	263009
居民储蓄存款余额	万元	745745	802291	1014782	2372990	1210729
年末金融机构各项贷款余额	万元	325344	471540	1078534	2449919	856747
三、农业、工业和通讯						
设施农业占地(水面)面积	公顷	333	423	3199	205	256
油料产量	吨	7492	7377	10552	43123	11073
棉花产量	吨					
规模以上工业企业单位数	个	38	47	80	123	65
固定电话用户	户	36200	37000	54600	129300	50665
四、教育、卫生和社会保障						
普通中学在校学生数	人	4119	4797	22681	49130	22732
小学在校学生数	人	7446	7271	27937	68956	32569
医疗卫生机构床位数	床	749	1177	1757	6965	2594
各种社会福利收养性单位数	个	11	8	12	16	26
各种社会福利收养性单位床位数	床	809	892	1130	1583	2594

2018年县(市)社会经济主要指标

四川省

指　　标	单位	长宁县	高　县	珙　县	筠连县	兴文县
一、基本情况						
行政区域面积	平方公里	996	1320	1145	1256	1380
乡个数	个	5	7	6	9	5
镇个数	个	13	12	11	9	10
街道办事处个数	个					
户籍人口	人	462701	529576	430132	450904	485696
第二产业从业人员	人	64027	66527	73123	54663	54998
第三产业从业人员	人	68239	98936	77425	99426	64944
二、综合经济						
地区生产总值	万元	1427440	1466787	1607782	1435671	1072991
第一产业增加值	万元	262379	225009	193376	213157	210508
第二产业增加值	万元	597468	781438	937323	801375	370847
一般公共预算收入	万元	69903	61666	89309	71819	80167
一般公共预算支出	万元	241291	287637	264378	276524	313178
居民储蓄存款余额	万元	896441	1005044	872482	678607	744102
年末金融机构各项贷款余额	万元	841472	640246	740571	565028	741194
三、农业、工业和通讯						
设施农业占地(水面)面积	公顷	370	441	734	204	372
油料产量	吨	18030	15160	12851	3993	6820
棉花产量	吨					
规模以上工业企业单位数	个	71	63	56	49	71
固定电话用户	户	53026	51122	49883	41557	54957
四、教育、卫生和社会保障						
普通中学在校学生数	人	19504	23105	17061	22971	20912
小学在校学生数	人	29898	34866	31029	34896	35034
医疗卫生机构床位数	床	2293	1699	2038	1659	2739
各种社会福利收养性单位数	个	23	21	12	18	17
各种社会福利收养性单位床位数	床	1865	1234	1093	1300	2283

2018年县(市)社会经济主要指标

四川省

指　　标	单位	屏山县	岳池县	武胜县	邻水县	华蓥市
一、基本情况						
行政区域面积	平方公里	1504	1479	956	1907	464
乡个数	个	6	21	14	24	1
镇个数	个	9	22	17	21	9
街道办事处个数	个					3
户籍人口	人	311986	1160380	823072	1017339	356691
第二产业从业人员	人	35054	88061	69699	119017	51998
第三产业从业人员	人	50194	173234	138927	150739	61038
二、综合经济						
地区生产总值	万元	529660	2432026	2277588	2495810	1546937
第一产业增加值	万元	171429	421273	390063	399619	122534
第二产业增加值	万元	181011	1042164	1022170	1110317	902498
一般公共预算收入	万元	74492	490154	386261	474154	265999
一般公共预算支出	万元	291284	543888	387682	531566	264875
居民储蓄存款余额	万元	742448	3007113	2407071	2363302	1364806
年末金融机构各项贷款余额	万元	681283	1367996	1309754	1157460	918439
三、农业、工业和通讯						
设施农业占地(水面)面积	公顷	47	1509	1111	1225	970
油料产量	吨	8774	23766	16892	27728	1825
棉花产量	吨					
规模以上工业企业单位数	个	54	82	103	107	101
固定电话用户	户	31565	113011	80630	110707	58603
四、教育、卫生和社会保障						
普通中学在校学生数	人	13257	42568	32220	48075	15445
小学在校学生数	人	20898	57040	38601	56521	22868
医疗卫生机构床位数	床	1371	4280	3235	3468	1584
各种社会福利收养性单位数	个	13	47	39	48	20
各种社会福利收养性单位床位数	床	638	3569	4512	3775	2000

2018年县(市)社会经济主要指标

四川省

指　　标	单位	达川区	宣汉县	开江县	大竹县	渠　县
一、基本情况						
行政区域面积	平方公里	2247	4272	1032	2079	2018
乡个数	个	25	23	7	21	27
镇个数	个	29	31	13	27	33
街道办事处个数	个	2			3	
户籍人口	人	1174786	1294815	586306	1092694	1343760
第二产业从业人员	人	138872	93777	46100	180355	145312
第三产业从业人员	人	244700	303800	150900	209371	275004
二、综合经济						
地区生产总值	万元	2766345	3006250	1276282	3313234	2747195
第一产业增加值	万元	528937	616950	334356	594418	654810
第二产业增加值	万元	935432	1222676	374288	1393832	932227
一般公共预算收入	万元	157711	187517	50013	142888	115650
一般公共预算支出	万元	665711	692456	310342	483935	642366
居民储蓄存款余额	万元	2499997	3134797	1664929	3415419	3365056
年末金融机构各项贷款余额	万元	2368569	1675729	778288	1853680	1834474
三、农业、工业和通讯						
设施农业占地(水面)面积	公顷	5410	2968	441	2079	3984
油料产量	吨	60963	91929	40146	45708	63337
棉花产量	吨					
规模以上工业企业单位数	个	106	60	65	121	109
固定电话用户	户	120255	111920	42791	94231	98954
四、教育、卫生和社会保障						
普通中学在校学生数	人	65201	66018	26911	54965	51414
小学在校学生数	人	64478	91951	33729	69952	55641
医疗卫生机构床位数	床	6743	4835	2294	5154	5458
各种社会福利收养性单位数	个	17	38	15	42	59
各种社会福利收养性单位床位数	床	1520	5310	1324	4690	7363

2018年县(市)社会经济主要指标

四川省

指　　标	单位	万源市	名山区	荥经县	汉源县	石棉县
一、基本情况						
行政区域面积	平方公里	4053	618	1777	2215	2679
乡个数	个	29	11	16	20	15
镇个数	个	23	9	5	10	1
街道办事处个数	个					1
户籍人口	人	573569	278659	146498	319283	121146
第二产业从业人员	人	35100	36374	48608	22476	12734
第三产业从业人员	人	135130	52419	25349	77494	29217
二、综合经济						
地区生产总值	万元	1413312	812239	741120	827709	882198
第一产业增加值	万元	308324	210777	70541	164576	64166
第二产业增加值	万元	435590	332768	384697	383170	553855
一般公共预算收入	万元	44961	20111	27131	52068	56202
一般公共预算支出	万元	409286	117471	91706	159174	119528
居民储蓄存款余额	万元	1342152	1080707	634665	1060466	484826
年末金融机构各项贷款余额	万元	1098881	654183	394084	712347	654612
三、农业、工业和通讯						
设施农业占地(水面)面积	公顷	451	215	522	429	22
油料产量	吨	29776	4052	2892	727	1199
棉花产量	吨					
规模以上工业企业单位数	个	45	48	45	28	45
固定电话用户	户	58304	36967	17940	37392	17500
四、教育、卫生和社会保障						
普通中学在校学生数	人	28026	10776	7520	13593	6010
小学在校学生数	人	36687	15512	7729	17711	10207
医疗卫生机构床位数	床	2815	992	827	1458	1175
各种社会福利收养性单位数	个	23	12	6	6	3
各种社会福利收养性单位床位数	床	2213	1580	1000	735	491

2018年县(市)社会经济主要指标

四川省

指　　标	单位	天全县	芦山县	宝兴县	通江县	南江县
一、基本情况						
行政区域面积	平方公里	2390	1191	3114	4120	3390
乡个数	个	13	2	6	25	21
镇个数	个	2	6	3	24	27
街道办事处个数	个		1			
户籍人口	人	150804	119021	58117	728554	655926
第二产业从业人员	人	30025	24440	9798	77883	127537
第三产业从业人员	人	33900	32850	9955	179788	135981
二、综合经济						
地区生产总值	万元	641976	432013	342140	1235359	1334858
第一产业增加值	万元	79624	60296	38422	218875	192322
第二产业增加值	万元	321864	231312	197882	494861	796932
一般公共预算收入	万元	20117	16542	37759	46180	553253
一般公共预算支出	万元	95748	86915	86767	578176	495132
居民储蓄存款余额	万元	548935	410973	210000	1629480	1837203
年末金融机构各项贷款余额	万元	625426	289004	240862	982613	1156513
三、农业、工业和通讯						
设施农业占地(水面)面积	公顷	173	146	53	1805	1425
油料产量	吨	2205	1606	267	41234	28298
棉花产量	吨					
规模以上工业企业单位数	个	34	50	40	51	59
固定电话用户	户	22212	17904	10300	46793	70698
四、教育、卫生和社会保障						
普通中学在校学生数	人	7386	4912	1811	34797	31690
小学在校学生数	人	9319	6019	2696	40300	34057
医疗卫生机构床位数	床	1224	523	183	4174	3312
各种社会福利收养性单位数	个	2	7	1	23	14
各种社会福利收养性单位床位数	床	400	1156	120	1989	1041

2018年县(市)社会经济主要指标

四川省

指　　标	单位	平昌县	安岳县	乐至县	马尔康市	汶川县
一、基本情况						
行政区域面积	平方公里	2229	2690	1424	6626	4084
乡个数	个	10	37	8	10	3
镇个数	个	33	32	17	4	9
街道办事处个数	个	1				
户籍人口	人	945326	1575121	811812	54162	93553
第二产业从业人员	人	84737	67210	52807	3100	11106
第三产业从业人员	人	149938	162511	123979	27400	24871
二、综合经济						
地区生产总值	万元	1559526	3450147	2190375	286896	584843
第一产业增加值	万元	240810	815382	338968	24903	41979
第二产业增加值	万元	890543	1339340	966332	42873	369855
一般公共预算收入	万元	81808	131584	89633	139240	172378
一般公共预算支出	万元	643610	517292	348315	138600	167767
居民储蓄存款余额	万元	1953191	3622421	2241273	298249	388961
年末金融机构各项贷款余额	万元	1309791	1724503	1150907	807337	384060
三、农业、工业和通讯						
设施农业占地(水面)面积	公顷	2483	381	213	18	11
油料产量	吨	48485	96453	72056	13	602
棉花产量	吨		133			
规模以上工业企业单位数	个	60	114	67	5	36
固定电话用户	户	53984	142170	56997	23376	21707
四、教育、卫生和社会保障						
普通中学在校学生数	人	43877	68849	24696	3714	6366
小学在校学生数	人	51386	81384	33658	3480	5087
医疗卫生机构床位数	床	5545	6845	3347	776	543
各种社会福利收养性单位数	个	20	72	30	3	2
各种社会福利收养性单位床位数	床	3574	7004	3331	336	344

2018年县(市)社会经济主要指标

四川省

指标	单位	理县	茂县	松潘县	九寨沟县	金川县
一、基本情况						
行政区域面积	平方公里	4318	3897	8342	5288	5355
乡个数	个	7	12	21	14	19
镇个数	个	6	9	4	3	3
街道办事处个数	个					
户籍人口	人	43537	110051	73878	67064	69473
第二产业从业人员	人	2161	9360	1968	2608	2123
第三产业从业人员	人	10318	29244	30367	16584	14326
二、综合经济						
地区生产总值	万元	246138	344003	214304	253697	137428
第一产业增加值	万元	21401	61123	43382	23219	31211
第二产业增加值	万元	163861	207730	62954	84509	49729
一般公共预算收入	万元	112476	204117	217808	297232	171104
一般公共预算支出	万元	109286	200065	205550	278084	170971
居民储蓄存款余额	万元	159897	345362	178464	245502	216501
年末金融机构各项贷款余额	万元	232436	268524	139192	401788	93468
三、农业、工业和通讯						
设施农业占地(水面)面积	公顷		54	17	74	9
油料产量	吨	11	626	128	488	178
棉花产量	吨					
规模以上工业企业单位数	个	12	17	4	4	1
固定电话用户	户	13066	22704	20826	25726	10818
四、教育、卫生和社会保障						
普通中学在校学生数	人	1356	5219	2281	2050	2099
小学在校学生数	人	2064	6933	4269	4541	3584
医疗卫生机构床位数	床	243	538	259	337	356
各种社会福利收养性单位数	个	1	5	3	3	3
各种社会福利收养性单位床位数	床	180	300	450	147	400

2018年县(市)社会经济主要指标

四川省

指　　标	单位	小金县	黑水县	壤塘县	阿坝县	若尔盖县
一、基本情况						
行政区域面积	平方公里	5565	4142	6640	10125	10326
乡个数	个	16	14	9	16	13
镇个数	个	5	3	3	3	4
街道办事处个数	个					
户籍人口	人	77816	58612	46373	81669	79985
第二产业从业人员	人	2286	2904	2730	1094	1525
第三产业从业人员	人	14917	24063	8483	18037	19229
二、综合经济						
地区生产总值	万元	163201	224299	94032	113253	187545
第一产业增加值	万元	33397	28147	27723	35905	82061
第二产业增加值	万元	67688	144599	23477	22512	36858
一般公共预算收入	万元	176025	153473	185348	214370	186269
一般公共预算支出	万元	172674	150224	179298	202505	183437
居民储蓄存款余额	万元	229410	122488	63825	109889	127129
年末金融机构各项贷款余额	万元	213364	131678	39889	64282	120279
三、农业、工业和通讯						
设施农业占地(水面)面积	公顷	1			23	2
油料产量	吨	889		144	1344	789
棉花产量	吨					
规模以上工业企业单位数	个	8	10		1	4
固定电话用户	户	15518	8850	4336	10541	10613
四、教育、卫生和社会保障						
普通中学在校学生数	人	3507	1256	1564	3589	5799
小学在校学生数	人	4081	3810	5228	8363	7592
医疗卫生机构床位数	床	345	170	322	526	360
各种社会福利收养性单位数	个	1	1	5	3	2
各种社会福利收养性单位床位数	床	360	228	735	340	250

2018年县(市)社会经济主要指标

四川省

指　　标	单位	红原县	康定市	泸定县	丹巴县	九龙县
一、基本情况						
行政区域面积	平方公里	8296	11486	2165	4656	6765
乡个数	个	6	14	5	12	16
镇个数	个	5	5	7	3	2
街道办事处个数	个		2			
户籍人口	人	48727	107563	86796	57594	64945
第二产业从业人员	人	1304	4026	4806	4481	3205
第三产业从业人员	人	10408	28654	11482	10038	6682
二、综合经济						
地区生产总值	万元	130626	801100	201700	166800	262766
第一产业增加值	万元	44176	54814	37755	38257	36220
第二产业增加值	万元	32294	441468	82676	69057	169464
一般公共预算收入	万元	150025	38301	17300	9213	19840
一般公共预算支出	万元	148299	217710	123710	9031	133539
居民储蓄存款余额	万元	80093	650699	362770	180902	112228
年末金融机构各项贷款余额	万元	91379	1911590	256906	364909	231985
三、农业、工业和通讯						
设施农业占地(水面)面积	公顷	30	293	133	66	5
油料产量	吨		79	1214	1012	191
棉花产量	吨					
规模以上工业企业单位数	个	9	16	7	5	13
固定电话用户	户	8091	41646	20022	8964	8348
四、教育、卫生和社会保障						
普通中学在校学生数	人	3210	8478	7298	2157	4991
小学在校学生数	人	5288	9816	5926	3342	6385
医疗卫生机构床位数	床	249	1577	280	269	275
各种社会福利收养性单位数	个	3	5	3	2	4
各种社会福利收养性单位床位数	床	240	555	240	83	255

2018年县(市)社会经济主要指标

四川省

指　　标	单位	雅江县	道孚县	炉霍县	甘孜县	新龙县
一、基本情况						
行政区域面积	平方公里	7570	7053	4601	7303	8570
乡个数	个	13	18	13	19	16
镇个数	个	4	4	3	3	3
街道办事处个数	个					
户籍人口	人	49006	56299	47678	67753	51663
第二产业从业人员	人	922	2849	1012	617	1049
第三产业从业人员	人	6880	9623	2983	11364	4916
二、综合经济						
地区生产总值	万元	129070	98594	73787	108656	102992
第一产业增加值	万元	29027	27422	27791	49779	39114
第二产业增加值	万元	55696	23305	17603	17139	21746
一般公共预算收入	万元	21343	7689	9910	216993	5352
一般公共预算支出	万元	183315	170456	9862	204218	22124
居民储蓄存款余额	万元	72783	74409	65491	102350	48023
年末金融机构各项贷款余额	万元	106554	29972	30189	34924	34474
三、农业、工业和通讯						
设施农业占地(水面)面积	公顷	387	26	21	5	8
油料产量	吨	46	1887	2800	1127	1121
棉花产量	吨					
规模以上工业企业单位数	个	1		1	1	
固定电话用户	户	5600	3391	940	6935	2719
四、教育、卫生和社会保障						
普通中学在校学生数	人	2470	1877	2366	3765	1471
小学在校学生数	人	4870	6702	6732	7564	5424
医疗卫生机构床位数	床	346	272	180	296	166
各种社会福利收养性单位数	个	2	4	1	4	5
各种社会福利收养性单位床位数	床	72	336	240	360	119

2018年县(市)社会经济主要指标

四川省

指　　标	单位	德格县	白玉县	石渠县	色达县	理塘县
一、基本情况						
行政区域面积	平方公里	11025	10386	22381	9332	13997
乡个数	个	20	15	15	13	22
镇个数	个	6	2	7	4	2
街道办事处个数	个					
户籍人口	人	90859	56930	97484	57434	68220
第二产业从业人员	人	1351	1253	677	828	627
第三产业从业人员	人	5197	3639	6002	3946	6857
二、综合经济						
地区生产总值	万元	94359	137485	100582	85053	129371
第一产业增加值	万元	39805	37885	49617	39451	44320
第二产业增加值	万元	18633	69419	11966	13731	30562
一般公共预算收入	万元	6006	13588	5064	16040	10692
一般公共预算支出	万元	240466	199416	396361	160460	229569
居民储蓄存款余额	万元	66827	56033	60460	134688	79641
年末金融机构各项贷款余额	万元	33045	44225	37693	19321	48478
三、农业、工业和通讯						
设施农业占地(水面)面积	公顷		5	4	17	58
油料产量	吨		439	214	18	1300
棉花产量	吨					
规模以上工业企业单位数	个		1			
固定电话用户	户	4109	5300	3040	2989	5300
四、教育、卫生和社会保障						
普通中学在校学生数	人	1702	1093	2558	1473	2773
小学在校学生数	人	10289	5293	10056	5883	9205
医疗卫生机构床位数	床	225	459	238	459	176
各种社会福利收养性单位数	个	10	2	9	7	4
各种社会福利收养性单位床位数	床	365	160	78	856	100

2018年县(市)社会经济主要指标

四川省

指　　标	单位	巴塘县	乡城县	稻城县	得荣县	西昌市
一、基本情况						
行政区域面积	平方公里	7852	5016	7323	2916	2657
乡个数	个	16	9	10	9	29
镇个数	个	3	3	4	3	8
街道办事处个数	个					6
户籍人口	人	53208	29369	31929	25789	678738
第二产业从业人员	人	1800	948	696	635	84675
第三产业从业人员	人	10500	5180	5384	849	224354
二、综合经济						
地区生产总值	万元	138023	108582	81537	91583	5093777
第一产业增加值	万元	34186	25121	22764	21387	461155
第二产业增加值	万元	63923	46495	22855	41311	1912947
一般公共预算收入	万元	8891	6080	12925	4737	439304
一般公共预算支出	万元	203861	123938	149183	112211	993343
居民储蓄存款余额	万元	108455	59424	63387	51522	3098789
年末金融机构各项贷款余额	万元	76201	103200	85544	109698	3987650
三、农业、工业和通讯						
设施农业占地(水面)面积	公顷	9	55	18	5	3777
油料产量	吨	436	344	739	434	2277
棉花产量	吨					
规模以上工业企业单位数	个	2	5		2	66
固定电话用户	户	5986	3989	8743	2824	177653
四、教育、卫生和社会保障						
普通中学在校学生数	人	3356	1362	1221	958	54877
小学在校学生数	人	5218	3102	2832	1910	81768
医疗卫生机构床位数	床	237	146	221	93	5876
各种社会福利收养性单位数	个	2	2	1	4	11
各种社会福利收养性单位床位数	床	187	48	64	215	1204

2018年县(市)社会经济主要指标

四川省

指　　标	单位	木里藏族自治县	盐源县	德昌县	会理县	会东县
一、基本情况						
行政区域面积	平方公里	13223	8412	2284	4518	3227
乡个数	个	25	20	3	11	7
镇个数	个	4	10	16	14	13
街道办事处个数	个				2	
户籍人口	人	139428	387622	217099	462878	427821
第二产业从业人员	人	6730	17281	12001	81526	33901
第三产业从业人员	人	33335	34577	42700	105889	43977
二、综合经济						
地区生产总值	万元	316356	900096	750629	2000072	1432933
第一产业增加值	万元	62592	239579	188689	441212	429549
第二产业增加值	万元	141896	422141	288603	896351	580960
一般公共预算收入	万元	62905	78187	55568	87703	100906
一般公共预算支出	万元	321840	421684	193098	256589	292680
居民储蓄存款余额	万元	125657	492629	491884	1135337	652243
年末金融机构各项贷款余额	万元	211731	254286	376496	710311	359908
三、农业、工业和通讯						
设施农业占地(水面)面积	公顷	1190	266	371	257	56
油料产量	吨	121	574	755	2615	12753
棉花产量	吨					
规模以上工业企业单位数	个	5	24	30	52	19
固定电话用户	户	7483	24089	26653	105804	38792
四、教育、卫生和社会保障						
普通中学在校学生数	人	7391	22366	13372	21120	18721
小学在校学生数	人	12225	30989	21282	29367	36309
医疗卫生机构床位数	床	626	1687	1383	2226	1809
各种社会福利收养性单位数	个	2	4	4	8	2
各种社会福利收养性单位床位数	床	260	602	653	1811	776

2018年县(市)社会经济主要指标

四川省

指　　标	单位	宁南县	普格县	布拖县	金阳县	昭觉县
一、基本情况						
行政区域面积	平方公里	1673	1905	1686	1586	2702
乡个数	个	9	31	27	30	46
镇个数	个	16	3	3	4	1
街道办事处个数	个					
户籍人口	人	199647	218790	215296	213320	341750
第二产业从业人员	人	11354	6934	4625	7500	24280
第三产业从业人员	人	13254	20546	11074	19500	27140
二、综合经济						
地区生产总值	万元	613297	256270	242190	321094	298356
第一产业增加值	万元	183652	86936	79319	74957	111864
第二产业增加值	万元	205563	60369	75353	150691	60728
一般公共预算收入	万元	42452	10078	11534	24627	14056
一般公共预算支出	万元	158389	293165	304365	369663	399108
居民储蓄存款余额	万元	341424	154745	162565	148091	239241
年末金融机构各项贷款余额	万元	157243	73404	71529	65402	90411
三、农业、工业和通讯						
设施农业占地(水面)面积	公顷	51	89	30	30	50
油料产量	吨	1064	217	107	200	
棉花产量	吨					
规模以上工业企业单位数	个	9	3	4	1	9
固定电话用户	户	22261	6685	3680	7000	7594
四、教育、卫生和社会保障						
普通中学在校学生数	人	11524	11883	6145	9142	14886
小学在校学生数	人	17534	31536	35328	29152	47207
医疗卫生机构床位数	床	1506	489	888	560	1509
各种社会福利收养性单位数	个	2	2	2	1	2
各种社会福利收养性单位床位数	床	204	199	534	736	217

2018年县(市)社会经济主要指标

四川省

指　　标	单位	喜德县	冕宁县	越西县	甘洛县	美姑县
一、基本情况						
行政区域面积	平方公里	2204	4422	2257	2156	2515
乡个数	个	17	22	28	21	35
镇个数	个	7	16	10	7	1
街道办事处个数	个					
户籍人口	人	226736	405525	371015	235047	275479
第二产业从业人员	人	18210	26112	42382	15176	2899
第三产业从业人员	人	45780	36286	46454	34374	20180
二、综合经济						
地区生产总值	万元	239208	1249905	377497	326834	259038
第一产业增加值	万元	75075	224528	126073	68910	98245
第二产业增加值	万元	66839	652446	78986	115755	66039
一般公共预算收入	万元	8884	80080	16188	22075	369904
一般公共预算支出	万元	308832	279670	401235	308287	364464
居民储蓄存款余额	万元	207530	714813	464355	302832	184530
年末金融机构各项贷款余额	万元	89632	418984	207214	86301	86235
三、农业、工业和通讯						
设施农业占地(水面)面积	公顷	72	223	50	14	3
油料产量	吨	171	3007	5318	1143	23
棉花产量	吨					
规模以上工业企业单位数	个	6	31	14	16	3
固定电话用户	户	6101	28900	16800	8189	8920
四、教育、卫生和社会保障						
普通中学在校学生数	人	8512	19149	14357	11059	8955
小学在校学生数	人	28493	43002	49174	27073	41528
医疗卫生机构床位数	床	775	2212	950	912	957
各种社会福利收养性单位数	个	1	2	1	2	1
各种社会福利收养性单位床位数	床	176	398		170	90

2018年县(市)社会经济主要指标

四川省、贵州省

指　　标	单位	雷波县	开阳县	息烽县	修文县	清镇市
一、基本情况						
行政区域面积	平方公里	2838	2023	1037	1076	1387
乡个数	个	43	8	1	1	3
镇个数	个	5	8	9	9	6
街道办事处个数	个		2			
户籍人口	人	283244	454609	274744	329590	538282
第二产业从业人员	人	8133	63280	23214		73400
第三产业从业人员	人	24058	51020	63711		118300
二、综合经济						
地区生产总值	万元	654387	2498715	1867916	1931066	3359349
第一产业增加值	万元	123784	330648	191968	243414	273981
第二产业增加值	万元	355617	1349636	827901	850738	1543228
一般公共预算收入	万元	87581	119410	45649	72087	175157
一般公共预算支出	万元	442665	307689	231452	252122	356128
居民储蓄存款余额	万元	394301	805447	578662	646100	1192800
年末金融机构各项贷款余额	万元	149233	1466922	1020693	1832758	2575900
三、农业、工业和通讯						
设施农业占地(水面)面积	公顷	49	701	202	36	993
油料产量	吨	1518	16838	6235	12600	11968
棉花产量	吨					
规模以上工业企业单位数	个	11	65	48	90	94
固定电话用户	户	21498	21900	14700	124305	30060
四、教育、卫生和社会保障						
普通中学在校学生数	人	15912	16339	12429	14982	28989
小学在校学生数	人	33166	27341	19594	26156	45295
医疗卫生机构床位数	床	958	1800	1157	1448	2036
各种社会福利收养性单位数	个	1	81	9	83	11
各种社会福利收养性单位床位数	床	280	1875	1113	1308	1713

2018年县(市)社会经济主要指标

贵州省

指　　标	单位	六枝特区	水城县	盘州市	播州区	桐梓县
一、基本情况						
行政区域面积	平方公里	1800	3603	4056	2488	3208
乡个数	个	6	13	7	2	3
镇个数	个	9	13	14	17	20
街道办事处个数	个	3	4	6	5	2
户籍人口	人	744169	966909	1286625	873369	745367
第二产业从业人员	人		50684	238360	114213	98429
第三产业从业人员	人		146405	250746	239539	161332
二、综合经济						
地区生产总值	万元	1885248	2880514	5964422	3379897	1692800
第一产业增加值	万元	378195	428069	605969	492909	343500
第二产业增加值	万元	555606	1483742	3551793	1664200	686100
一般公共预算收入	万元	100118	230600	518066	176111	67784
一般公共预算支出	万元	419207	692300	1148318	543000	456901
居民储蓄存款余额	万元	1005945		2401752		1377900
年末金融机构各项贷款余额	万元	1613800		3398389		1540400
三、农业、工业和通讯						
设施农业占地(水面)面积	公顷	336	180	268	111	26
油料产量	吨	18139	10300	20579	52053	15089
棉花产量	吨					
规模以上工业企业单位数	个	33	140	190	164	48
固定电话用户	户	12500	21000	8822	39600	27100
四、教育、卫生和社会保障						
普通中学在校学生数	人	44033	51182	64879	43898	37740
小学在校学生数	人	68876	70010	85652	54771	53075
医疗卫生机构床位数	床	2707	2489	5921	4560	1707
各种社会福利收养性单位数	个	15	93	29	25	38
各种社会福利收养性单位床位数	床	880	4228	3654	2410	6854

2018年县(市)社会经济主要指标

贵州省

指　　标	单位	绥阳县	正安县	道真仡佬族苗族自治县	务川仡佬族苗族自治县	凤冈县
一、基本情况						
行政区域面积	平方公里	2546	2590	2156	2777	1885
乡个数	个	2	2	3	2	1
镇个数	个	13	16	11	11	13
街道办事处个数	个	6	1		3	
户籍人口	人	565201	660792	352149	477859	448143
第二产业从业人员	人	57900	93885	41499	36051	37959
第三产业从业人员	人	113500	182652	40124	79531	64859
二、综合经济						
地区生产总值	万元	1236000	1066319	707410	774948	829200
第一产业增加值	万元	362200	291800	227110	233716	255100
第二产业增加值	万元	334600	245800	158900	204135	207800
一般公共预算收入	万元	56500	66085	27100	58023	31851
一般公共预算支出	万元	30305	383967	265500	348632	303200
居民储蓄存款余额	万元	1050000	1042090	808532	801630	763786
年末金融机构各项贷款余额	万元	1130500	1779619	835500	1067684	956186
三、农业、工业和通讯						
设施农业占地(水面)面积	公顷	372	44	98		89
油料产量	吨	28430	17548	10495	14975	17412
棉花产量	吨					
规模以上工业企业单位数	个	83	80	56	24	16
固定电话用户	户	12880	14587	12816	11748	12614
四、教育、卫生和社会保障						
普通中学在校学生数	人	32079	20731	21456	19470	25925
小学在校学生数	人	34910	38986	24351	30940	29060
医疗卫生机构床位数	床	2205	2961	2000	1736	2394
各种社会福利收养性单位数	个	16	20	14	16	14
各种社会福利收养性单位床位数	床	1750	3053	743	1422	970

2018年县(市)社会经济主要指标

贵州省

指标	单位	湄潭县	余庆县	习水县	赤水市	仁怀市
一、基本情况						
行政区域面积	平方公里	1845	1622	3128	1852	1788
乡个数	个		1	2	3	1
镇个数	个	12	8	20	11	14
街道办事处个数	个	3	1	4	3	5
户籍人口	人	525379	310945	787167	318320	725000
第二产业从业人员	人	64485	19068	102391	38061	138240
第三产业从业人员	人	123895	111843	159563	75625	131640
二、综合经济						
地区生产总值	万元	1101635	869663	1890800	1163607	7227377
第一产业增加值	万元	306135	203290	319800	187037	293238
第二产业增加值	万元	289700	252792	921500	523658	5109073
一般公共预算收入	万元	48000	42650	104084	63500	672809
一般公共预算支出	万元	318500	220000	496348	304700	780781
居民储蓄存款余额	万元	1178000	741392	1194081	1064600	1950023
年末金融机构各项贷款余额	万元	1506900	1012054	2076671	1396300	2898686
三、农业、工业和通讯						
设施农业占地(水面)面积	公顷	143	161	799	375	950
油料产量	吨	18277	10786	9185	722	15438
棉花产量	吨					
规模以上工业企业单位数	个	92	32	68	78	89
固定电话用户	户	18500	14437	12800	46185	34844
四、教育、卫生和社会保障						
普通中学在校学生数	人	27454	19188	42994	18395	38835
小学在校学生数	人	32641	23143	54441	22913	53656
医疗卫生机构床位数	床	2135	1742	3367	2823	2684
各种社会福利收养性单位数	个	18	4	26	19	20
各种社会福利收养性单位床位数	床	2380	313	1716	1822	2335

2018年县(市)社会经济主要指标

贵州省

指　　标	单位	平坝区	普定县	镇宁布依族苗族自治县	关岭布依族苗族自治县	紫云苗族布依族自治县
一、基本情况						
行政区域面积	平方公里	999	1092	1717	1464	2284
乡个数	个	2	3	3	1	2
镇个数	个	7	6	8	9	8
街道办事处个数	个	2	3	4	3	2
户籍人口	人	381757	512794	412889	405973	405238
第二产业从业人员	人	47544	54941	40415	22018	26700
第三产业从业人员	人	68875	69429	62707	102823	33600
二、综合经济						
地区生产总值	万元	1373200	1248900	1087000	946700	681100
第一产业增加值	万元	201300	195800	232400	231700	230100
第二产业增加值	万元	618900	514900	242000	221600	114100
一般公共预算收入	万元	115875	67700	70100	35297	47512
一般公共预算支出	万元	383697	331700	351400	269543	290246
居民储蓄存款余额	万元	915063	553653	539245	527339	408755
年末金融机构各项贷款余额	万元	1546700	948545	1208589	872203	784939
三、农业、工业和通讯						
设施农业占地(水面)面积	公顷	205	1022	60	1070	5
油料产量	吨	13409	11174	14329	7977	17958
棉花产量	吨					
规模以上工业企业单位数	个	98	42	25	19	16
固定电话用户	户	34900	6555		7776	8800
四、教育、卫生和社会保障						
普通中学在校学生数	人	20830	23861	16553	21383	21304
小学在校学生数	人	31816	41661	30951	38463	35359
医疗卫生机构床位数	床	1324	1863	1236	1130	1059
各种社会福利收养性单位数	个	9	10	16	14	9
各种社会福利收养性单位床位数	床	580	466	1269	1272	349

2018年县(市)社会经济主要指标

贵州省

指　　标	单位	七星关区	大方县	黔西县	金沙县	织金县
一、基本情况						
行政区域面积	平方公里	3411	3538	2554	2523	2868
乡个数	个	8	24	12	7	10
镇个数	个	27	10	15	14	16
街道办事处个数	个	11	4	4	4	6
户籍人口	人	1668231	1208284	1036559	707543	1259897
第二产业从业人员	人	116540	77345	128593	41953	118584
第三产业从业人员	人	247118	218065	305648	136998	178734
二、综合经济						
地区生产总值	万元	3800200	2353700	2316900	2622000	2051600
第一产业增加值	万元	798300	445700	403500	339900	406500
第二产业增加值	万元	1174700	904900	914600	1369900	710800
一般公共预算收入	万元	272971	62249	90200	203500	105521
一般公共预算支出	万元	914700	509360	392300	547500	607238
居民储蓄存款余额	万元	2734232	1473287	1242459	1134800	1327849
年末金融机构各项贷款余额	万元	4792401	1623293	1899486	1572400	1968300
三、农业、工业和通讯						
设施农业占地(水面)面积	公顷	560	2664	2307	364	1716
油料产量	吨	7727	8772	71620	28435	17895
棉花产量	吨					
规模以上工业企业单位数	个	95	58	67	66	63
固定电话用户	户	49600	19537	23300	21548	30425
四、教育、卫生和社会保障						
普通中学在校学生数	人	128580	68610	49141	41654	73218
小学在校学生数	人	157907	99357	74553	61629	105969
医疗卫生机构床位数	床	8496	4628	3661	2749	5082
各种社会福利收养性单位数	个	35	37	29	19	31
各种社会福利收养性单位床位数	床	1600	2204	1419	940	1134

2018年县(市)社会经济主要指标

贵州省

指　　标	单位	纳雍县	威宁彝族回族苗族自治县	赫章县	碧江区	万山区
一、基本情况						
行政区域面积	平方公里	2452	6299	3243	1009	840
乡个数	个	10	5	15	5	6
镇个数	个	13	30	10	3	1
街道办事处个数	个	3	4	2	5	3
户籍人口	人	1055402	1549403	896316	326800	180295
第二产业从业人员	人	90027	150142	39166	47200	10383
第三产业从业人员	人	128661	135571	185524	127100	33640
二、综合经济						
地区生产总值	万元	2180082	2609300	1492600	1743300	505700
第一产业增加值	万元	350033	922500	482500	143600	101300
第二产业增加值	万元	1070022	649800	294600	696700	217600
一般公共预算收入	万元	90500	122174	47811	145787	35005
一般公共预算支出	万元	510200	734316	411852	351034	210900
居民储蓄存款余额	万元	879500	980783	839987	1569122	
年末金融机构各项贷款余额	万元	1296500	1802964	1024526	2996571	527975
三、农业、工业和通讯						
设施农业占地(水面)面积	公顷	2646	1549	470	756	915
油料产量	吨	1632	725	475	12461	9542
棉花产量	吨					
规模以上工业企业单位数	个	81	80	49	86	61
固定电话用户	户	10912	62158	17909	62100	5280
四、教育、卫生和社会保障						
普通中学在校学生数	人	64225	142100	64399	41382	9591
小学在校学生数	人	96507	167602	89100	40396	12095
医疗卫生机构床位数	床	3667	4275	3376	4911	960
各种社会福利收养性单位数	个	25	36	26	7	16
各种社会福利收养性单位床位数	床	1075	1252	759	399	353

2018年县(市)社会经济主要指标

贵州省

指　　标	单位	江口县	玉屏侗族自治县	石阡县	思南县	印江土家族苗族自治县
一、基本情况						
行政区域面积	平方公里	1877	524	2173	2231	1968
乡个数	个	2	1	10	8	1
镇个数	个	6	4	6	17	13
街道办事处个数	个	2	2	3	3	3
户籍人口	人	250430	165123	415746	685779	454452
第二产业从业人员	人	22771	25031	20891	80281	65696
第三产业从业人员	人	31013	34033	117014	101892	100175
二、综合经济						
地区生产总值	万元	593939	842900	955200	1402000	1014200
第一产业增加值	万元	168239	106400	288000	379700	302900
第二产业增加值	万元	151300	450100	128500	335500	195400
一般公共预算收入	万元	18094	52067	39578	52239	30572
一般公共预算支出	万元	218309	268081	322596	513258	390865
居民储蓄存款余额	万元	463100	437311	658390	995193	906000
年末金融机构各项贷款余额	万元	694227	741845	1001318	1292130	1195329
三、农业、工业和通讯						
设施农业占地(水面)面积	公顷	1852		51	2530	316
油料产量	吨	14060	16610	28195	34961	15210
棉花产量	吨					
规模以上工业企业单位数	个	27	84	34	78	58
固定电话用户	户	6517	7086	10111	10988	48521
四、教育、卫生和社会保障						
普通中学在校学生数	人	13124	9084	27187	51007	30495
小学在校学生数	人	17351	14005	25500	44423	32089
医疗卫生机构床位数	床	1084	901	2187	2747	1948
各种社会福利收养性单位数	个	32	6	18	23	13
各种社会福利收养性单位床位数	床	792	314	1200	1136	928

2018年县(市)社会经济主要指标

贵州省

指　　标	单位	德江县	沿河土家族自治县	松桃苗族自治县	兴义市	兴仁市
一、基本情况						
行政区域面积	平方公里	2070	2484	2859	2908	1778
乡个数	个	8	2	6	5	1
镇个数	个	11	17	17	17	11
街道办事处个数	个	2	3	5	8	4
户籍人口	人	552610	690810	730541	893648	568674
第二产业从业人员	人	63633	75427	66062	138725	45596
第三产业从业人员	人	107327	69024	75399	123392	82262
二、综合经济						
地区生产总值	万元	1219998	1101833	1385000	4500726	1645337
第一产业增加值	万元	304798	314633	315500	412881	293125
第二产业增加值	万元	242800	204200	429600	1564587	535419
一般公共预算收入	万元	57478	48431	64191	363429	157800
一般公共预算支出	万元	430097	479268	422740	800782	440370
居民储蓄存款余额	万元	790273	918133	1008410	2969117	772255
年末金融机构各项贷款余额	万元	1376133	1087920	1328419	5447381	1411949
三、农业、工业和通讯						
设施农业占地(水面)面积	公顷	395	281	157	305	214
油料产量	吨		13827	25988	15786	16207
棉花产量	吨					
规模以上工业企业单位数	个	61	35	63	162	97
固定电话用户	户	3152	13000	12000	92252	6960
四、教育、卫生和社会保障						
普通中学在校学生数	人	28311	48785	26730	93510	35347
小学在校学生数	人	47417	64055	47759	95147	51348
医疗卫生机构床位数	床	3156	2427	2711	5066	1856
各种社会福利收养性单位数	个	16	20	28	16	16
各种社会福利收养性单位床位数	床	1093	1020	1307	748	412

2018年县(市)社会经济主要指标

贵州省

指　　标	单位	普安县	晴隆县	贞丰县	望谟县	册亨县
一、基本情况						
行政区域面积	平方公里	1454	1310	1509	3018	2597
乡个数	个	2	4	3	1	1
镇个数	个	8	8	9	11	9
街道办事处个数	个	2	2	2	3	2
户籍人口	人	353216	346832	426368	325529	246542
第二产业从业人员	人	26276	29835	33733	37232	17587
第三产业从业人员	人	18659	36456	78966	68206	16854
二、综合经济						
地区生产总值	万元	893499	829773	1336654	711997	564368
第一产业增加值	万元	193903	197981	276552	250697	202510
第二产业增加值	万元	352113	254642	586428	82000	58803
一般公共预算收入	万元	88182	60334	191500	37505	36057
一般公共预算支出	万元	310602	339378	434700	334000	303830
居民储蓄存款余额	万元	448925	425100	663188	309635	316125
年末金融机构各项贷款余额	万元	879234	423100	714500	710539	473786
三、农业、工业和通讯						
设施农业占地(水面)面积	公顷	80	223	3	27	62
油料产量	吨	11348	2884	12129	19035	15367
棉花产量	吨				2	
规模以上工业企业单位数	个	43	30	44	25	25
固定电话用户	户	900	3641	16046	2069	4763
四、教育、卫生和社会保障						
普通中学在校学生数	人	14232	19023	26187	22688	13888
小学在校学生数	人	25583	29562	35728	26370	21077
医疗卫生机构床位数	床	1760	875	1871	1137	600
各种社会福利收养性单位数	个	13	8	10	18	52
各种社会福利收养性单位床位数	床	357	258	191	880	936

2018年县(市)社会经济主要指标

贵州省

指　　标	单位	安龙县	凯里市	黄平县	施秉县	三穗县
一、基本情况						
行政区域面积	平方公里	2232	1570	1668	1532	1030
乡个数	个			3	3	2
镇个数	个	10	11	8	5	7
街道办事处个数	个	3	7		10	
户籍人口	人	492736	573711	388681	176240	231037
第二产业从业人员	人	69477	59466	39995	4602	16084
第三产业从业人员	人	161629	156832	58937	14409	59301
二、综合经济						
地区生产总值	万元	1294930	2376047	606192	397461	486081
第一产业增加值	万元	301531	169646	190121	97682	93461
第二产业增加值	万元	380326	544706	66833	87003	100593
一般公共预算收入	万元	354945	427769	27619	16480	20999
一般公共预算支出	万元	406559	424759	249538	139265	187265
居民储蓄存款余额	万元	850830	2463094	584306	279106	380023
年末金融机构各项贷款余额	万元	1237090	4237052	688323	410965	439242
三、农业、工业和通讯						
设施农业占地(水面)面积	公顷	2504	117	70	868	78
油料产量	吨	7354	5839	5760	5071	2252
棉花产量	吨				9	
规模以上工业企业单位数	个	69	63	5	4	23
固定电话用户	户	1770	64800	6900	6396	5436
四、教育、卫生和社会保障						
普通中学在校学生数	人	26175	52352	22594	9363	8267
小学在校学生数	人	43449	58252	23976	12766	19116
医疗卫生机构床位数	床	1978	6821	2182	646	1500
各种社会福利收养性单位数	个	12	6		2	3
各种社会福利收养性单位床位数	床	345	488		799	250

2018年县(市)社会经济主要指标

贵州省

指　　标	单位	镇远县	岑巩县	天柱县	锦屏县	剑河县
一、基本情况						
行政区域面积	平方公里	1890	1490	2178	1619	2180
乡个数	个	4	2	2	8	1
镇个数	个	8	9	11	7	11
街道办事处个数	个			3		1
户籍人口	人	276156	237039	434840	236320	273970
第二产业从业人员	人	20646	13200	21798	27201	15580
第三产业从业人员	人	41199	62700	116453	30554	65669
二、综合经济						
地区生产总值	万元	707770	487265	815426	449824	478283
第一产业增加值	万元	142894	94615	189088	93269	126279
第二产业增加值	万元	226609	129753	213957	122160	69723
一般公共预算收入	万元	28488	30055	14641	20646	21390
一般公共预算支出	万元	164457	193862	301657	182322	221399
居民储蓄存款余额	万元	436229	419339	936642	476001	438629
年末金融机构各项贷款余额	万元	585045	558574	744163	570576	486788
三、农业、工业和通讯						
设施农业占地(水面)面积	公顷	41	47	468	379	13
油料产量	吨	8546	9688	21404	8505	4152
棉花产量	吨				34	11
规模以上工业企业单位数	个	22	29	22	18	9
固定电话用户	户	6942	4900	9740	86061	4745
四、教育、卫生和社会保障						
普通中学在校学生数	人	8983	14809	12419	11841	15477
小学在校学生数	人	19677	17727	26582	15639	21975
医疗卫生机构床位数	床	1016	1558	1645	1073	1262
各种社会福利收养性单位数	个	7	6	11	9	5
各种社会福利收养性单位床位数	床	295	354	501	524	440

2018年县(市)社会经济主要指标

贵州省

指　　标	单位	台江县	黎平县	榕江县	从江县	雷山县
一、基本情况						
行政区域面积	平方公里	1078	4441	3296	3225	1204
乡个数	个	3	9	10	7	3
镇个数	个	4	14	9	12	5
街道办事处个数	个	2	2			
户籍人口	人	169943	566492	376246	379227	163229
第二产业从业人员	人	15944	37118	20832	18093	6373
第三产业从业人员	人	36658	36881	81218	58135	32319
二、综合经济						
地区生产总值	万元	373844	927886	691941	662847	352923
第一产业增加值	万元	78522	208573	187351	188433	80526
第二产业增加值	万元	76061	157841	186926	161108	58842
一般公共预算收入	万元	21928	26415	30524	22147	13712
一般公共预算支出	万元	167915	346806	296076	304949	145971
居民储蓄存款余额	万元	289952	813750	585703	424727	310012
年末金融机构各项贷款余额	万元	465626	929397	904410	507572	388767
三、农业、工业和通讯						
设施农业占地(水面)面积	公顷	139	152	93	5	24
油料产量	吨	3049	20765	9693	16947	780
棉花产量	吨	3	379	71	113	
规模以上工业企业单位数	个	15	20	18	15	4
固定电话用户	户	1600	9420	12000	28633	12955
四、教育、卫生和社会保障						
普通中学在校学生数	人	9834	26582	20918	22693	9008
小学在校学生数	人	13833	41439	29976	30334	11924
医疗卫生机构床位数	床	632	2751	1581	1730	892
各种社会福利收养性单位数	个	8	24	16	17	4
各种社会福利收养性单位床位数	床	275	524	1190	983	300

2018年县(市)社会经济主要指标

贵州省

指　　标	单位	麻江县	丹寨县	都匀市	福泉市	荔波县
一、基本情况						
行政区域面积	平方公里	957	942	2285	1692	2415
乡个数	个	1	2	1	1	2
镇个数	个	4	4	4	5	5
街道办事处个数	个	2		5	2	1
户籍人口	人	169226	176928	504370	337908	183290
第二产业从业人员	人	10945	9420	39300	37975	13407
第三产业从业人员	人	24465	50167	97400	52050	35580
二、综合经济						
地区生产总值	万元	346745	329470	2368325	1761649	617400
第一产业增加值	万元	91304	81293	181827	163359	103400
第二产业增加值	万元	81718	66820	824289	791918	176800
一般公共预算收入	万元	13080	11020	212233	124871	37317
一般公共预算支出	万元	148903	149653	444363	326307	206745
居民储蓄存款余额	万元	384651	303068	2097173	758218	487434
年末金融机构各项贷款余额	万元	439335	342777	3775860	1876638	826969
三、农业、工业和通讯						
设施农业占地(水面)面积	公顷		543		203	100
油料产量	吨	4880	1437	11673	14621	5217
棉花产量	吨					24
规模以上工业企业单位数	个	6	12	58	141	28
固定电话用户	户	9700	2320	42367	8866	14859
四、教育、卫生和社会保障						
普通中学在校学生数	人	8624	11147	28399	13859	13502
小学在校学生数	人	11046	15314	33294	27146	13737
医疗卫生机构床位数	床	812	913	4386	1732	971
各种社会福利收养性单位数	个	3	7	11	7	6
各种社会福利收养性单位床位数	床	125	433	1212	763	822

2018年县(市)社会经济主要指标

贵州省

指　　标	单位	贵定县	瓮安县	独山县	平塘县	罗甸县
一、基本情况						
行政区域面积	平方公里	1627	1963	2477	2805	3013
乡个数	个		1		1	1
镇个数	个	6	10	8	9	8
街道办事处个数	个	2	2		1	1
户籍人口	人	301820	494261	356100	335163	363396
第二产业从业人员	人	15381	41000	49742	22900	19126
第三产业从业人员	人	79430	53500	99765	29800	23200
二、综合经济						
地区生产总值	万元	998983	1445600	943449	724093	823732
第一产业增加值	万元	127564	269900	200335	218573	177401
第二产业增加值	万元	446287	507800	280975	133791	285984
一般公共预算收入	万元	66187	151000	47651	32616	42067
一般公共预算支出	万元	260861	356900	273139	278417	291246
居民储蓄存款余额	万元	576876	1067503	750162	423453	468757
年末金融机构各项贷款余额	万元	853511	1708583	1108514	1081266	800008
三、农业、工业和通讯						
设施农业占地(水面)面积	公顷	63	183	37		275
油料产量	吨	8892	18885	11261	12403	4128
棉花产量	吨					
规模以上工业企业单位数	个	79	90	100	41	31
固定电话用户	户	284643	11700	9137	7646	6472
四、教育、卫生和社会保障						
普通中学在校学生数	人	14128	26680	15739	13684	22166
小学在校学生数	人	20996	38762	23001	23978	28759
医疗卫生机构床位数	床	1339	2760	1360	1210	1543
各种社会福利收养性单位数	个	4	9	6	7	7
各种社会福利收养性单位床位数	床	346	1270	400	762	743

2018年县(市)社会经济主要指标

贵州省、云南省

指　　标	单位	长顺县	龙里县	惠水县	三都水族自治县	呈贡区
一、基本情况						
行政区域面积	平方公里	1549	1521	2472	2376	510
乡个数	个	1				
镇个数	个	5	5	8	6	
街道办事处个数	个	1	1	2	1	10
户籍人口	人	271846	239877	473225	378190	218549
第二产业从业人员	人	14035	16300	35853	15900	22496
第三产业从业人员	人	27284	21000	117174	27500	59684
二、综合经济						
地区生产总值	万元	676735	1012170	1130957	762963	2499040
第一产业增加值	万元	145912	112195	258844	206313	48772
第二产业增加值	万元	173179	635725	355073	126863	1302642
一般公共预算收入	万元	33806	123692	70007	30653	239396
一般公共预算支出	万元	217748	314922	341060	285336	335407
居民储蓄存款余额	万元	351281	786344	637929	554205	2486985
年末金融机构各项贷款余额	万元	897839	1323861	948103	934783	2907443
三、农业、工业和通讯						
设施农业占地(水面)面积	公顷	610	1388	265		972
油料产量	吨	6663	7655	7636	12447	
棉花产量	吨					
规模以上工业企业单位数	个	68	151	117	39	128
固定电话用户	户	8455	8158	18050	7239	58900
四、教育、卫生和社会保障						
普通中学在校学生数	人	13381	12025	28173	24998	19626
小学在校学生数	人	19892	19878	36462	34021	23845
医疗卫生机构床位数	床	1174	1165	1089	1375	879
各种社会福利收养性单位数	个	9	6	10	8	7
各种社会福利收养性单位床位数	床	1170	689	575	786	348

2018年县(市)社会经济主要指标

云南省

指　　标	单位	晋宁区	富民县	宜良县	石林彝族自治县	嵩明县
一、基本情况						
行政区域面积	平方公里	1337	994	1914	1680	831
乡个数	个	2		2	1	
镇个数	个	4	5	4	3	3
街道办事处个数	个	2	2	3	3	2
户籍人口	人	286045	153127	435799	229388	310010
第二产业从业人员	人	28900	20129	63776	10656	40546
第三产业从业人员	人	66200	16117	69970	21844	49677
二、综合经济						
地区生产总值	万元	1357997	765487	1853604	855968	1173726
第一产业增加值	万元	239213	112058	479561	215971	168841
第二产业增加值	万元	479947	387523	493684	194837	518799
一般公共预算收入	万元	125036	54678	85061	13105	120152
一般公共预算支出	万元	236857	125018	214087	11665	235306
居民储蓄存款余额	万元	1273979	558659	1600328	631716	1120510
年末金融机构各项贷款余额	万元	974296	510284	1144665	633839	972200
三、农业、工业和通讯						
设施农业占地(水面)面积	公顷	5005	232	1980	906	7678
油料产量	吨	1087	1185	531	557	15
棉花产量	吨					
规模以上工业企业单位数	个	104	54	84	42	90
固定电话用户	户	13900	5090	18200	15300	12704
四、教育、卫生和社会保障						
普通中学在校学生数	人	12592	6109	19129	14088	16286
小学在校学生数	人	19594	12454	23153	16625	23412
医疗卫生机构床位数	床	2008	894	2056	1598	1789
各种社会福利收养性单位数	个	5	1	3	4	3
各种社会福利收养性单位床位数	床	331	150	392	251	290

2018年县(市)社会经济主要指标

云南省

指　　标	单位	禄劝彝族苗族自治县	寻甸回族彝族自治县	安宁市	沾益区	马龙区
一、基本情况						
行政区域面积	平方公里	4240	3588	1301	2815	1614
乡个数	个	6	4		5	3
镇个数	个	9	9		2	2
街道办事处个数	个	1	3	9	4	5
户籍人口	人	488731	573479	279729	437946	212681
第二产业从业人员	人	49849	51670	56558	45102	5333
第三产业从业人员	人	37075	64966	80438	42228	9153
二、综合经济						
地区生产总值	万元	959014	900020	4302010	2058126	561341
第一产业增加值	万元	284253	255532	148212	413057	99026
第二产业增加值	万元	218053	232166	2399620	793426	242296
一般公共预算收入	万元	56043	61887	370227	115496	56242
一般公共预算支出	万元	367527	348180	462258	264816	200718
居民储蓄存款余额	万元	754884	1022179	2176218	631385	447088
年末金融机构各项贷款余额	万元	1016075	976896	3590422	750120	544302
三、农业、工业和通讯						
设施农业占地(水面)面积	公顷	66	1644	1275	163	386
油料产量	吨	3423	3211	3518	746	2130
棉花产量	吨					
规模以上工业企业单位数	个	25	41	105	81	37
固定电话用户	户	7631	14320	35283	7752	4508
四、教育、卫生和社会保障						
普通中学在校学生数	人	15784	33719	18002	29776	14196
小学在校学生数	人	25980	34749	23168	41222	12624
医疗卫生机构床位数	床	2636	3004	3880	1180	829
各种社会福利收养性单位数	个	5	1	4	11	6
各种社会福利收养性单位床位数	床	342	400	720	295	490

2018年县(市)社会经济主要指标

云南省

指　　标	单位	陆良县	师宗县	罗平县	富源县	会泽县
一、基本情况						
行政区域面积	平方公里	1989	2784	3015	3251	5884
乡个数	个	2	3	6	1	13
镇个数	个	7	4	4	9	7
街道办事处个数	个	2	3	3	2	3
户籍人口	人	693417	435989	653016	833833	1062560
第二产业从业人员	人	40829	23978	31193	156115	28451
第三产业从业人员	人	100161	19466	40125	119260	184585
二、综合经济						
地区生产总值	万元	1756828	1190831	1786331	1553458	1900232
第一产业增加值	万元	588411	367298	455324	373832	432056
第二产业增加值	万元	490864	354692	529084	502285	738704
一般公共预算收入	万元	84077	63901	84267	123362	131285
一般公共预算支出	万元	343250	346285	358019	472236	736216
居民储蓄存款余额	万元	1279364	695448	906937	1134918	1191629
年末金融机构各项贷款余额	万元	1187481	721278	902144	1196004	1222521
三、农业、工业和通讯						
设施农业占地(水面)面积	公顷	4761	38	75	441	1360
油料产量	吨	1872	32083	136727	15836	2116
棉花产量	吨					
规模以上工业企业单位数	个	65	37	45	98	40
固定电话用户	户	14712	8875	15600	12000	23921
四、教育、卫生和社会保障						
普通中学在校学生数	人	40977	27944	39014	53248	65510
小学在校学生数	人	51611	42570	57149	73157	72756
医疗卫生机构床位数	床	2948	2245	3611	3376	6031
各种社会福利收养性单位数	个	14	6	6	11	28
各种社会福利收养性单位床位数	床	1080	600	650	790	2381

2018年县(市)社会经济主要指标

云南省

指　　标	单位	宣威市	江川区	澄江县	通海县	华宁县
一、基本情况						
行政区域面积	平方公里	6053	850	773	740	1313
乡个数	个	7	2		3	1
镇个数	个	13	4	4	4	3
街道办事处个数	个	8	1	2	2	1
户籍人口	人	1548585	285000	172774	290700	213215
第二产业从业人员	人	146829	40589	16336	23623	18343
第三产业从业人员	人	122884	35857	26769	24237	32647
二、综合经济						
地区生产总值	万元	2807645	1000299	1002898	1167136	912274
第一产业增加值	万元	611933	176226	117919	179418	194970
第二产业增加值	万元	753741	369076	317242	455006	304930
一般公共预算收入	万元	141868	78359	95148	51515	43937
一般公共预算支出	万元	832095	205342	272519	180534	175925
居民储蓄存款余额	万元	2522017	907114	652861	1165710	524577
年末金融机构各项贷款余额	万元	1892109	1020789	648048	912819	524049
三、农业、工业和通讯						
设施农业占地(水面)面积	公顷	10104	800		528	
油料产量	吨	318	7793	217	1577	3060
棉花产量	吨					
规模以上工业企业单位数	个	115	45	23	75	29
固定电话用户	户	22600	7034	6535	10972	5719
四、教育、卫生和社会保障						
普通中学在校学生数	人	101040	13899	6961	15165	10981
小学在校学生数	人	117188	15015	9225	21190	13503
医疗卫生机构床位数	床	7310	805	629	1377	829
各种社会福利收养性单位数	个	12	6	6	6	5
各种社会福利收养性单位床位数	床	1666	373	299	208	462

2018年县(市)社会经济主要指标

云南省

指　　标	单位	易门县	峨山彝族自治县	新平彝族傣族自治县	元江哈尼族彝族傣族自治县	施甸县
一、基本情况						
行政区域面积	平方公里	1527	1972	4223	2858	2009
乡个数	个	4	3	6	5	8
镇个数	个	1	3	4	2	5
街道办事处个数	个	2	2	2	3	
户籍人口	人	165654	155828	279769	211157	347941
第二产业从业人员	人	24123	9629	19912	8071	23241
第三产业从业人员	人	20222	16170	34878	19519	22003
二、综合经济						
地区生产总值	万元	1079320	848714	1513439	859156	674686
第一产业增加值	万元	120530	125134	213976	208449	168861
第二产业增加值	万元	609590	350113	595178	206335	211830
一般公共预算收入	万元	64460	44668	134418	43637	51188
一般公共预算支出	万元	186432	168258	340150	200947	299500
居民储蓄存款余额	万元	553220	486785	653297	434516	641796
年末金融机构各项贷款余额	万元	582019	534764	855201	566327	677530
三、农业、工业和通讯						
设施农业占地(水面)面积	公顷		925	251	103	330
油料产量	吨	2658	8016	1281	3475	2497
棉花产量	吨					
规模以上工业企业单位数	个	49	27	32	25	27
固定电话用户	户	5316	5518	6800	5771	8506
四、教育、卫生和社会保障						
普通中学在校学生数	人	8677	5211	12690	10553	15956
小学在校学生数	人	7928	8622	17591	15836	22872
医疗卫生机构床位数	床	991	781	1438	887	1844
各种社会福利收养性单位数	个	8	5	11	9	3
各种社会福利收养性单位床位数	床	300	206	915	235	130

2018年县(市)社会经济主要指标

云南省

指　　标	单位	龙陵县	昌宁县	腾冲市	昭阳区	鲁甸县
一、基本情况						
行政区域面积	平方公里	2884	3888	5845	2193	1484
乡个数	个	5	4	7	7	2
镇个数	个	5	9	11	10	10
街道办事处个数	个				3	
户籍人口	人	304662	354895	686197	944066	474846
第二产业从业人员	人	16629	20127	40984	139556	22761
第三产业从业人员	人	26720	29667	71504	157846	28339
二、综合经济						
地区生产总值	万元	826491	1112612	1938135	2732644	608966
第一产业增加值	万元	219414	353736	386989	291370	126132
第二产业增加值	万元	366160	413049	743273	1366032	263177
一般公共预算收入	万元	64426	59405	175580	130930	47788
一般公共预算支出	万元	327542	349490	626253	624143	315738
居民储蓄存款余额	万元	638618	560318	1987610	2347574	424592
年末金融机构各项贷款余额	万元	633952	722664	2254790	2864686	400019
三、农业、工业和通讯						
设施农业占地(水面)面积	公顷	7	9772	167	136	151
油料产量	吨	868	5979	49769	87	965
棉花产量	吨					
规模以上工业企业单位数	个	40	53	52	25	14
固定电话用户	户	3636	10400	20463	117930	4786
四、教育、卫生和社会保障						
普通中学在校学生数	人	16671	19338	45286	67700	30645
小学在校学生数	人	25598	21376	53378	88934	43739
医疗卫生机构床位数	床	1135	1826	3486	6347	1482
各种社会福利收养性单位数	个	8	2	14	3	5
各种社会福利收养性单位床位数	床	568	211	1090	620	59

2018年县(市)社会经济主要指标

云南省

指　　标	单位	巧家县	盐津县	大关县	永善县	绥江县
一、基本情况						
行政区域面积	平方公里	3197	2092	1721	2778	749
乡个数	个	4	4	1	7	
镇个数	个	12	6	8	8	5
街道办事处个数	个					
户籍人口	人	622777	398418	290056	479894	170766
第二产业从业人员	人	22557	62923	72690	34878	45897
第三产业从业人员	人	60387	43828	39256	46009	7986
二、综合经济						
地区生产总值	万元	665951	489211	326860	823436	240542
第一产业增加值	万元	239400	102184	74482	148683	43553
第二产业增加值	万元	199725	207152	100153	447890	58993
一般公共预算收入	万元	44097	16179	12251	79107	32362
一般公共预算支出	万元	390750	291718	218233	380388	167223
居民储蓄存款余额	万元	668331	494162	369872	742839	435299
年末金融机构各项贷款余额	万元	666252	289303	280508	448366	218628
三、农业、工业和通讯						
设施农业占地(水面)面积	公顷	95	42	132	27	86
油料产量	吨	1037	7787	510	6523	1242
棉花产量	吨					
规模以上工业企业单位数	个	7	6	5	5	3
固定电话用户	户	2850	4415	7415	4659	3310
四、教育、卫生和社会保障						
普通中学在校学生数	人	36533	16482	15770	29214	5274
小学在校学生数	人	47296	28014	18749	36036	11070
医疗卫生机构床位数	床	1533	1488	1031	2062	748
各种社会福利收养性单位数	个	10	5	2	6	2
各种社会福利收养性单位床位数	床	1236	1350	470	530	420

2018年县(市)社会经济主要指标

云南省

指　　标	单位	镇雄县	彝良县	威信县	水富市	玉龙纳西族自治县
一、基本情况						
行政区域面积	平方公里	3696	2799	1400	440	6200
乡个数	个	7	5	3		9
镇个数	个	20	10	7	3	7
街道办事处个数	个	3			1	
户籍人口	人	1681152	627868	451678	107486	223897
第二产业从业人员	人	124110	13825	32691	11092	60300
第三产业从业人员	人	174886	68054	40101	3774	
二、综合经济						
地区生产总值	万元	1236253	595811	394838	575080	642885
第一产业增加值	万元	276362	219157	80876	24027	124446
第二产业增加值	万元	466422	186842	141985	404708	291946
一般公共预算收入	万元	75177	42112	24889	34092	62035
一般公共预算支出	万元	943489	403076	283388	104189	294071
居民储蓄存款余额	万元	1505128	595359	652824	366044	435972
年末金融机构各项贷款余额	万元	1244209	529534	494166	616732	492995
三、农业、工业和通讯						
设施农业占地(水面)面积	公顷	10	3	14	13	
油料产量	吨	6996	5375	4936	707	4638
棉花产量	吨					
规模以上工业企业单位数	个	30	8	14	9	11
固定电话用户	户	30331	6517	4260	8782	3938
四、教育、卫生和社会保障						
普通中学在校学生数	人	123609	29141	27729	11945	8621
小学在校学生数	人	164029	53903	36110	8468	11733
医疗卫生机构床位数	床	4560	2348	1837	765	985
各种社会福利收养性单位数	个	11	6	13	2	5
各种社会福利收养性单位床位数	床	1376	736	241	314	442

2018年县(市)社会经济主要指标

云南省

指　　标	单位	永胜县	华坪县	宁蒗彝族自治县	思茅区	宁洱哈尼族彝族自治县
一、基本情况						
行政区域面积	平方公里	4925	2200	6025	4093	3670
乡个数	个	6	4	14	2	3
镇个数	个	9	4	1	5	6
街道办事处个数	个					
户籍人口	人	406256	162009	280817	238942	192665
第二产业从业人员	人	5917	2412	132	28203	11097
第三产业从业人员	人	10201	7806	9922	44637	15227
二、综合经济						
地区生产总值	万元	784564	398752	350170	1602173	554547
第一产业增加值	万元	185157	71618	86609	153115	119799
第二产业增加值	万元	366554	184450	101964	665863	216601
一般公共预算收入	万元	43965	39437	28595	89130	37860
一般公共预算支出	万元	309565	193394	347604	248302	173375
居民储蓄存款余额	万元	946616	677326	431260	1464225	431505
年末金融机构各项贷款余额	万元	720083	442872	390591	3716200	392795
三、农业、工业和通讯						
设施农业占地(水面)面积	公顷	7740	42	100	192	103
油料产量	吨	3616	1042	139	624	1901
棉花产量	吨					
规模以上工业企业单位数	个	27	24	15	41	16
固定电话用户	户	2795	4135	1652	53761	21300
四、教育、卫生和社会保障						
普通中学在校学生数	人	17361	8012	18509	20031	7368
小学在校学生数	人	22878	11006	22263	28538	11701
医疗卫生机构床位数	床	1428	1173	807	4140	989
各种社会福利收养性单位数	个	3	4	4	8	3
各种社会福利收养性单位床位数	床	246	850	178	207	275

2018年县(市)社会经济主要指标

云南省

指　　标	单位	墨江哈尼族自治县	景东彝族自治县	景谷傣族彝族自治县	镇沅彝族哈尼族拉祜族自治县	江城哈尼族彝族自治县
一、基本情况						
行政区域面积	平方公里	5276	4532	7777	4148	3544
乡个数	个	3	3	4	1	2
镇个数	个	12	10	6	8	5
街道办事处个数	个			5		
户籍人口	人	372825	366266	322168	213812	117928
第二产业从业人员	人	3232	7892	6214	4301	9138
第三产业从业人员	人	9815	11907	11054	6809	4687
二、综合经济						
地区生产总值	万元	653402	714154	1033942	536407	297960
第一产业增加值	万元	163270	259618	292670	196380	93377
第二产业增加值	万元	216352	225944	417198	178312	110797
一般公共预算收入	万元	38568	34811	63116	40588	18918
一般公共预算支出	万元	300549	275318	290968	223228	181619
居民储蓄存款余额	万元	487040	598203	541090	397368	193333
年末金融机构各项贷款余额	万元	586048	532432	546786	433121	284844
三、农业、工业和通讯						
设施农业占地(水面)面积	公顷	10	117	678	368	1185
油料产量	吨	2812	3093	3269	2899	503
棉花产量	吨	6				
规模以上工业企业单位数	个	15	10	30	11	14
固定电话用户	户	8232	11231	9803	8105	5527
四、教育、卫生和社会保障						
普通中学在校学生数	人	14935	15797	14438	9951	5881
小学在校学生数	人	22370	23337	23571	14634	9429
医疗卫生机构床位数	床	1242	1536	1037	831	500
各种社会福利收养性单位数	个	2	6	7	7	1
各种社会福利收养性单位床位数	床	360	800	448	602	60

2018年县(市)社会经济主要指标

云南省

指　　标	单位	孟连傣族拉祜族佤族自治县	澜沧拉祜族自治县	西盟佤族自治县	临翔区	凤庆县
一、基本情况						
行政区域面积	平方公里	1893	8807	1354	2557	3324
乡个数	个	2	15	2	7	5
镇个数	个	4	5	5	1	8
街道办事处个数	个				2	
户籍人口	人	131707	492327	94685	328295	443425
第二产业从业人员	人	2069	2807	4202	12672	2785
第三产业从业人员	人	5786	12379	4322	27761	12610
二、综合经济						
地区生产总值	万元	305464	779461	143141	1154358	1154756
第一产业增加值	万元	113526	211956	32885	173897	396787
第二产业增加值	万元	65237	305632	34922	401166	363647
一般公共预算收入	万元	16159	52394	8090	79479	55276
一般公共预算支出	万元	171335	500668	150326	328729	345177
居民储蓄存款余额	万元	507840	546994	104042	925127	515308
年末金融机构各项贷款余额	万元	371328	699473	146591	1934259	753340
三、农业、工业和通讯						
设施农业占地(水面)面积	公顷	140	1072		69	
油料产量	吨	554	2169	173	14154	2279
棉花产量	吨		1			
规模以上工业企业单位数	个	7	15	4	35	25
固定电话用户	户	5601	11000	6251	26581	14559
四、教育、卫生和社会保障						
普通中学在校学生数	人	4949	17818	4128	28193	20226
小学在校学生数	人	12913	33007	7045	28969	30617
医疗卫生机构床位数	床	632	1470	300	3857	1709
各种社会福利收养性单位数	个	2	9	1	8	23
各种社会福利收养性单位床位数	床	88	632	76	416	865

2018年县(市)社会经济主要指标

云南省

指　　标	单位	云县	永德县	镇康县	双江拉祜族佤族布朗族傣族自治县	耿马傣族佤族自治县
一、基本情况						
行政区域面积	平方公里	3659	3220	2529	2157	3728
乡个数	个	5	7	4	4	5
镇个数	个	7	3	3	2	4
街道办事处个数	个					
户籍人口	人	445175	361907	184343	177014	296746
第二产业从业人员	人	10602	5036	2690	2467	5789
第三产业从业人员	人	13662	12026	8587	8108	12133
二、综合经济						
地区生产总值	万元	1052142	634552	456770	455325	966803
第一产业增加值	万元	321881	177109	103566	118704	321130
第二产业增加值	万元	366695	194365	145818	159700	307329
一般公共预算收入	万元	51042	34781	32200	30657	42360
一般公共预算支出	万元	327190	248507	207062	219697	292238
居民储蓄存款余额	万元	620586	383717	323348	239809	466944
年末金融机构各项贷款余额	万元	546679	436609	331841	415390	357337
三、农业、工业和通讯						
设施农业占地(水面)面积	公顷	4981		5	418	424
油料产量	吨	2233	1028	247	1855	1918
棉花产量	吨					
规模以上工业企业单位数	个	34	13	18	14	26
固定电话用户	户	14455	10079	10308	8588	12226
四、教育、卫生和社会保障						
普通中学在校学生数	人	20399	17835	9885	7688	13385
小学在校学生数	人	34055	28208	18325	13218	27209
医疗卫生机构床位数	床	1921	1483	1114	715	1393
各种社会福利收养性单位数	个	15	13	2	8	7
各种社会福利收养性单位床位数	床	1390	830	146	370	660

2018年县(市)社会经济主要指标

云南省

指　　标	单位	沧源佤族自治县	楚雄市	双柏县	牟定县	南华县
一、基本情况						
行政区域面积	平方公里	2446	4433	3888	1464	2343
乡个数	个	6	3	3	3	4
镇个数	个	4	12	5	4	6
街道办事处个数	个					
户籍人口	人	170961	535986	152437	203358	242755
第二产业从业人员	人	1684	79733	7386	31220	32699
第三产业从业人员	人	8327	210597	12594	39840	30233
二、综合经济						
地区生产总值	万元	413259	3869650	417523	548268	670766
第一产业增加值	万元	108025	280100	114795	129156	155414
第二产业增加值	万元	116131	2032012	117731	223030	241967
一般公共预算收入	万元	30309	250425	31918	36378	51637
一般公共预算支出	万元	236393	515600	180988	169865	215247
居民储蓄存款余额	万元	205977	2208748	333033	424760	474677
年末金融机构各项贷款余额	万元	268454	3620120	296700	363444	493553
三、农业、工业和通讯						
设施农业占地(水面)面积	公顷	193	308	135	191	30
油料产量	吨	1017	11270	2476	8994	5107
棉花产量	吨					
规模以上工业企业单位数	个	9	81	25	26	23
固定电话用户	户	5400	53629	4511	5642	5196
四、教育、卫生和社会保障						
普通中学在校学生数	人	5770	40568	7144	7431	11399
小学在校学生数	人	13535	35937	8004	8554	14626
医疗卫生机构床位数	床	823	6100	629	986	1149
各种社会福利收养性单位数	个	9	19	9	9	12
各种社会福利收养性单位床位数	床	364	961	800	460	565

2018年县(市)社会经济主要指标

云南省

指　　标	单位	姚安县	大姚县	永仁县	元谋县	武定县
一、基本情况						
行政区域面积	平方公里	1803	4146	2189	2026	3322
乡个数	个	3	4	4	7	4
镇个数	个	6	8	3	3	7
街道办事处个数	个					
户籍人口	人	210841	281285	106399	218202	280708
第二产业从业人员	人	27272	29154	9643	17014	30780
第三产业从业人员	人	32143	52746	23453	40872	45046
二、综合经济						
地区生产总值	万元	511352	807661	392145	668726	785495
第一产业增加值	万元	157253	203316	94132	171082	186491
第二产业增加值	万元	113731	312831	118473	206230	254937
一般公共预算收入	万元	31415	55277	33240	34579	62536
一般公共预算支出	万元	186676	243456	148417	195739	297993
居民储蓄存款余额	万元	441416	547970	258342	515486	569526
年末金融机构各项贷款余额	万元	308541	618423	291125	442296	630890
三、农业、工业和通讯						
设施农业占地(水面)面积	公顷	193	31	154	703	122
油料产量	吨	7322	3514	2977	2129	4844
棉花产量	吨					
规模以上工业企业单位数	个	20	33	20	32	26
固定电话用户	户	5274	7300	4210	7525	8736
四、教育、卫生和社会保障						
普通中学在校学生数	人	7234	13125	4355	9001	13305
小学在校学生数	人	8808	15010	6249	13884	18562
医疗卫生机构床位数	床	1083	1356	608	1100	1485
各种社会福利收养性单位数	个	6	20	9	14	12
各种社会福利收养性单位床位数	床	479	1729	1360	443	1250

2018年县(市)社会经济主要指标

云南省

指　　标	单位	禄丰县	个旧市	开远市	蒙自市	弥勒市
一、基本情况						
行政区域面积	平方公里	3536	1587	1957	2228	4004
乡个数	个	3	2	3	4	2
镇个数	个	11	7	2	7	10
街道办事处个数	个		1	2		
户籍人口	人	422827	381794	286386	424670	547800
第二产业从业人员	人	60924	59265	41100	37548	10974
第三产业从业人员	人	64352	67928	94900	73794	18763
二、综合经济						
地区生产总值	万元	1558790	2600016	2027301	2082463	3004596
第一产业增加值	万元	320721	149192	193404	251520	306032
第二产业增加值	万元	554773	1421328	775198	1155594	1815275
一般公共预算收入	万元	104937	128226	148427	182842	182645
一般公共预算支出	万元	326060	390623	343088	346269	454360
居民储蓄存款余额	万元	1079322	1874188	1252240	1822639	1372641
年末金融机构各项贷款余额	万元	1059138	2299891	1386360	3812078	1725992
三、农业、工业和通讯						
设施农业占地(水面)面积	公顷	1364	167	1282	2458	2072
油料产量	吨	15968	1465	1365	2863	2133
棉花产量	吨					
规模以上工业企业单位数	个	40	67	73	32	50
固定电话用户	户	14462	63810	74400	47808	10131
四、教育、卫生和社会保障						
普通中学在校学生数	人	21810	19930	16829	24373	29954
小学在校学生数	人	24720	32342	25648	43646	42048
医疗卫生机构床位数	床	1890	3725	5307	2144	3551
各种社会福利收养性单位数	个	16	11	7	1	6
各种社会福利收养性单位床位数	床	1189	1118	672	254	565

2018年县(市)社会经济主要指标

云南省

指　　标	单位	屏边苗族自治县	建水县	石屏县	泸西县	元阳县
一、基本情况						
行政区域面积	平方公里	1844	3782	3042	1674	2212
乡个数	个	3	6	2	3	11
镇个数	个	4	8	7	5	3
街道办事处个数	个					
户籍人口	人	160889	546562	317748	447597	458168
第二产业从业人员	人	3230	19843	22871	25984	36737
第三产业从业人员	人	13300	83508	41726	43971	88614
二、综合经济						
地区生产总值	万元	356683	1613722	754519	1007499	533641
第一产业增加值	万元	73129	316838	252936	207292	143111
第二产业增加值	万元	149255	700923	243868	399724	178451
一般公共预算收入	万元	16833	135987	55616	100208	35282
一般公共预算支出	万元	170699	415055	274843	317668	344644
居民储蓄存款余额	万元	255487	1760904	976313	1016913	412730
年末金融机构各项贷款余额	万元	227231	1164636	486249	826508	411305
三、农业、工业和通讯						
设施农业占地(水面)面积	公顷		179	1069	1854	
油料产量	吨	1115	1493	2554	15835	1540
棉花产量	吨					
规模以上工业企业单位数	个	17	24	31	55	10
固定电话用户	户	2510	24683	6800	11178	3272
四、教育、卫生和社会保障						
普通中学在校学生数	人	5846	40298	15382	26101	20977
小学在校学生数	人	11350	41583	24486	37302	43743
医疗卫生机构床位数	床	651	3678	1690	2274	896
各种社会福利收养性单位数	个	7	9	22	9	5
各种社会福利收养性单位床位数	床	161	550	366	560	640

2018年县(市)社会经济主要指标

云南省

指　　标	单位	红河县	金平苗族瑶族傣族自治县	绿春县	河口瑶族自治县	文山市
一、基本情况						
行政区域面积	平方公里	2029	3677	3097	1332	2959
乡个数	个	8	9	5	4	7
镇个数	个	5	4	4	2	7
街道办事处个数	个					3
户籍人口	人	352371	393561	246664	93188	507557
第二产业从业人员	人	6168	20960	8657	1679	20915
第三产业从业人员	人	26012	56962	18641	22541	57188
二、综合经济						
地区生产总值	万元	438987	584446	371081	600286	2470845
第一产业增加值	万元	126967	124185	89879	105992	193084
第二产业增加值	万元	156893	302347	170966	150862	1116407
一般公共预算收入	万元	24781	19508	14999	32740	213171
一般公共预算支出	万元	250420	303100	245607	214415	552058
居民储蓄存款余额	万元	325293	422304	216008	401260	1979752
年末金融机构各项贷款余额	万元	234435	271921	214773	336812	3656672
三、农业、工业和通讯						
设施农业占地(水面)面积	公顷	5			269	
油料产量	吨	1719	1793	1642	453	11157
棉花产量	吨					
规模以上工业企业单位数	个	11	18	8	11	30
固定电话用户	户	2761	2650		8772	52860
四、教育、卫生和社会保障						
普通中学在校学生数	人	17715	19961	10761	3724	37194
小学在校学生数	人	38751	35906	21807	7981	53163
医疗卫生机构床位数	床	887	2305	736	687	1855
各种社会福利收养性单位数	个	8	3	1	1	3
各种社会福利收养性单位床位数	床	448	345	60	322	650

2018年县(市)社会经济主要指标

云南省

指　　标	单位	砚山县	西畴县	麻栗坡县	马关县	丘北县
一、基本情况						
行政区域面积	平方公里	3822	1506	2334	2676	4997
乡个数	个	7	7	7	4	9
镇个数	个	4	2	4	9	3
街道办事处个数	个					
户籍人口	人	536279	262348	299109	389272	561700
第二产业从业人员	人	8215	7248	5675	4408	6532
第三产业从业人员	人	57368	46597	45580	54258	64320
二、综合经济						
地区生产总值	万元	1329809	395057	613605	900913	841983
第一产业增加值	万元	268734	106314	122156	197317	239229
第二产业增加值	万元	422205	98657	230288	337246	231190
一般公共预算收入	万元	80109	22057	33099	70106	47025
一般公共预算支出	万元	377850	275200	318862	356126	386722
居民储蓄存款余额	万元	721538	382064	481165	709817	580046
年末金融机构各项贷款余额	万元	743130	501373	484409	858141	658791
三、农业、工业和通讯						
设施农业占地(水面)面积	公顷		35	1	1188	3459
油料产量	吨	7979	1860	2606	6921	5499
棉花产量	吨					
规模以上工业企业单位数	个	46	5	8	14	23
固定电话用户	户	10029	861	11873	6411	12538
四、教育、卫生和社会保障						
普通中学在校学生数	人	29273	12061	14282	18067	30669
小学在校学生数	人	51259	17342	23936	30743	51978
医疗卫生机构床位数	床	2544	1042	946	1291	1760
各种社会福利收养性单位数	个	2	6	7	6	3
各种社会福利收养性单位床位数	床	129	689	295	306	69

2018年县(市)社会经济主要指标

云南省

指　　标	单位	广南县	富宁县	景洪市	勐海县	勐腊县
一、基本情况						
行政区域面积	平方公里	7810	5352	6959	5368	6861
乡个数	个	11	7	5	5	2
镇个数	个	7	6	5	6	8
街道办事处个数	个			1		
户籍人口	人	909490	460743	429848	334435	250811
第二产业从业人员	人	17401	23598	16870	10370	6871
第三产业从业人员	人	172613	90304	127000	29361	47953
二、综合经济						
地区生产总值	万元	1130315	924535	2196388	1057440	924052
第一产业增加值	万元	345124	229931	383712	281704	355474
第二产业增加值	万元	328468	315288	638191	350593	154472
一般公共预算收入	万元	47448	33374	122074	53334	41980
一般公共预算支出	万元	535109	389432	411396	321562	311214
居民储蓄存款余额	万元	998899	598300	2200600	693727	896753
年末金融机构各项贷款余额	万元	1017307	668858	2549800	626870	839277
三、农业、工业和通讯						
设施农业占地(水面)面积	公顷		149		1366	260
油料产量	吨	22706	4501	406	608	475
棉花产量	吨					
规模以上工业企业单位数	个	16	19	50	24	16
固定电话用户	户	12684	13822	73207	17567	32989
四、教育、卫生和社会保障						
普通中学在校学生数	人	52465	29119	27055	10533	13897
小学在校学生数	人	92711	41849	44174	26282	26271
医疗卫生机构床位数	床	3476	1542	4544	1899	1353
各种社会福利收养性单位数	个	1	12	9	6	3
各种社会福利收养性单位床位数	床	206	415	620	470	284

2018年县(市)社会经济主要指标

云南省

指　　标	单位	大理市	漾濞彝族自治县	祥云县	宾川县	弥渡县
一、基本情况						
行政区域面积	平方公里	1815	1860	2425	2627	1523
乡个数	个	1	5	2	2	2
镇个数	个	10	4	8	8	6
街道办事处个数	个	2				
户籍人口	人	635667	106067	481811	367695	329040
第二产业从业人员	人	100236	4414	78553	15172	21596
第三产业从业人员	人	116693	6870	129202	34131	34298
二、综合经济						
地区生产总值	万元	3950813	260598	1482210	1100008	602219
第一产业增加值	万元	197928	77357	352772	452565	177812
第二产业增加值	万元	1806310	91913	509276	217241	162672
一般公共预算收入	万元	364167	17777	100011	48266	41167
一般公共预算支出	万元	635667	146930	330169	255097	247063
居民储蓄存款余额	万元	3956920	213407	1053585	746854	608392
年末金融机构各项贷款余额	万元	7158189	211139	1369315	1063704	548378
三、农业、工业和通讯						
设施农业占地(水面)面积	公顷	48		353	1508	164
油料产量	吨	2021	1013	4317	5424	4911
棉花产量	吨					
规模以上工业企业单位数	个	76	19	38	27	19
固定电话用户	户	64011	3186	25085	9058	6150
四、教育、卫生和社会保障						
普通中学在校学生数	人	37419	4526	28395	17219	14212
小学在校学生数	人	44045	8138	27031	24396	17281
医疗卫生机构床位数	床	8205	476	1938	2036	1484
各种社会福利收养性单位数	个	8	2	7	4	7
各种社会福利收养性单位床位数	床	836	110	810	168	534

2018年县(市)社会经济主要指标

云南省

指　　标	单位	南涧彝族自治县	巍山彝族回族自治县	永平县	云龙县	洱源县
一、基本情况						
行政区域面积	平方公里	1732	2200	2884	4279	2614
乡个数	个	3	6	4	7	3
镇个数	个	5	4	3	4	6
街道办事处个数	个					
户籍人口	人	228213	322674	185568	208858	300129
第二产业从业人员	人	5476	25161	8634	11920	22943
第三产业从业人员	人	16005	13088	11924	10179	20916
二、综合经济						
地区生产总值	万元	563432	605975	453442	576470	609168
第一产业增加值	万元	142463	192380	152267	93135	204049
第二产业增加值	万元	177194	178426	130628	303697	162457
一般公共预算收入	万元	33019	37677	24989	24031	38036
一般公共预算支出	万元	216050	262768	215148	206716	282771
居民储蓄存款余额	万元	337406	499225	323062	327017	557265
年末金融机构各项贷款余额	万元	551414	484337	312709	327017	847832
三、农业、工业和通讯						
设施农业占地(水面)面积	公顷	88	143	35	13	96
油料产量	吨	1403	4912	1434	537	2075
棉花产量	吨					
规模以上工业企业单位数	个	15	21	10	8	17
固定电话用户	户	11250	6740	6563	4800	7132
四、教育、卫生和社会保障						
普通中学在校学生数	人	13548	15900	6571	9804	14523
小学在校学生数	人	15955	19378	12522	14620	19882
医疗卫生机构床位数	床	1144	1234	1083	629	1199
各种社会福利收养性单位数	个	8	5	1	5	3
各种社会福利收养性单位床位数	床	565	436	192	168	473

2018年县(市)社会经济主要指标

云南省

指　　标	单位	剑川县	鹤庆县	瑞丽市	芒　市	梁河县
一、基本情况						
行政区域面积	平方公里	2250	2395	945	2901	1137
乡个数	个	3	2	3	6	6
镇个数	个	5	7	3	5	3
街道办事处个数	个				1	
户籍人口	人	184789	281154	139225	400458	172888
第二产业从业人员	人	18855	23136	17214	42643	6707
第三产业从业人员	人	14285	26463	100295	125013	14080
二、综合经济						
地区生产总值	万元	353152	690901	1074081	1119303	231724
第一产业增加值	万元	75888	129511	105399	243125	72547
第二产业增加值	万元	150667	396567	202508	236635	42782
一般公共预算收入	万元	30168	61166	100409	62401	14640
一般公共预算支出	万元	229110	237167	273288	336402	155476
居民储蓄存款余额	万元	363359	727657	1464796	1229150	352780
年末金融机构各项贷款余额	万元	298999	580231	1605433	1572216	234939
三、农业、工业和通讯						
设施农业占地(水面)面积	公顷	186	276	47	172	67
油料产量	吨	1174	783	323	908	582
棉花产量	吨					
规模以上工业企业单位数	个	14	22	27	27	5
固定电话用户	户	5704	6759	24845	17780	5034
四、教育、卫生和社会保障						
普通中学在校学生数	人	6479	14297	10716	23227	7597
小学在校学生数	人	12440	18567	18781	37092	11194
医疗卫生机构床位数	床	726	1433	1344	4356	702
各种社会福利收养性单位数	个	1	4	1	4	1
各种社会福利收养性单位床位数	床	68	370	250	367	120

2018年县(市)社会经济主要指标

云南省

指　　标	单位	盈江县	陇川县	泸水市	福贡县	贡山独龙族怒族自治县
一、基本情况						
行政区域面积	平方公里	4316	1873	2938	2745	4379
乡个数	个	7	5	3	6	3
镇个数	个	8	4	6	1	2
街道办事处个数	个					
户籍人口	人	312227	194555	185879	117508	35498
第二产业从业人员	人	28581	17132	17492	2103	1402
第三产业从业人员	人	68213	41158	16918	16136	6796
二、综合经济						
地区生产总值	万元	926245	471661	575076	166919	140466
第一产业增加值	万元	261508	168118	78039	34042	26134
第二产业增加值	万元	345832	109997	185978	31839	34008
一般公共预算收入	万元	50223	22918	27828	9335	8010
一般公共预算支出	万元	267521	186998	370034	240760	148706
居民储蓄存款余额	万元	603582	372051	415788	150395	94605
年末金融机构各项贷款余额	万元	737723	465363	1979348	131897	103883
三、农业、工业和通讯						
设施农业占地(水面)面积	公顷	161	112			
油料产量	吨	1522	2568	336	761	370
棉花产量	吨					
规模以上工业企业单位数	个	41	16	12	2	3
固定电话用户	户	10573	8574	7045	3158	2640
四、教育、卫生和社会保障						
普通中学在校学生数	人	12767	9884	11505	4134	1289
小学在校学生数	人	29970	17727	17128	10392	2716
医疗卫生机构床位数	床	1510	1168	1501	360	180
各种社会福利收养性单位数	个	4	5	3	1	2
各种社会福利收养性单位床位数	床	710	300	283	150	182

2018年县(市)社会经济主要指标

云南省、西藏自治区

指　　标	单位	兰坪白族普米族自治县	香格里拉市	德钦县	维西傈僳族自治县	堆龙德庆区
一、基本情况						
行政区域面积	平方公里	4372	11419	7291	4477	2713
乡个数	个	4	7	6	7	3
镇个数	个	4	4	2	3	
街道办事处个数	个					4
户籍人口	人	218340	150988	61047	157244	56129
第二产业从业人员	人	14650	16302	2911	15859	5893
第三产业从业人员	人	19820	23678	3936	15295	21396
二、综合经济						
地区生产总值	万元	691446	1314720	343237	509531	646900
第一产业增加值	万元	82852	46640	17536	61426	21200
第二产业增加值	万元	260910	546687	149895	204076	477700
一般公共预算收入	万元	46230	55596	23573	16350	258853
一般公共预算支出	万元	362839	459819	305536	371001	511497
居民储蓄存款余额	万元	385981	806552	145785	311428	201985
年末金融机构各项贷款余额	万元	550799	1833012	205290	399097	178506
三、农业、工业和通讯						
设施农业占地(水面)面积	公顷		25	9	71	187
油料产量	吨	572	2580	275	1545	855
棉花产量	吨					
规模以上工业企业单位数	个	2	17	1	5	12
固定电话用户	户	6368		40125	3032	7109
四、教育、卫生和社会保障						
普通中学在校学生数	人	13410	4966	1516	5497	2175
小学在校学生数	人	18146	12891	3490	11565	5613
医疗卫生机构床位数	床	930	315	228	245	85
各种社会福利收养性单位数	个	3	3	3	1	1
各种社会福利收养性单位床位数	床	240	429	44	62	203

2018年县(市)社会经济主要指标

西藏自治区

指　　标	单位	达孜区	林周县	当雄县	尼木县	曲水县
一、基本情况						
行政区域面积	平方公里	1373	4464	10229	3270	1611
乡个数	个	5	9	6	7	5
镇个数	个	1	1	2	1	1
街道办事处个数	个					
户籍人口	人	31255	64511	54998	30986	37050
第二产业从业人员	人	2065	1375	934	3415	3033
第三产业从业人员	人	5842	3138	7095	4284	5758
二、综合经济						
地区生产总值	万元	184400	200100	199100	89800	168700
第一产业增加值	万元	18200	31700	33700	13400	18700
第二产业增加值	万元	109600	55100	111500	41700	129200
一般公共预算收入	万元	78873	13836	39401	15470	61256
一般公共预算支出	万元	144572	135248	136100	91328	152271
居民储蓄存款余额	万元	65916	41041	33306	27225	10446
年末金融机构各项贷款余额	万元	36194	102488	176730	55942	39045
三、农业、工业和通讯						
设施农业占地(水面)面积	公顷	378	83		7	410
油料产量	吨	681	2254		987	1373
棉花产量	吨					
规模以上工业企业单位数	个	10	1	9		9
固定电话用户	户	6000	256	3200	335	1495
四、教育、卫生和社会保障						
普通中学在校学生数	人	983	1999	2164	1117	818
小学在校学生数	人	2256	4290	5717	2933	2567
医疗卫生机构床位数	床	72	69	89	75	42
各种社会福利收养性单位数	个	1	1	1	2	1
各种社会福利收养性单位床位数	床	120	248	119	99	30

2018年县(市)社会经济主要指标

西藏自治区

指　　标	单位	墨竹工卡县	桑珠孜区	南木林县	江孜县	定日县
一、基本情况						
行政区域面积	平方公里	5494	3738	8848	3849	13835
乡个数	个	8	10	16	18	11
镇个数	个	1		1	1	2
街道办事处个数	个		2			
户籍人口	人	50009	124146	88483	73240	59231
第二产业从业人员	人	2140	10039	8998	7660	2686
第三产业从业人员	人	7040	6135	11334	1699	10859
二、综合经济						
地区生产总值	万元	345300	832100	121600	222100	108300
第一产业增加值	万元	33100	58200	44600	40500	25200
第二产业增加值	万元	279000	341200	33800	41800	50900
一般公共预算收入	万元	41123	28160	5382	4776	7134
一般公共预算支出	万元	143115	215851	221735	141648	202932
居民储蓄存款余额	万元	52761	204348	34599	60214	28175
年末金融机构各项贷款余额	万元	269514	143750	98290	75692	87257
三、农业、工业和通讯						
设施农业占地(水面)面积	公顷		314		501	1
油料产量	吨	3041	4523	2185	5205	1393
棉花产量	吨					
规模以上工业企业单位数	个	12	8			1
固定电话用户	户	2843	19236	2323	6156	2630
四、教育、卫生和社会保障						
普通中学在校学生数	人	1726	4184	3266	4442	2753
小学在校学生数	人	4807	9424	8607	6251	6291
医疗卫生机构床位数	床	144	163	158	189	104
各种社会福利收养性单位数	个	1	1	1	1	1
各种社会福利收养性单位床位数	床	312	131	108	100	280

2018年县(市)社会经济主要指标

西藏自治区

指　　标	单位	萨迦县	拉孜县	昂仁县	谢通门县	白朗县
一、基本情况						
行政区域面积	平方公里	5749	4488	27360	14043	2806
乡个数	个	9	9	15	18	9
镇个数	个	2	2	2	1	2
街道办事处个数	个					
户籍人口	人	51538	59354	56009	47941	49552
第二产业从业人员	人	3612	4549	1517	2746	9988
第三产业从业人员	人	5533	11204	2984	3846	3766
二、综合经济						
地区生产总值	万元	116415	110500	94400	139700	102713
第一产业增加值	万元	21841	31900	21200	24300	26889
第二产业增加值	万元	61623	28400	36100	67300	37160
一般公共预算收入	万元	8137	3838	2704	8177	3162
一般公共预算支出	万元	124446	123683	137424	104788	113177
居民储蓄存款余额	万元	23546	31446	22232	25531	24185
年末金融机构各项贷款余额	万元	56686	121609	84522	67588	77040
三、农业、工业和通讯						
设施农业占地(水面)面积	公顷	4	14	2		2338
油料产量	吨	2867	3947	844	857	4019
棉花产量	吨					
规模以上工业企业单位数	个	1			2	2
固定电话用户	户	568	1017	608	1787	2217
四、教育、卫生和社会保障						
普通中学在校学生数	人	1988	2583	2634	1899	1793
小学在校学生数	人	4464	5504	5449	4414	4350
医疗卫生机构床位数	床	98	106	246	179	99
各种社会福利收养性单位数	个	2	1	1	1	1
各种社会福利收养性单位床位数	床	70	65	126	215	50

2018年县(市)社会经济主要指标

西藏自治区

指　　标	单位	仁布县	康马县	定结县	仲巴县	亚东县
一、基本情况						
行政区域面积	平方公里	2124	7453	5835	46143	4241
乡个数	个	8	8	7	12	5
镇个数	个	1	1	3	1	2
街道办事处个数	个					
户籍人口	人	33816	23196	21683	26027	13487
第二产业从业人员	人	7097	2159	829	462	669
第三产业从业人员	人	2220	1350	1763	1510	1740
二、综合经济						
地区生产总值	万元	62000	54013	43977	80755	77000
第一产业增加值	万元	11500	10164	7522	25051	8400
第二产业增加值	万元	27200	19801	15515	21803	26200
一般公共预算收入	万元	86280	2043	87763	5858	7727
一般公共预算支出	万元	84278	80451	87051	108312	87453
居民储蓄存款余额	万元	27199	21493	13868	18163	51781
年末金融机构各项贷款余额	万元	45616	38002	37728	32485	43946
三、农业、工业和通讯						
设施农业占地(水面)面积	公顷	1	1	5		10
油料产量	吨	845	702	679		37
棉花产量	吨					
规模以上工业企业单位数	个	1			2	
固定电话用户	户	390	810	17653	3460	3102
四、教育、卫生和社会保障						
普通中学在校学生数	人	1358	916	810	1517	386
小学在校学生数	人	3097	2016	1887	2816	1058
医疗卫生机构床位数	床	86	77	62	109	73
各种社会福利收养性单位数	个	1	1	2	1	2
各种社会福利收养性单位床位数	床	66	48	91	116	103

2018年县(市)社会经济主要指标

西藏自治区

指　　标	单位	吉隆县	聂拉木县	萨嘎县	岗巴县	卡若区
一、基本情况						
行政区域面积	平方公里	9300	7864	12400	3939	10794
乡个数	个	4	5	7	4	12
镇个数	个	2	2	1	1	3
街道办事处个数	个					9
户籍人口	人	16977	20723	16178	11823	119744
第二产业从业人员	人	590	1058	1306	661	3544
第三产业从业人员	人	448	1210	1688	276	2600
二、综合经济						
地区生产总值	万元	75216	76327	44260	44130	635308
第一产业增加值	万元	9649	10279	7686	4721	41305
第二产业增加值	万元	31284	23359	16019	7779	308984
一般公共预算收入	万元	2933	3102	1800	1825	23223
一般公共预算支出	万元	102725	88756	76185	67313	192872
居民储蓄存款余额	万元	24150	14393	15810	10679	111541
年末金融机构各项贷款余额	万元	30296	23418	40200	23176	80819
三、农业、工业和通讯						
设施农业占地(水面)面积	公顷		9			
油料产量	吨	1083	351	55	250	318
棉花产量	吨					
规模以上工业企业单位数	个		1			4
固定电话用户	户	2100	291	1988	1725	24643
四、教育、卫生和社会保障						
普通中学在校学生数	人	747	755	722	470	16889
小学在校学生数	人	1543	1766	1630	959	12371
医疗卫生机构床位数	床	89	136	96	47	1157
各种社会福利收养性单位数	个	1	1	1	2	7
各种社会福利收养性单位床位数	床	75	10	56	18	1926

2018年县(市)社会经济主要指标

西藏自治区

指　　标	单位	江达县	贡觉县	类乌齐县	丁青县	察雅县
一、基本情况						
行政区域面积	平方公里	13159	6323	6358	12369	8251
乡个数	个	11	11	8	11	10
镇个数	个	2	1	2	2	3
街道办事处个数	个	1			1	
户籍人口	人	93226	49300	57126	92784	66080
第二产业从业人员	人	45	6830	1088	660	3324
第三产业从业人员	人	85	1450	3675	1417	8065
二、综合经济						
地区生产总值	万元	267000	81197	98643	136762	129006
第一产业增加值	万元	53800	12851	24460	55217	19855
第二产业增加值	万元	141200	30217	31200	32357	76101
一般公共预算收入	万元	12769	5524	7094	8516	5216
一般公共预算支出	万元	117478	158356	130477	165020	173689
居民储蓄存款余额	万元	14582	27808	52648	19759	35307
年末金融机构各项贷款余额	万元	149795	104287	37988	113159	49013
三、农业、工业和通讯						
设施农业占地(水面)面积	公顷		4		21	
油料产量	吨	80	312		1250	475
棉花产量	吨					
规模以上工业企业单位数	个	1				
固定电话用户	户		1258	2300	2245	4700
四、教育、卫生和社会保障						
普通中学在校学生数	人	1901	1196	2144	3190	1180
小学在校学生数	人	8775	4577	5204	8764	5179
医疗卫生机构床位数	床	182	89	195	342	168
各种社会福利收养性单位数	个	1	1	3	1	1
各种社会福利收养性单位床位数	床	328	250	277	375	166

2018年县(市)社会经济主要指标

西藏自治区

指　　标	单位	八宿县	左贡县	芒康县	洛隆县	边坝县
一、基本情况						
行政区域面积	平方公里	8281	11840	11649	8060	8776
乡个数	个	10	7	14	7	9
镇个数	个	4	3	2	4	2
街道办事处个数	个					
户籍人口	人	47565	52775	86334	55809	42465
第二产业从业人员	人	5282	956	6017	756	1494
第三产业从业人员	人	6357	3150	7220	1130	3894
二、综合经济						
地区生产总值	万元	86520	115884	231100	112182	80769
第一产业增加值	万元	16403	22280	33213	23410	20099
第二产业增加值	万元	31367	43089	120047	58410	34037
一般公共预算收入	万元	5469	4567	12540	6300	4710
一般公共预算支出	万元	156283	148123		147979	94991
居民储蓄存款余额	万元	2460	27106	50483	28276	21573
年末金融机构各项贷款余额	万元	53212	57355	992800	46486	43275
三、农业、工业和通讯						
设施农业占地(水面)面积	公顷		20	43	92	
油料产量	吨	322	260	394	1128	365
棉花产量	吨					
规模以上工业企业单位数	个	1				
固定电话用户	户	1430	3225	4950	1700	2144
四、教育、卫生和社会保障						
普通中学在校学生数	人	1436	1592	3125	2077	1408
小学在校学生数	人	4232	4815	9301	5803	3814
医疗卫生机构床位数	床	99	120	183	210	135
各种社会福利收养性单位数	个	3	2	7	2	1
各种社会福利收养性单位床位数	床	108	224	65	140	189

2018年县(市)社会经济主要指标

西藏自治区

指　　标	单位	巴宜区	工布江达县	米林县	墨脱县	波密县
一、基本情况						
行政区域面积	平方公里	10238	12960	9495	31395	16748
乡个数	个	3	6	5	7	7
镇个数	个	4	3	3	1	3
街道办事处个数	个	2	1			
户籍人口	人	47610	34199	23422	12792	32645
第二产业从业人员	人	14896	669	86	249	4126
第三产业从业人员	人	32123	2698	1127	277	5066
二、综合经济						
地区生产总值	万元	729300	147300	166100	60100	235500
第一产业增加值	万元	15900	22000	16800	4500	26700
第二产业增加值	万元	290100	50400	80700	32700	94400
一般公共预算收入	万元	27500	4718	11231	2681	6978
一般公共预算支出	万元	24179	118492	120328	99699	114600
居民储蓄存款余额	万元	494438	56309	37812	4200	70999
年末金融机构各项贷款余额	万元	2305529	132000	707289	25000	165191
三、农业、工业和通讯						
设施农业占地(水面)面积	公顷	100	15	26	11	25
油料产量	吨	866	663	447	85	1425
棉花产量	吨					
规模以上工业企业单位数	个	3				
固定电话用户	户	31709	3248	2490	4021	6746
四、教育、卫生和社会保障						
普通中学在校学生数	人	8641	1144	790	536	1384
小学在校学生数	人	5760	3252	2287	1181	2864
医疗卫生机构床位数	床	1052	101	117	128	183
各种社会福利收养性单位数	个	2	1	1	1	1
各种社会福利收养性单位床位数	床	666	134	167	87	95

2018年县(市)社会经济主要指标

西藏自治区

指　　标	单位	察隅县	朗　县	乃东区	扎囊县	贡嘎县
一、基本情况						
行政区域面积	平方公里	31408	4106	2209	2142	2386
乡个数	个	3	3	5	3	4
镇个数	个	3	3	2	2	5
街道办事处个数	个					
户籍人口	人	28614	15630	63127	38763	50651
第二产业从业人员	人	1485	335	6832	6879	5236
第三产业从业人员	人	1250	1078	5237	3732	5986
二、综合经济						
地区生产总值	万元	91700	70100	550591	135544	160804
第一产业增加值	万元	15200	11100	12362	7504	7978
第二产业增加值	万元	39600	22400	148984	104241	93300
一般公共预算收入	万元	6265	7040	15633	88002	8032
一般公共预算支出	万元	113219	84585		79263	121722
居民储蓄存款余额	万元	55890	30318	148659	55351	81527
年末金融机构各项贷款余额	万元	60899	113278	78135	86805	271966
三、农业、工业和通讯						
设施农业占地(水面)面积	公顷	42	22		14	2
油料产量	吨	277	355	1145	1200	1153
棉花产量	吨					
规模以上工业企业单位数	个					1
固定电话用户	户	3602	1364		310	109
四、教育、卫生和社会保障						
普通中学在校学生数	人	1178	452	1054	1165	1640
小学在校学生数	人	2314	1235	2113	2473	3525
医疗卫生机构床位数	床	92	103	12	83	64
各种社会福利收养性单位数	个	1	1	1	1	1
各种社会福利收养性单位床位数	床	140	170	240	270	378

2018年县(市)社会经济主要指标

西藏自治区

指　　标	单位	桑日县	琼结县	曲松县	措美县	洛扎县
一、基本情况						
行政区域面积	平方公里	2634	1036	2070	4177	5031
乡个数	个	3	3	3	2	5
镇个数	个	1	1	2	2	2
街道办事处个数	个					
户籍人口	人	15532	18337	16480	14988	20287
第二产业从业人员	人	1063	4175	2488	2400	3842
第三产业从业人员	人	1418	1399	1852	1030	1091
二、综合经济						
地区生产总值	万元	163750	41455	63492	66335	58849
第一产业增加值	万元	4716	3089	3785	2634	4842
第二产业增加值	万元	141538	23497	43216	51356	37709
一般公共预算收入	万元	10258	3449	6243	3099	78431
一般公共预算支出	万元	55814	55191			50832
居民储蓄存款余额	万元	26586	27337	26534	32006	39868
年末金融机构各项贷款余额	万元	91884	49924	45000	29036	49415
三、农业、工业和通讯						
设施农业占地(水面)面积	公顷		48	29	10	8
油料产量	吨	904	1102	783	294	885
棉花产量	吨					
规模以上工业企业单位数	个	4		3		
固定电话用户	户	1403	380	567	1638	182
四、教育、卫生和社会保障						
普通中学在校学生数	人	616	556	545	366	780
小学在校学生数	人	1148	1050	991	843	1486
医疗卫生机构床位数	床	45	30	40	33	85
各种社会福利收养性单位数	个	1	1	1	1	1
各种社会福利收养性单位床位数	床	223	136	196	130	106

2018年县(市)社会经济主要指标

西藏自治区

指　　标	单位	加查县	隆子县	错那县	浪卡子县	色尼区
一、基本情况						
行政区域面积	平方公里	4430	10102	35191	7970	16195
乡个数	个	5	9	9	8	9
镇个数	个	2	2	1	2	3
街道办事处个数	个					
户籍人口	人	22797	36074	15356	38566	86575
第二产业从业人员	人	2404	8475	1229	5030	
第三产业从业人员	人	4218	1688	1681	2815	
二、综合经济						
地区生产总值	万元	131793	123363	66460	80804	196866
第一产业增加值	万元	8140	6947	2655	5276	39652
第二产业增加值	万元	93736	92495	39810	46753	49530
一般公共预算收入	万元	6103		4055	4220	
一般公共预算支出	万元	65441	123355	80217		233452
居民储蓄存款余额	万元	70734	61785	38297	31880	53191
年末金融机构各项贷款余额	万元	125264	47689	45841	68807	144396
三、农业、工业和通讯						
设施农业占地(水面)面积	公顷	27	17	4	13	
油料产量	吨	231	1087	343	623	
棉花产量	吨					
规模以上工业企业单位数	个	2	1		1	
固定电话用户	户	109	5900	120	1000	
四、教育、卫生和社会保障						
普通中学在校学生数	人	915	1456	361	1654	3545
小学在校学生数	人	1649	2507	780	3057	9102
医疗卫生机构床位数	床	64	85	56	57	216
各种社会福利收养性单位数	个	1	2	1	1	
各种社会福利收养性单位床位数	床	108	195	176	160	

2018年县(市)社会经济主要指标

西藏自治区

指　　标	单位	嘉黎县	比如县	聂荣县	安多县	申扎县
一、基本情况						
行政区域面积	平方公里	13069	11684	8991	100000	25250
乡个数	个	8	8	9	9	6
镇个数	个	2	2	1	4	2
街道办事处个数	个					
户籍人口	人	39744	78393	37568	42938	20260
第二产业从业人员	人	2197	831	899	3473	1435
第三产业从业人员	人	3512	5739	1417	3134	2074
二、综合经济						
地区生产总值	万元	71326	104993	70201	95841	58173
第一产业增加值	万元	12076	29043	11564	15483	9235
第二产业增加值	万元	23742	27086	26999	24127	13553
一般公共预算收入	万元	10009	4298	2229	4220	2692
一般公共预算支出	万元	133786	157325	117611	149712	85627
居民储蓄存款余额	万元	32048	62042	22710	27413	20505
年末金融机构各项贷款余额	万元	49750	101405	45764	50474	36252
三、农业、工业和通讯						
设施农业占地(水面)面积	公顷					
油料产量	吨					
棉花产量	吨					
规模以上工业企业单位数	个	1				
固定电话用户	户	1663	4350	1850	2900	950
四、教育、卫生和社会保障						
普通中学在校学生数	人	1632	2988	1560	1633	1101
小学在校学生数	人	4978	10481	4423	3908	2399
医疗卫生机构床位数	床	135	374	127	132	150
各种社会福利收养性单位数	个	1	1	1		1
各种社会福利收养性单位床位数	床	99	264	200		130

2018年县(市)社会经济主要指标

西藏自治区

指　　标	单位	索　县	班戈县	巴青县	尼玛县	双湖县
一、基本情况						
行政区域面积	平方公里	5631	30858	9871	72530	11637
乡个数	个	8	6	7	13	6
镇个数	个	2	4	3	1	1
街道办事处个数	个					
户籍人口	人	53911	40038	56638	34178	14221
第二产业从业人员	人			1326	3116	100
第三产业从业人员	人	5211	2233	2799	6320	510
二、综合经济						
地区生产总值	万元	84397	77810	94156	78605	47202
第一产业增加值	万元	15048	19329	20586	15116	8868
第二产业增加值	万元	23954	23336	20305	15377	13084
一般公共预算收入	万元	3129	2388	2859	3388	2911
一般公共预算支出	万元	142741	119672	108343	113897	62706
居民储蓄存款余额	万元	30000		38855	26456	48000
年末金融机构各项贷款余额	万元	62662	67645	53438	43026	4500
三、农业、工业和通讯						
设施农业占地(水面)面积	公顷					
油料产量	吨	91				
棉花产量	吨					
规模以上工业企业单位数	个					
固定电话用户	户	2882	2551	930	1192	
四、教育、卫生和社会保障						
普通中学在校学生数	人	2457	1843	2290	1321	615
小学在校学生数	人	7240	3897	6487	3122	1620
医疗卫生机构床位数	床	57	124	106	72	42
各种社会福利收养性单位数	个	5	1	1	1	
各种社会福利收养性单位床位数	床	62	116	202	60	

2018年县(市)社会经济主要指标

西藏自治区

指　　标	单位	普兰县	札达县	噶尔县	日土县	革吉县
一、基本情况						
行政区域面积	平方公里	13194	24615	18000	80030	46104
乡个数	个	2	6	4	4	4
镇个数	个	1	1	1	1	1
街道办事处个数	个					
户籍人口	人	9889	7817	24458	9084	16940
第二产业从业人员	人	509	45	629	1365	572
第三产业从业人员	人	998	1462	491	415	1530
二、综合经济						
地区生产总值	万元	32061	30591	36056	37180	46414
第一产业增加值	万元	4706	3567	6531	8633	11700
第二产业增加值	万元	9280	10421	12825	8108	13483
一般公共预算收入	万元	3622	85418	7696	3378	1664
一般公共预算支出	万元	74797	82776	61415	57381	61216
居民储蓄存款余额	万元	30237	29054	160555	27369	19333
年末金融机构各项贷款余额	万元	18795	37989	208817	40864	16870
三、农业、工业和通讯						
设施农业占地(水面)面积	公顷		4		2640	
油料产量	吨	10	6	12	49	
棉花产量	吨					
规模以上工业企业单位数	个					
固定电话用户	户	1873	2470		325	380
四、教育、卫生和社会保障						
普通中学在校学生数	人	271	154		384	612
小学在校学生数	人	874	463	1371	566	2060
医疗卫生机构床位数	床	62	74	57	82	44
各种社会福利收养性单位数	个	3	1		1	1
各种社会福利收养性单位床位数	床	38	18		80	120

2018年县(市)社会经济主要指标

西藏自治区、陕西省

指标	单位	改则县	措勤县	长安区	高陵区	鄠邑区
一、基本情况						
行政区域面积	平方公里	135616	22136	1588	294	1248
乡个数	个	6	4			
镇个数	个	1	1			12
街道办事处个数	个			25	7	1
户籍人口	人	26335	16448	1220880	357738	625485
第二产业从业人员	人	1443	1032	52446	58100	66395
第三产业从业人员	人	1682	851	147181	22105	62047
二、综合经济						
地区生产总值	万元	64699	36405	9091100	3784500	2172600
第一产业增加值	万元	23007	8703	268900	249900	256500
第二产业增加值	万元	11589	9207	4814500	2389300	940400
一般公共预算收入	万元	4357	2369	243684	124008	117800
一般公共预算支出	万元	66304	54337	569454	340275	430239
居民储蓄存款余额	万元	26525	18523	6412390	1996690	2723255
年末金融机构各项贷款余额	万元	36270	30904	3962822	1628368	1240238
三、农业、工业和通讯						
设施农业占地(水面)面积	公顷			242	4800	1137
油料产量	吨			1046		280
棉花产量	吨					
规模以上工业企业单位数	个			24	159	101
固定电话用户	户	7321	908	140725	53138	70200
四、教育、卫生和社会保障						
普通中学在校学生数	人	1033	576	32444	11076	21101
小学在校学生数	人	2757	1483	61353	23027	23607
医疗卫生机构床位数	床	140	95	6692	2202	2946
各种社会福利收养性单位数	个	1	1	24	5	6
各种社会福利收养性单位床位数	床	115	192	3844	408	1808

2018年县(市)社会经济主要指标

陕西省

指　　标	单位	蓝田县	周至县	耀州区	宜君县	陈仓区
一、基本情况						
行政区域面积	平方公里	2006	2969	1604	1476	2427
乡个数	个				1	
镇个数	个	18	19	8	6	15
街道办事处个数	个	1	1	6	1	3
户籍人口	人	655284	691682	343243	90129	601130
第二产业从业人员	人	55465	41973	36939	7203	119855
第三产业从业人员	人	100996	72261	51809	9864	110356
二、综合经济						
地区生产总值	万元	1578300	1462700	1333890	305630	2128441
第一产业增加值	万元	316600	329400	136630	59740	224288
第二产业增加值	万元	430100	336800	653210	130740	1333305
一般公共预算收入	万元	304700	26801	65044	21013	38900
一般公共预算支出	万元	35604	458309	121916	153094	204100
居民储蓄存款余额	万元	1476582	1531282	980297	198788	1850861
年末金融机构各项贷款余额	万元	1157611	555340	567798	140042	1026421
三、农业、工业和通讯						
设施农业占地(水面)面积	公顷	269	194	196	119	577
油料产量	吨	3731	608	1431	119	2410
棉花产量	吨	62				
规模以上工业企业单位数	个	42	51	110	18	112
固定电话用户	户	32268	52668	81177	5934	20000
四、教育、卫生和社会保障						
普通中学在校学生数	人	25929	27671	14082	2290	18328
小学在校学生数	人	27855	35283	20807	4382	20583
医疗卫生机构床位数	床	1706	2353	1992	370	2710
各种社会福利收养性单位数	个	6	3	2	2	2
各种社会福利收养性单位床位数	床	653	600	499	480	490

2018年县(市)社会经济主要指标

陕西省

指　　标	单位	凤翔县	岐山县	扶风县	眉　县	陇　县
一、基本情况						
行政区域面积	平方公里	1179	856	705	858	2277
乡个数	个					
镇个数	个	12	9	7	7	10
街道办事处个数	个			1	1	
户籍人口	人	521675	464389	443071	326177	272437
第二产业从业人员	人	78632	81756	69117	64012	56895
第三产业从业人员	人	92599	64103	67877	36616	29546
二、综合经济						
地区生产总值	万元	2167995	1930974	1398717	1369809	974213
第一产业增加值	万元	230519	220423	208194	223515	171201
第二产业增加值	万元	1267311	1127198	787958	714467	548036
一般公共预算收入	万元	53144	42875	54532	36068	20157
一般公共预算支出	万元	210928	261159	236639	209778	183691
居民储蓄存款余额	万元	1401003	1758269	1364223	820612	762204
年末金融机构各项贷款余额	万元	735902	763483	657822	614875	289137
三、农业、工业和通讯						
设施农业占地(水面)面积	公顷	1330	1124	140	236	78
油料产量	吨	1942	1238	570	509	28766
棉花产量	吨		4	31		
规模以上工业企业单位数	个	82	91	68	85	19
固定电话用户	户	47000	31558	12000	37106	9442
四、教育、卫生和社会保障						
普通中学在校学生数	人	17342	17939	18372	13365	12921
小学在校学生数	人	21045	20842	21230	18959	19206
医疗卫生机构床位数	床	2293	2245	1918	1732	1420
各种社会福利收养性单位数	个	3	16	4	5	2
各种社会福利收养性单位床位数	床	850	525	820	242	480

2018年县(市)社会经济主要指标

陕西省

指　　标	单位	千阳县	麟游县	凤　县	太白县	三原县
一、基本情况						
行政区域面积	平方公里	997	1704	3187	2698	577
乡个数	个					
镇个数	个	7	7	9	7	9
街道办事处个数	个				1	1
户籍人口	人	133737	86081	93328	48445	408165
第二产业从业人员	人	17833	10839	13980	5150	67131
第三产业从业人员	人	9600	8726	15330	6611	25031
二、综合经济						
地区生产总值	万元	597588	1097200	1337800	276957	2397556
第一产业增加值	万元	91812	59800	70900	66393	265263
第二产业增加值	万元	365849	930000	973700	132378	1426716
一般公共预算收入	万元	14873	101400	27922	10824	36452
一般公共预算支出	万元	129604	133800	131660	113563	256131
居民储蓄存款余额	万元	389245	224963	376318	209820	1251231
年末金融机构各项贷款余额	万元	158141	190000	194682	137298	537621
三、农业、工业和通讯						
设施农业占地(水面)面积	公顷	691	23	37		8243
油料产量	吨	1843	2646	1074	374	1599
棉花产量	吨					
规模以上工业企业单位数	个	30	8	55	9	149
固定电话用户	户	5028	1320	23360	5011	33310
四、教育、卫生和社会保障						
普通中学在校学生数	人	5464	3014	3391	1679	25711
小学在校学生数	人	7020	3731	4180	2315	25466
医疗卫生机构床位数	床	773	746	453	185	1739
各种社会福利收养性单位数	个	3	2	2	1	3
各种社会福利收养性单位床位数	床	314	230	561	208	103

2018年县(市)社会经济主要指标

陕西省

指　标	单位	泾阳县	乾　县	礼泉县	永寿县	长武县
一、基本情况						
行政区域面积	平方公里	570	1003	1012	889	568
乡个数	个					
镇个数	个	8	15	11	6	7
街道办事处个数	个		1	1	1	1
户籍人口	人	326505	589935	475520	205405	186700
第二产业从业人员	人	51623	64328	35622	9494	18698
第三产业从业人员	人	47284	56770	34765	12804	21123
二、综合经济						
地区生产总值	万元	754310	1736460	1605154	854257	1004600
第一产业增加值	万元	280000	287060	473923	184045	162800
第二产业增加值	万元	134370	717300	595962	377884	633960
一般公共预算收入	万元	14829	19496	28700	9641	62966
一般公共预算支出	万元	220964	29042	283000	188681	196148
居民储蓄存款余额	万元	1417500	1251426	1113652	513000	578164
年末金融机构各项贷款余额	万元	516500	654299	593124	227500	342305
三、农业、工业和通讯						
设施农业占地(水面)面积	公顷	306	271	290	5	273
油料产量	吨	390	5407	1574	3418	493
棉花产量	吨					
规模以上工业企业单位数	个	16	53	44	23	20
固定电话用户	户	16593	8976	61352	2813	8500
四、教育、卫生和社会保障						
普通中学在校学生数	人	12652	26874	23302	8595	7228
小学在校学生数	人	14382	29734	23409	12870	10424
医疗卫生机构床位数	床	1349	2788	1896	911	1002
各种社会福利收养性单位数	个	88	1	1	1	4
各种社会福利收养性单位床位数	床	300	308	170	323	350

2018年县(市)社会经济主要指标

陕西省

指标	单位	旬邑县	淳化县	武功县	兴平市	彬州市
一、基本情况						
行政区域面积	平方公里	1811	983	398	453	1184
乡个数	个					
镇个数	个	9	7	7	7	8
街道办事处个数	个	1	1	1	5	1
户籍人口	人	292850	192931	440678	556088	364039
第二产业从业人员	人	27869	20812	26845	78015	30243
第三产业从业人员	人	45714	23034	23010	84923	27514
二、综合经济						
地区生产总值	万元	965846	760800	1412380	2483302	2171140
第一产业增加值	万元	264731	250100	214100	216675	185600
第二产业增加值	万元	457659	272700	669450	1350781	1569800
一般公共预算收入	万元	28659	7370	45097	46800	120648
一般公共预算支出	万元	238014	203973	247989	289400	264896
居民储蓄存款余额	万元	682406	413692	1199002	1949600	1241688
年末金融机构各项贷款余额	万元	358890	239036	433414	665100	1080253
三、农业、工业和通讯						
设施农业占地(水面)面积	公顷	206	534	653	1968	208
油料产量	吨	1988	2571	467	435	11464
棉花产量	吨					
规模以上工业企业单位数	个	25	27	48	130	52
固定电话用户	户	8279	3400	62138	27143	11165
四、教育、卫生和社会保障						
普通中学在校学生数	人	10602	5451	20179	24647	10637
小学在校学生数	人	16586	8045	26736	34002	28209
医疗卫生机构床位数	床	887	623	1906	2259	1967
各种社会福利收养性单位数	个	3	3	2	3	2
各种社会福利收养性单位床位数	床	305	270	125	446	517

2018年县(市)社会经济主要指标

陕西省

指　　标	单位	华州区	潼关县	大荔县	合阳县	澄城县
一、基本情况						
行政区域面积	平方公里	1139	526	1776	1437	1121
乡个数	个					
镇个数	个	9	4	15	11	9
街道办事处个数	个	1	1	2	1	1
户籍人口	人	323472	149955	732477	447208	379707
第二产业从业人员	人	19668	15133	5982	19147	39019
第三产业从业人员	人	43729	14697	23296	33159	60810
二、综合经济						
地区生产总值	万元	756097	403487	1505775	971800	878458
第一产业增加值	万元	134720	48440	428663	255200	272915
第二产业增加值	万元	306964	144628	357619	193500	176366
一般公共预算收入	万元	24067	15636	19067	24400	29620
一般公共预算支出	万元	224559	140068	407096	327600	309306
居民储蓄存款余额	万元	1142603	504240	1588200	1084000	1334900
年末金融机构各项贷款余额	万元	503815	478107	776900	485900	619145
三、农业、工业和通讯						
设施农业占地(水面)面积	公顷	2826	110	21762	2201	570
油料产量	吨	1518	4220	26397	5478	8806
棉花产量	吨	429	213	280	2863	510
规模以上工业企业单位数	个	32	20	61	37	23
固定电话用户	户	44000	21273	80000	43560	43120
四、教育、卫生和社会保障						
普通中学在校学生数	人	9850	6100	25236	17309	17096
小学在校学生数	人	16084	9098	38567	21739	17924
医疗卫生机构床位数	床	1994	756	3648	1734	1530
各种社会福利收养性单位数	个	3	10	10	10	12
各种社会福利收养性单位床位数	床	415	402	2002	406	837

2018年县(市)社会经济主要指标

陕西省

指　　标	单位	蒲城县	白水县	富平县	韩城市	华阴市
一、基本情况						
行政区域面积	平方公里	1584	978	1242	1621	817
乡个数	个					
镇个数	个	15	7	14	6	4
街道办事处个数	个	2	1	1	2	2
户籍人口	人	778315	278590	794483	397020	242959
第二产业从业人员	人	61392	7908	70206	97115	33190
第三产业从业人员	人	173413	35455	58749	125612	74770
二、综合经济						
地区生产总值	万元	1906335	774973	1659967	3689941	911614
第一产业增加值	万元	333298	325466	382145	224921	85258
第二产业增加值	万元	745700	128178	622580	2528274	307250
一般公共预算收入	万元	61836	13298	54052	403758	24229
一般公共预算支出	万元	474398	252091	484139	552655	204380
居民储蓄存款余额	万元	2047974	720408	1471951	2300448	876136
年末金融机构各项贷款余额	万元	1692596	285745	796573	2105873	836394
三、农业、工业和通讯						
设施农业占地(水面)面积	公顷	11900	466	570	1352	1579
油料产量	吨	6012	8357	1022	1426	1429
棉花产量	吨	1399	786	376	87	48
规模以上工业企业单位数	个	64	38	55	112	35
固定电话用户	户	85230	26000	52597	73156	31760
四、教育、卫生和社会保障						
普通中学在校学生数	人	30136	10672	30327	18159	8840
小学在校学生数	人	41942	14493	40772	23317	12785
医疗卫生机构床位数	床	3914	1662	4966	2343	1287
各种社会福利收养性单位数	个	7	1	10	2	3
各种社会福利收养性单位床位数	床	1300	110	730	249	210

2018年县(市)社会经济主要指标

陕西省

指　　标	单位	安塞区	延长县	延川县	子长县	志丹县
一、基本情况						
行政区域面积	平方公里	2949	2368	1985	2396	3794
乡个数	个					
镇个数	个	8	7	7	8	7
街道办事处个数	个	3	1	1	1	1
户籍人口	人	196650	154400	188623	266920	160351
第二产业从业人员	人	10589	18760	15230	26171	11384
第三产业从业人员	人	30897	53357	12101	24805	20890
二、综合经济						
地区生产总值	万元	1072200	540779	1143557	1145757	1499800
第一产业增加值	万元	117800	108137	95303	71598	76400
第二产业增加值	万元	680600	244135	776522	727110	1102200
一般公共预算收入	万元	91987	40481	61128	64980	175400
一般公共预算支出	万元	200021	211222	265055	236101	190700
居民储蓄存款余额	万元	475591	361446	446200	549100	607900
年末金融机构各项贷款余额	万元	304701	193336	1357900	424300	475200
三、农业、工业和通讯						
设施农业占地(水面)面积	公顷	1965	715		807	
油料产量	吨	233	980	1328	380	355
棉花产量	吨		25	22		
规模以上工业企业单位数	个	13	15	9	26	10
固定电话用户	户	17368	12442	13200	20200	14945
四、教育、卫生和社会保障						
普通中学在校学生数	人	6957	4173	5770	11445	6230
小学在校学生数	人	16492	9136	10616	19914	17030
医疗卫生机构床位数	床	694	735	770	1202	749
各种社会福利收养性单位数	个	8	2	9	5	1
各种社会福利收养性单位床位数	床	1000	216	920	701	300

2018年县(市)社会经济主要指标

陕西省

指　　标	单位	吴起县	甘泉县	富　县	洛川县	宜川县
一、基本情况						
行政区域面积	平方公里	3788	2272	4180	1792	2938
乡个数	个		2	1	1	2
镇个数	个	8	3	6	7	4
街道办事处个数	个	1	1	1	1	1
户籍人口	人	145430	88424	156260	218761	123690
第二产业从业人员	人	11828	5860	6121	16103	2119
第三产业从业人员	人	24083	12476	10103	22226	6120
二、综合经济						
地区生产总值	万元	1506676	266538	626780	2439861	362603
第一产业增加值	万元	64060	49559	160945	184612	149428
第二产业增加值	万元	1157343	85946	236167	1952430	25686
一般公共预算收入	万元	189768	27030	28707	13015	19823
一般公共预算支出	万元	220005	69260	170980	12986	172589
居民储蓄存款余额	万元	667641		358751	574900	362547
年末金融机构各项贷款余额	万元	384637	144041	415760	579800	161825
三、农业、工业和通讯						
设施农业占地(水面)面积	公顷	44	1318	559		
油料产量	吨	2219	16	221	76	350
棉花产量	吨					
规模以上工业企业单位数	个	11	12	13	13	8
固定电话用户	户	26484	9800	5917	27000	9718
四、教育、卫生和社会保障						
普通中学在校学生数	人	7959	3674	4678	10763	4473
小学在校学生数	人	14953	7660	13197	19220	8807
医疗卫生机构床位数	床	644	439	597	866	580
各种社会福利收养性单位数	个	1	1	4	1	3
各种社会福利收养性单位床位数	床	518	95	617	260	500

2018年县(市)社会经济主要指标

陕西省

指　　标	单位	黄龙县	黄陵县	南郑区	城固县	洋　县
一、基本情况						
行政区域面积	平方公里	2747	2287	2809	2265	3206
乡个数	个	2				
镇个数	个	5	5	20	15	15
街道办事处个数	个		1	1	2	3
户籍人口	人	48731	120849	574535	542493	446434
第二产业从业人员	人	2712	17921	72087	34284	46887
第三产业从业人员	人	2807	6012	104950	87708	38996
二、综合经济						
地区生产总值	万元	170300	1524078	2168570	2603995	1400625
第一产业增加值	万元	45712	92795	300809	432376	291812
第二产业增加值	万元	16519	1090238	1232227	1380776	638437
一般公共预算收入	万元	8596	187259	75381	31823	26688
一般公共预算支出	万元	119594	252735	382132	372798	315140
居民储蓄存款余额	万元	163056	640027	1902311	1932642	1447560
年末金融机构各项贷款余额	万元	76777	551082	851214	666533	714083
三、农业、工业和通讯						
设施农业占地(水面)面积	公顷	61	2115	64	340	263
油料产量	吨	2038	188	31364	21366	28692
棉花产量	吨					203
规模以上工业企业单位数	个	2	24	77	76	54
固定电话用户	户	8684	18560	45500	51045	51440
四、教育、卫生和社会保障						
普通中学在校学生数	人	1643	5758	29026	24195	23303
小学在校学生数	人	2437	9057	30283	28882	22874
医疗卫生机构床位数	床	222	690	2211	2671	1760
各种社会福利收养性单位数	个	5	2	12	11	10
各种社会福利收养性单位床位数	床	466	90	1560	1917	1156

2018年县(市)社会经济主要指标

陕西省

指　　标	单位	西乡县	勉县	宁强县	略阳县	镇巴县
一、基本情况						
行政区域面积	平方公里	3253	2406	3260	2831	3437
乡个数	个					
镇个数	个	15	17	16	15	19
街道办事处个数	个	2	1	2	2	1
户籍人口	人	415399	411976	324888	180727	280644
第二产业从业人员	人	42043	38140	34285	21030	21594
第三产业从业人员	人	48376	79656	66682	44211	24131
二、综合经济						
地区生产总值	万元	1108536	1473784	890472	723484	845579
第一产业增加值	万元	210869	210299	161181	84478	170605
第二产业增加值	万元	442269	761044	348518	299814	311110
一般公共预算收入	万元	22737	39779	12035	14709	12078
一般公共预算支出	万元	261977	300720	263861	222919	284877
居民储蓄存款余额	万元	1296863	1731109	901553	622338	575134
年末金融机构各项贷款余额	万元	706918	932875	390658	316779	230688
三、农业、工业和通讯						
设施农业占地(水面)面积	公顷	208	278	134	169	
油料产量	吨	22306	30105	13930	5654	11139
棉花产量	吨	4				
规模以上工业企业单位数	个	76	67	48	30	35
固定电话用户	户	56224	43294	22000	19329	18100
四、教育、卫生和社会保障						
普通中学在校学生数	人	20833	17535	14825	5810	8064
小学在校学生数	人	24099	16360	14605	7872	18113
医疗卫生机构床位数	床	1646	3110	1640	986	1343
各种社会福利收养性单位数	个	10	7	71	9	9
各种社会福利收养性单位床位数	床	1310	1180	1203	1300	1230

2018年县(市)社会经济主要指标

陕西省

指　　标	单位	留坝县	佛坪县	横山区	府谷县	靖边县
一、基本情况						
行政区域面积	平方公里	1965	1267	4333	3201	5088
乡个数	个					
镇个数	个	7	6	14	14	16
街道办事处个数	个	1	1	1		1
户籍人口	人	41882	32584	382032	249053	382000
第二产业从业人员	人	1586	2051	61130	49285	45692
第三产业从业人员	人	4038	6549	38600	71519	56471
二、综合经济						
地区生产总值	万元	169218	109026	1894400	5395771	2962350
第一产业增加值	万元	29612	17397	231700	88646	280570
第二产业增加值	万元	49710	36374	1055700	3876160	1802130
一般公共预算收入	万元	4160	3943	213000	324061	184300
一般公共预算支出	万元	93144	80018	65100	468115	383500
居民储蓄存款余额	万元	148654	115107	816800	3386934	1425400
年末金融机构各项贷款余额	万元	89238	68333	573000	2889030	1059700
三、农业、工业和通讯						
设施农业占地(水面)面积	公顷	8	13	77	113	2133
油料产量	吨	965	424	2232	2255	16500
棉花产量	吨				47	
规模以上工业企业单位数	个	11	8	41	224	68
固定电话用户	户	8517	2395	22066	16418	105200
四、教育、卫生和社会保障						
普通中学在校学生数	人	1685	1108	12388	12842	23013
小学在校学生数	人	1859	1521	23831	21347	44387
医疗卫生机构床位数	床	231	195	1223	1315	1444
各种社会福利收养性单位数	个	3	1	1	4	5
各种社会福利收养性单位床位数	床	450	250	91	340	860

2018年县(市)社会经济主要指标

陕西省

指　　标	单位	定边县	绥德县	米脂县	佳　县	吴堡县
一、基本情况						
行政区域面积	平方公里	6920	1853	1212	2029	428
乡个数	个	4				
镇个数	个	14	15	8	12	5
街道办事处个数	个	1		1	1	1
户籍人口	人	356601	354238	221847	267676	82314
第二产业从业人员	人	18940	42410	24320	41561	18311
第三产业从业人员	人	35160	44960	20706	29412	13196
二、综合经济						
地区生产总值	万元	3172840	939738	575800	549186	234071
第一产业增加值	万元	267420	197270	96000	167709	54541
第二产业增加值	万元	2018770	100108	193800	146395	82791
一般公共预算收入	万元	241776	13369	52698	11352	
一般公共预算支出	万元	413553	419500	270493	264676	170072
居民储蓄存款余额	万元	1228505	916161	542073	314500	191111
年末金融机构各项贷款余额	万元	1325619	457182	274515	156900	155637
三、农业、工业和通讯						
设施农业占地(水面)面积	公顷	999	688	27		
油料产量	吨	27080	32936		4675	1220
棉花产量	吨				17	5
规模以上工业企业单位数	个	23	19	13	28	14
固定电话用户	户	24107	21882	19539	6844	8085
四、教育、卫生和社会保障						
普通中学在校学生数	人	16663	13468	6964	3537	2949
小学在校学生数	人	26634	16936	10247	5956	4441
医疗卫生机构床位数	床	1598	3106	664	636	483
各种社会福利收养性单位数	个	3	9	3	7	2
各种社会福利收养性单位床位数	床	426	344	217	750	312

2018年县(市)社会经济主要指标

陕西省

指　　标	单位	清涧县	子洲县	神木市	汉阴县	石泉县
一、基本情况						
行政区域面积	平方公里	1881	2042	7635	1365	1516
乡个数	个		1			
镇个数	个	9	11	14	10	11
街道办事处个数	个	1	1	6		
户籍人口	人	214105	303900	451545	311556	182441
第二产业从业人员	人	17691	20446	87535	64225	21779
第三产业从业人员	人	13986	22882	178611	29457	32559
二、综合经济						
地区生产总值	万元	585700	636324	12980300	1076703	961924
第一产业增加值	万元	180900	164718	198700	145358	82515
第二产业增加值	万元	148500	220445	9342100	631640	639528
一般公共预算收入	万元	18327	12941	875500	15192	12059
一般公共预算支出	万元	244227	294350	1057700	258700	215990
居民储蓄存款余额	万元	348740	412503	6207100	779689	631688
年末金融机构各项贷款余额	万元	265549	286408	5028300	537862	469229
三、农业、工业和通讯						
设施农业占地(水面)面积	公顷	158	35		817	409
油料产量	吨	12934	4821	11286	24672	12654
棉花产量	吨	102			4	
规模以上工业企业单位数	个	36	19	242	85	78
固定电话用户	户	13709	18000	40051	32263	24949
四、教育、卫生和社会保障						
普通中学在校学生数	人	2623	4886	25706	16610	7912
小学在校学生数	人	5323	8532	40863	21706	10681
医疗卫生机构床位数	床	733	709	2954	1539	1032
各种社会福利收养性单位数	个	3	6	30	17	18
各种社会福利收养性单位床位数	床	162	322	3667	1412	1961

2018年县(市)社会经济主要指标

陕西省

指　标	单位	宁陕县	紫阳县	岚皋县	平利县	镇坪县
一、基本情况						
行政区域面积	平方公里	3678	2240	1957	2648	1502
乡个数	个					
镇个数	个	11	17	12	11	7
街道办事处个数	个					
户籍人口	人	71070	335108	167071	231067	59111
第二产业从业人员	人	9342	36462	25593	37360	4171
第三产业从业人员	人	9731	54483	31512	15476	7791
二、综合经济						
地区生产总值	万元	346916	1036503	593565	996248	230279
第一产业增加值	万元	49573	140222	81998	106890	39798
第二产业增加值	万元	196404	553154	333026	699027	95928
一般公共预算收入	万元	7325	10804	9587	8746	4280
一般公共预算支出	万元	120909	299279	208179	241096	101101
居民储蓄存款余额	万元	234328	130656	444028	664400	123835
年末金融机构各项贷款余额	万元	111747	413855	372400	535000	128543
三、农业、工业和通讯						
设施农业占地(水面)面积	公顷	14	291	54	2568	13
油料产量	吨	349	10112	2984	8625	1495
棉花产量	吨				1	
规模以上工业企业单位数	个	21	57	41	91	26
固定电话用户	户	4078	15106	17426	18430	1243
四、教育、卫生和社会保障						
普通中学在校学生数	人	3022	17099	7447	8723	2876
小学在校学生数	人	4171	21483	9752	14009	3545
医疗卫生机构床位数	床	357	1189	680	930	309
各种社会福利收养性单位数	个	5	21	15	22	4
各种社会福利收养性单位床位数	床	750	1619	1230	2370	400

2018年县(市)社会经济主要指标

陕西省

指　　标	单位	旬阳县	白河县	商州区	洛南县	丹凤县
一、基本情况						
行政区域面积	平方公里	3541	1453	2672	2830	2438
乡个数	个					
镇个数	个	21	11	14	14	11
街道办事处个数	个			4	2	1
户籍人口	人	453037	214954	560374	453995	314002
第二产业从业人员	人	54618	34010	73964	38526	43311
第三产业从业人员	人	69863	40019	53773	39325	30881
二、综合经济						
地区生产总值	万元	1879857	791735	1535104	1406450	990490
第一产业增加值	万元	175666	97167	142484	210290	107410
第二产业增加值	万元	1090979	474733	697050	802670	483490
一般公共预算收入	万元	41137	8232	34085	29575	16732
一般公共预算支出	万元	375535	228900	366900	315306	270065
居民储蓄存款余额	万元	1275529	562390	2234311	1241030	904143
年末金融机构各项贷款余额	万元	983605	339201	1998732	589531	439364
三、农业、工业和通讯						
设施农业占地(水面)面积	公顷	541	14	172	358	
油料产量	吨	21368	7840	358	5613	1021
棉花产量	吨					
规模以上工业企业单位数	个	78	56	32	48	42
固定电话用户	户	24862	9480	7300	24034	12600
四、教育、卫生和社会保障						
普通中学在校学生数	人	18355	10840	27352	18439	7937
小学在校学生数	人	24287	13616	33797	25942	19961
医疗卫生机构床位数	床	2681	936	4313	1934	1608
各种社会福利收养性单位数	个	20	88	13	12	7
各种社会福利收养性单位床位数	床	2700	1962	658	961	812

2018年县(市)社会经济主要指标

陕西省、甘肃省

指　　标	单位	商南县	山阳县	镇安县	柞水县	永登县
一、基本情况						
行政区域面积	平方公里	2307	3535	3487	2332	5622
乡个数	个					3
镇个数	个	9	16	14	8	13
街道办事处个数	个	1	2	1	1	
户籍人口	人	248249	467331	301045	161839	434563
第二产业从业人员	人	14025	45792	27897	22658	37053
第三产业从业人员	人	56889	39273	88304	26537	81683
二、综合经济						
地区生产总值	万元	879026	1479530	1111990	745600	1083147
第一产业增加值	万元	119166	186360	121740	61600	112621
第二产业增加值	万元	461680	844360	660470	443600	306772
一般公共预算收入	万元	39789	38196	18708	16859	49572
一般公共预算支出	万元	249558	383229	300157	180294	291169
居民储蓄存款余额	万元	650098	1121700	772777	503899	987070
年末金融机构各项贷款余额	万元	438514	794000	485012	396624	1654454
三、农业、工业和通讯						
设施农业占地(水面)面积	公顷	357	351	102	2	1302
油料产量	吨	8698	2580	1230	312	6949
棉花产量	吨			23		
规模以上工业企业单位数	个	40	48	43	31	38
固定电话用户	户	23505	16700	15000	18613	26900
四、教育、卫生和社会保障						
普通中学在校学生数	人	11985	20961	14623	6079	17297
小学在校学生数	人	16999	30683	21204	10652	20795
医疗卫生机构床位数	床	1336	2525	1600	621	2033
各种社会福利收养性单位数	个	13	14	19	15	2
各种社会福利收养性单位床位数	床	1408	1080	1900	268	82

2018年县(市)社会经济主要指标

甘肃省

指　　标	单位	皋兰县	榆中县	永昌县	靖远县	会宁县
一、基本情况						
行政区域面积	平方公里	2180	3302	5877	5792	6439
乡个数	个		12	1	5	4
镇个数	个	6	11	9	13	24
街道办事处个数	个					
户籍人口	人	147843	458010	242685	503622	575283
第二产业从业人员	人	7111	32826	27041	40321	23378
第三产业从业人员	人	17778	73699	52372	51342	66561
二、综合经济						
地区生产总值	万元	659204	1483250	731011	756511	682469
第一产业增加值	万元	61641	110513	144192	258628	214143
第二产业增加值	万元	336351	740106	190819	189923	157702
一般公共预算收入	万元	62492	74154	29984	37686	27033
一般公共预算支出	万元	171778	378384	250192	340580	406175
居民储蓄存款余额	万元	754047	1712310	768342	747348	808328
年末金融机构各项贷款余额	万元	1409594	2631746	1000207	929941	841010
三、农业、工业和通讯						
设施农业占地(水面)面积	公顷	1007	559	756	8583	250
油料产量	吨	2516	5007	11049	13153	6179
棉花产量	吨					
规模以上工业企业单位数	个	32	33	52	11	32
固定电话用户	户	4269	7650	13894	58800	35164
四、教育、卫生和社会保障						
普通中学在校学生数	人	3644	18728	6883	21939	26860
小学在校学生数	人	6596	23877	10789	30852	30281
医疗卫生机构床位数	床	425	1809	691	1532	2060
各种社会福利收养性单位数	个	7	3	2	5	4
各种社会福利收养性单位床位数	床	253	220	290	216	164

2018年县(市)社会经济主要指标

甘肃省

指　　标	单位	景泰县	清水县	秦安县	甘谷县	武山县
一、基本情况						
行政区域面积	平方公里	5483	2012	1599	1573	2011
乡个数	个	3	3		2	2
镇个数	个	8	15	17	13	13
街道办事处个数	个	7				
户籍人口	人	239617	332364	587677	622012	468544
第二产业从业人员	人	5936	13012	50685	78484	22949
第三产业从业人员	人	37890	31550	63302	65368	84704
二、综合经济						
地区生产总值	万元	549743	445125	561126	634104	561037
第一产业增加值	万元	131070	97599	140045	161790	177046
第二产业增加值	万元	120730	60683	110255	176747	92090
一般公共预算收入	万元	53233	17783	23666	32552	21840
一般公共预算支出	万元	203925	254297	372707	346971	293038
居民储蓄存款余额	万元	578562	504723	1191881	1060406	796362
年末金融机构各项贷款余额	万元	667395	368654	952062	612699	595051
三、农业、工业和通讯						
设施农业占地(水面)面积	公顷	261	80	640	2529	978
油料产量	吨	11383	20830	13404	15244	17630
棉花产量	吨					
规模以上工业企业单位数	个	25	10	15	24	15
固定电话用户	户	16410	32567	51600	71079	65203
四、教育、卫生和社会保障						
普通中学在校学生数	人	6496	12088	27669	30884	31492
小学在校学生数	人	14823	24159	32262	48886	36706
医疗卫生机构床位数	床	810	872	1411	1813	1628
各种社会福利收养性单位数	个	5	3	3	3	1
各种社会福利收养性单位床位数	床	331	215	60	42	100

2018年县(市)社会经济主要指标

甘肃省

指　　标	单位	张家川回族自治县	凉州区	民勤县	古浪县	天祝藏族自治县
一、基本情况						
行政区域面积	平方公里	1312	4907	15835	5047	7150
乡个数	个	5			4	5
镇个数	个	10	37	18	15	14
街道办事处个数	个		8	1	1	
户籍人口	人	343388	1038074	266564	387212	205744
第二产业从业人员	人	7717	104125	9176	31870	9348
第三产业从业人员	人	59263	150247	38684	35371	24345
二、综合经济						
地区生产总值	万元	298299	2925413	777578	510551	479110
第一产业增加值	万元	71362	650546	276160	179761	98859
第二产业增加值	万元	28324	890844	183480	110970	131888
一般公共预算收入	万元	10028	137800	37589	35346	32114
一般公共预算支出	万元	289809	646800	323868	395216	462471
居民储蓄存款余额	万元	562659	3946158	970872	706955	517749
年末金融机构各项贷款余额	万元	286862	4925145	1735895	864900	767677
三、农业、工业和通讯						
设施农业占地(水面)面积	公顷	565	9544	2300	12738	510
油料产量	吨	6157	8792	65398	12747	2321
棉花产量	吨			359		
规模以上工业企业单位数	个	9	128	41	24	30
固定电话用户	户	26821	83200	19720	17113	6780
四、教育、卫生和社会保障						
普通中学在校学生数	人	16216	51451	13837	20914	9102
小学在校学生数	人	25841	63647	7622	20731	10515
医疗卫生机构床位数	床	1320	6322	1498	1661	1015
各种社会福利收养性单位数	个	10	9	10	4	3
各种社会福利收养性单位床位数	床	262	958	2152	587	654

2018年县(市)社会经济主要指标

甘肃省

指　　标	单位	甘州区	肃南裕固族自治县	民乐县	临泽县	高台县
一、基本情况						
行政区域面积	平方公里	3661	23887	3687	2729	4347
乡个数	个	5	5			
镇个数	个	13	3	10	7	9
街道办事处个数	个	5				
户籍人口	人	518500	39046	248570	149523	158360
第二产业从业人员	人	17937	981	21671	13182	32408
第三产业从业人员	人	102612	3462	35052	26288	36015
二、综合经济						
地区生产总值	万元	1813960	263968	490555	483565	502202
第一产业增加值	万元	315478	71908	137176	132687	126792
第二产业增加值	万元	376415	74396	111228	90848	127334
一般公共预算收入	万元	94498	25267	31437	21505	22458
一般公共预算支出	万元	432610	204488	255941	163962	174125
居民储蓄存款余额	万元	2372861	106150	464640	496221	538276
年末金融机构各项贷款余额	万元	3497416	131534	709874	658440	616012
三、农业、工业和通讯						
设施农业占地(水面)面积	公顷	1977	6	555	646	2062
油料产量	吨	5309	72	20179	3615	4606
棉花产量	吨				2	90
规模以上工业企业单位数	个	81	23	35	29	37
固定电话用户	户	99980	3468	24600	22284	33260
四、教育、卫生和社会保障						
普通中学在校学生数	人	24099	1356	17169	5596	5813
小学在校学生数	人	32107	878	17081	7491	6975
医疗卫生机构床位数	床	3788	401	1635	905	1215
各种社会福利收养性单位数	个	19	1	4	4	4
各种社会福利收养性单位床位数	床	559	120	640	404	410

2018年县(市)社会经济主要指标

甘肃省

指　　标	单位	山丹县	崆峒区	泾川县	灵台县	崇信县
一、基本情况						
行政区域面积	平方公里	5402	1936	1409	1976	850
乡个数	个	2	10	3	4	2
镇个数	个	6	7	11	9	4
街道办事处个数	个		3	1		
户籍人口	人	200815	524795	356233	230616	101555
第二产业从业人员	人	18326	59230	30887	2980	14092
第三产业从业人员	人	36876	125286	31448	164317	14101
二、综合经济						
地区生产总值	万元	522862	1376456	190591	302617	296761
第一产业增加值	万元	107237	78987	76706	98529	76502
第二产业增加值	万元	127891	336367	93816	53552	125118
一般公共预算收入	万元	27800	54200	21596	10421	31603
一般公共预算支出	万元	221480	351700	225788	187514	118412
居民储蓄存款余额	万元	608915	1995500	819179	518639	296970
年末金融机构各项贷款余额	万元	707128	2606500	692290	453042	284254
三、农业、工业和通讯						
设施农业占地(水面)面积	公顷	200	217	365	286	303
油料产量	吨	19696	9919	3227	14150	6330
棉花产量	吨					
规模以上工业企业单位数	个	24	20	4	6	11
固定电话用户	户	22800	87002	23236	10559	7156
四、教育、卫生和社会保障						
普通中学在校学生数	人	8365	30708	16909	9785	2960
小学在校学生数	人	11846	37424	17923	12796	6837
医疗卫生机构床位数	床	1524	4109	1613	971	632
各种社会福利收养性单位数	个	5	8	5	4	5
各种社会福利收养性单位床位数	床	480	150	393	450	159

2018年县(市)社会经济主要指标

甘肃省

指　　标	单位	庄浪县	静宁县	华亭市	肃州区	金塔县
一、基本情况						
行政区域面积	平方公里	1553	2194	1182	3386	16663
乡个数	个	3	7	3	1	2
镇个数	个	15	17	7	14	7
街道办事处个数	个	1			7	
户籍人口	人	453767	484100	190706	414337	144682
第二产业从业人员	人	23065	30750	27043	24688	14239
第三产业从业人员	人	53040	72630	20662	96867	23594
二、综合经济						
地区生产总值	万元	491780	603591	496841	1770716	730180
第一产业增加值	万元	226619	272046	49473	234831	188891
第二产业增加值	万元	58758	98674	272605	416419	143898
一般公共预算收入	万元	23243	26275	73659	79438	26007
一般公共预算支出	万元	346059	378849	186066	286151	167792
居民储蓄存款余额	万元	937205	815149	769400	2657319	425654
年末金融机构各项贷款余额	万元	661206	863467	709454	3685779	474596
三、农业、工业和通讯						
设施农业占地(水面)面积	公顷	533	174	56	2993	1226
油料产量	吨	5820	12598	2694	2680	8601
棉花产量	吨					994
规模以上工业企业单位数	个	6	7	14	45	20
固定电话用户	户	26000	10000	14345	106600	8000
四、教育、卫生和社会保障						
普通中学在校学生数	人	31427	27297	10579	18493	7286
小学在校学生数	人	41957	29749	16425	25772	7445
医疗卫生机构床位数	床	1858	2255	1432	3856	703
各种社会福利收养性单位数	个	12	5	6	10	3
各种社会福利收养性单位床位数	床	435	317	77	1320	180

2018年县(市)社会经济主要指标

甘肃省

指　　标	单位	瓜州县	肃北蒙古族自治县	阿克塞哈萨克族自治县	玉门市	敦煌市
一、基本情况						
行政区域面积	平方公里	24130	66748	32374	13496	31200
乡个数	个	5	2	2	2	
镇个数	个	10	2	1	10	8
街道办事处个数	个				1	
户籍人口	人	128133	12228	9360	148426	144124
第二产业从业人员	人	17712	1719	1028	22709	7204
第三产业从业人员	人	22955	2401	4083	49421	47741
二、综合经济						
地区生产总值	万元	749187	141059	92576	1511938	987830
第一产业增加值	万元	101636	6353	6506	110826	89232
第二产业增加值	万元	341169	58374	29435	867613	171973
一般公共预算收入	万元	34549	18316	8008	41363	52505
一般公共预算支出	万元	165084	88556	65698	184538	169295
居民储蓄存款余额	万元	461921	72967	57217	524997	1448148
年末金融机构各项贷款余额	万元	988234	69761	67187	843929	1532570
三、农业、工业和通讯						
设施农业占地(水面)面积	公顷	253		25	516	191
油料产量	吨	13713	635		12093	1090
棉花产量	吨	22092				4532
规模以上工业企业单位数	个	41	14	4	44	23
固定电话用户	户	14015	3860	3308	24000	66816
四、教育、卫生和社会保障						
普通中学在校学生数	人	7632	554	647	7026	8572
小学在校学生数	人	9194	642	799	9767	8908
医疗卫生机构床位数	床	675	170	82	795	980
各种社会福利收养性单位数	个	3	1	1	48	4
各种社会福利收养性单位床位数	床	319	30	16	434	413

2018年县(市)社会经济主要指标

甘肃省

指　　标	单位	西峰区	庆城县	环　县	华池县	合水县
一、基本情况						
行政区域面积	平方公里	996	2692	9236	3791	2933
乡个数	个	2	6	11	9	7
镇个数	个	5	9	9	6	5
街道办事处个数	个	3	2			
户籍人口	人	392183	289761	363217	138680	181778
第二产业从业人员	人	35965	13968	12674	3865	7682
第三产业从业人员	人	35339	31036	25990	10439	19236
二、综合经济						
地区生产总值	万元	2314342	690100	1038392	888249	535093
第一产业增加值	万元	61648	80758	129520	48519	52427
第二产业增加值	万元	1207811	390786	584614	692279	348751
一般公共预算收入	万元	89055	80200	31993	26800	24426
一般公共预算支出	万元	277141	221000	384500	191741	166498
居民储蓄存款余额	万元	2714168	875900	647640	382157	518233
年末金融机构各项贷款余额	万元	3102706	903200	678969	281875	348383
三、农业、工业和通讯						
设施农业占地(水面)面积	公顷	326		178	115	120
油料产量	吨	5814	11992	13508	7860	2523
棉花产量	吨					
规模以上工业企业单位数	个	25	22	11	9	6
固定电话用户	户	71000	22050	13156	14885	3886
四、教育、卫生和社会保障						
普通中学在校学生数	人	30059	11516	18989	4271	6645
小学在校学生数	人	43721	19860	26074	10679	12908
医疗卫生机构床位数	床	4282	848	635	693	803
各种社会福利收养性单位数	个	7	1	5	5	8
各种社会福利收养性单位床位数	床	198	192	227	230	282

2018年县(市)社会经济主要指标

甘肃省

指　　标	单位	正宁县	宁　县	镇原县	安定区	通渭县
一、基本情况						
行政区域面积	平方公里	1320	2653	3500	3639	2909
乡个数	个	2	4	9	7	4
镇个数	个	8	14	10	12	14
街道办事处个数	个				3	
户籍人口	人	244913	561240	528076	468231	438600
第二产业从业人员	人	8401	26737	30130	34563	45710
第三产业从业人员	人	44334	43927	68687	40422	43657
二、综合经济						
地区生产总值	万元	281150	570272	661485	821187	421089
第一产业增加值	万元	52808	117077	167967	115271	83396
第二产业增加值	万元	28763	95346	206343	212723	52899
一般公共预算收入	万元	13376	17934	21317	40874	20018
一般公共预算支出	万元	183218	305709	394440	409468	396118
居民储蓄存款余额	万元	631029	1099400	1011100	1461400	578480
年末金融机构各项贷款余额	万元	282997	679600	588981	1843600	794182
三、农业、工业和通讯						
设施农业占地(水面)面积	公顷	149	371	558	586	235
油料产量	吨	5878	20949	21558	8092	18572
棉花产量	吨					
规模以上工业企业单位数	个	5	13	17	50	16
固定电话用户	户	27000	42800	43251	37602	9000
四、教育、卫生和社会保障						
普通中学在校学生数	人	10288	19133	28599	18812	20521
小学在校学生数	人	15869	30993	34222	24638	16732
医疗卫生机构床位数	床	761	989	1652	2482	1390
各种社会福利收养性单位数	个	7	26	9	14	19
各种社会福利收养性单位床位数	床	185	217	339	140	683

2018年县(市)社会经济主要指标

甘肃省

指　　标	单位	陇西县	渭源县	临洮县	漳　县	岷　县
一、基本情况						
行政区域面积	平方公里	2409	2066	2855	2164	3574
乡个数	个	5	4	6	3	3
镇个数	个	12	12	12	10	15
街道办事处个数	个					
户籍人口	人	524897	347234	555200	212488	495911
第二产业从业人员	人	18934	16722	53463	19631	31866
第三产业从业人员	人	73867	34143	42995	33353	43451
二、综合经济						
地区生产总值	万元	687842	331679	682156	242736	375920
第一产业增加值	万元	110689	108395	97763	53812	86651
第二产业增加值	万元	143449	37280	214780	46623	77405
一般公共预算收入	万元	49896	14777	36537	15036	20529
一般公共预算支出	万元	378356	296294	356053	161892	343676
居民储蓄存款余额	万元	1106733	494947	1279664	329815	701121
年末金融机构各项贷款余额	万元	1749245	494388	1277644	256579	1002566
三、农业、工业和通讯						
设施农业占地(水面)面积	公顷	552	224	680	149	30
油料产量	吨	6886	3899	751	3750	809
棉花产量	吨					
规模以上工业企业单位数	个	28	8	32	2	11
固定电话用户	户	18052	10040	21000	3626	3100
四、教育、卫生和社会保障						
普通中学在校学生数	人	26332	18049	25476	12290	16270
小学在校学生数	人	34701	17692	35238	14935	40989
医疗卫生机构床位数	床	3310	1586	2827	608	2010
各种社会福利收养性单位数	个	9	18	122	11	8
各种社会福利收养性单位床位数	床	295	1210	2647	220	87

2018年县(市)社会经济主要指标

甘肃省

指　　标	单位	武都区	成　县	文　县	宕昌县	康　县
一、基本情况						
行政区域面积	平方公里	4642	1677	5003	3331	2968
乡个数	个	10	3	6	14	3
镇个数	个	26	14	14	11	18
街道办事处个数	个	4				
户籍人口	人	605468	264295	245377	309168	199180
第二产业从业人员	人	38294	15699	15544	25156	8895
第三产业从业人员	人	87920	57741	31970	31725	21925
二、综合经济						
地区生产总值	万元	1252600	563501	296203	247898	169684
第一产业增加值	万元	223900	62823	72056	55006	34139
第二产业增加值	万元	155100	192994	72015	31877	19473
一般公共预算收入	万元	52463	48269	21445	13997	11826
一般公共预算支出	万元	438487	222369	249341	357625	166276
居民储蓄存款余额	万元	1299200	789998	464864	474849	378007
年末金融机构各项贷款余额	万元	2515500	689197	557632	457087	371015
三、农业、工业和通讯						
设施农业占地(水面)面积	公顷		37	20	35	198
油料产量	吨	4481	8386	3469	2960	1843
棉花产量	吨					
规模以上工业企业单位数	个	13	8	14	4	6
固定电话用户	户	17021	29219	21170	12800	13133
四、教育、卫生和社会保障						
普通中学在校学生数	人	22200	12753	4521	17016	8681
小学在校学生数	人	48600	21610	9033	21618	13648
医疗卫生机构床位数	床	2666	1290	462	1452	685
各种社会福利收养性单位数	个	12	10	3	4	
各种社会福利收养性单位床位数	床	62	80	17	27	

2018年县(市)社会经济主要指标

甘肃省

指　　标	单位	西和县	礼　县	徽　县	两当县	临夏市
一、基本情况						
行政区域面积	平方公里	1862	4300	2722	1409	89
乡个数	个	4	7	2	6	
镇个数	个	16	22	13	6	4
街道办事处个数	个					7
户籍人口	人	445223	539577	225098	48181	274008
第二产业从业人员	人	22506	23892	9120	1377	25132
第三产业从业人员	人	57831	71893	48256	7219	132190
二、综合经济						
地区生产总值	万元	325811	323868	517188	86989	752086
第一产业增加值	万元	58104	89854	89365	26767	14536
第二产业增加值	万元	41654	30773	188630	11161	113708
一般公共预算收入	万元	19552	24818	31631	5396	50087
一般公共预算支出	万元	330309	411367	190044	78753	257264
居民储蓄存款余额	万元	823319	920634	632337	165284	1769600
年末金融机构各项贷款余额	万元	555978	645260	632604	155976	1710100
三、农业、工业和通讯						
设施农业占地(水面)面积	公顷	42	115	58	126	250
油料产量	吨	6175	14203	4229	720	28
棉花产量	吨					
规模以上工业企业单位数	个	7	6	11	3	7
固定电话用户	户	31214	23000	21500	6430	50826
四、教育、卫生和社会保障						
普通中学在校学生数	人	24645	26328	10569	2001	21152
小学在校学生数	人	35456	39966	15686	2386	27643
医疗卫生机构床位数	床	755	885	797	196	2647
各种社会福利收养性单位数	个		17	3	4	4
各种社会福利收养性单位床位数	床		97	36	94	349

2018年县(市)社会经济主要指标

甘肃省

指　　标	单位	临夏县	康乐县	永靖县	广河县	和政县
一、基本情况						
行政区域面积	平方公里	1213	1083	1864	538	960
乡个数	个	16	10	7	3	4
镇个数	个	9	5	10	6	9
街道办事处个数	个					
户籍人口	人	426680	302549	212685	297751	239171
第二产业从业人员	人	40194	22827	29071	11258	42687
第三产业从业人员	人	67648	26109	29930	30371	36546
二、综合经济						
地区生产总值	万元	404107	233195	397780	225611	177631
第一产业增加值	万元	69961	45455	52930	32207	29263
第二产业增加值	万元	54884	26763	173205	36141	39067
一般公共预算收入	万元	26459	18563	33586	9571	8669
一般公共预算支出	万元	342812	259660	257284	258159	222212
居民储蓄存款余额	万元	471405	396391	558650	327295	
年末金融机构各项贷款余额	万元	356268	279330	726042	383083	298800
三、农业、工业和通讯						
设施农业占地(水面)面积	公顷	258	34	1307	11	
油料产量	吨	12225	7514	1912	1303	15347
棉花产量	吨					
规模以上工业企业单位数	个	7	1	10	5	4
固定电话用户	户	17430	10000	25320	5803	15835
四、教育、卫生和社会保障						
普通中学在校学生数	人	13777	14688	10674	11116	6410
小学在校学生数	人	31862	28203	12580	29757	21763
医疗卫生机构床位数	床	1442	1292	971	1310	375
各种社会福利收养性单位数	个	2	2	4	2	2
各种社会福利收养性单位床位数	床	315	124	110	360	168

2018年县(市)社会经济主要指标

甘肃省

指　　标	单位	东乡族自治县	积石山保安族东乡族撒拉族自治县	合作市	临潭县	卓尼县
一、基本情况						
行政区域面积	平方公里	1511	910	2091	1393	5139
乡个数	个	16	13	3	5	4
镇个数	个	8	4	3	11	11
街道办事处个数	个			4		
户籍人口	人	374607	282530	93361	161149	110736
第二产业从业人员	人	11595	9493	1121	1598	3567
第三产业从业人员	人	35860	37988	10833	22241	6540
二、综合经济						
地区生产总值	万元	222026	163861	437210	188379	163056
第一产业增加值	万元	55418	27810	27843	34932	46943
第二产业增加值	万元	36562	10266	73823	17944	26741
一般公共预算收入	万元	8736	7210	17110	5507	8988
一般公共预算支出	万元	460793	283917	181950	260767	248168
居民储蓄存款余额	万元	216697	171576	258450	272725	204235
年末金融机构各项贷款余额	万元	296298	301005	865212	322889	281057
三、农业、工业和通讯						
设施农业占地(水面)面积	公顷		21		20	37
油料产量	吨	268	12625	2402	5976	2050
棉花产量	吨					
规模以上工业企业单位数	个	6		6	1	3
固定电话用户	户	2920	19841	22581	6541	3430
四、教育、卫生和社会保障						
普通中学在校学生数	人	10520	11012	8745	5255	6598
小学在校学生数	人	34376	25386	8503	12216	9875
医疗卫生机构床位数	床	693	1020	645	414	470
各种社会福利收养性单位数	个	3	2	1	1	7
各种社会福利收养性单位床位数	床	350	49	39	40	59

2018年县(市)社会经济主要指标

甘肃省

指　　标	单位	舟曲县	迭部县	玛曲县	碌曲县	夏河县
一、基本情况						
行政区域面积	平方公里	3015	4709	9637	5299	6266
乡个数	个	4	6	2	2	5
镇个数	个	15	5	6	5	8
街道办事处个数	个					
户籍人口	人	143953	57400	54995	37627	90300
第二产业从业人员	人	9630	1273	501	232	1268
第三产业从业人员	人	25428	13805	1055	4077	7780
二、综合经济						
地区生产总值	万元	172060	133803	172886	109794	183035
第一产业增加值	万元	43099	35016	77898	42250	63735
第二产业增加值	万元	29480	30146	16615	14717	16300
一般公共预算收入	万元	14253	9382	11480	2564	6600
一般公共预算支出	万元	265114	211600	214223	172326	225783
居民储蓄存款余额	万元	375573	143315	77059	63992	157000
年末金融机构各项贷款余额	万元	373996	213090	109716	85492	157000
三、农业、工业和通讯						
设施农业占地(水面)面积	公顷	42	178	18		
油料产量	吨	4428	958		272	3458
棉花产量	吨					
规模以上工业企业单位数	个	6	7	4	1	2
固定电话用户	户	13000	2987	3660	5061	11289
四、教育、卫生和社会保障						
普通中学在校学生数	人	9213	3758	3122	2748	4816
小学在校学生数	人	11144	4614	6244	3728	7553
医疗卫生机构床位数	床	624	256	228	201	455
各种社会福利收养性单位数	个	4		1	1	3
各种社会福利收养性单位床位数	床	216		70	76	60

2018年县(市)社会经济主要指标

青海省

指　　标	单位	大通回族土族自治县	湟中县	湟源县	乐都区	平安区
一、基本情况						
行政区域面积	平方公里	3090	2444	1545	2500	769
乡个数	个	11	5	7	12	5
镇个数	个	9	10	2	7	3
街道办事处个数	个		1			
户籍人口	人	467451	481743	129685	288137	127409
第二产业从业人员	人	93735	29859	9476	39277	16786
第三产业从业人员	人	100712	14821	7374	32556	24999
二、综合经济						
地区生产总值	万元	1000115	1519608	303578	951369	754821
第一产业增加值	万元	173432	204029	60090	136102	48396
第二产业增加值	万元	565777	1081750	137527	389849	337343
一般公共预算收入	万元	40475	26201	14032	21716	22286
一般公共预算支出	万元	401976	430796	213732	403866	191822
居民储蓄存款余额	万元	983884	835913	338854	788684	559880
年末金融机构各项贷款余额	万元	997078	700764	325488	669552	1449109
三、农业、工业和通讯						
设施农业占地(水面)面积	公顷			158	8900	146
油料产量	吨	34125	29299	7142	7156	10071
棉花产量	吨					
规模以上工业企业单位数	个	41	47	15	23	11
固定电话用户	户	46733	41930	20322	32100	23936
四、教育、卫生和社会保障						
普通中学在校学生数	人	27600	27871	7040	9174	5202
小学在校学生数	人	33489	34250	7119	17010	7842
医疗卫生机构床位数	床	1599	1498	493	1630	360
各种社会福利收养性单位数	个	10	1	9	4	1
各种社会福利收养性单位床位数	床	638	452	260	240	30

2018年县(市)社会经济主要指标

青海省

指　　标	单位	民和回族土族自治县	互助土族自治县	化隆回族自治县	循化撒拉族自治县	门源回族自治县
一、基本情况						
行政区域面积	平方公里	1897	3424	2707	1815	6902
乡个数	个	14	11	11	6	8
镇个数	个	8	8	6	3	4
街道办事处个数	个					7
户籍人口	人	438518	401663	307035	163651	162405
第二产业从业人员	人	54704	51214	13387	14606	22945
第三产业从业人员	人	50730	121009	30187	23614	15152
二、综合经济						
地区生产总值	万元	920219	1107054	456633	322414	304603
第一产业增加值	万元	115423	211366	70822	51134	89483
第二产业增加值	万元	496467	400026	221820	121867	58632
一般公共预算收入	万元	25396	32765	11843	11004	10046
一般公共预算支出	万元	418165	397864	257114	208267	225047
居民储蓄存款余额	万元	619261	736568	289269	377095	256500
年末金融机构各项贷款余额	万元	391883	587701	262562	203275	268226
三、农业、工业和通讯						
设施农业占地(水面)面积	公顷	3121	564	271	172	654
油料产量	吨	5141	60175	25444	5654	22361
棉花产量	吨					
规模以上工业企业单位数	个	18	17	6	11	12
固定电话用户	户	32500	37795	16870	13590	11865
四、教育、卫生和社会保障						
普通中学在校学生数	人	24710	21531	12725	5587	10991
小学在校学生数	人	33280	22748	24647	16454	11744
医疗卫生机构床位数	床	1306	1391	783	700	672
各种社会福利收养性单位数	个	10	4	3	2	4
各种社会福利收养性单位床位数	床	518	1360	320	106	160

2018年县(市)社会经济主要指标

青海省

指　　标	单位	祁连县	海晏县	刚察县	同仁县	尖扎县
一、基本情况						
行政区域面积	平方公里	14000	4853	8138	3275	1558
乡个数	个	4	4	3	9	6
镇个数	个	3	2	2	3	3
街道办事处个数	个	5		4	8	
户籍人口	人	52638	35795	45905	101246	61625
第二产业从业人员	人	361	1037	691	4373	2633
第三产业从业人员	人	7012	4209	1308	6685	3253
二、综合经济						
地区生产总值	万元	168743	187729	174239	318782	226895
第一产业增加值	万元	59697	22466	53148	48444	23542
第二产业增加值	万元	34344	47953	47666	54409	152682
一般公共预算收入	万元	8718	8272	8838	6918	9387
一般公共预算支出	万元	179895	132964	134268	245699	163759
居民储蓄存款余额	万元	122142	118600	65642	255647	149022
年末金融机构各项贷款余额	万元	142009	183600	115703	262177	147182
三、农业、工业和通讯						
设施农业占地(水面)面积	公顷				2390	78
油料产量	吨	902	946	9649	3016	993
棉花产量	吨					
规模以上工业企业单位数	个	4	9	7	1	5
固定电话用户	户	9684	13305	6430	8247	2459
四、教育、卫生和社会保障						
普通中学在校学生数	人	2893	2494	1433	3514	3903
小学在校学生数	人	3846	2680	4233	9840	5235
医疗卫生机构床位数	床	218	438	253	133	361
各种社会福利收养性单位数	个	5	1	2	4	4
各种社会福利收养性单位床位数	床	111	120	100	300	565

2018年县(市)社会经济主要指标

青海省

指　　标	单位	泽库县	河南蒙古族自治县	共和县	同德县	贵德县
一、基本情况						
行政区域面积	平方公里	6765	6700	17209	4653	3600
乡个数	个	4	4	4	3	3
镇个数	个	3	2	7	2	4
街道办事处个数	个		1			
户籍人口	人	77826	40444	132486	63741	111398
第二产业从业人员	人	703	850	3863	1522	11357
第三产业从业人员	人	3639	3010	7871	2491	11998
二、综合经济						
地区生产总值	万元	162674	158311	721699	137675	315438
第一产业增加值	万元	82272	73693	93093	82504	34993
第二产业增加值	万元	35055	45952	376997	21504	197558
一般公共预算收入	万元	3114	3066	21837	6433	37852
一般公共预算支出	万元	195372	146204	246436	146649	217794
居民储蓄存款余额	万元	48293	55645	365565	66160	296599
年末金融机构各项贷款余额	万元	103191	70986	577930	127400	207209
三、农业、工业和通讯						
设施农业占地(水面)面积	公顷			56	31	41
油料产量	吨	2380		12492	2955	8263
棉花产量	吨					
规模以上工业企业单位数	个	2	5	32		4
固定电话用户	户	2097	2200	21015	4497	15576
四、教育、卫生和社会保障						
普通中学在校学生数	人	3871	1813	5985	3304	4430
小学在校学生数	人	8744	3521	11949	7085	9399
医疗卫生机构床位数	床	334	285	397	589	978
各种社会福利收养性单位数	个	2	1	4	7	2
各种社会福利收养性单位床位数	床	140	100	135	271	187

2018年县(市)社会经济主要指标

青海省

指　　标	单位	兴海县	贵南县	玛沁县	班玛县	甘德县
一、基本情况						
行政区域面积	平方公里	12178	6650	13400	6139	7046
乡个数	个	4	3	6	8	6
镇个数	个	3	3	2	1	1
街道办事处个数	个					
户籍人口	人	82120	81276	57070	31565	38752
第二产业从业人员	人	416	348	1438	443	18
第三产业从业人员	人	3412	9823	5859	2564	2588
二、综合经济						
地区生产总值	万元	234814	172140	156794	41980	35163
第一产业增加值	万元	85267	91865	23535	11290	10433
第二产业增加值	万元	85590	33388	52154	14847	13890
一般公共预算收入	万元	11151	6908	5765	1529	
一般公共预算支出	万元	158157	161907	154412	111523	144916
居民储蓄存款余额	万元	104365	55777	112102	35998	26548
年末金融机构各项贷款余额	万元	138381	136000	23642	11803	18499
三、农业、工业和通讯						
设施农业占地(水面)面积	公顷	5	14			
油料产量	吨	4835	9560		1	
棉花产量	吨					
规模以上工业企业单位数	个	7		1		
固定电话用户	户	6659	6100	11752	1560	1133
四、教育、卫生和社会保障						
普通中学在校学生数	人	4092	3130	2662	1571	1794
小学在校学生数	人	8952	7387	6092	3007	3993
医疗卫生机构床位数	床	259	530	117	118	173
各种社会福利收养性单位数	个	5	2	2	7	7
各种社会福利收养性单位床位数	床	272	120	178	290	218

2018年县(市)社会经济主要指标

青海省

指　　标	单位	达日县	久治县	玛多县	玉树市	杂多县
一、基本情况						
行政区域面积	平方公里	14842	8757	26248	15411	35500
乡个数	个	9	5	2	6	7
镇个数	个	1	1	2	2	1
街道办事处个数	个				4	
户籍人口	人	37305	28904	15686	114000	69155
第二产业从业人员	人	20	111	241	356	172
第三产业从业人员	人	2471	1373	730	3765	1611
二、综合经济						
地区生产总值	万元	37827	46892	32429	150867	108648
第一产业增加值	万元	9699	12640	6587	59767	77244
第二产业增加值	万元	14828	17107	13275	16388	13921
一般公共预算收入	万元	1667	2551	3411	12387	1657
一般公共预算支出	万元	148083	98308	100414	339362	141134
居民储蓄存款余额	万元	39092	27479	19432	381009	69003
年末金融机构各项贷款余额	万元	14785	13236	14575	380850	6517
三、农业、工业和通讯						
设施农业占地(水面)面积	公顷					
油料产量	吨					
棉花产量	吨					
规模以上工业企业单位数	个		1			
固定电话用户	户	1205	752	1242	19873	2162
四、教育、卫生和社会保障						
普通中学在校学生数	人	1163	1514	481	5906	4338
小学在校学生数	人	4433	3105	1260	17493	10194
医疗卫生机构床位数	床	174	95	92	332	271
各种社会福利收养性单位数	个	4	5	2	23	11
各种社会福利收养性单位床位数	床	280	254	143	1160	345

2018年县(市)社会经济主要指标

青海省

指　　标	单位	称多县	治多县	囊谦县	曲麻莱县	格尔木市
一、基本情况						
行政区域面积	平方公里	14618	80642	12741	46636	119263
乡个数	个	2	5	9	5	2
镇个数	个	5	1	1	1	2
街道办事处个数	个					5
户籍人口	人	65743	34740	101216	34066	137711
第二产业从业人员	人	1382	56		1197	17560
第三产业从业人员	人	2468	3215	3252	1926	45900
二、综合经济						
地区生产总值	万元	49986	65016	96449	65138	3685780
第一产业增加值	万元	24071	43274	60164	41589	51184
第二产业增加值	万元	7394	10869	19247	7803	2508002
一般公共预算收入	万元	1599	1805	2347	1209	155896
一般公共预算支出	万元	143152	125627	169674	90284	412051
居民储蓄存款余额	万元	29399	41348	68177	26470	1220511
年末金融机构各项贷款余额	万元	1563	3556	40345	5569	3111273
三、农业、工业和通讯						
设施农业占地(水面)面积	公顷					
油料产量	吨	670		241		100
棉花产量	吨					
规模以上工业企业单位数	个					68
固定电话用户	户	2386	2022	3050	3340	62615
四、教育、卫生和社会保障						
普通中学在校学生数	人	2537	2066	4283	1429	12005
小学在校学生数	人	7275	3856	11182	3931	18868
医疗卫生机构床位数	床	362	228	408	144	1660
各种社会福利收养性单位数	个	14	8	12	7	3
各种社会福利收养性单位床位数	床	791	569	262	240	120

2018年县(市)社会经济主要指标

青海省

指　标	单位	德令哈市	茫崖市	乌兰县	都兰县	天峻县
一、基本情况						
行政区域面积	平方公里	27700	49859	12256	45270	25989
乡个数	个	1			4	7
镇个数	个	3	3	4	4	3
街道办事处个数	个	3				
户籍人口	人	73707	51494	35256	71923	23046
第二产业从业人员	人	5671	5804	2149	846	1288
第三产业从业人员	人	10051	2841	2664	2893	2394
二、综合经济						
地区生产总值	万元	815100	692604	226303	352330	209322
第一产业增加值	万元	63878	1672	41706	130908	40289
第二产业增加值	万元	404437	646723	141889	126637	111349
一般公共预算收入	万元	37520	21301	16290	14874	17888
一般公共预算支出	万元	193132	78670	139767	142998	99319
居民储蓄存款余额	万元	458526	46082	124134	153071	63077
年末金融机构各项贷款余额	万元	1348938	1925	152384	141274	117271
三、农业、工业和通讯						
设施农业占地(水面)面积	公顷	459		64	128	
油料产量	吨	302		433	6168	
棉花产量	吨					
规模以上工业企业单位数	个	32	12	8	13	4
固定电话用户	户	25200	5077	10600	8970	4219
四、教育、卫生和社会保障						
普通中学在校学生数	人	2874	469	1665	3774	1067
小学在校学生数	人	6281	652	2235	5933	1984
医疗卫生机构床位数	床	715	205	150	356	176
各种社会福利收养性单位数	个	2		1	3	3
各种社会福利收养性单位床位数	床	168		34	150	115

2018年县(市)社会经济主要指标

宁夏回族自治区

指　　标	单位	永宁县	贺兰县	灵武市	平罗县	盐池县
一、基本情况						
行政区域面积	平方公里	1194	1537	3846	2634	8377
乡个数	个	1	1	2	6	4
镇个数	个	5	4	6	7	4
街道办事处个数	个	1	1	1		
户籍人口	人	240610	241245	248360	312087	173109
第二产业从业人员	人	21066	34451	60676	41272	14576
第三产业从业人员	人	66005	81657	76716	65030	48249
二、综合经济						
地区生产总值	万元	1217966	1279901	3958669	1823612	902773
第一产业增加值	万元	171364	191101	112742	234257	72473
第二产业增加值	万元	552162	596313	3326029	1009717	519391
一般公共预算收入	万元	65360	115984	341749	82318	82815
一般公共预算支出	万元	311719	316699	718750	361595	366827
居民储蓄存款余额	万元	1035249	1190597	1178208	1139534	675523
年末金融机构各项贷款余额	万元	1260669	1142394	1877023	1167177	677532
三、农业、工业和通讯						
设施农业占地(水面)面积	公顷	3019	2087	1042	449	620
油料产量	吨	41	988	364	15112	1800
棉花产量	吨					
规模以上工业企业单位数	个	73	110	147	97	47
固定电话用户	户	13171	32930	31989	17985	3882
四、教育、卫生和社会保障						
普通中学在校学生数	人	17829	14033	14223	16208	8732
小学在校学生数	人	23324	22640	20172	20247	12031
医疗卫生机构床位数	床	440	923	1344	1035	658
各种社会福利收养性单位数	个	5	4	3	8	20
各种社会福利收养性单位床位数	床	1073	656	855	1659	1036

2018年县(市)社会经济主要指标

宁夏回族自治区

指　　标	单位	同心县	青铜峡市	西吉县	隆德县	泾源县
一、基本情况						
行政区域面积	平方公里	5667	2325	4000	991	1443
乡个数	个	4		15	10	4
镇个数	个	7	8	4	3	3
街道办事处个数	个		1			
户籍人口	人	381853	283447	496004	174358	118785
第二产业从业人员	人	10645	35187	8366	10761	5941
第三产业从业人员	人	29971	53908	33771	21727	16860
二、综合经济						
地区生产总值	万元	693444	1587700	649233	280787	184413
第一产业增加值	万元	128798	199059	176645	59353	29811
第二产业增加值	万元	309598	952624	128761	88507	62947
一般公共预算收入	万元	26065	72294	16888	11102	15783
一般公共预算支出	万元	534793	310556	571914	283894	210019
居民储蓄存款余额	万元	634584	959223	519034	361583	226859
年末金融机构各项贷款余额	万元	1064164	1535970	554477	258688	213485
三、农业、工业和通讯						
设施农业占地(水面)面积	公顷	1212	3428	1457	386	533
油料产量	吨	4813	5	14031	2210	3009
棉花产量	吨					
规模以上工业企业单位数	个	58	111	7	8	3
固定电话用户	户	13910	37320	4998	2500	3073
四、教育、卫生和社会保障						
普通中学在校学生数	人	25950	14530	28583	8703	6793
小学在校学生数	人	39254	17986	35758	10783	8622
医疗卫生机构床位数	床	1283	865	1587	909	471
各种社会福利收养性单位数	个	6	2	4	8	4
各种社会福利收养性单位床位数	床	600	278	420	980	566

2018年县(市)社会经济主要指标

宁夏回族自治区、新疆维吾尔自治区

指　　标	单位	彭阳县	中宁县	海原县	乌鲁木齐县	高昌区
一、基本情况						
行政区域面积	平方公里	3238	4307	6378	4141	13651
乡个数	个	8	6	12	3	4
镇个数	个	4	6	5	3	5
街道办事处个数	个				2	3
户籍人口	人	250327	350090	453309	52724	290302
第二产业从业人员	人	10843	27231	5328	1447	15914
第三产业从业人员	人	26705	59922	44062	6473	78523
二、综合经济						
地区生产总值	万元	553151	1626250	526786	250400	931265
第一产业增加值	万元	142970	190916	132254	76000	220110
第二产业增加值	万元	165613	890184	142963	55000	210070
一般公共预算收入	万元	26446	91347	24248	57943	95131
一般公共预算支出	万元	382643	440019	587259	147616	321888
居民储蓄存款余额	万元	336446	1070876	426513	410015	696155
年末金融机构各项贷款余额	万元	424993	1975631	558677	500064	983834
三、农业、工业和通讯						
设施农业占地(水面)面积	公顷	2797	641	613		6288
油料产量	吨	4281	659	13420	191	
棉花产量	吨					918
规模以上工业企业单位数	个	5	41	5	8	45
固定电话用户	户	5151	24635	25914	8978	66481
四、教育、卫生和社会保障						
普通中学在校学生数	人	12906	22667	27267	1638	14136
小学在校学生数	人	14724	29688	39977	3854	30901
医疗卫生机构床位数	床	970	1288	1578	75	2044
各种社会福利收养性单位数	个	7	5	2	1	1
各种社会福利收养性单位床位数	床	590	1176	330	50	90

2018年县(市)社会经济主要指标

新疆维吾尔自治区

指　　标	单位	鄯善县	托克逊县	伊州区	巴里坤哈萨克自治县	伊吾县
一、基本情况						
行政区域面积	平方公里	39548	16561	85587	36901	19519
乡个数	个	3	1	12	7	4
镇个数	个	7	7	7	5	3
街道办事处个数	个			5		
户籍人口	人	228616	119675	432166	105968	21218
第二产业从业人员	人	19003	16621	53254	5770	5183
第三产业从业人员	人	63107	33932	190060	25360	6974
二、综合经济						
地区生产总值	万元	1333609	841067	3995091	710656	659813
第一产业增加值	万元	171253	104053	260784	99732	45330
第二产业增加值	万元	793158	567400	2282618	420009	520994
一般公共预算收入	万元	154200	149689	291806	54269	101846
一般公共预算支出	万元	315400	314407	474747	200920	153522
居民储蓄存款余额	万元	744000	292619	3326612	208235	78428
年末金融机构各项贷款余额	万元	748000	501040	5543482	299544	62154
三、农业、工业和通讯						
设施农业占地(水面)面积	公顷	1918	903	1578	448	23
油料产量	吨		6430	135	1390	15
棉花产量	吨	1177	8453	62625	475	33
规模以上工业企业单位数	个	41	52	83	21	11
固定电话用户	户	72854	9200	145159	12662	8628
四、教育、卫生和社会保障						
普通中学在校学生数	人	13639	6164	25860	3314	1228
小学在校学生数	人	24814	11321	29135	5462	1772
医疗卫生机构床位数	床	861	610	2729	222	245
各种社会福利收养性单位数	个	1	3	3	1	3
各种社会福利收养性单位床位数	床	152	437	880	410	168

2018年县(市)社会经济主要指标

新疆维吾尔自治区

指　　标	单位	昌吉市	阜康市	呼图壁县	玛纳斯县	奇台县
一、基本情况						
行政区域面积	平方公里	8215	8529	9721	11067	16645
乡个数	个	2	3	1	4	6
镇个数	个	8	4	6	7	9
街道办事处个数	个	6	3			
户籍人口	人	387977	163961	210618	242983	198953
第二产业从业人员	人	32470	33242	11192	16297	5840
第三产业从业人员	人	78015	38912	27581	6132	12596
二、综合经济						
地区生产总值	万元	4062468	2061816	1530860	1920316	1581074
第一产业增加值	万元	283590	300197	451132	552185	409892
第二产业增加值	万元	1963503	1292236	496510	791155	659548
一般公共预算收入	万元	419421	220447	102297	105439	69728
一般公共预算支出	万元	619747	298279	224963	239216	284123
居民储蓄存款余额	万元	3178565	819717	687334	720531	816699
年末金融机构各项贷款余额	万元	5268412	1167630	932259	927951	1205900
三、农业、工业和通讯						
设施农业占地(水面)面积	公顷	176	807	99078	78	11708
油料产量	吨	2963	7627	847	591	31186
棉花产量	吨	67166	19119	125458	123972	
规模以上工业企业单位数	个	110	50	47	38	36
固定电话用户	户	144655	47965	24361	38399	41690
四、教育、卫生和社会保障						
普通中学在校学生数	人	17386	7988	7713	6246	8032
小学在校学生数	人	27664	8763	10491	7480	12882
医疗卫生机构床位数	床	2015	725	895	679	1147
各种社会福利收养性单位数	个	7	1	4	1	9
各种社会福利收养性单位床位数	床	815	235	300	450	597

2018年县(市)社会经济主要指标

新疆维吾尔自治区

指　　标	单位	吉木萨尔县	木垒哈萨克自治县	博乐市	阿拉山口市	精河县
一、基本情况						
行政区域面积	平方公里	8144	22171	7990	1204	11187
乡个数	个	3	7	1		1
镇个数	个	6	4	4	1	4
街道办事处个数	个			5	2	
户籍人口	人	137400	86967	260314	1878	116114
第二产业从业人员	人	16315	3868	1986	9816	6698
第三产业从业人员	人	15534	12508	27885	980	24136
二、综合经济						
地区生产总值	万元	2190000	322651	1602190	626888	809867
第一产业增加值	万元	150000	111055	311789		249077
第二产业增加值	万元	1740000	70905	466019	148334	220437
一般公共预算收入	万元	68100	39057	108200	54839	41684
一般公共预算支出	万元	274500	178296	338400	59082	265807
居民储蓄存款余额	万元	460342	255591	1067900		448774
年末金融机构各项贷款余额	万元	597740	372197	1588400	52452	669518
三、农业、工业和通讯						
设施农业占地(水面)面积	公顷	93	4	80		391
油料产量	吨	47681	4547	11504		661
棉花产量	吨	1310		69596		143353
规模以上工业企业单位数	个	43	8	47	29	28
固定电话用户	户	28560	9980	62951	3859	18293
四、教育、卫生和社会保障						
普通中学在校学生数	人	3289	2960	10772	750	5324
小学在校学生数	人	7133	4896	15957	610	9734
医疗卫生机构床位数	床	750	410	1646	100	518
各种社会福利收养性单位数	个	5	1	1		3
各种社会福利收养性单位床位数	床	362	200	184		388

2018年县(市)社会经济主要指标

新疆维吾尔自治区

指　　标	单位	温泉县	库尔勒市	轮台县	尉犁县	若羌县
一、基本情况						
行政区域面积	平方公里	5883	7267	14182	59192	202298
乡个数	个	3	9	7	5	3
镇个数	个	3	3	4	3	5
街道办事处个数	个		7			
户籍人口	人	72971	472645	116228	106857	34355
第二产业从业人员	人		33190	4400	2710	9043
第三产业从业人员	人		55495	6044	12828	7420
二、综合经济						
地区生产总值	万元	264405	6169841	565103	591376	575364
第一产业增加值	万元	77649	293215	145945	320966	108352
第二产业增加值	万元	50882	4418094	124345	102581	355384
一般公共预算收入	万元	13999	340268	86651	29006	72271
一般公共预算支出	万元	146195	564556	222437	158126	176560
居民储蓄存款余额	万元		4645110	383493	385804	171294
年末金融机构各项贷款余额	万元	175396	4681915	489575	455958	356155
三、农业、工业和通讯						
设施农业占地(水面)面积	公顷	5	476		167	286
油料产量	吨	1992	48	17	130	
棉花产量	吨		145449	132127	150090	3237
规模以上工业企业单位数	个	6	61	15	25	12
固定电话用户	户	9335	235232	16000	22617	11377
四、教育、卫生和社会保障						
普通中学在校学生数	人	2145	28391	4728	4055	1808
小学在校学生数	人	3342	48855	16334	7157	3048
医疗卫生机构床位数	床	288	4129	783	363	144
各种社会福利收养性单位数	个	1	14	2	2	2
各种社会福利收养性单位床位数	床	91	1300	230	52	146

2018年县(市)社会经济主要指标

新疆维吾尔自治区

指　　标	单位	且末县	焉耆回族自治县	和静县	和硕县	博湖县
一、基本情况						
行政区域面积	平方公里	138665	2571	34978	12753	3581
乡个数	个	7	4	4	4	5
镇个数	个	6	4	8	3	2
街道办事处个数	个					
户籍人口	人	70991	131240	184647	66233	58929
第二产业从业人员	人	5920	9292	8742	2544	1644
第三产业从业人员	人	7421	26020	27377	2776	5610
二、综合经济						
地区生产总值	万元	245948	718557	828023	328923	251848
第一产业增加值	万元	103792	147407	201007	161219	71162
第二产业增加值	万元	29774	178839	312092	42983	36716
一般公共预算收入	万元	29061	32494	45674	22826	16958
一般公共预算支出	万元	145521	170870	228050	128831	110833
居民储蓄存款余额	万元	191964	476074	526346	228360	196664
年末金融机构各项贷款余额	万元	244044	368675	453362	185335	553362
三、农业、工业和通讯						
设施农业占地(水面)面积	公顷	49	110	7710		999
油料产量	吨	308	2508	949	1615	1975
棉花产量	吨	19340	255	17	16304	7885
规模以上工业企业单位数	个	2	11	24	12	8
固定电话用户	户	12907	35900	24924	6300	10400
四、教育、卫生和社会保障						
普通中学在校学生数	人	3590	5935	7082	2909	1410
小学在校学生数	人	6688	11164	13595	4645	3850
医疗卫生机构床位数	床	559	819	801	352	347
各种社会福利收养性单位数	个	1	5	7	1	2
各种社会福利收养性单位床位数	床	350	605	378	100	140

2018年县(市)社会经济主要指标

新疆维吾尔自治区

指　　标	单位	阿克苏市	温宿县	库车县	沙雅县	新和县
一、基本情况						
行政区域面积	平方公里	15033	14335	14603	31848	5831
乡个数	个	4	5	6	5	4
镇个数	个	2	8	8	7	4
街道办事处个数	个	7		4		
户籍人口	人	551112	235500	488627	264139	194200
第二产业从业人员	人	16858	3175	20037	4533	3050
第三产业从业人员	人	52618	15280	53237	11746	12639
二、综合经济						
地区生产总值	万元	2042905	665700	2438017	607178	423385
第一产业增加值	万元	223584	230300	233213	170824	135695
第二产业增加值	万元	602854	211800	1636172	173760	82372
一般公共预算收入	万元	205000	48600	386296	153829	50016
一般公共预算支出	万元	626227	354600	736466	439000	301531
居民储蓄存款余额	万元	3829556	638960	1319055	543424	312620
年末金融机构各项贷款余额	万元	3954481	829000	1487198	1000573	438271
三、农业、工业和通讯						
设施农业占地(水面)面积	公顷	2243		909	306	500
油料产量	吨	561	434	1387	359	1771
棉花产量	吨	116700	76700	237600	255100	133100
规模以上工业企业单位数	个	67	28	56	24	11
固定电话用户	户	85500	14200	32839	2950	8430
四、教育、卫生和社会保障						
普通中学在校学生数	人	33720	14511	33748	20901	11673
小学在校学生数	人	58532	26100	52016	30076	24983
医疗卫生机构床位数	床	3709	876	2050	978	1019
各种社会福利收养性单位数	个	5	6	5	1	6
各种社会福利收养性单位床位数	床	760	205	658	130	455

2018年县(市)社会经济主要指标

新疆维吾尔自治区

指　　标	单位	拜城县	乌什县	阿瓦提县	柯坪县	阿图什市
一、基本情况						
行政区域面积	平方公里	19100	9082	13018	8912	16151
乡个数	个	10	6	3	2	6
镇个数	个	4	3	5	3	1
街道办事处个数	个					3
户籍人口	人	240339	225409	268397	55312	285507
第二产业从业人员	人	7416	4432	3513	746	15742
第三产业从业人员	人	17052	13614	34665	893	22548
二、综合经济						
地区生产总值	万元	689522	321187	501559	117000	507535
第一产业增加值	万元	132747	100400	169363	26000	76530
第二产业增加值	万元	367687	53520	121382	35000	128428
一般公共预算收入	万元	152190	15100	23638	6513	39407
一般公共预算支出	万元	355261	350109	334886	149999	466428
居民储蓄存款余额	万元	505100	257662	417200	68243	543700
年末金融机构各项贷款余额	万元	589400	325948	554070	50104	442300
三、农业、工业和通讯						
设施农业占地(水面)面积	公顷	775	437	374	667	90
油料产量	吨	5039	1930	1525	162	70
棉花产量	吨	77	31	187100	15600	9627
规模以上工业企业单位数	个	37	8	10	4	14
固定电话用户	户	17300	2124	3315	2311	18509
四、教育、卫生和社会保障						
普通中学在校学生数	人	14375	14515	14920	4015	22331
小学在校学生数	人	24426	24315	32475	7545	33213
医疗卫生机构床位数	床	859	650	927	230	2093
各种社会福利收养性单位数	个	6	14	4	5	3
各种社会福利收养性单位床位数	床	601	529	414	200	374

2018年县(市)社会经济主要指标

新疆维吾尔自治区

指　　标	单位	阿克陶县	阿合奇县	乌恰县	喀什市	疏附县
一、基本情况						
行政区域面积	平方公里	24046	12737	22000	1059	2708
乡个数	个	11	5	9	9	6
镇个数	个	2	1	2	2	4
街道办事处个数	个				8	10
户籍人口	人	234125	45977	58887	651500	284134
第二产业从业人员	人	11650	1243	4916	51779	20010
第三产业从业人员	人	9400	6524	4235	152693	31860
二、综合经济						
地区生产总值	万元	358287	101149	331557	1701300	448100
第一产业增加值	万元	63732	9635	10253	83500	157000
第二产业增加值	万元	137279	30837	205101	429000	81100
一般公共预算收入	万元	34021	9000	46817	198600	23921
一般公共预算支出	万元	579645	189551	299809	812900	417274
居民储蓄存款余额	万元	262230	68449	94932	2368600	209972
年末金融机构各项贷款余额	万元	314983	75258	142681	2873500	243447
三、农业、工业和通讯						
设施农业占地(水面)面积	公顷	199	48	233	308	600
油料产量	吨	350	276	19		558
棉花产量	吨	8790			22488	9117
规模以上工业企业单位数	个	10	1	8	25	6
固定电话用户	户	2750	1650	3560	120200	6676
四、教育、卫生和社会保障						
普通中学在校学生数	人	15400	2010	2101	44602	18925
小学在校学生数	人	27608	4335	5808	94281	31051
医疗卫生机构床位数	床	1120	270	447	6358	1214
各种社会福利收养性单位数	个	1	1	2	10	8
各种社会福利收养性单位床位数	床	230	231	180	1243	906

2018年县(市)社会经济主要指标

新疆维吾尔自治区

指　　标	单位	疏勒县	英吉沙县	泽普县	莎车县	叶城县
一、基本情况						
行政区域面积	平方公里	2398	3425	988	8957	28559
乡个数	个	12	10	11	15	17
镇个数	个	3	4	2	14	3
街道办事处个数	个				5	
户籍人口	人	382163	307842	223623	892015	552263
第二产业从业人员	人	31394	12015	14478	29950	26270
第三产业从业人员	人	35137	51957	29112	66305	48144
二、综合经济						
地区生产总值	万元	632479	521800	475300	1227427	878166
第一产业增加值	万元	257037	160559	170800	517622	373251
第二产业增加值	万元	198540	144787	79000	142388	214438
一般公共预算收入	万元	34023	18410	25759	56169	52591
一般公共预算支出	万元	523842	394383	296209	1074474	833053
居民储蓄存款余额	万元	459695	190182	493822	901300	600515
年末金融机构各项贷款余额	万元	352016	180162	243693	857522	458902
三、农业、工业和通讯						
设施农业占地(水面)面积	公顷	705	1849	134	1154	766
油料产量	吨		184	945	16376	4793
棉花产量	吨	102353	26553	14783	86838	30173
规模以上工业企业单位数	个	21	13	10	14	38
固定电话用户	户	6494	5564	10523	16589	6327
四、教育、卫生和社会保障						
普通中学在校学生数	人	25571	18610	14676	38897	47098
小学在校学生数	人	44972	41247	27042	134328	72554
医疗卫生机构床位数	床	1164	804	1482	2779	3098
各种社会福利收养性单位数	个	4	7	7	27	2
各种社会福利收养性单位床位数	床	1554	852	707	3917	248

2018年县(市)社会经济主要指标

新疆维吾尔自治区

指　　标	单位	麦盖提县	岳普湖县	伽师县	巴楚县	塔什库尔干塔吉克自治县
一、基本情况						
行政区域面积	平方公里	15200	3327	6528	18300	25000
乡个数	个	8	5	9	8	10
镇个数	个	2	4	4	4	2
街道办事处个数	个					
户籍人口	人	238789	175566	446874	376684	40999
第二产业从业人员	人	5889	6590	20746	21289	3310
第三产业从业人员	人	12117	15201	15692	28257	3066
二、综合经济						
地区生产总值	万元	519307	297393	608880	660609	136836
第一产业增加值	万元	285734	90877	249112	267034	16690
第二产业增加值	万元	77853	119383	163657	124340	69607
一般公共预算收入	万元	19550	17012	36788	32214	14052
一般公共预算支出	万元	350504	286506	615394	543411	242444
居民储蓄存款余额	万元	355607	208320	363540	508900	70071
年末金融机构各项贷款余额	万元	340804	190042	394302	540600	86255
三、农业、工业和通讯						
设施农业占地(水面)面积	公顷	175	32	160	3706	
油料产量	吨	411				
棉花产量	吨	86525	67000	170177	141067	203
规模以上工业企业单位数	个	4	8	8	13	2
固定电话用户	户	4000	1330	11052	25426	2435
四、教育、卫生和社会保障						
普通中学在校学生数	人	14308	5979	27501	15996	2665
小学在校学生数	人	30272	18666	67619	48324	3876
医疗卫生机构床位数	床	934	663	1225	1787	206
各种社会福利收养性单位数	个	4	9	3	2	2
各种社会福利收养性单位床位数	床	408	653	1067	334	120

2018年县(市)社会经济主要指标

新疆维吾尔自治区

指　　标	单位	和田市	和田县	墨玉县	皮山县	洛浦县
一、基本情况						
行政区域面积	平方公里	585	41080	25608	39464	14114
乡个数	个	5	10	11	10	6
镇个数	个	3	2	5	6	3
街道办事处个数	个	4		3	1	1
户籍人口	人	408894	356116	648995	322161	297056
第二产业从业人员	人	19555	11123	50590	11325	8993
第三产业从业人员	人	58538	18748	35095	6751	15889
二、综合经济						
地区生产总值	万元	870642	380977	526260	301555	318124
第一产业增加值	万元	40502	95404	208174	88668	72352
第二产业增加值	万元	170276	95511	47415	36624	82003
一般公共预算收入	万元	75833	63853	51811	23429	28586
一般公共预算支出	万元	559655	72693	839260	488560	498953
居民储蓄存款余额	万元	1282938	148175	436681	236929	286590
年末金融机构各项贷款余额	万元	983448	249379	443226	244259	287298
三、农业、工业和通讯						
设施农业占地(水面)面积	公顷	605	310	4176		189
油料产量	吨	125	642	1392	967	950
棉花产量	吨	123	1067	5172	2569	158
规模以上工业企业单位数	个	13	7	4	3	5
固定电话用户	户	38548	34980	30200	12850	5190
四、教育、卫生和社会保障						
普通中学在校学生数	人	28341	21208	36333	11987	10435
小学在校学生数	人	61466	47615	85064	36036	37778
医疗卫生机构床位数	床	4568	1217	3322	1165	3300
各种社会福利收养性单位数	个	10	10	12	15	13
各种社会福利收养性单位床位数	床	686	1098	903	892	1220

2018年县(市)社会经济主要指标

新疆维吾尔自治区

指　　标	单位	策勒县	于田县	民丰县	伊宁市	奎屯市
一、基本情况						
行政区域面积	平方公里	31592	39500	56703	761	1171
乡个数	个	6	13	6	5	1
镇个数	个	2	2	1	4	
街道办事处个数	个	1	2	1	8	5
户籍人口	人	169206	289688	38446	571122	154700
第二产业从业人员	人	4411	17609	573	33823	8796
第三产业从业人员	人	20083	7290	1281	118179	27680
二、综合经济						
地区生产总值	万元	217584	309456	116989	2466328	1415532
第一产业增加值	万元	63707	80115	18768	59098	66723
第二产业增加值	万元	36245	46593	20529	603256	580663
一般公共预算收入	万元	12367	24419	11911	218050	109496
一般公共预算支出	万元	361392	491081	133072	508609	280607
居民储蓄存款余额	万元	159784	228667	80185	2575921	2222143
年末金融机构各项贷款余额	万元	203510	263099	54227	5578941	2678162
三、农业、工业和通讯						
设施农业占地(水面)面积	公顷	74	287	49	790	
油料产量	吨	3784	368	1	303	682
棉花产量	吨	1139	1214	153		14970
规模以上工业企业单位数	个	1	4		29	34
固定电话用户	户	4943	8800	4698	123700	88000
四、教育、卫生和社会保障						
普通中学在校学生数	人	6274	9605	1746	42353	16098
小学在校学生数	人	17622	33194	3687	58966	11733
医疗卫生机构床位数	床	822	1793	324	6205	2325
各种社会福利收养性单位数	个	6	11	2	3	6
各种社会福利收养性单位床位数	床	738	781	62	418	564

2018年县(市)社会经济主要指标

新疆维吾尔自治区

指　　标	单位	霍尔果斯市	伊宁县	察布查尔锡伯自治县	霍城县	巩留县
一、基本情况						
行政区域面积	平方公里	1909	6153	4469	2916	4327
乡个数	个	1	10	7	4	2
镇个数	个		8	6	5	6
街道办事处个数	个	4				
户籍人口	人	64821	425365	194416	337972	188298
第二产业从业人员	人	997	16435	11632	22531	8230
第三产业从业人员	人	10868	21549	11654	27984	24865
二、综合经济						
地区生产总值	万元	539019	833983	517608	824107	493045
第一产业增加值	万元	72136	262482	223079	225550	167171
第二产业增加值	万元	171401	263462	105672	227579	182084
一般公共预算收入	万元	253770	45735	33918	36936	20054
一般公共预算支出	万元	356701	368936	232340	260607	198882
居民储蓄存款余额	万元	94661	378534	301136	656033	273100
年末金融机构各项贷款余额	万元	139641	861986	376203	448356	193200
三、农业、工业和通讯						
设施农业占地(水面)面积	公顷	18	184	466	296	177
油料产量	吨	53	1823	14227	3983	9946
棉花产量	吨	613		857	519	
规模以上工业企业单位数	个	7	26	15	11	10
固定电话用户	户	7200	37500	27662	48217	22100
四、教育、卫生和社会保障						
普通中学在校学生数	人	2064	15657	9136	16022	11030
小学在校学生数	人	2933	47738	16198	25841	20493
医疗卫生机构床位数	床	133	2422	844	1015	810
各种社会福利收养性单位数	个	1	4	5	3	1
各种社会福利收养性单位床位数	床	22	407	295	220	386

2018年县(市)社会经济主要指标

新疆维吾尔自治区

指　　标	单位	新源县	昭苏县	特克斯县	尼勒克县	塔城市
一、基本情况						
行政区域面积	平方公里	7581	11128	8067	10130	4356
乡个数	个	2	5	3	7	4
镇个数	个	9	5	5	4	2
街道办事处个数	个					3
户籍人口	人	317596	181541	169009	181847	147977
第二产业从业人员	人	20962	6810	9512	14062	2657
第三产业从业人员	人	29981	20060	18485	27957	19645
二、综合经济						
地区生产总值	万元	997315	482452	277648	551487	869000
第一产业增加值	万元	269152	183647	94318	144544	223000
第二产业增加值	万元	414082	114572	45028	245334	155000
一般公共预算收入	万元		19289	20000	37365	42600
一般公共预算支出	万元	278787	202344	125868	212564	219000
居民储蓄存款余额	万元	570889	211292	190818	246376	
年末金融机构各项贷款余额	万元	555300	249054	182404	278363	1015300
三、农业、工业和通讯						
设施农业占地(水面)面积	公顷	269	28	477	170	
油料产量	吨	2253	63871	11544	7426	2690
棉花产量	吨					
规模以上工业企业单位数	个	16	2	7	9	7
固定电话用户	户	47434	17216	30113	22000	52700
四、教育、卫生和社会保障						
普通中学在校学生数	人	20125	8139	10149	9207	10171
小学在校学生数	人	30813	15374	18486	17284	9840
医疗卫生机构床位数	床	1229	706	870	788	1273
各种社会福利收养性单位数	个	9	1	2	3	3
各种社会福利收养性单位床位数	床	506	276	480	460	76

2018年县(市)社会经济主要指标

新疆维吾尔自治区

指　　标	单位	乌苏市	额敏县	沙湾县	托里县	裕民县
一、基本情况						
行政区域面积	平方公里	14394	9532	13110	21300	6220
乡个数	个	7	12	3	4	4
镇个数	个	10	6	9	3	2
街道办事处个数	个	5			10	
户籍人口	人	216381	156222	202460	92319	52166
第二产业从业人员	人	6127	1768	19780	4200	815
第三产业从业人员	人	25129	12980	30810	7700	3756
二、综合经济						
地区生产总值	万元	1517557	734600	1344000	389777	145301
第一产业增加值	万元	489556	219300	569000	85032	45961
第二产业增加值	万元	597245	256300	350000	165687	24285
一般公共预算收入	万元	148779	27831	81400	18346	12274
一般公共预算支出	万元	328138	211693	227900	152910	118214
居民储蓄存款余额	万元	961150	449229	805000	162956	142576
年末金融机构各项贷款余额	万元	956951	504029	794000	111293	94126
三、农业、工业和通讯						
设施农业占地(水面)面积	公顷	1545		705	10	754
油料产量	吨	2518	243	308	2261	8536
棉花产量	吨	252961		270728	1514	12
规模以上工业企业单位数	个	31	17	46	13	2
固定电话用户	户	27300	34850	45110	15009	20500
四、教育、卫生和社会保障						
普通中学在校学生数	人	12751	8567	11782	5766	2091
小学在校学生数	人	15245	12688	13378	8918	3939
医疗卫生机构床位数	床	1204	722	859	398	280
各种社会福利收养性单位数	个	4	1	6	2	1
各种社会福利收养性单位床位数	床	285	400	464	66	102

2018年县(市)社会经济主要指标

新疆维吾尔自治区

指　　标	单位	和布克赛尔蒙古自治县	阿勒泰市	布尔津县	富蕴县	福海县
一、基本情况						
行政区域面积	平方公里	30600	10826	10345	32186	32035
乡个数	个	6	6	3	5	3
镇个数	个	2	5	4	5	3
街道办事处个数	个		4			
户籍人口	人	52350	197056	71561	96444	65395
第二产业从业人员	人	1312	1451	4006	4078	4971
第三产业从业人员	人	6889	22382	30118	7321	11778
二、综合经济						
地区生产总值	万元	306008	817180	241566	520966	268021
第一产业增加值	万元	58825	113316	40230	66680	105433
第二产业增加值	万元	142922	143638	96791	287234	44100
一般公共预算收入	万元	121800	44537	37602	42733	27921
一般公共预算支出	万元	191200	267019	189550	118653	198514
居民储蓄存款余额	万元	168934	704866	216246	238344	242916
年末金融机构各项贷款余额	万元	137327	1176838	272646	386614	314663
三、农业、工业和通讯						
设施农业占地(水面)面积	公顷			3		55
油料产量	吨	12414	34520	30074	18009	39143
棉花产量	吨	9398				
规模以上工业企业单位数	个	9	9	17	19	10
固定电话用户	户	12558	97821	15200	18064	21957
四、教育、卫生和社会保障						
普通中学在校学生数	人	2417	9951	3904	930	3742
小学在校学生数	人	4196	12352	6306	12955	5464
医疗卫生机构床位数	床	496	1332	377	485	314
各种社会福利收养性单位数	个	2	1	6	1	2
各种社会福利收养性单位床位数	床	316	100	104	130	299

2018年县(市)社会经济主要指标

新疆维吾尔自治区

指　　标	单位	哈巴河县	青河县	吉木乃县	石河子市	阿拉尔市
一、基本情况						
行政区域面积	平方公里	8186	15743	7146	460	6937
乡个数	个	4	3	3		1
镇个数	个	3	5	4	2	4
街道办事处个数	个		5		5	4
户籍人口	人	81637	63077	37910	451219	265000
第二产业从业人员	人	6531	2975	1047	57847	47240
第三产业从业人员	人	10931	6900	11849	38874	84353
二、综合经济						
地区生产总值	万元	420704	184463	145253	3596055	3085535
第一产业增加值	万元	79304	45615	15389	110760	1220102
第二产业增加值	万元	232516	53917	73418	1963455	1139383
一般公共预算收入	万元	54006	24609	15593	448600	91394
一般公共预算支出	万元	183648	202702	166266	547378	1108590
居民储蓄存款余额	万元	183482	130414	86219	2995615	1159484
年末金融机构各项贷款余额	万元	193748	230482	122740	2826330	1990000
三、农业、工业和通讯						
设施农业占地(水面)面积	公顷	7	33		488	650
油料产量	吨	41455	16815	9497	121	1842
棉花产量	吨				45628	357251
规模以上工业企业单位数	个	14	9	6	109	172
固定电话用户	户	17321	17350	12686	118600	44000
四、教育、卫生和社会保障						
普通中学在校学生数	人	5774	4104	2003	29416	26377
小学在校学生数	人	7980	6394	2753	22078	21271
医疗卫生机构床位数	床	578	230	145	4126	2595
各种社会福利收养性单位数	个	1	4	1	15	5
各种社会福利收养性单位床位数	床	240	135	90	3037	401

2018年县(市)社会经济主要指标

新疆维吾尔自治区

指　　标	单位	图木舒克市	五家渠市	北屯市	铁门关市
一、基本情况					
行政区域面积	平方公里	2003	740	911	563
乡个数	个			3	
镇个数	个	1	2		2
街道办事处个数	个	3	3	3	
户籍人口	人	173701	96788	53053	38436
第二产业从业人员	人	14611	20511	6697	4471
第三产业从业人员	人	31296	37321	18657	8146
二、综合经济					
地区生产总值	万元	887177	1799631	473815	621000
第一产业增加值	万元	259933	80154	68378	111800
第二产业增加值	万元	385812	1280671	213192	403600
一般公共预算收入	万元	265320	869238	18864	
一般公共预算支出	万元	54450	647766	437697	
居民储蓄存款余额	万元	365000	844945	622890	144988
年末金融机构各项贷款余额	万元	374000	1634842	875807	550753
三、农业、工业和通讯					
设施农业占地(水面)面积	公顷	108	62	133	100
油料产量	吨	5080	557	25278	
棉花产量	吨	107728	35514		50160
规模以上工业企业单位数	个	48	45	28	26
固定电话用户	户	10362	31000	34279	12345
四、教育、卫生和社会保障					
普通中学在校学生数	人	11077	15560	5345	1556
小学在校学生数	人	22172	3541	4729	2050
医疗卫生机构床位数	床	868	1213	922	109
各种社会福利收养性单位数	个	4	4	4	1
各种社会福利收养性单位床位数	床	330	855	828	13

2

按一般公共预算收入分组县（市）资料

按一般公共预算收入分组的社会经济基本情况

指　　标	单位	一般公共预算收入(2018年)			
		1亿元以下	1亿元-5亿元	5亿元-10亿元	10亿元以上
一、基本情况					
县个数	个	122	608	496	854
行政区域面积	平方公里	1652757	3229880	1802605	2317905
乡个数	个	768	3035	2623	3052
镇个数	个	416	4099	4561	9420
街道办事处个数	个	32	440	537	2099
户籍人口	万人	902	17023	23681	61259
第二产业从业人员	人	598477	14383940	25946239	106115615
第三产业从业人员	人	960661	21642978	32646328	107143036
二、综合经济					
地区生产总值	万元	21433098	430950592	675884870	3519803692
第一产业增加值	万元	4550206	100002207	127473807	316822552
第二产业增加值	万元	8399090	145470849	266524079	1713819910
一般公共预算收入	万元	662341	17778573	35496016	269680021
一般公共预算支出	万元	16760760	151633899	162870300	489135564
居民储蓄存款余额	万元	14749837	392845209	587205826	2327852056
年末金融机构各项贷款余额	万元	14962189	333085955	468855270	2688007833
三、农业、工业和通讯					
设施农业占地(水面)面积	公顷	15693	400562	710507	2339357
油料产量	吨	181502	4847872	8914235	16731605
棉花产量	吨	67525	1369858	1263873	2303079
规模以上工业企业单位数	个	640	15658	31893	195117
固定电话用户	户	595132	10765822	15262531	58923075
四、教育、卫生和社会保障					
普通中学在校学生数	人	352884	7514039	10785609	28938590
小学在校学生数	人	738196	11102674	16429718	43416542
医疗卫生机构床位数	床	34155	704541	963486	2787198
各种社会福利收养性单位数	个	449	5999	8541	21542
各种社会福利收养性单位床位数	床	28625	444407	712608	2197655

一般公共预算收入达10亿元的县(市)分布

(2018年)

单位：万元

省(区、市)	县(市)	一般公共预算收入
北京市	大兴区	923531
	怀柔区	404778
	平谷区	300523
	密云区	362976
	延庆区	191670
天津市	宝坻区	602224
	宁河区	212616
	静海区	570111
	蓟州区	278314
河北省	藁城区	425202
	鹿泉区	278072
	栾城区	136217
	正定县	290581
	平山县	172105
	辛集市	188001
	晋州市	102700
	丰南区	448170
	丰润区	269574
	曹妃甸区	678987
	滦南县	126660
	乐亭县	157405
	迁西县	147080
	玉田县	113149
	遵化市	148522
	迁安市	610183
	滦州市	205000
	昌黎县	145988
	永年区	159305
	涉县	127066
	武安市	455062
	邢台县	117018
	宁晋县	109388
	沙河市	116199
	徐水区	181046
	涿州市	293001
	定州市	220422
	高碑店市	152067
	怀来县	155000
	宽城满族自治县	103456
	沧县	111618
	肃宁县	113855
	任丘市	370826
	黄骅市	188008
	河间市	118412
	固安县	456086
	永清县	163110
	香河县	367553
	大城县	100070
	文安县	114350
	大厂回族自治县	277752
	霸州市	274281
	三河市	600503
山西省	清徐县	130044
	左云县	100995
	上党区	189450
	襄垣县	182506
	长子县	133238
	沁源县	121245
	沁水县	160570
	阳城县	166270
	泽州县	192135
	高平市	191858
	山阴县	154616
	怀仁市	120120
	寿阳县	114046
	灵石县	181572
	介休市	200019
	河津市	157018
	乡宁县	172810
	离石区	124802
	兴县	151389
	柳林县	304957
	中阳县	104479
	孝义市	282882
	汾阳市	133080
内蒙古自治区	土默特左旗	166475
	托克托县	107044
	和林格尔县	148219
	霍林郭勒市	118232
	东胜区	454659
	达拉特旗	188136
	准格尔旗	777117
	鄂托克前旗	105607
	鄂托克旗	262380
	乌审旗	210020
	伊金霍洛旗	743067
	临河区	162262
	集宁区	119980
	锡林浩特市	177730
	东乌珠穆沁旗	119474
	西乌珠穆沁旗	204504
	阿拉善左旗	100541
辽宁省	法库县	106326
	新民市	111423
	普兰店区	183448
	瓦房店市	633311

续表1 单位：万元

省(区、市)	县(市)	一般公共预算收入	省(区、市)	县(市)	一般公共预算收入
	庄河市	358078		张家港市	2334288
	海城市	322710		昆山市	3878858
	东港市	144011		太仓市	1550558
	凤城市	120748		通州区	722486
	凌海市	107899		如东县	575510
	大石桥市	222307		启东市	723051
	辽阳县	114206		如皋市	700066
	灯塔市	148000		海门市	710074
	大洼区	415663		海安市	617149
	盘山县	180308		赣榆区	258097
	调兵山市	107869		东海县	230035
	凌源市	100500		灌云县	223254
	绥中县	123086		灌南县	224977
	兴城市	127422		淮安区	245027
吉林省	九台区	245255		淮阴区	262706
	农安县	203314		洪泽区	193041
	榆树市	124339		涟水县	215022
	德惠市	153279		盱眙县	180068
	桦甸市	100397		金湖县	220329
	磐石市	165277		盐都区	345555
	公主岭市	237750		大丰区	551266
	梅河口市	372828		响水县	253504
	大安市	127067		滨海县	289405
	延吉市	252120		阜宁县	277024
	敦化市	169835		射阳县	263600
	珲春市	165970		建湖县	283200
上海市	奉贤区	4922073		东台市	567000
	崇明区	2563834		邗江区	600171
江苏省	浦口区	1356305		江都区	528875
	江宁区	2550555		宝应县	275918
	六合区	1275547		仪征市	509152
	溧水区	630926		高邮市	368021
	高淳区	313230		丹徒区	231097
	锡山区	866941		丹阳市	614039
	江阴市	2540388		扬中市	327667
	宜兴市	1200082		句容市	500015
	铜山区	651349		姜堰区	377852
	丰县	280966		兴化市	394146
	沛县	562051		靖江市	562235
	睢宁县	417360		泰兴市	745118
	新沂市	523811		宿豫区	194578
	邳州市	587812		沭阳县	470019
	武进区	1784837		泗阳县	254614
	金坛区	565508		泗洪县	260279
	溧阳市	662918	浙江省	萧山区	2703161
	吴中区	1606135		余杭区	3363800
	吴江区	2029000		富阳区	727000
	常熟市	2110591		临安区	531682

续表2　　单位：万元

省(区、市)	县(市)	一般公共预算收入	省(区、市)	县(市)	一般公共预算收入
	桐庐县	306679	安徽省	长丰县	605168
	淳安县	194962		肥东县	655983
	建德市	282707		肥西县	515176
	鄞州区	2529936		庐江县	337706
	奉化区	494700		巢湖市	206164
	象山县	409984		芜湖县	468340
	宁海县	616311		繁昌县	315362
	余姚市	1006321		南陵县	312846
	慈溪市	1800004		无为县	247106
	永嘉县	350712		怀远县	318906
	平阳县	395628		五河县	107463
	苍南县	377207		固镇县	173619
	瑞安市	710898		凤台县	239235
	乐清市	943017		寿县	203790
	嘉善县	615975		当涂县	534856
	海盐县	475231		含山县	181506
	海宁市	889957		和县	306093
	平湖市	818818		濉溪县	396444
	桐乡市	724000		义安区	418875
	德清县	591450		怀宁县	218918
	长兴县	593675		宿松县	125599
	安吉县	469217		桐城市	288355
	柯桥区	1263560		潜山市	130829
	上虞区	826461		歙县	122953
	新昌县	418800		来安县	301496
	诸暨市	873728		全椒县	274338
	嵊州市	454858		定远县	167513
	武义县	259807		凤阳县	301496
	浦江县	191360		天长市	363033
	磐安县	100068		明光市	184345
	兰溪市	266000		临泉县	252222
	义乌市	952005		太和县	402052
	东阳市	657548		阜南县	108338
	永康市	563580		颍上县	386498
	衢江区	163839		界首市	221916
	常山县	109781		砀山县	105548
	龙游县	176300		萧县	281793
	江山市	192060		灵璧县	150133
	岱山县	241540		泗县	108007
	三门县	186290		霍邱县	215443
	天台县	218960		舒城县	241622
	仙居县	208400		金寨县	190758
	温岭市	772850		霍山县	102853
	临海市	640650		涡阳县	243852
	玉环市	533376		蒙城县	201142
	青田县	191071		利辛县	224332
	缙云县	153412		东至县	157708
	遂昌县	100968		青阳县	102772

续表3

单位：万元

省(区、市)	县(市)	一般公共预算收入	省(区、市)	县(市)	一般公共预算收入
	郎溪县	276700		修水县	255867
	广德县	419088		永修县	167217
	泾县	146152		德安县	129891
	宁国市	304057		都昌县	159419
福建省	长乐区	766436		湖口县	200515
	闽侯县	800712		彭泽县	163773
	连江县	486628		瑞昌市	362029
	罗源县	149474		共青城市	127821
	闽清县	186888		庐山市	183637
	永泰县	110338		分宜县	144247
	平潭县	605548		余江区	124284
	福清市	1310062		贵溪市	350465
	仙游县	244605		南康区	217708
	大田县	110823		赣县区	157752
	尤溪县	119740		信丰县	124917
	沙县	147137		龙南县	140202
	永安市	257698		于都县	140011
	惠安县	302295		瑞金市	132011
	安溪县	304397		吉安县	188110
	永春县	122670		吉水县	110038
	德化县	118260		新干县	109827
	石狮市	418213		永丰县	123318
	晋江市	1351988		泰和县	143111
	南安市	459874		遂川县	107539
	漳浦县	212871		安福县	126515
	长泰县	137024		奉新县	173250
	东山县	110807		万载县	162920
	龙海市	570710		上高县	176772
	建阳区	128468		宜丰县	127796
	政和县	391681		丰城市	486133
	邵武市	124972		樟树市	331388
	武夷山市	120744		高安市	284432
	永定区	160377		东乡区	154835
	长汀县	138299		广丰区	311897
	上杭县	262576		上饶县	269511
	武平县	135354		玉山县	207637
	霞浦县	130786		铅山县	148963
	福鼎市	282517		弋阳县	109335
江西省	新建区	695384		余干县	104547
	南昌县	971262		鄱阳县	130231
	安义县	104009		万年县	140646
	进贤县	174946		德兴市	291721
	浮梁县	109300	山东省	长清区	234995
	乐平市	263344		章丘区	603234
	上栗县	155491		济阳区	250566
	芦溪县	106920		平阴县	218949
	柴桑区	216644		商河县	122577
	武宁县	135700		即墨区	1111918

续表4　　单位：万元

省(区、市)	县(市)	一般公共预算收入	省(区、市)	县(市)	一般公共预算收入
	胶州市	1003788		平邑县	116636
	平度市	560180		莒南县	192995
	莱西市	493777		蒙阴县	101682
	桓台县	388228		临沭县	150000
	高青县	157051		陵城区	126500
	沂源县	214134		临邑县	167801
	滕州市	706016		齐河县	328807
	垦利区	243158		平原县	100044
	利津县	150117		乐陵市	117638
	广饶县	443511		禹城市	200700
	龙口市	1044617		阳谷县	140238
	莱阳市	220716		莘县	102001
	莱州市	615007		茌平县	291382
	蓬莱市	351975		东阿县	181273
	招远市	612500		冠县	108413
	栖霞市	147805		高唐县	146280
	海阳市	323606		临清市	192572
	临朐县	182918		沾化区	116050
	昌乐县	247490		惠民县	128198
	青州市	483902		阳信县	122435
	诸城市	728168		无棣县	322124
	寿光市	934769		博兴县	309491
	安丘市	249758		邹平市	712307
	高密市	506000		定陶区	101607
	昌邑市	317140		曹县	157383
	兖州区	531712		单县	150016
	微山县	327717		巨野县	264442
	鱼台县	100136		郓城县	303370
	金乡县	147788		东明县	201089
	嘉祥县	187270	河南省	中牟县	530007
	汶上县	140074		巩义市	453969
	梁山县	161777		荥阳市	469011
	曲阜市	253916		新密市	350496
	邹城市	762618		新郑市	750396
	宁阳县	122389		登封市	275071
	东平县	117557		杞县	154081
	新泰市	406776		通许县	100649
	肥城市	404179		尉氏县	205594
	文登区	537598		兰考县	214899
	荣成市	748499		孟津县	167516
	乳山市	330268		新安县	245569
	五莲县	145109		栾川县	202402
	莒县	210300		汝阳县	106909
	沂南县	149018		宜阳县	127796
	郯城县	130567		洛宁县	107879
	沂水县	205128		伊川县	223568
	兰陵县	155317		偃师市	228452
	费县	225077		宝丰县	128159

续表5 单位：万元

省(区、市)	县(市)	一般公共预算收入	省(区、市)	县(市)	一般公共预算收入
	舞钢市	102401	湖北省	阳新县	166021
	汝州市	315860		大冶市	450100
	安阳县	114590		郧阳区	100833
	汤阴县	135132		丹江口市	128386
	滑县	121583		夷陵区	236020
	林州市	250209		宜都市	230001
	淇县	102915		当阳市	178000
	原阳县	100100		枝江市	187008
	长垣县	246914		襄州区	344858
	卫辉市	110118		南漳县	112499
	辉县市	258577		谷城县	146106
	修武县	139946		老河口市	200102
	武陟县	140518		枣阳市	262771
	沁阳市	165845		宜城市	169135
	孟州市	148669		钟祥市	206207
	濮阳县	130366		京山市	158736
	建安区	359184		孝昌县	104112
	鄢陵县	118719		云梦县	135485
	襄城县	190007		应城市	163728
	禹州市	208686		安陆市	111038
	长葛市	291388		汉川市	244122
	舞阳县	122281		公安县	135175
	临颍县	154724		松滋市	178500
	陕州区	254579		红安县	165515
	渑池县	258271		英山县	251907
	义马市	145501		浠水县	106344
	灵宝市	211013		蕲春县	138000
	方城县	102497		黄梅县	114501
	西峡县	152667		麻城市	202791
	内乡县	108166		武穴市	202966
	邓州市	167263		嘉鱼县	117582
	民权县	100118		赤壁市	195700
	虞城县	100246		广水市	127475
	永城市	407962		恩施市	230911
	固始县	134789		利川市	110123
	沈丘县	141900		巴东县	102517
	郸城县	110666		仙桃市	333521
	太康县	110315		潜江市	258408
	鹿邑县	142399		天门市	204024
	项城市	121676	湖南省	望城区	903098
	西平县	105086		长沙县	2403874
	确山县	105176		浏阳市	1133158
	泌阳县	110016		宁乡市	806000
	遂平县	103508		渌口区	131658
	新蔡县	100473		攸县	200647
	济源市	501410		茶陵县	129559

续表6　　单位：万元

省(区、市)	县(市)	一般公共预算收入	省(区、市)	县(市)	一般公共预算收入
	醴陵市	417820	广东省	从化区	288692
	湘潭县	287110		增城区	951395
	湘乡市	233688		斗门区	285381
	衡阳县	151756		潮阳区	178007
	衡南县	180355		澄海区	167575
	衡山县	102108		禅城区	1254869
	衡东县	128116		南海区	2390289
	祁东县	130092		顺德区	2357813
	耒阳市	219053		三水区	624410
	常宁市	152492		高明区	404037
	邵东县	253228		新会区	567223
	新邵县	102635		台山市	292425
	隆回县	130923		开平市	262031
	武冈市	106139		鹤山市	301193
	岳阳县	107511		恩平市	114041
	华容县	101018		廉江市	120850
	湘阴县	157500		电白区	205169
	平江县	149198		高州市	175873
	汨罗市	223217		化州市	120727
	临湘市	100168		信宜市	107259
	汉寿县	128610		高要区	150571
	澧县	177487		四会市	236586
	桃源县	215712		惠阳区	516285
	石门县	151887		博罗县	447746
	慈利县	136423		惠东县	347431
	南县	117800		龙门县	108329
	桃江县	125658		梅县区	163816
	安化县	151700		兴宁市	101012
	沅江市	116721		紫金县	156534
	桂阳县	234303		阳东区	140880
	宜章县	127337		阳春市	122955
	永兴县	206440		清新区	142221
	嘉禾县	110332		英德市	180859
	临武县	112644		潮安区	156875
	资兴市	246870		揭东区	115621
	祁阳县	214740		普宁市	238529
	东安县	115553		新兴县	176070
	道县	150159		罗定市	125215
	宁远县	182275	广西壮族自治区	宾阳县	130388
	江华瑶族自治县	127118		横县	126172
	沅陵县	145135		柳江区	127046
	洪江市	120120		临桂区	191656
	双峰县	121701		灵川县	107892
	新化县	156574		荔浦市	101305
	冷水江市	203651		岑溪市	148450
	涟源市	131454		平南县	111739
	吉首市	150937		桂平市	103824
	凤凰县	125775		容县	104033

续表7　　单位：万元

省(区、市)	县(市)	一般公共预算收入	省(区、市)	县(市)	一般公共预算收入
	陆川县	108500		彭州市	355612
	博白县	112134		邛崃市	214343
	北流市	266115		崇州市	236731
	右江区	195648		简阳市	331068
	平果县	174876		富顺县	106011
	靖西市	139079		米易县	100017
	扶绥县	140168		泸县	151169
海南省	琼海市	162041		古蔺县	160501
	文昌市	137090		中江县	106000
	万宁市	148515		广汉市	201000
	东方市	139519		什邡市	187813
	澄迈县	246743		绵竹市	190019
	昌江黎族自治县	128884		三台县	101963
	陵水黎族自治县	376879		江油市	207990
重庆市	綦江区	334465		射洪县	116900
	大足区	308192		沐川县	201515
	长寿区	357662		峨眉山市	161027
	江津区	712255		南部县	100803
	合川区	407172		阆中市	117307
	永川区	466024		彭山区	151301
	南川区	234492		仁寿县	283109
	璧山区	528859		南溪区	100613
	铜梁区	321100		叙州区	132603
	潼南区	202326		岳池县	490154
	荣昌区	283366		武胜县	386261
	开州区	233000		邻水县	474154
	梁平区	208936		华蓥市	265999
	武隆区	128219		达川区	157711
	丰都县	196036		宣汉县	187517
	垫江县	169513		大竹县	142888
	忠县	184518		渠县	115650
	云阳县	160214		南江县	553253
	奉节县	157000		安岳县	131584
	巫山县	104158		马尔康市	139240
	石柱土家族自治县	104959		汶川县	172378
	秀山土家族苗族自治县	125920		理县	112476
	酉阳土家族苗族自治县	112935		茂县	204117
	彭水苗族土家族自治县	132548		松潘县	217808
四川省	新都区	609901		九寨沟县	297232
	温江区	406236		金川县	171104
	双流区	1226004		小金县	176025
	郫都区	460117		黑水县	153473
	金堂县	343231		壤塘县	185348
	大邑县	292314		阿坝县	214370
	新津县	245290		若尔盖县	186269
	都江堰市	518969		红原县	150025

续表8

单位：万元

省(区、市)	县(市)	一般公共预算收入	省(区、市)	县(市)	一般公共预算收入
	甘孜县	216993		景洪市	122074
	西昌市	439304		大理市	364167
	会东县	100906		祥云县	100011
	美姑县	369904		瑞丽市	100409
贵州省	开阳县	119410	西藏自治区	堆龙德庆区	258853
	清镇市	175157	陕西省	长安区	243684
	六枝特区	100118		高陵区	124008
	水城县	230600		鄠邑区	117800
	盘州市	518066		蓝田县	304700
	播州区	176111		麟游县	101400
	习水县	104084		彬州市	120648
	仁怀市	672809		韩城市	403758
	平坝区	115875		志丹县	175400
	七星关区	272971		吴起县	189768
	金沙县	203500		黄陵县	187259
	织金县	105521		横山区	213000
	威宁彝族回族苗族自治县	122174		府谷县	324061
	碧江区	145787		靖边县	184300
	兴义市	363429		定边县	241776
	兴仁市	157800		神木市	875500
	贞丰县	191500	甘肃省	凉州区	137800
	安龙县	354945	青海省	格尔木市	155896
	凯里市	427769	宁夏回族自治区	贺兰县	115984
	都匀市	212233		灵武市	341749
	福泉市	124871	新疆维吾尔自治区	鄯善县	154200
	瓮安县	151000		托克逊县	149689
	龙里县	123692		伊州区	291806
云南省	呈贡区	239396		伊吾县	101846
	晋宁区	125036		昌吉市	419421
	嵩明县	120152		阜康市	220447
	安宁市	370227		呼图壁县	102297
	沾益区	115496		玛纳斯县	105439
	富源县	123362		博乐市	108200
	会泽县	131285		库尔勒市	340268
	宣威市	141868		阿克苏市	205000
	新平彝族傣族自治县	134418		库车县	386296
	腾冲市	175580		沙雅县	153829
	昭阳区	130930		拜城县	152190
	楚雄市	250425		喀什市	198600
	禄丰县	104937		伊宁市	218050
	个旧市	128226		奎屯市	109496
	开远市	148427		霍尔果斯市	253770
	蒙自市	182842		乌苏市	148779
	弥勒市	182645		和布克赛尔蒙古自治县	121800
	建水县	135987		石河子市	448600
	泸西县	100208		图木舒克市	265320
	文山市	213171		五家渠市	869238

附录：主要指标解释

主要指标解释

行政区域面积 指辖区内的全部陆地面积和水域面积。包括耕地、荒山、荒地、山林、草原、滩涂、道路和建筑物占地等陆地面积，以及河流、湖泊、水库等水域面积。

乡个数 指经省、自治区、直辖市人民政府批准成立的乡一级行政区划的数量。

镇个数 指经省、自治区、直辖市人民政府批准成立的镇一级行政区划的数量。

户籍人口 指年末户籍在本行政区域内的人口数，即公安部门户籍人口。

第二产业从业人员 指主要从事采矿业，制造业，电力、煤气及水的生产和供应业，建筑业人员。

第三产业从业人员 指主要从事第一、二产业以外的其他行业人员。

地区生产总值 指按市场价格计算的一个地区所有常住单位在一定时期内生产活动的最终成果。

三次产业划分 根据《国民经济行业分类》（GB/T4754-2017），三次产业的划分标准：

第一产业指农、林、牧、渔业（不含农、林、牧、渔专业及辅助性活动业）。

第二产业指采矿业（不含开采专业及辅助活动），制造业（不含金属制品、机械和设备修理业），电力、热力、燃气及水生产和供应业，建筑业。

一般公共预算收入 指国家财政参与社会产品分配所取得的收入，是实现国家职能的财力保证。主要包括：（1）各种税收：包括国内增值税、国内消费税、进口货物增值税和消费税、出口货物退增值税和消费税、营业税、企业所得税、个人所得税、资源税、城市维护建设税、房产税、印花税、城镇土地使用税、土地增值税、车船税、船舶吨税、车辆购置税、关税、耕地占用税、契税、烟叶税等。（2）非税收入：包括专项收入、行政事业性收费、罚没收入和其他收入。财政收入按现行分税制财政体制划分为中央本级收入和地方本级收入。

一般公共预算支出 指国家财政将筹集起来的资金进行分配使用，以满足经济建设和各项事业的需要的支出。主要包括：一般公共服务、外交、国防、公共安全、教育、科学技术、文化体育与传媒、社会保障和就业、医疗卫生与计划生育、节能环保、城乡社区、农林水、交通运输、资源勘探信息等、商业服务业等、金融、救援其他地区、国土海洋气象等、住房保障、粮油物资储备、政府债务付息等方面的支出。财政支出根据政府在经济和社会活动中的不同职权，划分为中央财政支出和地方财政支出。

居民储蓄存款余额 指城乡居民在某一时点上，在银行和其他金融机构的本（人民币）、外币储蓄存款总额。不包括居民的手存现金和工矿企业、部队、机关、团体等单位存款。

年末金融机构各项贷款余额 指年终时银行或其他信用机构根据必须归还的原则，按一定利率，为企业、个人等提供资金贷款的总额。

设施农业占地（水面）面积 指年末设施农业实际占地（水面）面积。包括先进设施种植占地面积、设施林业占地面积、设施畜牧养殖占地面积、设施水产养殖占地（水面）面积。

油料产量 指全部油料作物的生产量。包括花生、油菜籽、芝麻、向日葵籽、胡麻籽(亚麻籽)和其他油料。不包括大豆、木本油料和野生油料。花生以带壳干花生计算。

棉花产量 按皮棉计算。3 公斤籽棉折 1 公斤皮棉。不包括木棉。

规模以上工业企业单位数 指年主营业务收入 2000 万元以上的工业法人企业个数。

固定电话用户 指在电信运营企业营业网点办理开户登记手续并已接入固定电话网上的全部电话

用户。包括普通电话用户、公用电话用户、窄带综合业务数字网（N-ISDN）用户、智能网专用接入终端用户等。

普通中学在校学生数 指学年开学后，在普通中学学习具有学籍的学生总数，包括留级生，不包括复读生和补习生。

小学在校学生数 指学年开学后，在普通小学学习具有学籍的学生总数，包括留级生，不包括复读生和补习生。普通小学在校学生包含小学的学生、九年一贯制学校及十二年一贯制学校小学阶段的在校学生。

医疗卫生机构床位数 指各级各类医疗卫生机构年底的固定实有床位（非编制床位），包括正规床、简易床、监护床、正在消毒和修理床位、因扩建或大修而停用的床位，不包括产科新生儿床、接产室待产床、库存床、观察床、临时加床和病人家属陪侍床。

各种社会福利收养性单位数 指提供食宿、不以盈利为目地的革命伤残军人休养院、复退军人慢性病疗养院、复退军人精神病院、光荣院、社会福利院、儿童福利院、精神病福利院、老年收养性机构（敬老院、养老院、老年公寓）等收养性的社会福利事业单位的总称。这些单位，分事业单位、企业和民办非企业 3 类。

各种社会福利收养性单位床位数 指收养性单位报告期末床位的实际收养能力。对于炕、通铺，以正常可容纳人员数量折算床位数。